EUROPAVERLAG

TILMAN STEINER

DIE ANSCHAUUNG DER WELT

DIE VERNUNFT DER SCHÖNHEIT UND DIE UNVERNUNFT DER RATIONALITÄT

EUROPAVERLAG

MIX
Papier aus verantwortungsvollen Quellen
FSC® C014889
www.fsc.org

Umschlaggestaltung und Motiv:
Hauptmann & Kompanie Werbeagentur, Zürich,
Layout & Satz: BuchHaus Robert Gigler, München
Druck und Bindung: Pustet, Regensburg
ISBN 978-3-95890-032-5

www.europa-verlag.com

INHALT

II. DAS KREATIVITÄTSPRINZIP

III. DAS POLARITÄTSPRINZIP

IV. DAS ATTRAKTIVITÄTSPRINZIP

ATTRAKTIVITÄT ALS CODE DES UNIVERSUMS

Das Wort als Formel

Haben Sie eine Weltanschauung? Es ist zu vermuten, denn viele andere haben auch eine. Sie wäre aus Traditionen erwachsen, aus einer persönlichen Lebensperspektive in einem kulturell und materiell geprägten Umfeld. Sie ist dann aufgeladen mit bestimmten Werten, die auch dogmatische Vorstellungen nicht ausschließen. So sind Weltanschauungen oft Abgrenzungen und entwickeln sich in Begegnung mit anderen Weltanschauungen immer wieder zu Ausgrenzungen, verhärten dabei innerlich bis zu fundamentalistischen Positionen und haben in Geschichte und Gegenwart oft zum Wahn von Verfolgung, Krieg, Terror und Tod geführt. Dennoch entspricht es der menschlichen Natur, eine eigene Sicht von einem gesicherten Standpunkt aus zu gewinnen.

Probieren wir es doch damit, diese »Welt-Anschauung« zu durchtrennen, sie um 180 Grad zu drehen und der *Anschauung* die Priorität einzuräumen. So ist dieser Begriff nicht belastet und der Blick erst einmal frei auf die Welt gerichtet, wie wir sie alle unverstellt sehen können. Das lässt uns dann staunen über das, was rund um uns aufscheint in seiner Attraktivität, im glitzernden Tautropfen wie im Glanz der Sterne, und über das, was hinter allem Sichtbaren und Spürbaren wohl wirkt. Es sind die Gesetze der Natur.

Sie zu entschlüsseln trachten seit jeher alle Wissenschaften. Physik und Mathematik wollen die eine, allumfassende Formel finden. Doch die Relativitätstheorie und die Theorie der Quantenmechanik passen nicht zusammen, können also beide nicht gleichzeitig richtig sein, obwohl jede ihre innere Schlüssigkeit aufweist, stellt die Wissenschaft heute fest. Eine in mathematischer Logik und Form dargestellte Weltformel, die schon Dr. Faust und seine Vorgänger ersehnten, ist vermutlich in unserem zwischen Chaos und Ordnung oszillierenden Universum, wo alles mit allem zusammenhängt, kaum zu finden. Und wenn wir diese Formel fänden, was würde sie uns wirklich sagen? Würde sie unser Leben verändern oder unser Verhalten?

Lässt sich eine »Weltformel« für die Gesamtheit der Naturgesetze statt in der Sprache der Mathematik vielleicht in Worten ausdrücken, um sich dem Grundgesetz der Natur anzunähern, in Begriffen mit dennoch hoher Reduktion, gar nur in vier zu bewundernden, ineinandergreifenden Prinzipien als den Artikeln dieses Grundgesetzes? Das uns dann auch in die Pflicht nimmt?

Diesem Buch liegt nicht der Anspruch zugrunde, Welträtsel zu lösen, an denen sich größte Geister schon versucht haben, vielmehr spürte ich intensiv einer begrenzten Fragestellung nach, und zwar jener nach der Funktion der Schönheit für alles Lebendige – und es erschloss sich ein ganzer Kosmos wie von selbst. Die Attraktivität im Universum lässt sich wie eine Medaille mit ihren zwei Seiten anschauen – als Attraktion, die alles zusammenhält, und als Schönheit, die so anziehend lockt und zusammenführt. Sensationelle naturwissenschaftliche Entdeckungen genauso wie altes Wissen leiten hin zu überraschenden Verknüpfungen, zu einem Muster, das der Evolution zugrunde liegt.

Die vorgelegte Betrachtung entspringt einer jahrzehntelangen persönlichen Reflexion in Verbindung mit einschlägigen wissenschaftlichen Quellen, keinem Forschungsprojekt. Doch sind die Denkergebnisse den heutigen Erkenntnissen entsprechend abgestützt. Eine rein wissenschaftliche Vorgehensweise mit dem Abwägen aller wichtigen Positionen in jeder Fachrichtung wäre schon als Versuch unangemessen und hätte den Blick auf die weiten Horizonte der Evolution und auf eine Zusammenschau der Disziplinen verhindert. Was sich aus diesen Perspektiven ergab, ist das hier vorgestellte Attraktivitätsprinzip für die Evolution und dessen Gefährdung durch einen Missbrauch der Vernunft in unserer Zivilisation.

Bei der Erhärtung und wissenschaftlichen Fundierung dieser Attraktivitätstheorie habe ich besondere Dankesschuld gerne einzulösen bei:

Kunstprofessor Hans Daucher †, der meine Neigung zur Schönheit strengen Regeln unterwarf und mich veranlasste, hierüber tiefer zu reflektieren; dem Physiknobelpreisträger Gerd Binnig, dessen metaphysische Fraktaltheorie mir aufgegangen und dann in Fleisch und Blut übergegangen ist, und der mich schon vor Jahren zu tieferem Einstieg sehr ermutigte; dem Mikrobiologen Karl Forchhammer für die Vermittlung seiner Einsichten ins kleinste Lebendige und seine Bestärkung für die hier gefundene, grundlegende Dreistufigkeit im evolutionären Muster; dem Volkswirt und Finanzexperten Hans-Peter Burghof für die auch spieltheoretisch aufzeigbaren Abgründe des Wirtschaftens; nicht zuletzt fühle ich mich den vielen Anregern verpflichtet, denen ich in Jahrzehnten als Wissenschaftsjournalist begegnen konnte; Dank auch dem Schwabinger Gesprächskreis in seiner bunten Mischung von Frauen und Männern aus Kunst und Wissenschaft für stets frischen Diskurs und all jenen, denen ich einfach als Neugieriger begegnete, der vor dem Stoff Respekt hatte, und auch als Müßiggänger, der sich Zeit lässt und dann immer wieder die Abkürzungen sucht.

Als ich mich dann endlich aufgeschwungen hatte, war es eine Lust zu schreiben, denn es war offenbar die Vergewisserung von Erlebtem, Erfahrenem, Erlesenem, Erdachtem und Erfühltem. Gemäß dem fraktalen Prinzip ergab es sich so, dass trotz logischer Abfolge in dieser »Anschauung der Welt« jeder, auch kleine, Abschnitt für sich stehen und ein Gespür fürs Ganze vermitteln könnte – für die in der Evolution liegende Vernunft der Schönheit und für die in unserer Zivilisation um sich greifende Unvernunft der Rationalität. Das sollte auch die Sprache des Journalisten und Zeitzeugen leisten für den Stoff, in dem die Spannung dieser Pole steckt.

Angesichts der universellen Thematik war auf ein notwendigerweise lückenhaftes und damit willkürliches Literaturverzeichnis zu verzichten, nicht allerdings auf die Angaben von wesentlichen Quellen.

Ein besonderer Dank gilt dem Europa Verlag, dem neue konstruktive Ansätze und ein notwendiger Wandel des Denkens wichtig sind: Christian Strasser hatte als Verleger den Mut, dieses Werk mit großem Engagement deutlich herauszustellen; mit seinen Mitarbeiterinnen Sibylle Auer als gründlicher und einfühlsamer Lektorin und mit Dagmar Olzog und Julia Krug-Zickgraf als Kompetenz im Verlag war die Kooperation so vortrefflich, dass Sie jetzt dieses Buch in Händen halten.

Für dieses Ihr Interesse auch Ihnen mein Dank.

München, Juni 2016
Tilman Steiner

I.

AUF DER SUCHE

Arten des Sehens

1. DER ZAUBER

Was Du auch siehst, Du siehst nie alles. Du kannst ein Kaleidoskop aufbrechen und nach den schönen Farbfiguren suchen. Du wirst einige bunte Scherben finden, nichts weiter. Warum? Weil es einen Schleier gibt, der die wahre Welt verhüllt, einen Schleier, den nicht einmal alle Gewalt der Welt zerreißen kann. Nur Glaube und Poesie und Liebe können ihn lüften. Dann werden die Schönheit und Herrlichkeit dahinter auf einmal zu erkennen sein.

> Francis P. Church, leitender Redakteur bei der *New York Sun*, im Jahr 1897 auf der ersten Seite des Journals in seiner Antwort auf die Frage der achtjährigen Virginia an die Zeitung, ob es den Weihnachtsmann wirklich gibt.

Im Anfang war das Geheimnis

Diese Antwort, welche die Zeitung jedes Jahr bis zum Tod von Francis P. Church an Weihnachten veröffentlichte, steht auch für die Frage nach allem, was unsere Sinne nicht erfassen können. Aber hinter den Schleier, der die wahre Welt verhüllt und den auch nichts öffnen kann, will nicht nur das Mädchen Virginia schauen; es sind die Naturwissenschaften, die versuchen, ihn zu zerreißen. Sie brechen das Kaleidoskop auf, sehen sich dann Material, Bewegung, Farben und Licht an und analysieren diese auf ihre Weise. Die Disziplin der Optik untersucht also das Licht und seine Brechung in die bunten Farben, die Physik das Fallen und Konfigurieren der Splitter beim Drehen des Kaleidoskops und damit die in der Welt wirkenden Kräfte; die Mathematik sucht die in Zahlen ausdrückbare Logik dahinter. Die Chemie konzentriert sich auf die Stofflichkeit des Glases und aller Materie, die Biologie auf das Licht als die Quelle der Lebensenergie, und die Philosophie reibt sich seit je an der Zusammenschau der bunten Scherben auf. Doch schon Plato wusste: »Nichtwissen schaut auf viele Teile in der Welt, Weisheit sieht die Vielfalt als Teile innerhalb der Einheit.«

Wissen und Weisheit – es sind wohl unterschiedliche Wege dorthin. Denn die Ziele können auch weit auseinanderliegen, vor allem, wenn Erkanntes nicht weise umgesetzt und so die Vernunft das Opfer einer Rationalität wird, die schnell an Vorteile gelangen will.

Nach der alten Philosophenweisung wäre es also der falsche Weg, die Teile, und davon möglichst viele, zu betrachten, um zur Weisheit zu gelangen. Dennoch scheint es ratsam, sich mit den Teilen genauer zu befassen, wenn man ihren Kontext nur nicht aus den Augen verliert. In diesem Sinn, um die Welt zu verstehen, sucht heute die Wissenschaft nach der Gesamtheit aller Gesetze, sozusagen nach einem Urgesetz. Der Astrophysiker Stephen Hawking kommentiert das so: »Das tief verwurzelte Verlangen der Menschheit nach Erkenntnis ist Rechtfertigung genug für unsere fortwährende Suche.«[1] Dieses Verlangen, diese existenzielle Begierde, zu wissen, ist also zutiefst menschlich. Allerdings müssen wir wohl anerkennen, dass »fortwährende Suche« bedeutet: Wir kommen an kein Ende. Auch Hawking teilt inzwischen diese Zweifel. Kein Grund zur Resignation, aber ein Grund, Mut zu haben, die Neugier auf unser Hier- und Sosein in uns wirken zu lassen, Hypothesen zu formulieren und deshalb auch Widersprüche zuzulassen.

Zunächst drängt sich der Gedanke auf: Wer nach den Gesetzen fragt, dem legt die Vernunft nahe, dass die Quelle aller Gesetze, also allen Seins, jenseits der Physik und vor ihr liegt.

Um dann die physische Welt zu erkennen, benötigen wir bestimmte Methoden und Werkzeuge. Für diese Recherche hier verwende ich ein ungewöhnliches Instrument. Es sind nicht Glaube, Poesie und Liebe, wie sie der weise Journalist dem Mädchen empfahl. Das könnte ich nicht leisten. Es ist aber vielleicht ein gemeinsamer Nenner dieser drei Eigenschaften: Es ist die Schönheit, die sich als Geheimnis hinter diesem Schleier verbirgt. Ihn möchte ich mit den Mitteln der Vernunft und gerne mit Ihnen etwas lüften, wenn Sie den Untertitel *Die Vernunft der Schönheit und die Unvernunft der Rationalität* als Herausforderung empfunden haben.

Aber ist nicht der Titel in sich widersprüchlich, enthält er nicht ein doppeltes Paradoxon? Kann die Schönheit wirklich in das kühle Bett der Vernunft gezwängt werden? Und wie kann Rationalität unvernünftig sein? Es ist keine Vergewaltigung der Schönheit, sie einfach zu genießen. Denn Genuss, Verlangen, Begierde sind Bedingung und Zweck allen Lebens. In diesem Sinn ist Schönheit nicht zweckfrei. In ihr steckt Logik – die Logik der Evolution. Zudem ist die Schönheit eine Erfindung des Menschen, wie er geworden ist: gefühls- und vernunftbegabt, zur Reflexion befähigt.

Mit unserer Rationalität ist es ganz ähnlich. Auch in ihr steckt ein Zweck: der Zweck des Handelnden. Auch sie ist eine Erfindung des Homo sapiens als vernunft- und gefühlsbegabtes Wesen. Der Mensch bestimmt den Zweck. Der Pluralismus der Zwecke ist auf jeweils erlebbare Ergebnisse, also auf die schnelle Erfüllung gerichtet. In der Summe ergibt sich daraus unsere Zivilisation als Fortführung und Erweiterung der Evolution.

Man kann das wunderliche Geschehen der Evolution aus streng naturwissenschaftlichem Blickwinkel analysieren und kommt dabei doch an kein Ende. Das gerade ist aber Ansporn, die immer neu sichtbaren Türen, vor denen man mit jedem Erkenntnisschritt steht, empirisch und systematisch mit überwölbenden Erklärungen und mit Subtheorien zu öffnen.

Ein anderes Hemmnis ist die der logischen Unterscheidung. Was ist das überhaupt, was ich da betrachte? Die alte Frage: Wie wirklich ist die Wirklichkeit? Wie real ist Wirklichkeit und wie objektiv fassbar?

So könnten wir nun also versuchen, nach allgemeineren, der Evolution zugrunde liegenden Prinzipien zu fahnden, um in ihnen eine Struktur zu erkennen. Dabei sollten uns die bekannten Daten und erkannten Zusammenhänge unterstützen. Für ein solches Vorgehen ist aber Unbefangenheit über die Fachdisziplinen hinweg notwendig. An den Schnittstellen von Physik und Metaphysik ist bei allem Hintergrundwissen letztlich naives Herangehen, Beobachten, Fragen und Suchen angebracht. Nietzsche drückt es so aus: »Das Leben ist wert, gelebt zu werden, sagt die Kunst, die schönste Verführerin; das Leben ist wert, erkannt zu werden, sagt die Wissenschaft.«

Alle Philosophen, Naturforscher und Denker, die bis an die Grenzen des Vorstellbaren gingen, haben die Welt durchschritten und vermessen. Warum ist es dann sinnvoll, dass noch einmal einer versucht, sich auf den Weg durch die »Wirklichkeit« aufzumachen, und sich erneut einen Pfad schlägt durch das Dickicht von Strünken, Ästen und Gezweig unterschiedlichster fachlicher Provenienzen mit ihren bunten Früchten von Erkenntnissen, Theorien und Meinungen? Und der aus Respekt vor diesen Früchten hier nur von einer neuen synoptischen Zuordnung sprechen will, in der er aber doch einen Schlüssel entdeckt?

Es ist über das Empfinden von Schönheit der Code der Attraktivität, der sich ihm plötzlich aufdrängt. Und so wie in der Evolution der Druck nach einem immer Mehr und immer Vielfältiger zum »Aus-Druck« kommt, entsteht mit diesem Schlüssel der Attraktivität möglicherweise eine Mutante zu allen anderen Reflexionen, die sich der Konkurrenz des *survival of the fittest* stellen muss. Eine Mutante, die untergeht oder mit der Information in ihrem Zellkern besteht und fortwirkt.

Natürlich stellten sich im Zuge der Arbeit an dieser Anschauung immer wieder bohrende Fragen Neugieriger: Hast du den Sowieso denn überhaupt berücksichtigt? Nein, hab ich nicht. Aber die Sowiesa hast du doch gelesen? Nicht direkt persönlich. Tausende großer Geister könnten mich entmutigen, diesen Themenumgriff zu wagen. Doch die schlichte Botschaft einer Logik, welche die Bedeutung der Schönheit für alles Lebendige aufzeigt und damit auch die Funktion der Attraktivität für die Evolution, will hier ihren Ausdruck finden und dabei weder totes Lexikon noch Ausweis von Gelehrsamkeit sein.

2. DER IMPULS, ODER: SCHÖNHEIT, WAS IST DAS?

Es war während einer Malphase auf Capri. Immer wieder kam ich an diesen Ort, zunächst zur Erholung nach dem Juraexamen, in eine kleine Casetta auf einer Felskante, 200 Meter senkrecht über der Brandung, mit Blick auf den Vesuv. Der kleine, weiß gekalkte, arabisch anmutende Kubus mit der Kuppel und der Zisterne obendrauf, hinter dem Johannisbrotbaum-Hain und dem Kakteenwald nicht leicht zu finden vor dem Abgrund, gehörte einer Urenkelin des Dichters Theodor Storm. Auch Sprache kennt die Dimension von Schönheit. Schönheit, was ist das? Die Novemberstürme zu spüren, das Tosen des Meeres zu hören und den Gewittern ausgesetzt zu sein – auch das sind Reize, in ihrer Dramatik schön.

Später führte mich das Malen und Filmemachen in die Casa Malaparte, einen majestätisch von der Südküste Capris übers glitzernde Meer strebenden Bau, den eine amerikanische Architekturzeitschrift einmal als »Rampe der Kreativität« bezeichnet hat. Mit seiner sich nach oben weitenden Freitreppe zum Flachdach, das der Schriftsteller und Freigeist Curzio Malaparte mit seinem Rennrad befuhr, steht das Objekt – irgendwo zwischen Bauhaus- und Pharaonenarchitektur – in der Einsamkeit der Felsen und der Pinien wie eine Sprungschanze hoch über dem von unten leuchtenden Blau, zur Sonne und nach Afrika ausgerichtet. Malaparte hatte diesen Traum einst für sich gebaut. In der großen Halle konnte er nicht nur durch weite, sprossenlose Fenster, sondern auch durch den Kamin und die Glasscheibe hinter der Feuerstelle direkt auf die hoch aufragenden Klippen der Faraglioni, eines Wahrzeichens der Insel, blicken. Gibt es eine Steigerung des Schönen?

Kunsttherapie war eines der Themen, die der Münchner Kunstprofessor Hans Daucher hier auf Capri anbieten konnte. Zwei Jahrzehnte lang fuhr er jedes Jahr für mehrere Sommerwochen mit seinen Studenten, vorwiegend weiblichen, und mit einigen die Kosten übernehmenden Gästen in dieses betörende Ambiente. Die Villa Malaparte gehörte damals einer Stiftung von Vasco Ronchi, dem Erforscher der Optik, also des Lichts und seiner Brechung. So kam es auch einmal zu einem kleinen, sehr intensiven Symposion zum Thema »Lux et lumen« über Licht und Sehen, und zwar zum neuronalen Zusammenspiel des Augenlichts mit dem Hirnforscher Wolf Singer, zur Emotionalität des Schauens mit dem klinischen Psychologen Dieter Vaitl, zum Bild-Gedächtnis mit dem Kreativgeist Mario Lazzeroni, mit dem Gastgeber Hans Daucher zu Bild und Abbild, mein Thema war Film und Fernsehen als Manipulation der Realität.

Als die Villa Malaparte für kunsthistorisch-literarische Archivarbeiten an eine Stiftung anderweitig langfristig vermietet wurde, gelang Hans Daucher mit seinem Lehrstuhl für Kunstdidaktik von der Uni München das Malen und Reflektieren schließlich weiter in der schlossartigen Villa Lysis, nach ihrem Erbauer auch »Villa Fersen« benannt. Über dem obersten Absatz der tempelartigen Freitreppe prangte in goldenen Lettern wie ein Fries die Inschrift: AMORI ET DOLORI SACRUM, »Der Liebe und dem Schmerz geweiht«. Hier lebte, liebte und litt sein Gestalter, ein junger Graf schwedisch-französischer Abstammung, bis zu seinem Freitod 1923 in der Grotte dieses steinernen Traums. Dieses Gebäude mit Blick auf den Vesuv und in den Golf von Amalfi liegt unterhalb der Villa Jovis, der mächtigen Sommerresidenz römischer Kaiser, und war als »Spukschloss« in der Folgezeit verfallen, bis sich die Gemeinde Capri zum Wiederaufbau entschieden hatte, um es für kulturelle Zwecke zu nutzen.

Unten an der Marina Piccola, abseits der Trubels auf einer Steinplatte liegend, meditierte ich eines Tages ins Meer, in die auf die Klippen aufschlagende Brandung und in die sinkende Spätnachmittagssonne, während meine Gedanken wieder und wieder um das Phänomen kreisten: Schönheit – was ist das? Woher kommt sie? Brauchen wir sie?

Da dämmerte in mir beim ungerichteten Schweifenlassen der Gedanken etwas Vielschichtiges über Werden und Vergehen, über Sein und Wahrnehmen. Vielleicht hatte auch etwas in den Tiefen meines Unterbewusstseins in den vielen Jahren als Wissenschaftsjournalist Form angenommen, hatte zu blinken begonnen im Gegenlicht am Mittelmeer und wollte gefischt werden. Ich empfand jedenfalls ein wohliges Heureka, ein »Ich hab's«: Nachdenken über die Schönheit ist wie das gleißende und tanzende Licht in der Spiegelung des Wassers, ist Reflexion. Schönheit ist anziehend, ist harmonisierend, ist ein Gleichklang eigener Empfindung mit dem Klang des Gesehenen oder Empfundenen.

Schönheit ist das Dazwischen, sie ist Kommunikation, sie ist die Botschaft zwischen Sender und Empfänger, sie ist die Attraktivität, die eine Beziehung zwischen Beobachter und seinem wahrgenommenen Gegenüber voraussetzt. Die Polarität zweier Subjekte oder eine Subjekt-Objekt-Beziehung, auch die zwischen zwei Objekten, ist, wie wir sehen werden, die Vorbedingung. Es gibt keine Attraktivität ohne eine Dualität, ohne eine gerichtete Polarität. Diese beiden wechselwirkenden Antagonismen müssen existieren, jeweils entstanden durch eine rätselhafte Kraft, die alles antreibt: die Kreativität.

Ich kramte nach einem Stück Malkreide in meiner Westentasche und skizzierte auf einem Stück Karton meine Gedanken in umgekehrter Reihenfolge:

KREATIVITÄT – POLARITÄT – ATTRAKTIVITÄT

Das Wort – REFLEXION – setzte ich sogleich noch dahinter, denn ohne das tanzende Licht auf dem Wasser und seine Spiegelung in meinen Gedanken wäre es nicht zur Reflexion dieses Dreisprungs gekommen. Das war vor 15 Jahren und ließ mich seitdem nicht mehr los.

In einem Kurzfilm für meine TV-Reihe *Perspektive. Das Gesellschaftsmagazin* setzte ich bald darauf bildlich und textlich um, was ich mir damals darunter vorstellen konnte. Aber das Thema gärte weiter und verlangte nach gründlicherer Analyse. Die lange Zeit des Wartens war auch eine des Wägens, ob der Ansatz fruchtbar sei, gedanklich spielte ich ihn immer wieder durch und probierte ihn aus. So ist, was ich jetzt darzulegen versuche, eine persönliche Sicht zum Verhältnis von Entwicklung und Schönheit, vielleicht ist sogar eine vereinfachte Vorstellung von einem Grundgesetz der Evolution entstanden, wie man sie nicht errechnen, aber empfinden kann.

Dieses Grundgesetz lässt sich auf nur vier Artikel reduzieren: die Prinzipien von Kreativität, Polarität, Attraktivität und unserer Reflexion hierüber. Sie differenzieren sich aus dem Evolutionsgeschehen heraus. Das hier wirksame Beziehungsgeflecht ist natürlich ein weites Feld, für das hier schon im Interesse angenehmer Lesbarkeit eine enge Begrenzung der Darstellung gefunden werden will. Allerdings: Wenn die Argumentationslinie den Gedankenstrang mit der logischen Abfolge der vier Grundprinzipien deutlich herauszuheben hat, müssen die Naturwissenschaften diesen auf die Probe stellen und härten, das jedoch ohne belästigende Belehrung, die mir ohnehin nicht zukommt. Und schließlich werden Sie, liebe Leserin, lieber Leser, spüren, dass mich in diesem Rahmen auch ein paar Steckenpferde reiten, in den Regenwald Amazoniens, in das dort und überall untergehende Weltwissen, in die Entstehung von Bewusstsein, also die Menschwerdung, oder in die Gefahren vermeintlicher Mainstream-Wissenschaft und die Notwendigkeit eines Umdenkens.

Und um ein Missverständnis von vornherein auszuschließen: *Gesetzmäßigkeit bedeutet nicht eine umfassende Kausalität* und folglich Festlegung der Abläufe, sondern sie findet sich in Kausalitätsketten ohne Zahl in Wechselwirkungsprozessen, die sich auf Grundmuster zurückführen lassen. Diese eröffnen Freiheiten und Freiräume für Natur und Mensch, öffnen die Zukunft und fordern unsere Reflexion heraus, die Neugier und den Forscherdrang. Sich dem Wesen der Natur zu nähern erhebt das Staunen zum Bewundern und verrät doch etwas Fundamentales, nämlich: dass Muster wiederkehren.

Ausgangspunkt für dieses Buch war also das Nachdenken über Schönheit. Sie ist in ihrer Eigenschaft als Attraktivität der Schlüssel zum Erschließen verwirrender Komplexität. So ist also die hier eingeschlagene Richtung nicht, »das Schöne« in allen Facetten auszuleuchten und in ihren Tiefen auszuloten, wie das Philosophen, Kunsthistoriker, Künstler und Literaten seit zweieinhalb Jahrtausenden unternehmen. Hier soll die *Funktion* der Schönheit und diese, weiter gefasst, als Attraktivität innerhalb der Evolution erkennbar werden. Es soll also um unsere Wahrnehmung gehen und darum, welche Schlüsse wir daraus ziehen. So wie uns das Friedrich Nietzsche bereits riet: Die Kunst verführe, den Wert des Lebens auch zu leben, die Wissenschaft mahne, das Leben zu erkennen.

Das Ergebnis dieser Betrachtung versteht sich also nicht als Resultat eines streng wissenschaftlichen Prozedere, sondern ist aus einer Mischung aus *Denken, Fühlen, Empfinden und Intuition* gefunden, den vier Erkenntnisquellen, die uns Carl Gustav Jung einzusetzen empfiehlt. Schon gar nicht kann und will die Präsentation im streng formalen Sinn eine wissenschaftliche Arbeit sein. Dazu müssten wenigstens zwei Voraussetzungen erfüllt sein: Die Literatur eines relativ begrenzten Gebiets müsste einigermaßen umfassend ausgewertet und dann nach spezifischen Ordnungskriterien zur Gewinnung einer neuen Aussage aufbereitet werden. Bei der Spannweite des Themas ist das erste Kriterium seriös nicht zu leisten, doch ist diese Anschauung der Welt in enger Verknüpfung mit wissenschaftlichen Quellen und wissenschaftlichen Vertretern unterschiedlicher Disziplinen erarbeitet worden.

Ein anderer Hinweis betrifft ein generelles Problem: Wir alle unterliegen unseren *Vorurteilen*. Quer durch sämtliche Forschungsrichtungen zeigt die Erfahrung, dass Wissenschaftler im Durchschnitt nicht weniger voreingenommen sind als etwa Richter, Lehrer oder Berufskritiker. Die Interpretation von Forschungsergebnissen ist – neben den meist ökonomischen Interessen – abhängig von weltanschaulichen Stereotypen. Letzteres muss, bei allem Bewusstsein um diese Gefahr, auch die vorliegende Arbeit gegen sich gelten lassen. Ich meine, so viel dazu sagen zu können, dass sich das vorgeschlagene Betrachtungsmodell im offenen Suchen eingestellt hat und dass für das Erkennen und die nachfolgende Verifizierung die Faktenlage maßgeblich war: Die Bestätigung dieses Modells als Ergebnis der Anschauung der Welt muss den Erkenntnissen der Naturwissenschaften entsprechen. Nur dadurch wird es auch gehärtet. Ganz so, wie das Immanuel Kant zu Recht einfordert: Philosophie ohne den »Widerhalt« in der physischen Welt bringe den Verstand nicht von der Stelle. Das vertiefen wir im nächsten Kapitel.

Als akademische Disziplin betreibt die Philosophie Wissenschaft im formalen Sinn mit möglichst viel an verarbeiteten, vor allem historischen Quellen und trägt die Lehren der Philosophen, auch im Vergleich zueinander, weiter. Die Philosophen selbst haben »lediglich« beobachtet, reflektiert und logisch abgeleitet. Sie haben gespürt, was der Naturwissenschaftler und Philosoph René Descartes (1596–1650) in seinen berühmten Leitspruch fasst: *»Cogito, ergo sum«* – »Ich denke, wäge ab, zweifle, also bin ich«. Das ist Selbstvergewisserung und Selbstverwirklichung. Gönnen wir uns deshalb einen kurzen Blick auf einige Denkmodelle.

3. NATUR UND GEIST UND DER CARTESIANISCHE IRRTUM

Descartes' rationalistisches Denken, als »Cartesianismus« bezeichnet, bildete die Grundlage seiner Philosophie. Neben der Selbstvergewisserung durch das Denken hat er originär auch seine Idee, den sogenannten »Cartesianischen Dualismus«, in die Metaphysik eingebracht: Mit der Materie und dem Geist, mit dem Menschen als bewusstem Wesen und »denkendem Ding« einerseits und der anderen, nicht denkenden Welt andererseits, stehen sich zwei voneinander verschiedene »Substanzen« gegenüber. Mit der Isolierung des Geistes aus der Natur, in die der Mensch ja mit dem ganzen Körper eingebunden ist, verliert jedoch Descartes' Idee die Bodenhaftung. Diese scharfe Trennung wirkt mit ihrer Unterscheidung von Natur und Geist und den dazugehörigen abgeschotteten wissenschaftlichen Disziplinen bis in die Gegenwart nach. Schlimmer noch: Sie suggeriert unterschwellig die Verschiedenartigkeit von Natur und Mensch und hat damit auch Anteil an einem vermeintlichen Gegensatz beider – ein Missverständnis, bei dem mit der Natur auch wir Schaden nehmen.

Isaac Newton (1643–1727) vertrat eine andere Art von Dualismus, den er in der Natur allein fand: die aktiven immateriellen »Kräfte der Natur« stehen für ihn in Wechselwirkung mit der »passiven Materie«. Bei der Frage, ob das wirklich Materie ist, was ich anfassen kann, oder etwa »nur« ein Kräftefeld, ob die Bestimmung und Benennung vielleicht von meiner Versuchsanordnung abhängt, ob das Beobachtete ein Teilchen ist oder eine Welle, erweist sich auch die Newton'sche Trennung als obsolet. Solch scharfe Unterscheidungen in Kräfte und Materie oder – noch gravierender – in Geist und Natur wie bei Descartes haben das Denken und das Forschen fatal in solche Aspekte aufgespaltet, die bis heute die Wissenschaftslandschaft prägen.

Arthur Schopenhauer (1782–1860) sah demgegenüber in der

Welt als Wille und Vorstellung eine äußere Kraft, die ständig antreibt und die doch nicht von unserem Geist losgelöst ist. Der von Schopenhauer geschmähte Georg Friedrich Wilhelm Hegel (1770–1831) reduziert alles Existierende auf diesen Geist, ohne die Fülle des Erfahrbaren zu missachten. Damit steht er ganz nahe bei denjenigen unter den modernen Naturwissenschaftlern, die das Vorhandensein von Materie überhaupt leugnen (um vorwegzunehmen, was wir zur Materie später überlegen werden). Wer so denkt, denkt, dass im Urgrund eine Form des Denkens ist – als Geist oder Wille oder Gesetz der Natur oder schlicht als Information. Bei dieser Sicht erweist sich die Wirklichkeit als immateriell. Der Raum der Vorstellung verschränkt sich mit der Realität. Das Reflexionsprinzip holt sich selbst ein.

4. AUF DER SUCHE NACH DER WELTFORMEL

Gibt es eine Formel, nach der alles funktioniert? Wie sollte man vorgehen, um sie zu finden?

Unsere Werkzeuge, alle Technik und jedes stimmige Sozialverhalten sind das Ergebnis des Ziehens von Schlüssen aus Beobachtungen, die wir verallgemeinern können. Im Lebensalltag leistet dies auch das, was wir »Erfahrung« nennen. Dem ganz entsprechend ist Ziel aller Wissenschaft die Beobachtung und Analyse der vielfältigsten Zusammenhänge, die Bewertung der Bedeutung ihres jeweiligen Wirkmechanismus und daraus folgend die Klassifizierung in einem System. Weil es dabei immer auf eine angemessene, das heißt auch repräsentative Reduzierung der beobachteten Phänomene ankommt, auf zulässige Verallgemeinerung, verhilft solche Reduktion der Komplexität zu Verständnis und zu Nutzanwendung.

Auf der Suche nach der Weltformel sind ganze Bibliotheken entstanden, obwohl das Ergebnis doch immer sehr prägnant ausfallen sollte. Aber da gibt es Skeptiker. Paulo Coelho, ein Mystiker unter den modernen Schriftstellern, lässt den Begleiter und Berater seines Pilgers auf dem Jakobsweg für diejenigen beten, die den Kosmos auf eine Erklärung reduzieren und den Menschen zu einem Wesen mit Grundbedürfnissen machen, welche befriedigt werden müssen. Solche Pragmatiker würden nie die Sphärenmusik hören, lässt der Dichter den Begleiter sagen. Zugang zum wahren Wissen gelinge nicht nur gelehrten Menschen, die über die Zeit und das Geld verfügen, um teure Bücher zu kaufen. Das wäre sonst ungerecht eingerichtet. Den wahren Weg zur Weisheit erkenne man an drei Dingen: an Agape, also der Nächsten- und der Gottesliebe, an praktischer Anwendbarkeit des Erfahrenen und schließlich an der Möglichkeit für jeden, den Weg zur wahren Weisheit zu gehen.[2] Wo allerdings der Weg zur Weisheit »Philosophie« heißt, kennt diese Strecke, wie jede wissenschaftliche Disziplin, Methoden des Voranschreitens, Orientierung und Richtung, Traditionen und Schulen. Der Philosoph Martin Heidegger wollte sich nach seinem großen Wurf von *Sein und Zeit* (1927) mit der Selbstbezeichnung als »Denker« während des »Dritten Reichs« über die Philosophen erheben. Doch das »Denken« kann er nicht in dieser exklusiven Weise besetzen, denn es ist ein Jedermannsrecht und eigentlich auch eine solche Pflicht. Der Weg des Denkens und des Gewinnens von Weisheit beginnt gewissermaßen bei Kilometer Null. Man darf nur nicht dorthin zurückkehren. Diese Gefahr besteht aber, wenn unsere »Rationalität« statt der Vernunft der Wegweiser ist, wie unser letztes Kapitel aufzeigen wird. Das wäre nicht weise.

Die Welttheorien kombinieren?

Gelehrten Menschen ist der Weg der Weisheit nicht versperrt. Auch Stephen Hawking sieht die Chancen für eine Weltformel skeptisch, aber aus einem anderen Grund als der Begleiter des Pilgers: Die Physiker würden das Problem in einzelne Segmente zerlegen und Teiltheorien ausarbeiten. Jede dieser Teiltheorien beschreibe eine eingeschränkte Klasse von Beobachtungen und treffe jeweils nur über sie Vorhersagen, wobei die Einflüsse anderer Größen vernachlässigt würden. »Vielleicht ist dieser Ansatz völlig falsch«, meint Hawking. »Wenn im Universum grundsätzlich alles von allem abhängt, könnte es unmöglich sein, einer Gesamtlösung näher zu kommen, indem man Teile des Problems isoliert untersucht.«[3]

Dabei hat er auf dem Weg zu der großen, vereinheitlichten »Grand Unified Theory« (GUT) drei Teiltheorien im Auge, die durchaus gewisse Fortschritte der Erkenntnis erbracht haben: die Newton'sche Schwerkrafttheorie, die Quantenmechanik mit ihren Aussagen zur atomaren und subatomaren Ebene und die allgemeine Relativitätstheorie, welche die Gravitation als Verwerfung der Raumzeit durch die in ihr enthaltene Masse und Energie beschreibt und sich auf große Distanzen bezieht. Leider seien Quantenmechanik und Relativitätstheorie nicht miteinander in Einklang zu bringen, meint Hawking. »Sie können nicht beide richtig sein.« Hawkings Suche gilt dennoch einer Verbindung in einer »Quantentheorie der Gravitation«. Wenn man der Meinung sei, das Universum werde nicht vom Zufall, sondern von bestimmten Gesetzen regiert, müsse man die Teiltheorien zu einer vereinheitlichten und vollständigen Theorie zusammenfassen. Den Weg zu dieser Formel über die notwendige »Quantifizierung von Feldtheorien« nennt der Quantenphysiker Thomas Thiemann »Suche nach dem Heiligen Gral« und scheut wie andere Physiker auch keineswegs die mystische Metapher.[4]

Ob diese Suche je erfolgreich sein wird, ist höchst fraglich. Unser Denken stößt schon bei der Unterscheidung von Geist und Materie, von Welle oder Teilchen auf unüberwindbar scheinende Schwierigkeiten. Und es geschehen um und mit uns Dinge, die wir nicht fassen können. Unsere Hardware mit ihren fünf Sinnen und dem dazugehörigen Verarbeitungsorgan Gehirn lässt nur eine beschränkte Wahrnehmung zu. Unsere Antennen sind für die Erkenntnis und für die geistige Durchdringung des Weltgeschehens zu grob. Uns sind schon viele Tierarten in ihrer sinnlichen Wahrnehmungsfähigkeit weit überlegen.

Helfen Subtheorien?

Der weltweit agierende österreichische Wissenschaftstheoretiker Paul Feyerabend schreibt im Vorwort zu *Die Selbstorganisation des Universums,* dem Buch seines Landsmanns, des Astrophysikers Erich Jantsch, den Wissenschaften liege der »Rationalismus« zugrunde, der durch sein Zerlegen nicht nur die Einheit des so Getrennten verkenne, sondern auch die Gesetze von den Elementen trenne: »Nicht die innere Natur der Elemente, sondern ein ihnen von außen auferlegter Zwang bestimmt damit ihr Verhalten.«[5] So ist es. Doch um die Wissenschaft einmal vor dem berechtigten, aber auch wohlfeilen Vorwurf des engen Blicks in Schutz zu nehmen: Wie soll sie denn anders vorgehen, als zunächst unter dem Mikroskop herumzustochern, zu versuchen, die Umrisse der Puzzleteile zu erkennen und sie schließlich passgenau zusammenzufügen?

Mit großem Aufwand und persönlichen Anstrengungen suchen Makroökologen in der Klimaforschung und in den Biosystemen von Regenwald, Gewässern oder Bergwiesen nach einer einheitlichen Theorie für ihre schier unendlichen Beobachtungen, die sich dann auf eine mathematische Formel zurückführen lassen sollte. Die Biologen nehmen an, dass sie bislang weniger als ein Fünftel aller Lebewesen entdeckt haben. »Man kann ein ganzes Leben mit einer Entdeckungsreise um einen Baumstamm herum verbringen«, sagt E. O. Wilson, dem wir als Evolutionsbiologen noch begegnen werden. Einige Mathematiker sind optimistisch und glauben, dass man auch ohne Kenntnis von letztlich allen Variablen der Biosphäre Prognosen für Wetter und sogar Klima errechnen könnte. Man bekommt eine Ahnung, wie weit der Weg von der Empirie zur Mathematik noch ist. Vordenken im großen Raster vor dem Hintergrund ausgewählter, weil erkannter Fakten en détail – geht das?

Mathematik oder Sprache?

Wenn zu konstatieren ist, dass sich die beiden großen Naturformeln der Einstein'schen Relativitätstheorie und der Quantenphysik gegenseitig ausschließen und man eine Verbindung zwischen beiden suchen müsse, obwohl nicht beide richtig sein können, und ein sensibel philosophierender Literat wie Coelho solches Vorgehen überhaupt ablehnt, kann sich doch eine Frage aufdrängen: Lässt sich eine »Weltformel« statt in der Sprache der Mathematik vielleicht nur in Worten ausdrücken, in bewundernden Begriffen mit dennoch hoher Reduktion? Und was hätte eine solche »verbale Weltformel« dann mit Schönheit und Vernunft zu tun?

Es wird sich im Verständnis der Attraktivität (IV.), der Reflexion (V.) und der Rationalität (VI.) erweisen. Und auch darin: Unser Empfinden und Denken wird durch die Gesetzmäßigkeiten des Überlebens determiniert. An dieser Stelle kommt die Darwin'sche Formel zum Zug: Das Überleben der am besten Angepassten bedeute, dass einige besser als andere in der Lage seien, die richtigen Schlussfolgerungen über die sie umgebende Welt zu ziehen und danach zu handeln. Diese Fähigkeit hat die Menschen aus der übrigen Fauna herausgehoben und den Globus erobern lassen, sie enthält in ihrer gnadenlosen Logik aber auch den Kern der Selbstzerstörung.

Ebenso kann uns die Vernunft mit den richtigen Schlussfolgerungen vor diesem Szenario der Selbstzerstörung bewahren. Ein Schlüssel hierzu liegt in der Erkenntnis, dass wir in die uns umfassende Gesetzmäßigkeit eingebettet sind, ob wir nun in der Lage sind, sie als physikalische Weltformel zu finden oder nicht. Das ist Bescheidung. Das wäre vernünftig, und es wäre schlicht schön.

Und wer mehr will, den holt Francis Bacon auf den Boden zurück: »Wir können die Natur nur dadurch beherrschen, dass wir uns ihren Gesetzen unterwerfen.« Doch dazu müssen wir sie erkennen.

So schließen sich Bescheidung und Entdeckerlust nicht aus. Die Wissenschaften finden viele und immer mehr individuelle Gesetzmäßigkeiten in ihren Disziplinen, dennoch zeichnen sich aufschlussreiche gemeinsame Konturen und Strukturen von Zusammenhängen des Werdens und Vergehens deutlich ab. Eine zentrale Gesetzmäßigkeit findet sich im strukturellen Aufbau des Universums, in Materie, leblos wie lebendig, und sogar in zeitlichen Verläufen, etwa kreativen Prozessen – eine Vorstellung, die unsere Suche nach dem Gemeinsamen beflügelt.

Die fraktale Welt

Der Blick durchs Mikroskop ergibt Kenntnisse im Detail, der Blick durchs Teleskop lässt uns staunen über unseren Ort im All. Beide Sichtweisen vermitteln Überblick mit der Möglichkeit von Einordnung und Bewertung. Dabei sind strukturelle Ähnlichkeiten von Mikro- und Makrokosmos überdeutlich. Das Kleine steckt im Großen.

Dass die Welt fraktal aufgebaut und von »Selbstähnlichkeit« großer und kleiner Strukturen geprägt ist, stellt der Physiknobelpreisträger Gerd Binnig in den Mittelpunkt seiner metaphysischen Überlegungen.[6] Grundlage ist bei ihm die in mathematischen Formeln ausdrückbare Fraktaltheorie der Geometrie von Benoît Mandelbrot, die zunächst auf zeitlose Strukturen blickt in der uns umgebenden Welt: »Fraktal« bedeutet das »Gebrochene«, »Ausgefranste«. Die Kurvigkeit oder »Rauheit« einer Küstenlinie aus der Satellitenperspektive findet sich im Verlauf des Strandes und im Rand des Sandkorns wieder. Man kann als Riese einen Küstenabschnitt mit wenigen Schritten grob abschreiten. Auch als Schwimmer, der alle Buchten entlangkrault, kommt man irgendwann ans

Ziel. Will man sich als Ameise um jeden Stein, ja als Kleinstlebewesen um jedes Sandkorn herumbewegen, um irgendwann zum Endpunkt zu gelangen, ist man verloren, denn diese Linie tendiert gegen unendlich; das gilt selbst bei kurzen Entfernungen.

Mandelbrot wandte diese Beobachtung auf immer komplexere Strukturen wie Wolken oder das Gehirn an. Seine Algorithmen ermöglichten auf Heimcomputern wunderlich verschlungene Grafiken mit unendlich oft wiederholter Regelmäßigkeit, so etwa sein berühmtes Muster eines Apfelmännchens. Mandelbrot sagte dazu: »Jeder Teil des Ganzen sieht selbst aus wie das Ganze, nur kleiner.«

Binnig übertrug diese mathematische Idee auf räumliche Strukturen, auf zeitliche, ja letztlich auf die gesamte uns umgebende Natur. Der Eigenbeobachtung dieses Phänomens sind kaum Grenzen gesetzt, wenn man sich dafür einmal sensibilisiert hat. Ein Moos, mit der Makrolinse aufgenommen, könnte man für Urwald halten, einen kantigen Stein im Foto könnte man sich als Felswand vorstellen. Der kanadische Physiker Hubert Reeves sieht die Natur strukturiert wie die geschriebene Sprache: Buchstaben stecken in Wörtern, diese in Geschichten, die in Büchern, die wiederum in Bibliotheken.

Indem Binnig nun seine fraktale Sicht der Selbstähnlichkeit von Strukturen der Materie in zeitliche Strukturen einbringt, findet er die Selbstähnlichkeit in der evolutionären Abfolge, in deren physikalischen und chemischen Prozessen, ja auch in den sozialen Systemen, ebenso in Sprache oder in Entscheidungen. »Materie, Leben und Intelligenz waren und sind offenbar fähig zur Evolution. Das jedenfalls haben sie gemeinsam. Und wenn man nach weiteren Gemeinsamkeiten sucht, fragt man sich nach kurzer Zeit, ob es nicht mehr Ähnlichkeiten als Unterschiede gibt und ob diese Ähnlichkeiten nicht in Wahrheit Selbstähnlichkeiten darstellen«, schreibt er in *Aus dem Nichts. Über die Kreativität von Natur und Mensch*.

Diesem Erkenntnisansatz begegnen wir auch gleich bei den einzelnen Evolutionsschritten in einer von Binnig dargestellten

Evolutionspyramide: Der Raum als untere Ebene hat sich zur Materie verdichtet, ohne dass aller Raum Materie geworden wäre. Die Materie hat auf höherer Ebene dieser Stufenpyramide das Leben entlassen und dieses wiederum, eingeengt auf die Menschheit, die Intelligenz hervorgebracht. Binnigs Pyramide ist nach oben offen, denn die Evolution bleibt nicht stehen. Der Kern der Idee: In jeder evolutionären Stufe stecken alle Elemente der vorhergehenden.

Die Vision des Philosophen und Theologen Teilhard de Chardin über die Weiterentwicklung dieser Pyramide hin zum Endpunkt Omega werden wir beim Reflexionsprinzip erörtern. Dieser Stufenpyramide der Evolution möchte ich unter die Ebene des Raums noch als Basis die Energie schieben, die den Urknall ausgelöst hat. Und mit ihr die Naturgesetze?

Der Wiener Ludwig Wittgenstein betrieb zu Beginn des 20. Jahrhunderts zunächst technische und mathematische Studien, dann philosophische. In seinem *Tractatus,* erstmals veröffentlicht 1921, stellt er die Frage nach der Realität und kommt zur Antwort: »Die Welt ist die Gesamtheit der Tatsachen.« Sachverhalte und Tatsachen bilden die Substanz der Welt, dabei lassen sich alle komplexen Sachverhalte auf einfache zurückführen. Obwohl er so metaphysisch denkt, bezieht Wittgenstein diese Idee nur auf die Tatsachen der Natur und hält Fragen über philosophische Sachverhalte für Unsinn. Aber ist er nicht ein Vertreter der fraktalen Welt und Philosoph?

Schon Aristoteles hat auf Platon fußend den Baum, die Äste und die Zweige auf ähnliche Weise verglichen. Weil ein griechischer Gelehrter, ein gewisser Herr Porphyrios, im dritten vorchristlichen Jahrhundert diesen Gedanken überlieferte, steht der »porphyrische Baum« wie folgt da: Der Baum verkörpert die Welt, und der Stamm dabei das Sein. Dieses teilt sich in den Ästen in Materielles und Nichtmaterielles, das Materielle dann in Fühlendes und Nichtfühlendes, und das Fühlende verzweigt sich in Denkendes und Nichtdenkendes, Mensch und sonstige Fauna. In Ansätzen hat die Philosophie offenbar alles schon einmal angedacht. Binnig referiert die Vorstellung dieses Baums unter bescheidener Bezugnahme auf seinen ihn inspirierenden Lateinlehrer und verknüpft beide Denkweisen, die vom Baum und die der fraktalen Regelmäßigkeit der Geometrie, auf der Höhe seiner Erfahrung kreativ.

Dass ein renommierter Physiker vor dem Hintergrund seines Wissens und seiner Erfahrung unbeschwert darauflos denkt, hat ihm mancher in der Zunft übel genommen. Der wissenschaftliche »Betrieb« setzt nämlich aufs Reproduzieren von Bekanntem, aufs Zitieren, Umwälzen und massenhafte Publizieren – und dabei auf abgrenzende Fachsprache –, aber zu wenig auf Ausprobieren und neugierige, mutige geistige Expedition. Das wirkt dann bis auf Erziehung und Schule zurück und auf den Spaß am Lernen. Auch so viel vorab zum Thema Kreativität. Bei der Darstellung von Binnigs Fraktaltheorie im Film musste sich der Filmemacher den Vorwurf redaktioneller Konkurrenz anhören: »Wir zeigen, wofür er den Nobelpreis erhielt, aber der filmt dessen Privatphilosophie.« Doch das mit seinen Erfindern ausgezeichnete Rastertunnelmikroskop, das erstmals Atome sichtbar machte, war ein Produkt auf der Basis höherrangiger Erkenntnis und entsprechend kreativer Verfahren.

Alles Kleine steckt im Großen, stellt der Physiker fest. Wir werden noch darstellen, wie auch alles Große ohne Zauberei bereits im Kleinen steckt. So ist die Fraktaltheorie ein fruchtbarer Boden für die hier vertretene Theorie von der Attraktivität, die die Welt vom Kleinsten bis zum Größten zusammenhält.

5. ENTDECKERLUST, ODER: CUPIDO – ERGO SUM

»Entwicklung« ist das Zauberwort unserer Welt. Wir erleben seine Umsetzung in jedem Frühling mit allen Sinnen. Entwicklung gebiert Neues. Wir nennen das Kreativität. Dieser Begriff ist für uns verbunden mit der physikalischen, chemischen und dann der biologischen Evolution, schließlich auch mit unserer sozialen Entwicklung und unserem geistigen Potenzial. »Mit Natur und Geist« ist man verführt fortzufahren, doch der Geist ist Teil der Natur. Und was noch viel aufregender ist: Die Natur mit ihren Bausteinen Materie und Energie ist ein Teil des Geistes.

Wie aber kommt der Geist in die Welt? Er war schon da, als Materie und Energie ihre Wirkung entfalteten. Er hatte die Gestalt der Naturgesetze. Diese sind weder Materie noch Energie, jedoch unbestreitbar informationell von Anbeginn vorhanden. Vielleicht nur als Nukleus, der sich entwickelt hat wie die Elemente und die Kräfte. Aber der Geist war da. Der Geist, der sich in Materie, Energie und daraus entstehendem Leben konkretisiert.

Dahinter liegt eine Matrize. Oder sagen wir vielleicht besser: Davor steht als Auslöser des Urknalls, wenn es ihn als singuläres Ereignis überhaupt gegeben hat, ein Grundgesetz der Evolution. Wird eine mathematische Weltformel diese Komplexität je fassen können? Ich vermute: nein. Man darf, man *muss* aber versuchen, Prinzipien dieser Evolution schon in deren Schoß zu erkennen.

Alle drei – Geist, Materie und Energie – haben sich wechselwirkend zu dem vorgearbeitet, was wir heute *er*-leben dürfen. Das nennen wir die Kreativität der Evolution. Und ihr Motor? Die Lust. Es liegt die Lust unserer Eltern unserem Leben ja zugrunde, es ist die Lust, die durch Mutationen die Vielfalt der Arten der Pflanzen und Tiere hervorbrachte, ja, es ist auch die Lust der Atome, als Elemente sich zu Molekülen zu verbinden oder zu immer neuen Arten von Elementen zu mutieren. Binnig sagt: »In einem Stein sind alle Wunder dieser Welt.«

Auch ich bin nicht nur, weil ich denke, sondern vor allem, weil ich Lust darauf habe zu sein. Und auch weil alle meine Ahnen Lust hatten, mich werden zu lassen. Und ich tue – mit den lebensbegleitenden Einschränkungen –, was die Lust mir sagt. Auch als Substantiv ist die Begierde wirksam: *Cupido – ergo sum.*

6. RATIONALISIERTES UND MUSISCHES DENKEN

Schönheit hat viele Dimensionen und spricht unser neuronales System vielfältig positiv an. Ließe sie sich ohne Weiteres begreifen, gäbe es nicht so viele Definitionen und Abhandlungen über sie. In den meisten Sprachen ist die Schönheit übrigens weiblich.

Sprache setzt Denken voraus. Denken ist aber lediglich eine Funktion des Gehirns. Wissenschaft legitimiert meist nur diese Funktion, obwohl sich sensible Mathematiker und Naturwissenschaftler auch an der Ästhetik einer gefundenen Formel berauschen können. Der Zwang aber, alles auf Begriffe zu reduzieren, verengt unsere Kommunikation und verzerrt die Wirklichkeit. Vermutlich ein Grund, warum Wissenschaft überall an Grenzen stößt. Auf jeden Fall aber eine Ursache dafür, dass unsere Welt ästhetisch und emotional verarmt in Ansicht und Handeln.

So stellt der Zwang zur Begrifflichkeit generell einen Hemmschuh für die sprachliche Kommunikation dar. Tonfall, Mimik, Bewegung, Tanz, Berührung, Gestaltung in Spiel, Schauspiel, Musik, Malerei, Architektur, Design … So viele Kommunikationsformen gibt es, wie unser Gehirn an Funktionen bereithält.

Der erwähnte Freund und Kunstprofessor Hans Daucher, der mich zu fast einem Dutzend kleiner und größerer Filmbeiträge inspirierte, hat sich ein Berufsleben lang zur Spaltung der Hirnaktivität und der unterschiedlichen Mitteilungsmöglichkeiten kritisch geäußert: »Worte teilen Wörter mit und nicht die Sache.« Wenn Wissenschaft Gefühle und Eindrücke wegrationalisiert, wird aus frisch sprudelndem, perlenfunkelndem Wasser eben H_2O. Hans Daucher unterschied deshalb zwischen künstlerischem und rationalisiertem Sehen. Denken dürfe nicht nur als inneres Sprechen geschult werden. Der Unterschied von rationalem und bildhaftem Denken müsse in der Bildungspolitik erst einmal ankommen, um die Chancen beider für die Kreativität zu nutzen. Stattdessen imitiere der reduzierte Kunstunterricht oft wissenschaftliche Fächer.[7] Dauchers letztes, noch unveröffentlichtes Buch *Laster Reinheit* weist konsequent auf die Verarmung und Verödung durch diese Vorgaben unserer Zivilisation hin.

Wir werden im Folgenden auch so bedeutenden Naturwissenschaftlern wie Johannes Kepler, Wolfgang Pauli, Max Planck oder Werner Heisenberg begegnen, die wichtige Erkenntnisse von Zusammenhängen nicht einer rein verstandesmäßigen Tätigkeit zuschreiben, sondern der Imagination, vergleichenden Analogien, ja »künstlerischem Schauen und Ahnen« (vor allem in Teil V).

Da sprachliche Begrifflichkeit zur Reduktion von Hochkomplexem, sinnlich Erfahrbarem zwingt, bleibt beim Gebrauch der Worthülse einiges auf der Strecke. Das muss der Autor natürlich auch gegen den Versuch dieser Reduktion auf vier Prinzipien der Evolution gelten lassen. Aber Anstöße hält er nicht für anstößig.

Das Labyrinth der Ismen, Isten und Ianer

Weil nur die Kombination aus logisch deduktivem und musischem Reflektieren, dem Einbeziehen also von Denken, Fühlen, Empfinden und Intuition, unserer physiologischen und psychischen Struktur entspricht, geht die vorliegende Untersuchung auch einen eigenen Weg durch den Irrgarten der Ismen und ihrer Repräsentanten, der »Isten«. Sie sieht sich diese an und versucht dabei, sich nicht von ihren Verlockungen verführen oder in ihren Fallen oder ihrem Gestrüpp verfangen zu lassen. Die Rede ist von den Naturalisten, Humanisten, Theisten, Atheisten, Monisten, Dualisten, Marxisten, Kapitalisten, Liberalisten, Evolutionisten, Neodarwinisten, Kreationisten, Funktionalisten, Strukturalisten, Relativisten, Positivisten, Idealisten, Fundamentalisten, Moralisten, Scientisten, Rationalisten oder gar Realisten, die auch alle innerhalb ihrer Gruppierungen in unterschiedlichen Farben schillern.

Ähnlich verhält es sich mit den »Ianern« als Jüngern jeweils benannter Philosophen oder Psychologen. Radikaler ausgedrückt:

Kampf dem Ismus, Denkschubladen zu Brennholz! Damit setzt sich der Autor natürlich der Gefahr aus, vor allem von Metaphysikern jeglicher Couleur angegangen zu werden. Das Risiko muss es ihm wert sein. An dieses entstehende Anschauungsmodell können Spezialisten anknüpfen und Forschungsergebnisse hinzufügen; insofern ist es offen und lädt zur Weiterentwicklung ein.

Die Abhandlung muss sich überdies den Fragen der »Ismen« stellen, wo sie den Weg kreuzen. Wir tun dies zum Beispiel bei Kapitalismus, Liberalismus und Kommunismus, bei Humanismus, Traditionalismus oder Rationalismus. Sie will dabei auch der zweiten Frage von Gretchen an Faust, der nach Gott, nicht ausweichen. Ist Gott nur Lückenbüßer für Unerforschliches oder Platzhalter für die dunklen Löcher oder weißen Flecken von Biologie, Physik und Kosmologie, bis Antworten gefunden werden, also für die heute noch unbeantworteten Fragen nach dem Wie oder für die unbeantwortbaren Fragen nach dem Warum?

Damit stellt sich auch der Sinn der Sinnfrage. Für die vorliegende Betrachtung ist Gott nicht konstituierend, denn wir versuchen, den evolutionären Ansatz zu beschreiben, ohne Gott zu bemühen. Diese »Anschauung der Welt« lädt allerdings zu persönlichen Schlüssen ein.

Denken ist nicht immer ergebnisoffen, freies Denken wäre es. Denken ist eine weiche Angelegenheit, wenn nicht ideologisch gefesselt. Naturwissenschaft kann ihre Ergebnisse durch vielfältigste empirische Methoden härten, Geisteswissenschaft hat hierfür nur eine Währung, die Logik. Die Naturwissenschaft hat die geistige Führung übernommen, weil ihr Kind, die Technik, den zivilisatorischen Prozess voranbringt. Das ist mit ein Grund, warum sich die Sozialwissenschaften abspalten und immer stärker naturwissenschaftlich gerieren; ihrem Messen und Zählen geht aber stets eine perspektivische Aufgabenstellung mit Einordnung und Wertung voraus, die leider mehr und mehr vernachlässigt wird. Die vermeintliche Überlegenheit der Naturwissenschaften verleitet oft zu einer positivistischen, zu einer Justament-Betrachtungsweise.

Beim notwendigen Versuch, Denkergebnisse mithilfe der Naturwissenschaften auf die Probe zu stellen, erweist sich jedoch nach dem Durchdringen der harten naturwissenschaftlichen Schale ein weicher Kern in nahezu allen Grundfragen – vom Urknall bis zur Materie oder von der Dunklen Energie bis zum menschlichen Gehirn und seinen Entscheidungen. Das ist so, weil es gar nicht anders geht, als sich in diesen Grundfragen geistvoll mit dem Geist auszusöhnen, der alles umfasst.

7. DIE UNVERNUNFT DER RATIONALITÄT

Menschlicher Geist spaltet sich derzeit auf in soziale Teilhabe an einem universellen, jederzeit für alle verfügbaren Wissen im weltweiten Netz und einen Akt der immer stärkeren Individualisierung und Egozentrierung durch eine vermeintliche Rationalität des Denkens und Handelns. Beides treibt die Evolution voran in eine Zivilisation, die mit dem menschengemachten Erdzeitalter des »Anthropozän« gekennzeichnet wird, weil es nun der Mensch ist, der die Umgestaltung der Welt antreibt.

Wir werden sehen, dass unsere so gepriesene Rationalität sich als missratene Tochter der Vernunft erweist. Diese individuelle wie auch strukturelle Rationalität ist unvernünftig, weil sie das Schöne jetzt und gleich haben will und damit die Grundlagen der Schönheit der Evolution zerstört. Ja, das ist Kritik am Kapitalismus, soweit dieser ungebändigt den Menschen zum Marktteilnehmer degradiert und dessen Würde aushöhlt, wie das »Die Unvernunft der Rationalität« am Ende dieser Betrachtung aufzeigt. Der Marktmensch verliert schleichend seine Freiheit, und er wirkt daran noch mit in Punktesystemen und sozialen Netzwerken. Er lässt sich entkernen und merkt irgendwann – jedenfalls zu spät –, dass er sich Individualität gar nicht mehr leisten kann. Monotonie und Konformität aber sind das Gegenteil von Schönheit.

Die Rationalität als missratene Tochter der Vernunft gebiert

Missbildungen in nahezu allen Bereichen des sozialen Gefüges, in Politik und Recht, Ökonomie und Infrastruktur, Agrar- und Energiewirtschaft, selbst in Bildung und Wissenschaft, und sie nimmt uneinlösbare Anleihen bei der Zukunft. Wo die Attraktivität der Evolution im Mittelpunkt der Anschauung steht, muss zwangsläufig ihre Gefährdung durch unsere Zivilisation Teil der Betrachtung sein.

So ist der Bogen weit zu spannen und dennoch kurz zu fassen. Die Unvernunft der Rationalität ist süchtig nach Glück und vertreibt es dabei, so wie sie gleichzeitig der Schönheit der Evolution zusetzt.

8. DIE REDUKTION

Beobachtet man den ersten Wimpernschlag der Evolution, so liegt im Urknall ohne Zweifel eine Ur-Kreativität, in der Ladung der Abstoßung oder Anziehung eine deutliche Polarität und in jeder molekularen Verschmelzung oder kosmischen Stabilisierung für alle Beteiligten eine gewisse Attraktivität.

Begriffe dienen der Verständigung. Sie sind Arbeitsinstrumente der Kommunikation. Um die Facetten des Gemeinten abdecken zu können, müssen sie eine doppelte Aufgabe erfüllen: Treffend sollen sie den Gegenstand in den Griff nehmen und auch umfassend. So tut es die »Kreativität« im materiellen und im ideellen Raum, die »Polarität« in ihrer Widersprüchlichkeit von Anziehung und Abstoßung, die »Attraktivität« in Physis und Psyche und die »Reflexion« als Widerspiegelung der Wirklichkeit im Denken und dabei der Schaffung neuer Wirklichkeit. Wir müssen uns unserer vielen blinden Flecken bewusst sein und auch des zur intellektuellen Bescheidenheit mahnenden Gedankens Immanuel Kants, wonach das Erkennen wesentliche Zutaten des erkennenden Subjekts birgt, in allen Wissenschaften, in allen Lebenssituationen. Mit solch selbstkritischer Offenheit darf und kann man dann auch zu Überzeugungen gelangen.

Diese Prinzipien der Kreativität, Polarität und Attraktivität, die im Augenblick des Urknalls schon wirksam waren, bergen in ihrem Zusammenwirken den Geist der Natur als die Fülle der Naturgesetze. Wir werden sehen, dass es gar nicht so viele gibt und sich diese letztlich zurückführen lassen auf die hier gefundenen Prinzipien. Sie sind vermutlich mit den drei Begriffen im Kern und als grobes Raster schon umschrieben. Sie mögen sich ausdifferenziert haben mit der fortschreitenden Evolution. Ob sie schon vor dem Urknall existierten? Ihr Nukleus jedenfalls muss da gewesen sein – zumindest eine logische Sekunde vorher, selbst wenn man annehmen sollte, dass der Geist ein Aspekt der Materie ist. Auch die Beständigkeit der kreativen Entwicklung deutet auf die Schlüsselfunktion des Musters der drei Prinzipien hin.

In dieser Position liegt weder eine utilitaristische noch eine teleologische Vorstellung. Sie schließt sie aber auch nicht aus. Da es kein »Vor« im Rahmen von Zeit gab, dauerte die logische Sekunde eine Ewigkeit. Denn während unendliche Zeit ein Verlauf ist, ist Ewigkeit ein Zustand. Für Gläubige übrigens tröstlich.

Die Fähigkeit der Evolution, sich in uns und durch uns zu reflektieren, bringt es ganz natürlich mit sich, dass wir unseren Platz darin suchen, erkennen und anerkennen.

9. DER BOGEN ALSO DIESES BUCHS

Bei der Suche nach Bedeutung und Funktion der Schönheit für die Welt richtet sich zwangsläufig der Blick auf den Entstehungsprozess des Universums und auf uns mittendrin: Die Attraktivität schafft es, sich aus Gegenkonstellationen zu entwickeln (Teil IV). Jeder noch so kleine kreative Schritt (Teil II) findet sofort seine Gegenbewegung (Teil III), wie beim Tanz eines Paares, das erst als harmonisches Ganzes seine Attraktivität zur Geltung bringt. Diese Entwicklung vom ersten Atom bis zum tanzenden Menschenpaar dauerte 13 820 Millionen Jahre, wie auf den Urknall zurückgerechnet wird, genauer drei Millionen Jahre weniger, denn da erst traten wir Menschen plötzlich in die Welt ein. Unser Kennzeichen, das uns aus der übrigen Tierwelt heraushebt: Bewusstsein. Die Gefahr, die wir für den Planeten darstellen: der Missbrauch dieses Bewusstseins durch eine vordergründige Vernunft, die wir für Rationalität ausgeben, aber für eigennützige Zwecke instrumentalisieren.

Damit dieser hier geschlagene Bogen hält und trägt, war es erforderlich, die Brocken zu verbinden und auszusteifen mit dem Stützmaterial aus Natur- und Geisteswissenschaften, ohne akribische Details oder in deren zelebrierter, exkludierender Fachsprache. Ein wissenschaftlichen Ansprüchen formal genügendes Werk könnte einen solchen Brückenschlag nicht leisten, müsste sich auf Bruchstücke beschränken und würde dem Erbauer Mut und Schwung nehmen. In diesem Bogen erweist sich unser Reflexionsvermögen als Link zwischen den drei Maximen der Evolution von Kreativität, Polarität und Attraktivität einerseits und unserer Zivilisation andererseits mit all den Auswirkungen vernunftgemäßen Denkens und widersprüchlichen Handelns.

Den Nachweis der Tragfähigkeit können Sie, verehrte Leserinnen und Leser, durchaus auch mit eigenen Sprüngen über den Bogen nachvollziehen und mit dem roten Faden des Inhaltsverzeichnisses jeweils zu der Position hinfinden, die Sie klären möchten. Ich mag dicke Bücher auch nur bedingt und meine, dass Sie in jedem Sie interessierenden Bogensegment das Ganze erahnen können. Das fraktale Prinzip sollte auch hier wirken.

II.
DAS KREATIVITÄTSPRINZIP
Schöpfungsmythen, Wissenschaft und wir

1. DAS RÄTSEL DER KRAFT

Nichts in der Welt ist unbedeutend.
Friedrich Schiller, *Die Piccolomini*

In wirklich allem, und sei es noch so klein, steckt der Keim von Wachstum oder von Veränderung oder von Anstoß. Diese in der Natur ruhende Kraft, die schon vom Allerkleinsten ausgeht, die Neues hervorbringen muss und jeweils zu höheren Entwicklungsstufen ansetzt, nennen wir Kreativität. »Meine Liebe gehört dem Unscheinbaren«, sagt der Schriftsteller Werner Bergengruen, »und ich bin des Glaubens, dass es ein gänzlich Unwichtiges nicht geben kann, denn jedes Geringe steht für ein Größeres. ... Das Tageslicht spiegelt sich in jedem Wassertropfen ... und aus dem unbedeutendsten Detail kann etwas abgelesen werden. Das alte Wort ›pars pro toto‹ scheint mir eine wesentliche Einsicht zu verkünden, und die Stufenleiter vom Staubkorn bis zum Herrn der Welten ist für mich die wahre Jakobsleiter ...«[1]

Mit seinem »Teil fürs Ganze« schon im Unscheinbaren ahnt auch Bergengruen das fraktale Strukturprinzip der Evolution und die Konsequenz, wonach es uns und alle anderen großen Tiere ohne das Gewimmel der unsichtbar kleinen Mikroorganismen gar nicht geben könnte. Die Vielfältigkeit ist in diesem Bild ebenfalls schon angelegt.

Die Fähigkeit, sich zu entwickeln und Neues zu schaffen (von lat. *creare* = erschaffen) muss als Schöpferkraft nicht mit religiösem Gehalt aufgeladen sein. Der Begriff Kreativität für sich genommen setzt keinen Schöpfer voraus, allerdings bewegt die Frage nach der Herkunft der Kreativität von alters her die Menschheit. Doch hat diese schon wesentliche Geheimnisse zur Funktionsweise dessen entschlüsselt, was da entstanden ist und stets neu entsteht.

Nach der Naturgesetzlichkeit ist Energie Masse mal Beschleunigung. Das sagt etwas über ihre Zusammensetzung aus, aber nichts über den Ursprung der beiden Faktoren Masse und Schubkraft. Masse birgt in sich die Schwerkraft. So kann Masse als Energie aufgefasst werden und Energie als Masse. Beide können in die jeweils andere Form umgewandelt werden. So wird Masse in der Physik auch bildlich als »gefrorene« Energie gesehen, obwohl alles in Schwingung und Schwingung alles ist. Entsprechend wird Energie als »verdampfte« Masse betrachtet. Beider Anstoß ist die Kreativität, die letztlich aus dem Urknall kommt. Da soll sie »einfach« entstanden sein.

Fälschlicherweise wird Kreativität fast überall nur als Eigenschaft der Menschen benutzt und erkannt. Aber Kreativität steckt schon in aller Kreatur.

»Weder Sein noch Nicht-Sein«

In den Schöpfungsgeschichten der Kulturen und Religionen ist ein kollektives Gedächtnis der Menschheit gespeichert. Zwar kann der Vorgang der Geburt der Menschheit, also ihrer Selbstvergewisserung, ihrer ersten Manifestation als Reflektierende, ihr nicht bewusst werden, so wenig wie sich das Individuum an seine Geburt erinnert. Wenn man aber von einem Geburtstrauma spricht, erkennt man immerhin an, dass sich eine Ahnung von der Geburt der Welt eingelagert haben kann, die aus den Mythen und den Reflexionen der Weisen spricht.

Die Schöpfungsmythen betonen die Einheit von allem und die kreative Dynamik. Diese wird übereinstimmend als Kreislauf beschrieben und als Ring gezeigt, ob es der indische Gott Shiva ist, der bildhaft im Kreis von Zeit und Leben steht, oder ob sie seit vorchristlicher Zeit als Rad aufscheint, heute im Adventskranz mit den vier Kerzen, der Sinnbild ist für den Jahreskreis, für einen Zustand ohne Anfang und Ende und das Licht einer Erlösung.

»Am Anfang schuf Gott Himmel und Erde. Und die Erde war wüst und leer« – so beginnt die Schöpfungsgeschichte der Bibel. Der wegen seiner Aphorismen berühmte russische Oberrabbiner Rabbi Bunam, dem der christlich-jüdische Brückenbauer Martin Buber eigene Werke widmete, soll im 19. Jahrhundert das Phänomen der Kreativität so gefasst haben: »Denn auch jetzt noch ist die Welt im Stande der Schöpfung … Tag um Tag, Nu um Nu bedarf sie der Erneuerung der Ur-Wort-Kräfte, durch die sie erschaffen wurde. Und würde die Kraft dieser Kräfte für einen Augenblick von ihr scheiden, sie verfiele wieder zu Irrsal und Wirrsal.«

Der Rabbiner hatte eine natürliche Sicht auf die Thora: Die Schöpfungsgeschichte des Alten Testaments ist für ihn eine große Metapher, ein Gleichnis. So kann er das »wüst und leer« als Irrsal und Wirrsal, als Chaos einer Ursuppe empfinden. Wenn heute Materialisten sagen, es sei doch lächerlich, dass Gott den Menschen aus Lehm gemacht habe, hätte Rabbi Bunam wohl geantwortet: »Und? Kommt das Leben vielleicht nicht aus dem Erdenstaub?«

Alle drei monotheistischen Religionen gehen von einem Schöpfergott aus. In der islamischen Mystik gilt der Gedanke vom verborgenen Schatz, der begehrte, erkannt zu werden. Um sich zu erkennen zu geben, schuf der göttliche Schatz die Welt. Wenn auch einige Suren im Koran Intoleranz und Tötung fordern, wie das Alte Testament ja auch nicht frei ist von Grausamkeiten gegenüber Feinden, so spricht eine wichtige Koran-Sure doch die Weisheit aus: »Was du einem Menschen antust, das tust du der gesamten Menschheit an.« Das ist die Sicht des ganzheitlichen Zusammenhangs im älteren Teil des Koran.

Im indischen Kulturkreis legt der Rigveda das älteste überlieferte Zeugnis vom Nachspüren der Anfänge ab. Das in Versen niedergelegte Wissen bildet den ersten Abschnitt der vedischen Textsammlungen der Sanskritliteratur. Diese dem Hinduismus heiligen Schriften sind vor dem ersten Jahrtausend vor Christus im nördlichen Indien zur Zeit der arischen Einwanderer entstanden. Der Rigveda besteht aus in zehn Mandalas eingeteilten Hymnen und enthält die Zeilen:

Zu jener Zeit war weder Sein noch Nicht-Sein.
Nicht war der Luftraum, noch der Himmel drüber.
Was regte sich? Und wo? In wessen Obhut? ...
Nicht Tod und nicht Unsterblichkeit war damals ...
Zu jener Zeit war weder Sein noch Nicht-Sein...
Nur Eines hauchte windlos durch sich selber.

Eines von sehr vielen und bunten Bildern der Weltentstehung ist dann etwa das der Welteneltern Himmel und Erde.

Aus Babylon ist das Schöpfungsgedicht *Enuma Elisch* überliefert. Danach hat der Gott Marduk nach langem Götterkampf den Kosmos aus einem chaotischen Urzustand in die Ordnung der Naturgesetze und damit in die Ordnung des Universums, der Sterne und der irdischen Natur überführen können.

In China hat es der weise Lehrer Lao-Tse vor etwa zweieinhalbtausend Jahren in seinem *Tao Te King* (auch *Dao-de-jing*) so ausgedrückt:

Der Mensch richtet sich nach der Erde.
Die Erde richtet sich nach dem Himmel.
Der Himmel richtet sich nach dem Himmel.
Der Himmel richtet sich nach dem Sinn.
Der Sinn richtet sich nach sich selber.

Es gibt etwas, das ist unterschiedslos vollendet.
Bevor der Himmel und die Erde waren, ist es schon da,
so still, so einsam.
Allein steht es und ändert sich nicht.
Im Kreise läuft es und gefährdet sich nicht.
Man kann es nennen die Mutter der Welt.

Ich weiß nicht seinen Namen.
Ich bezeichne es als Sinn.

Der Sinn, der sich aussprechen lässt,
ist nicht der ewige Sinn.
Der Name, der sich nennen lässt,
ist nicht der ewige Name.[2]

Lao-Tse erfasst den Sinn als die Mutter der Welt, als im Kreise laufend und sich als Ganzes nicht gefährdend, als bewundernswerte Harmonie, und dennoch reizen ihn die polarisierenden Widersprüche und regen ihn an. In seiner Weisheit sind sie stets gegenwärtig, wie er am Sinnbild des Wassers einmal sagte: »Nichts ist weicher als es, und es bezwingt doch den härtesten Stein.« So auch hier: Er begegnet in seinem Tao dem Geheimnis der Welt in ehrfürchtiger Distanz, doch gleichzeitig mit inniger Nähe. Ohne den Versuch einer Durchdringung und Erklärung, eher staunend, vermag er dieses »Etwas« nicht weiter zu benennen, weil es sich nicht begreifen lässt. Und doch gibt er ihm den Namen »Sinn«, um dann gleich wieder relativierend mit diesen Paradoxa zu schließen: »Der Sinn, der sich aussprechen lässt, ist nicht der ewige Sinn. Der Name, der sich nennen lässt, ist nicht der ewige Name.«

Es gibt also auch im Tao einen Sinn, der sich aussprechen lässt, und einen Namen. Was wir ergründen und erfassen können, eigentlich sollen, liegt in unserer menschlichen Bestimmung. Aber der »ewige Sinn« ist nicht zu fassen und deshalb auch nicht zu nennen im Sinn einer Eingrenzung. Er ist die »Mutter der Welt«, in der sich der Mensch nach der Erde richtet, nach seinen Bedürfnissen in ihren Gesetzen. Die Erde liegt eingebettet in die Gesetze des Himmels und des ewigen Sinns.

Der Lao-Tse nachfolgende taoistische Philosoph Tschuang-Tse rang im vierten Jahrhundert v. Chr. so um die Frage des Anbeginns:

Gibt es ein Sein, so geht ihm das Nicht-Sein voran,
und diesem Nicht-Sein geht eine Zeit voran,
da auch das Nicht-Sein noch nicht angefangen hatte,
und weiterhin eine Zeit,
da der Nicht-Anfang des Nicht-Seins noch nicht angefangen hatte.
Unvermittelt tritt nun das Nicht-Sein in die Existenz,
ohne dass man sagen könnte, ob dieses Sein des Nicht-Seins
dem Sein zuzurechnen ist oder dem Nicht-Sein.

Wenn das Nicht-Sein das »Nichts« ist, so könnten wir sagen: Auch das Nichts ist etwas, sonst könnte es weder gedacht noch benannt werden.

Überall in der Welt denken die Menschen an den Anbeginn. Die Aborigines Australiens ließen die Welt aus der kahlen, einförmigen Erdenfläche während einer langen Traumzeit entstehen, aus der die Ahnengeister der Urzeit stiegen, um die Erde dann zu formen. Sie erschufen aus Erdmassen die Gestirne und Pflanzen, Tiere und Menschen. Ihr geheiligtes Land müssen die Menschen bewahren.

Die Hopi-Indianer Nordamerikas glauben, die erste Welt sei Tokpela gewesen, der endlose Raum. Es gab keinen Anfang und kein Ende, keine Zeit, keine Form, kein Leben. Aber vor der unermesslichen Leere war der Schöpfer Taiowa. Und diese unermessliche Leere Tokpela barg Anfang und Ende, Zeit, Form und Leben im Geiste Taiowas. Dann erdachte Er, der Unendliche, sich das Endliche.

Das ist ein sehr moderner Lehrsatz: Das Zeitliche ist in das Ewige eingebettet. Kerngedanke aller indianischen Kulturen ist der enge Zusammenhang von allem: Alles ist deshalb eins. Was dem Fluss geschieht, geschieht auch dem Meer, den Tieren und den Menschen. Und was einem Menschen passiert, geschieht allen.

Die gemeinsame archaische Botschaft der Entstehung und des Weltenlaufs ist also die Vorstellung einer Urenergie und der Einheit im Ganzen.

2. AM ANFANG WAR DAS GESETZ

Bevor Himmel und Erde waren, ist es schon da, so still, so einsam – hat uns Lao-Tse eben eingestimmt. Und er bezeichnet dieses *Es* als *Mutter der Welt* und als *Sinn*. Der Sinn, der Himmel und Erde gebiert, ist allumfassend. Wir nannten diesen Sinn am Ende des ersten Kapitels einschränkend und profan Muster der Evolution; der Masterplan ist ihr Grundgesetz – eine »logische Sekunde« vor dem Urknall, weil von nichts nichts knallt. Wir werden später einem Quantenphysiker begegnen, der auch beim Blick in den Aufbau materieller Strukturen sagt: Am Anfang ist die Information.

Alle Mythologie, alles Nachdenken, alles Forschen gilt der Urkraft. Ganz allgemein gesprochen: Vor einem Wort, das einer spricht, sollte der Einfall stehen, sonst verbraucht das Wort nur Atemluft und die Aufmerksamkeit des Hörers. Vor einem Logos am Weltenbeginn muss also auch der Einfall – oder zeitlos: die Idee – stehen, ein Geist, der sich in den Naturgesetzen konkretisiert. Das bedeutet, weil diese Gesetze körperlos sind, dass sie unmittelbar nach »Körpern« verlangen, nach Energie oder Materie; sonst wären sie ja ohne Sinn. Dazwischen gibt es keine Zeitspannen. Warum sollte oder konnte der Urknall dann zu einem bestimmten Zeitpunkt erfolgt sein, war er denn wirklich der Beginn der Zeit?

Die Frage muss offen bleiben, auch wenn wir eine Annäherung versuchen.

Physik vor Metaphysik

Welche Vorgehensweise empfiehlt nun der Großmeister der Philosophie der Aufklärung zum Gewinn von Erkenntnis? Immanuel Kant setzt sich in seiner *Kritik der reinen Vernunft* kritisch mit seiner eigenen Zunft auseinander und bezeichnet sie als die »Sinnenwelt« verlassend, »auf den Flügeln der Ideen, in den leeren Raum des reinen Verstandes« greifend. So habe auch Platon mit seiner Philosophie »keinen Widerhalt, gleichsam zur Unterlage, worauf er sich steifen und woran er seine Kräfte anwenden konnte, um den Verstand von der Stelle zu bringen«. Und er fährt in Kapitel 13 mit der Notwendigkeit fort, die Physis als Widerhalt der Ideen heranzuziehen:

Auf welche Art und durch welche Mittel sich auch immer eine Erkenntnis auf Gegenstände beziehen mag, es ist doch diejenige, wodurch sie sich auf dieselbe unmittelbar bezieht und worauf alles Denken als Mittel abzweckt, die Anschauung. Diese findet aber nur statt, sofern uns der Gegenstand gegeben wird; dieses aber ist wiederum, uns Menschen wenigstens, nur dadurch möglich, daß er das Gemüt auf gewisse Weise affiziere. Die Fähigkeit (Rezeptivität), Vorstellungen durch die Art, wie wir von Gegenständen affiziert werden, zu bekommen, heißt Sinnlichkeit. Vermittelst der Sinnlichkeit also werden uns Gegenstände gegeben, und sie allein liefert uns Anschauungen; durch den Verstand aber werden sie gedacht, und von ihm entspringen Begriffe. Alles Denken aber muß sich, es sei geradezu (direkte) oder im Umschweife (indirekte), vermittelst gewisser Merkmale, zuletzt auf Anschauungen, mithin, bei uns, auf Sinnlichkeit beziehen, weil uns auf andere Weise kein Gegenstand gegeben werden kann. Die Wirkung eines Gegenstandes auf die Vorstellungsfähigkeit, sofern wir von demselben affiziert werden, ist Empfindung. Diejenige Anschauung, welche sich auf den Gegenstand durch Empfindung bezieht, heißt empirisch. Der unbestimmte Gegenstand einer empirischen Anschauung heißt Erscheinung.

Kants Begriffe von »Anschauung«, auch von »Gemüt«, »Empfindung« und von »Sinnlichkeit« als das mit den Sinnen Wahrnehmbare und als erkannt Reflektierte münden also direkt in die Empirie, in die Beobachtung und Bewertung des Physischen. In ihm nur fänden die Ideen ihren »Widerhalt«.

Suchen wir also den Widerhalt, ohne einem Rationalismus, der die Gefühlswelt ausblendet, gänzlich zu verfallen.

Ursprung

Einen Versuch des Festhaltens unternimmt mit großer Anstrengung die Astrophysik, um zum Ursprung des Universums vorzudringen. So könnten wir uns dieser Forschung nähern: Wenn ein Feuerwehrauto im Einsatz an uns vorbeirast, verzieht sich für unser Ohr der Ton des Martinshorns, die Schallwellen scheinen länger und damit tiefer zu werden.

Im Spektrum der Lichtwellen ereignet sich mit den auseinanderrasenden Galaxien Ähnliches. Aus den Unterschieden des langwelligen roten Lichts, das noch von den Rändern des Universums zu uns strahlt, der sogenannten Rotverschiebung, errechnen die Astrophysiker die Fliehgeschwindigkeit der Objekte. Daraus berechnen sie die Expansion rückwärts bis zu dem Zeitpunkt, zu dem das All mit seinen Systemen von Himmelskörpern auf einen einzigen Ausgangspunkt reduzierbar zu sein scheint, auf die Konzentration eines Punktes. Man nennt ihn auch Singularität. Dieser Endpunkt unseres Rückblicks wird bekanntermaßen Urknall genannt. Danach wäre der Beginn der Expansion vor 13,82 Milliarden Jahren gewesen, Stand heute. Die Urknalltheorie wird also aus dem Phänomen der immer noch bestehenden Ausdehnung des Alls geschlossen und der Zeitpunkt aus der Hintergrundstrahlung und der Ausdehnungsgeschwindigkeit ermittelt.

Gegen die Urknalltheorie gibt es Einwände von den verschiedensten Seiten, nicht nur von Kreationisten oder Fundamentalisten unterschiedlicher Religionen, dort, wo sie zum Beispiel die Bibel wörtlich nehmen und nicht als Sprache in Bildern, und wo sie die Bücher des Alten Testaments oder des über ein Jahrtausend später entstandenen Koran oft nicht aus dem Gedankengut und dem Betrachtungshorizont der Entstehungszeit lösen. Die Religionsphilosophie könnte fragen, warum ein ewiger Gott einen bestimmten Zeitpunkt für seine Schöpfung braucht oder fixiert.

Es gibt aber auch Einwände von Naturwissenschaftlern, was die Singularität anbelangt oder was die Konzentration auf einen Punkt höchster Energie betrifft. Nach Meinung kritischer Kosmologen müsste er dann ein Schwarzes Loch sein, das allerdings noch nichts verschlingen kann. Oder der Zeitpunkt der Urexplosion wird angezweifelt, da würden auch noch so genaue Zahlenangaben nichts nützen, die Glaubwürdigkeit suggerierten. Für die geläufige Art der Berechnung muss die Expansion gleichmäßig, darf zum Beispiel nicht pulsierend oder in einer Raumzeitkrümmung unterschiedlich verlaufend sein. Auch Signale aus dem All, die von entgegengesetzten Seiten mit geringen Abweichungen der Rotverschiebung kommen, müssten in Beziehung zueinander gesetzt werden. Übrigens war man noch vor dreißig Jahren auf ein Alter des Universums von rund zwanzig Milliarden Jahren gekommen. Auch für das, was unmittelbar nach dem Urknall entstand, müssen Hypothesen herhalten: War es Strahlung, also Energie, die den Raum erst entstehen ließ, und hieraus dann Materie und Antimaterie?

Davor ist für die Relativitätstheorie das große Nichts, weder Raum noch Zeit – für sie gibt es kein »Davor«. Eine heute noch weitgehend übernommene Annahme. Die Logik aber sagt uns doch, dass von Nichts nichts knallt.[3] Wenn man nun beim Blick in die Strukturen »eigentlich an kein Ende kommt«, wie Binnig sagt, kommt man bei Anwendung der fraktalen Sicht der Selbstähnlichkeit, wie in Teil I.4 gesehen, auch an keinen Anfang, da Raum und Zeit so verschränkt sind. Vielleicht muss man also das »Nichts« doch relativieren und einwenden, »ganz und gar nichts« könne es nicht gewesen sein.

Wenn sich beim »Big Bang« mit dem Raum auch Materie und Zeit gebildet haben, dann musste etwas die Geburt des Universums ausgelöst haben. Wollen wir mit immer mehr Forschern die herrschende Theorie variieren, dann könnte eine andere oder müssten wohl unzählige Evolutionen angenommen werden, die wieder implodiert sind wie die Supernoven, die sterbenden Sterne, und die dann einem solchen Ereignis vorangegangen wären. Ohne Anfang? Wir werden es nie wissen. »Ahnenforschung auf allerhöchstem Niveau« nennt der Astro- und Plasmaphysiker Harald Lesch die Arbeit der Astronomen.

Möglicherweise läuft die Mathematik der Physik in dieser Frage den Rang ab. Beim Bemühen, die Allgemeine Relativitätstheorie mit der Quantenmechanik zu versöhnen, hat die neu entstehende Theorie der Quantenschleifen-Gravitation den Physiker Martin Bojowald rechnen lassen. Sie, verehrte Leser, brauchen jetzt nicht aussteigen, es gibt vermutlich nur hundert Forscher auf der Welt, die diese Theorie verstehen, so der Physiker. In seinem Buch *Zurück vor den Urknall* wendet er diese mathematischen Vorstellungen auf die Evolution an und stellt fest: Das Universum war nie in einem Punkt mit unendlich hoher Dichte konzentriert, wie es die Urknalltheorie annimmt, die Gravitation wirke nämlich nicht nur anziehend, sondern auch abstoßend, wenn die Druckverhältnisse in der Enge zu groß werden (mehr dann unten bei der Entstehung der Atome). Also war der Urknall, schließt Bojowald, kein singuläres Ereignis. Es gab mindestens eine, wenn nicht unendlich viele Evolutionen davor.[4] Nach einer anderen Hypothese, der Inflationstheorie, gab es viele Urknalle, die ein Multiversum von vielen »Universen« nebeneinander einschließlich ihrer Dimensionen von Raum und Zeit entstehen ließen. Überhaupt die Raumzeit: Die Bewegung könnte sie verständlich machen. Durch Bewegung der atomaren Teilchen wie auch der Himmelskörper entsteht der Raum und durch ihren Ablauf ebenfalls die Zeit. So sind beide nach dem Urknall verbunden.

Die swingenden Saiten

Zum »Davor« wurde aus der Quantenmechanik die Stringtheorie entwickelt, abgeleitet von *string* als schwingende Saite. Auch Physiker nutzen gern ästhetische Metaphern, um Theorien in reduktionistischer Absicht aufzustellen oder zu bewerten. Subatomare Fäden, Saiten in kleinsten Bereichen weit unterhalb der atomaren Ebene, schwingen verschieden. Es sind die Schwingungen, die unterschiedliche Materieteilchen repräsentieren.

Ein solches Szenario vom Anfang der Welt geht nach dem Quantenphysiker Thomas Thiemann – wir lernten ihn in Kapitel I als einen Sucher des »Heiligen Grals« der Weltformel kennen – davon aus, dass unser vierdimensionales Universum eine von vielen »Branen« (abgeleitet von Membran) und damit Teil eines höher dimensionalen Universums sei. Stoßen zwei solcher Branen zusammen, kommt es zum Urknall. Die Bewegungsenergie der Branen verwandelt sich in das, was wir als Materie bezeichnen, und in Strahlung. Der Zusammenstoß wäre damit der Beginn unseres vierdimensionalen Universums, nicht jedoch des höherdimensionalen Universums mit bis zu zehn angenommenen Dimensionen, dessen Teil es ist. Die Vorstellung, von einem höher dimensionalen Kosmos überwölbt zu werden, bedarf allerdings neben großen Anstrengungen auch viel an Forscherfantasie. Stand heute, aber wissen tun wir nichts.

Verlassen wir uns auf unseren Erfahrungshorizont, so war es jedenfalls eine Kraft von unfassbarer Potenz, die den Anfang markiert. Doch die Wucht muss vor dem Anfang aller Zeit gebändigt gewesen sein. Es war eine Kraft, die schon alles zusammengedrückt hielt. Diese Kraft war gleichermaßen die Kraft des Gesetzes, nach dem alles werden sollte: Geist, Materie und Energie, und mit diesen wir. Genauso war das Gesetz diese Macht, es war die treibende Kraft und ihr Wille zur Durchsetzung des Werdens. Es war alles eins, und das war gewaltig. Die Schöpfungsmythen und die Philosophie seit der Antike haben davon eine Ahnung.

Verständnis durch Einblick

Um Kreativität und ihre Schaffung von Polaritäten sowie deren Verschmelzung in der Attraktivität zu verstehen, die dann wieder Neues nach demselben Muster kreiert, einer Spiralbewegung vergleichbar, ist es unerlässlich zu berücksichtigen, was die Forschung aktuell zu unserer eigenen Entstehung täglich entdeckt. Da müssen wir überblickshaft einfach durch, wenn wir uns den Grundlagen unserer Evolution nähern wollen.

Die zahlreichen naturwissenschaftlichen Abhandlungen müssen aufgrund neuer Erkenntnisse ständig angepasst und umgeschrieben werden. Hier ist die Beschränkung auf das zum Verständnis der Prinzipien von Kreativität, Polarität und Attraktivität Notwendige geboten und sinnvoll. Dabei deuten sich die großen Aufgaben an, denen sich die Forschung gegenübersieht, und dann auch die Menschheit, die mit den Ergebnissen umgeht. Diese Blicke durch Teleskope und Mikroskope werden uns staunen lassen über die unvorstellbare Zahl an Kreativitätsschritten und über das Werden durch deren vielfältige Verschränkung. Wer dieses Wachstum beobachtet, kann an sich selbst erleben, dass man da etwas kleiner wird.

2.1. Die Entstehung der Materie

Die Materie setzt Energie voraus und lässt Raum und Zeit mitentstehen. Das soll allerdings blitzschnell gegangen sein, wie da eins aufs andere folgte.

Das erste Atom

Die Frage nach dem kleinsten Teilchen, dem Unteilbaren, hat der altgriechische Philosoph Demokrit mit dem von ihm angenommenen »Atomos« beantwortet. Dass es überhaupt kein Kleinstes gibt, man also Materie bis ins Unendliche teilen könne, vertreten seit dem berühmten Naturforscher Gottfried Wilhelm Leibniz (1646–1716) immer mehr Physiker, etwa Gerd Binnig, der mit seinem Rastertunnelmikroskop Atome sichtbar machte, oder Hans-Peter Dürr, der eine Nobelpreisträger, der andere Träger des Alternativen Nobelpreises. Für Leibniz gab es allerdings kleinste Kraftpunkte in allen Dingen, die er dem Denken Giordano Brunos entlieh, die »Monaden«. Sie seien für die Harmonisierung ausgelegt, welche die Welt stabilisiere. In der heutigen Atomphysik besteht Uneinigkeit über die Frage nach der Endlichkeit der Teilung von Atomen.

Von heute bis kurz nach dem Urknall zurück ist alles eine Ableitung, eine Berechnung, eine Fiktion, allerdings von hoher Überzeugungskraft. Da sind zuerst rätselhafte Kräfte, die physikalisch als Schwingung vorstellbar sind, Strahlung, die zur Materie »kondensierte«, sich verfestigte.

Und selbst wenn es vorher irgendwie und ganz anders war, hat die Physik doch eine konkrete Vorstellung davon, wie es gleich nach dem Beginn anfing. Was die Atomphysiker übereinstimmend sicher zu kennen glauben, ist das erste Atom, das freigelassen wurde: Wasserstoff, bestehend aus einem Proton als Atomkern und einem Elektron, das um den Kern wabert – der Urstoff der Materie.

Von Anfang an hat sich da also etwas zusammengefunden, zunächst die positiv und negativ geladenen Teilchen. Dieses Wasserstoffatom der ersten Generation sucht sich sofort sein Partneratom und verbindet sich mit ihm zum Wasserstoff als Gas, dem einfachsten Molekül H_2. Neben dem einfachen Wasserstoffatom mit einem Proton im Kern gibt es noch Wasserstoffatome mit einem zusätzlichen Neutron im Kern, dem Deuterium mit der Masse ^2H, sowie mit zwei zusätzlichen Neutronen, dem Tritium mit der Masse ^3H. Diese »Masseteilchen« werden als Zahl üblicherweise davor und hochgestellt.

Obwohl »Atomos« eigentlich das Unteilbare bedeutet, sind die Elementarteilchen von Protonen, Neutronen und Elektronen selbst aus noch winzigeren Bausteinen konfiguriert, den Quarks, Leptonen, Austauschteilchen und dem Higgs-Boson, das für das Gewicht des Atoms wesentlich verantwortlich ist. Sie alle werden statt als Teilchen auch als die »geringsten Anregungsstufen von Feldern« beschrieben.

Jede Art des Quarks ist dreifach zu zählen, weil jedes mit einer von drei verschiedenen Farbladungen geladen ist. Von Quarks und Leptonen gibt es je sechs Sorten im Doppelpack, zu jeder Sorte paart sich die entsprechende Sorte Antiteilchen. So kommt man derzeit auf 61 Arten solcher Teilchen oder Anregungsstufen im

Standardmodell. Schon prognostizieren Theorien die Entdeckung weiterer Elementarteilchen oder Anreger.

Für unseren Zusammenhang scheint es wichtig, dass man überall Polaritäten entdeckt, die sich neu konfigurieren, indem sie zusammenfinden. Zum Zusammenklang Kreativität – Polarität – Attraktivität können wir im Vorgriff schon einmal feststellen: Von der Kreativität ausgehend entstehen Polaritäten und aus ihnen in der Verschmelzung der Attraktivität neue Kreativität, um dann weiter in einer Kettenreaktion jeweils Neues zu kreieren – die Geburt der Vielfalt. Das macht die Kreativität aus. Das Kleine steckt im Großen.

Wir können jetzt diese Feststellung erweitern: Wenn wir Kreativität zusätzlich als diesen Dreischritt übergreifend anerkennen, dann sind die drei Prinzipien als ihre Teilfunktionen zu betrachten. Kreativität entlässt aus sich wiederum Kreativität. Blicken wir auf der Kreativitätsspirale zurück bis zu ihren Anfängen, vielleicht ohne Beginn, dann erkennen wir diesen Prozess als fraktal und die drei Prinzipien als eine Art Elementarteilchen des »Kreativitätsatoms« auf der Spirale des unendlichen Werdens. So steckt das Große im Kleinen.

Welle oder Teilchen?

Woher die Evolution ihre kreative Kraft bezieht, bleibt für uns im Dunkeln. Und auch die Antwort auf die Frage, wie nun das erste Element entstanden ist. Es müsste durch eine Energie hervorgebracht worden sein. Wir wissen es nicht, doch ist es zu vermuten: Sind es vielleicht kleinste Ausschnitte, die lediglich durch unsere fotografische Betrachtung als »eingefrorene« Sequenzen von Wellen erscheinen? Als Wellen können wir uns die Energie vorstellen, wie wir sie vom Licht und Funk kennen. Dann wären Teilchen eine Illusion. Jede elektromagnetische Strahlung – von den langwelligen Radiowellen über das sichtbare Licht bis zur kurzwelligsten Gammastrahlung – ist in Photonen (von *phos,* griechisch: Licht) »quantisiert«. Eine Masse besitzt ein Photon, diese kleinste Einheit der

Strahlung, allerdings nicht. So hat es im Vakuum auch die Geschwindigkeit des Lichts.

Albert Einstein schrieb 1951 an einen befreundeten Forscherkollegen: »Die ganzen 50 Jahre bewusster Grübelei haben mich der Antwort der Frage ›Was sind Lichtquanten‹ nicht nähergebracht. Heute glaubt zwar jeder Lump, er wisse es, aber er täuscht sich ...« Das ist offenbar die Reibefläche zwischen seiner Relativitätstheorie und der Quantenmechanik.

Während die Relativitätstheorie im kosmischen Bereich Schlüsse aus dem Verhalten von Himmelskörpern wie Sternen und ihren Planeten und der zwischen ihnen wirkenden Schwerkraft zieht, zur vierdimensionalen Raumzeit gelangt und die Schwarzen Löcher studiert, die sie als Brücken zu anderen Universen nicht ausschließen mag, geht es in der Quantenfeldtheorie, wie die Quantenphysik heute oft genannt wird, um die kleinsten Bausteine: um das Verhalten von Photonen, von Atomen mit ihren Kernen, Protonen und Neutronen, um Elektronen, Quarks, Leptonen und nun auch um das Higgs-Boson und die zwischen ihnen wirkenden drei Grundkräfte: die elektromagnetische, die schwache und die starke Kernkraft.

Aber auch diese Gegenüberstellung ist zu relativieren, denn Einstein selbst wirkte bereits mit der Annahme von Lichtquanten in die Quantenphysik hinein. Die Berührungsflächen von Klein und Groß werden in einer relativistischen Quantenfeldtheorie größer, weil die Quantentheorie in die Kosmologie hineinspielt. Auch der Begriff der »kleinsten Bausteine« ist als Metapher eigentlich ungeeignet, denn das sind keine irgendwie gearteten Brösel, man könnte sie eher »geheimnisvolle Wendelwesen« nennen.

Masse zieht: Gravitation und die Entstehung der Elemente

Weil sich von den Wasserstoffmolekülen so unvorstellbar viele bilden, und Masse und Schwerkraft sich gleichzeitig entwickeln, also untrennbar miteinander verbunden sind, entstehen durch diese

Massen ungeheure Kräfte der Gravitation. Die Schwerkraft lässt im sich weitenden All den Trend zur Klumpenbildung entstehen und bewirkt innerhalb dieser Körpermassen eine starke Kompression. Unter diesen Druckverhältnissen werden die positiven Kerne, die sich eigentlich elektrostatisch abstoßen, durch Pressung und Überhitzung zur Kernfusion gezwungen, zu einer Verschmelzung der Kerne. Die Moleküle hatten sich also aufzulösen.

Bei diesem Vorgang entsteht Helium (He) als nächstes Element im Kosmos, mit zwei Protonen und zwei Neutronen im Kern. Immer wenn zwei Wasserstoffkerne, genauer ein Deuterium und ein Tritium, zusammengedrückt werden, ergibt sich unter Abstrahlung des überschüssigen Neutrons Radioaktivität. Übrig bleibt der Heliumkern, der sich dem Polaritätsprinzip entsprechend sofort mit einem Elektronenpärchen umgibt.

Helium ist als Edelgasatom für sich genommen stabil und autonom. Es hat keine Lust zur Verbindung, weil seine Elektronenpärchen schon eine perfekte Struktur mit dem Doppelprotonenkern bilden und es sich so für komplett hält. Diese Kernschmelze bei der Entstehung von Helium ist die Geburtsstunde der Sterne und auch die von Sternenlicht.

Die positive elektrische Ladung der Atomkerne von Wasserstoff und Helium bewirkt wechselseitige Abstoßung und verhindert so den einen ganz großen Brocken, es entstehen viele Sterne. Die Prozesse in den Sonnen im entstandenen Universum lösen in der Folge unter den steigenden Druckverhältnissen Reaktionen aus, die beim Kollabieren der Sterne und den damit einhergehenden Supernova-Explosionen die uns bekannten 118 natürlichen Elemente hervorbringen, von denen 80 als stabil gelten. Das kann man sich so erklären: Die Elektronen suchen sich beim Zusammenpressen der Atomkerne ihre Plätze um die Kerne in der Weise aus, dass immer die gleiche Menge an Elektronen in der Atomschale um den Kern wabert, wie der Kern positive Ladungen hat. So entstehen auch die Metalle, die gleich bei der Geburt des Lebens die Hauptrolle spielen.

Mit diesen physikalischen Ereignissen kommt die Chemie ins Spiel, wenn die Elemente aufeinander reagieren. Chemische Reaktionen suchen die Bildung stabiler Zustände. So reagiert Wasserstoff H gerne mit Sauerstoff O und stellt den stabilen Schwingungszustand des Wassers H_2O her.

Wenn Wellen der Urgrund von Materie wären, wofür manches spricht, dann könnten die Elemente Begegnungen von Wellen sein, die sich verstärken, aufschaukeln oder in Harmonie wechselwirken. Sie könnten aber auch stehende Wellen schaffen, wie sie Surfer an Flüssen so lieben. Aufeinanderprallende Wellen können jedoch auch Disharmonien erzeugen.

Nun muss es noch etwas spekulativer werden. Die kosmologische Forschung vermutet, dass nach dem Urknall auch die sogenannte »Dunkle Materie« entstanden sei. Ihre Teilchen sind neutral. Sie bilden Schwerkraft aus und ballen sich zu riesigen Wolken, in welche sie die gewöhnliche Materie als Gebrösel von Sternen und auch Galaxien einbetten. So gilt aus heutiger Sicht die Dunkle Materie als das Gerüst oder auch Skelett des Kosmos von damals bis heute. »Gilt« heißt, sie ist noch nicht endgültig nachgewiesen, nur aus der »Statik« des Universums logisch erschlossen. Am überarbeiteten Kernforschungszentrum CERN bei Genf will man endlich mit Milliardenaufwand einen Dunklen Winzling von dieser Art fangen.

»Masse zieht«, stellten wir eben bei der Betrachtung des Alls fest. Ist diese relativ einfache Erkenntnis der Schwerkraft, die uns überall auf dem Erdball mit den Füßen auf dem Boden stehen und den Kopf dem Gefühl nach »oben« tragen lässt, eigentlich ausreichend für den gemeinsamen Nenner der Grundkräfte der Teilchenphysik? Vom erweiterten Atlas-Detektor am CERN erwartet die Forschung auch hierfür sehnsüchtig Erklärungen. Dabei hat die sogenannte Supersymmetrie die Poleposition: Jedem bekannten Teilchen könnte ein weiteres, aber noch nicht gefundenes Geschwisterteilchen zukommen.

Schon bei den elementarsten Entwicklungsprozessen deuten sich die logischen Schritte von kreativer Entstehung an, von Ge-

genpolen und einer Stabilisierung durch wechselseitige Anziehung, durch die Attraktion der Attraktivität.

Gibt es überhaupt Materie?

Wenn etwas fest ist, zur Not auch flüssig oder gasförmig, muss es doch Materie sein. Das ist bisher die gängige Meinung. Zweifel an dieser Aussage sind allerdings in letzter Zeit immer häufiger aufgetreten. Bei Max Planck und Werner Heisenberg scheinen sie schon deutlich durch. Auch Gerd Binnig sagt sich: Schaue ich ins Kleinste, finde ich ein immer noch Kleineres.

Hans-Peter Dürr bringt es gegen Ende seines Forscherlebens sinngemäß so auf den Punkt: Materie ist eigentlich gar keine Materie. Es gibt keine kleinsten Teilchen, alles ist nur eine Beziehungsstruktur. Statt der Frage nach Substanz und Existenz gibt es bloß die Frage nach Ereignissen und Bindungen, ohne dass da Teile verbunden wären. Das mag unser Denken strapazieren. Aber wir müssten uns, so Dürr, daran gewöhnen, dass die Welt amateriell sei, übrigens nicht immateriell.

So stelle sich die Wirklichkeit nicht als Rationalität, sondern als Potenzialität dar. Ohne Teile gebe es nur das Ganz-Eine. Dürr in einem Vortrag: »Wir alle, die wir in diesem Raum sitzen, sind wohl unterschiedlich, aber nicht getrennt. Wir sind alle in einer Gemeinsamkeit, und das ist eine wesentliche Voraussetzung, dass wir überhaupt miteinander kommunizieren können.« Diese Aussage trifft sich mit der des Sozial- und Menschenwissenschaftlers (wie er bezeichnet werden wollte) Norbert Elias: »Ich unterscheide nicht mehr zwischen außen und innen.« Für Dürr verstärkt diese Erkenntnis die zu ziehenden moralischen Konsequenzen, wie er in seinem Werk *Warum es ums Ganze geht – Neues Denken für eine Welt im Umbruch*[5] darlegt.

Die Antwort auf die Frage, ob es überhaupt Materie gibt, hat auf den Verlauf der vorliegenden Untersuchung keinen zwingenden

Einfluss, allerdings bestärken die Zweifel am Vorhandensein von Materie die hier verfolgte Vorstellung vom unendlich fraktalen Aufbau der Kreativitätsschritte der Welt, die über Polarität und die Bindungskräfte der Attraktivität ihre Gestalt gewinnt.

Vom Urknall zur Erde

Wir sehen die Sterne der ersten Generation kurz nach dem angenommenen Urknall entstehen. Sie rotieren, befinden sich in dem nach heutigen Verhältnissen noch relativ kleinen Raum und sind extrem reich an Masse. Nach der »kurzen« Zeit von weniger als hundert Millionen Jahren sterben sie in ihren Supernova-Explosionen. Dabei schleudern sie die neuen chemischen Elemente, die sie bei den Reaktionen der Kernschmelze kreierten, wie beispielsweise Sauerstoff, Kohlenstoff, Silizium und Eisen, als Staub- und Gaswolken ins All. Der Vorgang der Schwerkraftballungen wiederholt sich, und die Sterne der zweiten Generation werden geboren.

So entsteht auch als Stern der zweiten oder dritten Generation vor etwa fünf Milliarden Jahren unsere Sonne, der ein Lebensalter von noch mehreren Milliarden Jahren prognostiziert wird. Ihr Material sind wieder Wasserstoff und Helium mit deren andauernder Kernfusion. Die Sonne hat sich aber auch mit den in acht Milliarden Jahren nach dem Urknall entstandenen Elementen angereichert, darunter Eisen. Weil aber Eisen vermutlich nur bei den Supernova-Explosionen gebildet wird, vermutet man, dass es einige Vorläufer der Sonne gegeben hat. Kenntnis darüber hat vor allem das Hubble-Teleskop im Jahr 1995 erbracht, als es aus dem Sternbild des Orion riesige, einige Lichtjahre große Staub- und Gaswolken und ganz junge Sterne mit ihrem hellen, blauen Licht übertrug.

Zehn Millionen Jahre wird es aber wohl schon gedauert haben, bis die Kernfusion von Wasserstoff und Helium die äußere Hülle von angezogenen Brocken eines Protosterns, eines Himmelskörpers im Entstehungsstadium, zum Glühen und Leuchten brachte.

Übrigens geht man davon aus, dass es unzählige Sonnen in hundert Milliarden Galaxien gibt, von denen bis jetzt gerade einmal 230 geortet sind.

Ein Sonnensystem wie das unsere kann nur *eine* Sonne haben und ist dann stabil, es gibt aber auch Mehrsternsysteme mit »Unwuchten«. Unsere Sonne mausert sich zum Mittelpunkt eines Systems von Himmelskörpern, das wir als eines von vielen im Ring der »Milchstraße« erkennen, wenn diese in »stern«-klaren Nächten als breites helles Band über uns hinwegzieht, obwohl wir dabei sind.

Aus Massen, die scheibenförmig um ihren Stern kreisen, können Planeten wie unsere Erde entstehen. Die Partikel verklumpen sich und ziehen kleinere Klumpen an, und auch größere Haufen vereinigen sich durch Zusammenstöße. »Planetisemale« heißen sie in diesem Vorstadium. Die Gravitation setzt sie dem Hagel von Gesteinsbrocken aus und lässt den werdenden Planeten kleinere Planetisemale einfangen. Durch dieses Dauerbombardement schmilzt unser Planet in seinem Vorstadium als Protoplanet zu einem glühenden Ball im All weiter auf.

Bei diesem Schmelzprozess dringen die schwereren Elemente wie das Eisen ins Zentrum ein, mit der Folge, dass der Kern unserer Erde vor allem aus Metallen besteht. Alles, was leichter ist, treibt nach außen und erstarrt mehr und mehr zu Fels an der Oberfläche, denn das Weltall ist frostig: Dort herrscht eine Temperatur ganz nahe am absoluten Nullpunkt, der als 0 Kelvin definiert ist und –273,15° C entspricht.

Die Anziehungskraft der Erde ist ungebrochen, mit der Folge, dass die Erdkruste ständig Schläge von großen Brocken erhält. Dadurch bricht sie immer wieder auf und wächst heran, viele Millionen Jahre lang.

Dann, recht bald, so etwa vor viereinhalb Milliarden Jahren, eine Katastrophe mit schönen Folgen: Ein Himmelskörper, Theia, größer als der Mars, trifft die Erde seitlich ziemlich tief und fetzt Material der Erdkruste, des darunterliegenden Erdmantels und sogar des Erdkerns ins All. Gestein und Staub kreisen nun als Ring um die Erde und verklumpen zu ihrem heutigen Begleiter, dem Mond. Von sieben Theorien zur Entstehung des Mondes – zum Beispiel der Abspaltung eines Teils als Tropfen durch die Fliehkraft oder die Theorie, die Erde hätte sich den Mond eingefangen – ist auch aufgrund der Zusammensetzung des Mondgesteins die These von der Kollision mit Theia heute Favorit.

Als die Umgebung der Erde von ihr einigermaßen leer gesaugt war, kurz nach der Entstehungszeit des Mondes, ist unser Planet ziemlich fertig. Er kühlt ab, pufft in mächtigen Vulkanen Hitze, Gase und Magma aus dem Erdinneren durch die Kruste und lässt so eine erste Atmosphäre entstehen. Diese bestand damals zu drei Vierteln aus Wasserdampf, der das Kohlendioxid zurückdrängte, der Rest waren Kohlendioxid, Stickstoffgas und Spuren anderer Elemente. Es bedarf noch vieler Entwicklungsstadien, bis eine Atmosphäre, bestehend aus einem Fünftel Sauerstoff und vier Fünfteln Stickstoff, Leben erlaubt.

Das Wasser hatten Kometen als Wassereis bei ihrem Einschlag mitgebracht, teils regnete der Wasserdampf aus dem Erdinnern nach Vulkanausbrüchen ab. Die salzigen Ozeane bedecken den größten Teil der Erdoberfläche. Das soll der Ist-Zustand schon eine halbe Milliarde Jahre nach dem angenommenen Entstehen der Erde gewesen sein, also vor vier Milliarden Jahren.

Langsam erstarrt der metallische Erdkern zu einer Kugel mit einem Durchmesser von etwa zweieinhalbtausend Kilometern. Dieser Kern schwimmt heute in einer Schicht flüssigen Eisens und schafft mit der sich um ihn drehenden Hülle wie ein Dynamo das schützende Erdmagnetfeld. Das ist vermutlich seit anderthalb Milliarden Jahren so.

Wasser, ganz neu angenommen das abgeregnete Süßwasser, wird später die Basis der ersten Formen des Lebens. Aber auch dann ist der Planet nicht vor weiteren Einschlägen gefeit, wie das die Dinosaurier vor etwa 65 Millionen Jahren bitter erlebten und sogleich nicht mehr ertragen konnten. Man meint tröstlich, dass so ein Ereignis die Erde alle hundert Millionen Jahre trifft.

Nach dem Verschwinden dieser großen Tierarten können sich die kleineren wieder schneller entwickeln. Doch schon am Anfang musste der Fauna erst die Flora gewachsen sein.

2.2. Die Geburt des Lebens

Was mussten Kinder in der Mitte des letzten Jahrhunderts doch an Spinat schlucken! Und das nur, weil sich in die wissenschaftliche Angabe des Eisenanteils im Spinat das Komma zu weit hinten eingeschlichen und man dem Spinat somit fälschlich die zehnfache Menge an Eisen zugeschrieben hatte.

Eisen ist einer der Urstoffe der Welt. Dass die Urstoffe der Welt in uns wieder vorkommen, ist ein Ausfluss des fraktalen Prinzips. Wir enthalten Eisen und müssen das Mineral mit der Nahrung in den Pflanzen aufnehmen, um gesund zu sein und zu bleiben.

Das Geheimnis

Wir wissen zwar nicht, was Leben eigentlich ist, aber immerhin nehmen wir an, dass es sich aus unserem Planeten Erde entwickelt hat. Wie, dazu erfährt die Forschung jeden Tag Neues.

Noch befinden wir uns bei unserer Beobachtung des Werdens auf einer Erde von schauerlicher Schönheit. Jetzt, vor etwa 3,5 Milliarden Jahren, ereignet sich etwas, was auch die Forschung demütig »unfassbar« nennt: Totes wird lebendig. Das Leben tritt ins Leben.

Aber was ist Leben?

Die Biologie sagt: Leben ist ein selbst herstellendes, selbst erhaltendes und fortpflanzungsfähiges System, bestehend aus nicht lebendigen Bausteinen, die chemisch zusammenwirken.

Vieles in der Natur kann sich selbst organisieren und herstellen, etwa chemische Verbindungen oder Kristalle oder Wolken. Vieles zerfällt nach den Gesetzen der Thermodynamik auch wieder, geht demnach von einem Zustand der Ordnung in Richtung Zerfall, Unordnung, Chaos, also Entropie. Leben aber erhält seinen selbst hergestellten Zustand andauernd bis zum individuellen Absterben. Das schafft es durch die selbstständige Aufnahme von Materie und Energie, wie Nahrung, Atemluft, Licht und deren Verarbeitung im Stoffwechsel. Aus diesen beiden Eigenschaften erwächst deren dritte, gewissermaßen als Verlängerung des Wachstums, nämlich die Vermehrung und die Fortpflanzung. Dafür ist die Weitergabe des Vererbungsprogramms in einem Informationsspeicher jeder Zelle erforderlich. Wir sprechen von der geheimnisvollen Erbsubstanz DNA, die an jede Tochterzelle weitergereicht wird.

Diese Definition und Beschreibung des Lebendigen genügt den Materialisten. Die Frage, wie Leben funktioniert, kann damit einigermaßen beantwortet werden. Was dem Leben aber diese Eigenschaften verleiht, was dessen Movens auch für die Diversifizierung, also für die sich aufschaukelnde Vielfalt seiner Erscheinungen und deren ausgleichendes Wechselspiel seit dreieinhalb Milliarden Jahren ist, bleibt letztlich im Dunkeln. Wir können diese Kreativität nur konstatieren und Antworten auf die Warum-Frage in uns selbst suchen.

Die Welt als Wille?

Die Frage nach dem Antrieb, der Schubkraft der Kreativität entzieht sich einer naturwissenschaftlich exakten Erklärung. Es *ist* einfach so. Aber so einfach ist es natürlich nicht. »Entelechie« nannte Aristoteles, den man heute eher als Philosophen denn als Naturforscher wahrnimmt, der Lebewesen in Gattungen einteilte und auch selbst sezierte, diese Kraft. Alle Theorien, so Aristoteles, müssten dem Sichtbaren entsprechen, nicht vorgefassten Meinungen. In seinem dreibändigen Werk *Über die Seele* steht diese im Mittelpunkt des Lebens. Als »ernährende« Seele kommt sie allem Lebendigen zu, als »wahrnehmende« und »fühlende« Tier und Mensch, und als »denkende« nur diesem. Dabei muss die Seele den Körper haben, den sie braucht. Die ernährende Seele ist die Grundlage des Lebens und der Fähigkeit, dieses weiterzugeben. Sie ist die Energie, die sich im Stoff verwirklicht. Bei Arthur Schopenhauer heißt dieser Antrieb Wille, der als metaphysische Kraft jeder physischen Existenz ihre Lebensenergie verleiht.

Im Jahr 1891 experimentiert der Biologe und Philosoph Hans Driesch mit Zellen des Seeigels und entdeckt zu seiner Verwunderung, dass sich auch aus jedem noch so kleinen Teil, etwa zwei halben Zellen, ein normales Lebewesen entwickelt. Für diese *vis vitalis,* die aus einzelnen Teilen ganze Organismen entstehen ließ, rückt Driesch ab von der Vorstellung eines materiellen chemisch-physikalischen Bauplans im Zellinhalt, dem Protoplasma, und schließt auf eine ideelle Steuerung, die er wie Aristoteles »Entelechie« nennt. 1899 erscheint Drieschs neue Lehre unter dem programmatischen Titel: *Die Lokalisation morphogenetischer Vorgänge: Ein Beweis vitalistischen Geschehens,* durchaus bekämpft vom mächtigen Evolutionisten Ernst Haeckel.

Zwanzig Jahre später wird Driesch an die Reformuniversität zu Köln berufen und vertritt dann weltweit seine Position von der Eigengesetzlichkeit des Lebendigen gegen das materialistische Weltbild des Positivismus. Manfred Dierks berichtet davon und ausführlich vom Umbruch des Denkens in der Psychologie zur Wende vom 19. ins 20. Jahrhundert in seinem medizin- und kulturgeschichtlichen Werk *Thomas Manns Geisterbaron – Leben und Werk des Freiherrn von Schrenck-Notzing.*[6] Diese Konfrontation der Paradigmen erinnert heute an die Auseinandersetzungen um das Konzept vom »Gedächtnis der Natur« und die »formprägenden Felder« des von der Mikrobiologie zur Philosophie pendelnden britischen Biologen Rupert Sheldrake (dazu mehr in Teil IV).

Was ist Leben wirklich? Petra Schwille, die mit Forschungspreisen verwöhnte Direktorin am Max-Planck-Institut für Biochemie in Martinsried, versucht, entstehendes synthetisches Leben im Labor nachzuahmen: »Ich möchte den Übergang in den Molekülen zu Lebendigem erkennen können. Und grundehrlich: Ich verstehe

Leben einfach nicht.«[7] Vielleicht sagt sie das, weil sie auch Philosophie studiert hat.

Die Geburt

Zur Frage des Wie der Geburt des Lebens in der Evolution fasst der in Tübingen forschende Mikrobiologe Karl Forchhammer die neueren Theorien in den folgenden drei Erklärungsversuchen zusammen.[8]

Die erste und bisher am häufigsten vertretene Erklärung ist die, dass das Leben durch selbst replizierende Moleküle begann. Sie wurde unter dem Stichwort »Replikation zuerst« Mitte bis Ende des 20. Jahrhunderts von den Biochemikern Stanley Miller und Manfred Eigen propagiert. Durch elektrische Entladungen in der »Uratmosphäre«, so Miller 1953, entwickeln sich organische Moleküle als tote Bruchstücke für eine organische Materie, welche wiederum eine »Ursuppe« und die Vorstufe der Biomoleküle bildet. Ribonukleinsäuren ließen sich in geeigneten Versuchssystemen replizieren, sie konnten sich selbst vermehren und behielten ihre Struktur als Erbe bei. Aufschaukelungen hätten, so Eigen 1979, die ersten Lebensformen gebildet.

Diese genetische Erklärung war attraktiv, obwohl die aktivierten Vorstufen außerhalb von Versuchsanordnungen nicht stabil blieben und zerfielen. Das Prinzip Zufall in der Evolution erschien dabei als Rettung der Erklärung, ist aber so extrem, als würde, so Forchhammer, »auf einem Schrottplatz bei einem Erdbeben durch zufällige Zusammenstöße eine funktionierende Maschine entstehen«.

Ende des 20. Jahrhunderts vertreten der Münchner Chemiker und Patentanwalt Günther Wächtershäuser, der britisch-US-amerikanische Physiker Freeman Dyson und der dafür mit dem Nobelpreis ausgezeichnete belgische Zellbiologe Christian de Duve die Theorie, dass das Leben durch *Stoffwechsel* begonnen habe. An

Oberflächen, die zur Reaktion mit der Umwelt bereit sind, laufen chemische Reaktionen ab, welche Energie freisetzen. Eisen und Schwefelwasserstoff seien die Verdächtigen, welche die chemische Evolution gezündet hätten. »Das Leben musste einfach entstehen«, so Wächtershäuser, »es war kein Zufall.« Die Evolution scheint viel schneller gearbeitet zu haben als bisher angenommen, »vielleicht reichten schon einige tausend Jahre aus für die Entstehung der ersten Enzyme. Und alles könnte auch bald nach Entstehung der Erde geschehen sein.«[9] Die heute weitverbreitete Ansicht, Leben sei an vulkanischen, heißen Meerwasserschloten entstanden, wird durch die dort gefundenen hitzebedürftigen Mikroorganismen (hyperthermophile Archäen) gestützt. Doch dagegen gibt es nun den Einwand, man dürfe die anorganisch-chemischen Reaktionen nicht für sich allein betrachten.

Deshalb vertreten einige Mikrobiologen wie Karl Forchhammer die These einer Variante zur Stoffwechseltheorie: *Photosynthese von Anfang an,* mit dem Sonnenlicht als zuverlässigstem Energiespender. Bei der Photooxidation trifft ein Photon, die kleinste Lichteinheit, auch als Lichtquantum bezeichnet, auf ein geeignetes Molekül der Eisenoberfläche und schlägt ein Elektron heraus. Diese abgespalteten Teilchen haben eine negative Ladung und suchen die Vereinigung mit Protonen zu einem in Entstehung befindlichen (»naszierenden«) Wasserstoff. Dieser reagiert nun mit Kohlendioxid an metallhaltigen Oberflächen katalytisch, das heißt in einer die Struktur verändernden Wechselwirkung zu organischen Molekülen. Auch Zink- und Mangansulfidkristalle eignen sich im Versuch als Photokatalysatoren, an deren Oberflächen sich organische Moleküle als organischer Kohlenstoff CH_2O bilden können. Licht fließt als Lebenshauch durch das chemische System, es entstehen kurzkettige organische Säuren.

Das Licht als Treibstoff des präbiotischen Lebens bestätigt der in Osnabrück forschende Biophysiker Armen Mulkidjanian 2012 noch von einer interessanten Gegenposition aus. In geothermischen, vulkanischen Süßwasserzonen hätten sich organische Moleküle auf zur Photokatalyse geeigneten Metallen gebildet. In richtiger Mixtur könnten solche Moleküle interagieren. Aus diesen Reaktionsgemischen bildeten sich immer komplexere Moleküle, bis sich aus der präbiotischen Phase Protozellen entwickelten. In diesen entstand ein stabiles System, das biologische Erbinformation verschlüsselt bewahrt. Und: Nur im Süßwasserbereich strahlt Licht in Fülle, das die Photosynthese ermöglicht.

Ab hier spielen alle drei Thesen zusammen. Mulkidjanian kommt zu der spannenden Position, dass alle heute lebenden Zellen noch ein Relikt aus der präbiotischen Phase enthielten. Dies entspräche genau der Fraktaltheorie. Bis ins Archaikum zurück sind Spuren photosynthetischen Stoffwechsels nachgewiesen. Bei allen Lebewesen ist das Cytoplasma, der Zellsaft, reich an Kalium- und Magnesiumsalzen. Und als kleine Sensation: Die im Meer vorkommenden Natriumsalze sind nicht dabei. So stamme also das Leben nicht aus dem Meer, sondern aus geothermischem Süßwasser. Die Meeresschlottheorie sei damit nicht vereinbar. Vielmehr handele es sich bei den hitzeliebenden Archäen um eine hoch spezialisierte Form der Anpassung.

Von den ersten, einfachen präbiotischen Reaktionen hin zum gemeinsamen Vorfahren aller Lebewesen sind viele Komplexitätsgrade zu überwinden. Im Gegensatz zu den allerersten Protolebewesen sind die heutigen Bakterien aus Millionen Molekülen, darunter Proteinen mit mehr als 100 000 Atomen, zusammengesetzt.

Diese Erklärung der Lebensentstehung will auch Spekulationen beenden, die von einem extraterrestrischen Ursprung des Lebens ausgingen, als die NASA-Sonde *Stardust* im Jahr 2006 die einfache eiweißbildende Aminosäure Glycin aus dem Schweif des Kometen Wild 2 mitgebracht hatte. Die Auswertung der Daten der Rosetta-Sonde, die den »Tschuri«- Kometen chemisch analysiert, gibt 2016 dieser Spekulation erneut Nahrung in Form der Aminosäure Glycin und von Phosphor. Im Hintergrund solcher Vermutungen könnte auch eine Rechtfertigung der astronomisch hohen Raumfahrtkosten stehen, aber auch das ist nur eine Vermutung.

Nach dem ersten Blinzeln des Lebens ins Sonnenlicht ging alles erdgeschichtlich sehr schnell auf dem Weg zur Diversifizierung, zur Artenvielfalt. Die ersten Lebensformen hatten ihre Energie aus der nicht belebten Natur zu gewinnen. Diese photosynthetischen Organismen sind »autotroph«, sind Selbsternährer, sind also Flora. Die ältesten fossilen Spuren in über zweieinhalb Milliarden altem Gestein deuten bereits auf das Vorhandensein von Cyanobakterien, den Blaualgen, hin. Blaualgen waren die ersten Organismen, welche sich durch Photosynthese selbst ernährten, und sind somit die ältesten Vertreter der Pflanzenwelt. Sie begannen nach langem Anlauf vor 2,5 Milliarden Jahren, der Erde eine Sauerstoffhülle zu verpassen, die dann auch eine Fauna ermöglichte. Es bildete sich eine Polarität von Flora und Fauna heraus, die beide aufeinander angewiesen waren. Diese übergreifende Koevolution wird uns noch in manchen detaillierten Beispielen begegnen, denn die Harmonie der Welt beruht gerade darauf, dass jedem auch noch so kleinen kreativen Entwicklungsschritt ein entsprechender folgt, der ihn ausbalanciert: Koevolution vom Proton und Elektron im Atom bis zum Spiel der Kräfte im Weltall.

Licht als Lebenshauch

Schauen wir kurz ins Licht, das wir als Hauch des Lebens erkennen und aufnehmen: Licht ist unsere Nahrung, nicht nur als Vitamin D, das uns die Sonne direkt schenkt, sondern auch als Licht, das durch Pflanzen und Tiere ging, bevor diese zu unserer Nahrung wurden. Das Licht versinkt im Grün der Chlorophyllmoleküle, indem es das Blau und das Rot des Lichtspektrums absorbiert. Der Regenbogen, den wir in seiner Pracht bewundern, meist wenn die Sonne abends schräg unter den Regenwolken durchbricht, leuchtet uns in allen Farben. Wir beobachten, wie das weiße Licht durch Wassertröpfchen gebrochen von Rot über Orange, Gelb, Grün, Türkis ins Blaue und Violette wechselt. Über dem Rot mit »langen« 700 Nanometern, also 700 Milliardstel Metern (700 Millionstel Millimetern) Wellenlänge liegt der langwellige unsichtbare Infrarotbereich und unter dem Violett mit kürzeren 400 Nanometern der unsichtbare Ultraviolettbereich, der in die kürzesten und schnellsten Wellenbewegungen der Röntgen- und der radioaktiven Strahlung von wenigen Milliardstel Millimetern Wellenlänge mit der höchsten Energie übergeht.

Die Rot-Grün-Blau-Farbmischung ergibt im Rückschluss das weiße Licht. Man nennt das »additive Farbmischung«. Der Nobelpreis für Physik 2014 wurde drei Japanern zugesprochen, die in Ergänzung der roten und der grünen Leuchtdioden nach schwierigsten Materialrecherchen schließlich die blaue LED erfanden und so die Mischung zum weißen Licht möglich machten, dem Licht, das als extrem sparsam zum »Licht des 21. Jahrhunderts« wurde, wie die Jury würdigend formulierte.

Maler wundern sich da natürlich, denn ihre Mischung von Rot-Grün-Blau ergäbe auf der Palette bestenfalls ein interessantes Dunkelgrau. Man nennt das »subtraktive« Farbmischung, denn es werden durch Verrühren jeweils die Lichtwellen der einzelnen Farben weggenommen, verschluckt.

Wenn die Schwingungsform des Lichts zur Schwingungsform eines Moleküls passt, kann es zur Photosynthese kommen, zur Anregung der Moleküle. Solche »Wellenaddition« ist der Grund der Kreativität, denn Kreativität ist wie jede chemische Reaktion eine Wechselwirkung zwischen Wellen.

Besonders gern verbinden sich Wasserstoff und Sauerstoff – und zwar zu Wasser. Man könnte von einer »stehenden Welle« der Strahlungen der Elemente sprechen. Durch Wellenaddition kann Strahlung zu Masse werden. Beim radioaktiven Zerfall ist es umgekehrt: Masse wandelt sich in Strahlung um. Dieser Prozess ist in der Natur reversibel.

Die Theorie vom Licht als Anreger können wir am Beispiel des Rosts anschaulich machen. Metalloberflächen – elektrisch sind sie neutral – werden durch Beleuchtung positiv geladen, weil das Licht ihre Elektronen herausschießt. Die Plusladung der Oberfläche lässt durch elektrostatische Anziehung organische Säuren entstehen – ein Prozess der Photooxidation.

Das Licht als Lebenshauch entspricht auch dem hier vertretenen Modell der fraktal aufgebauten Welt, und zwar in dynamischer und in statischer Hinsicht: Wenn heute die gesamte Biosphäre vom Sonnenlicht lebt, liegt es nahe, dass diese Energiequelle als Lebensspender auch der eigentliche Erzeuger des ersten Lebens war. Und wir sind, materiell und nicht nur metaphorisch betrachtet, tatsächlich noch vom Licht erweckter Sternenstaub – wie der Spinat mit seinem Eisen vom Erdkern.

2.3. Von der Einfalt zur Vielfalt

Der kreative Prozess von der Einfalt zur Vielfalt birgt die Abfolge von Kreativität, Polarität und deren Verschmelzung in der Attraktivität in jeder noch so kleinen Entwicklungsstufe, und jede Stufe ist wieder ein neuer kreativer Schritt, der Polarität und Attraktivität bewirkt und so auch die Basis für eine sich ausbalancierende Koevolution legt.

Aus dem Wasser ans Land und in die Luft

Schon die ersten Zellen des Lebens trugen die Potenz, zu Pflanzen und zu Tieren zu werden, gleichermaßen in sich. Die Diversifizierung der Erscheinungsformen ging zunächst eher langsam voran. Es dauerte nach bisheriger Kenntnis etwa drei Milliarden Jahre, bis die höheren Lebewesen entstanden, die wir heute als Tiere und Pflanzen erkennen. Neben den eben erwähnten Blaualgen, den Cyanobakterien, wuselten damals immer mehr Mikroorganismen im Wasser, die sich von den Blaualgen ernährten. Wir erkennen darin die Urform des Tierischen.

Mitten in dieser langen Phase ereignete sich ein großer Kreativitätssprung. Diesen beschreibt die amerikanische Biologin Lynn Margulis als »Endosymbiose«: Es kam zur Verschmelzung von mindestens zwei unterschiedlichen Mikroorganismen zu einem neuen Zelltyp, den Eukaryoten, die einen echten Zellkern ausgebildet haben. Aus diesem Prototyp entstand später das Tier- und Pflanzenreich.

Nun ein spektakulärer Fossilienfund im Norden Chinas, der 2016 ausgewertet wurde: Alles soll viel früher gewesen sein. Der Fund datiert die bereits handtellergroßen Versteinerungen als eine Form von Eukaryoten, die vor 1,6 Milliarden Jahren gelebt haben sollen, also eine ganze Milliarde Jahre früher als bisher angenommen. Damit wäre auch die Atmosphäre viel früher entstanden. Unser Wissen ist im Fluss.

Die Bakterien, die atmen konnten, wurden zu den Energiefabriken der Zelle, den Mitochondrien. Diese Atmung war die Basis der Fauna. Eine zweite Endosymbiose ließ das Pflanzenreich entstehen: Ein Cyanobakterium verschmolz mit einem primitiven Eukaryoten und wurde damit zum Chloroplasten, dem späteren Blattgrün. Aber langsam: Den Unterschied zwischen den Lebensformen von Pflanzen- und Tierwelt wollen wir uns ansehen.

Was unterscheidet die Lebensformen von Pflanze und Tier?

Pflanzen können sich ohne das Zutun anderer Lebewesen ernähren. Sie sind autotroph, das heißt, sie sind so weit autonom, als sie nur Wasser, Luft (genauer: das hierin enthaltene Kohlendioxid), etwas Nährsalze (Dünger, wie zum Beispiel Stickstoff, Phosphor oder Eisen) und als Energielieferant Sonnenlicht brauchen. Daraus bilden sie ihre Zellbestandteile und können so wachsen.

Bereits in der Welt der Bakterien, die schon seit dreieinhalb Milliarden Jahren existiert, gibt es diese autotrophe Lebensform, dort vor allem bei den Cyanobakterien. Ihr Stoffwechsel entspricht genau dem der Pflanzen: Sie benötigen Sonne, Wasser, Kohlendioxid und Nährsalze.

Tiere, die andere Seite der Lebenspolarität, sind demgegenüber heterotrophe Organismen, das heißt, sie brauchen, um leben zu können, zusätzliche oder mehrfache Ernährung. Während die Tiere ihrer Nahrung hinterherlaufen oder diese mit anderen Tricks einfangen, sind Pflanzen wie beispielsweise Pilze sesshaft und ernähren sich im Allgemeinen von abgestorbenem organischem Material. Die heterotrophen Lebensformen brauchen die autotrophen Lebewesen als Nahrung, indem sie entweder direkt autotrophe Lebewesen fressen (Pflanzenfresser, Vegetarier) oder als Fleischfresser andere heterotrophe Lebewesen verdauen. Über die Nahrungskette lässt sich die Ernährungsbasis der heterotrophen also immer auf autotrophe Lebewesen zurückführen – die Pflanze war zuerst.

Und wie sind Bakterien einzuordnen, die für unser Leben eine so entscheidende Rolle spielen? Ein Drittel der gesamten Biomasse der Erde vermutet man heute in Form von Mikroorganismen unter dem Erdboden. In der Welt der Bakterien ist nun beides vertreten – hetero- und autotroph. Die meisten Bakterien sind heterotroph, brauchen also als Nahrung organische Substanzen (Zucker, Eiweiße, Fette, Alkohole ...). Alle pathogenen, also krankheitserregenden Bakterien sind heterotroph, sei es der Eitererreger Staphylococcus, der im Nasenraum lebt und sich dort von der Schleimhaut ernährt, oder Durchfallerreger wie zum Beispiel Cholera-Bakterien, die sich die Nährstoffe direkt aus dem Darm holen. Für die pathogenen Bakterien sind also wir Menschen die Nahrung, sie wollen bestimmte Gewebe und Zellen in uns fressen und verursachen dadurch Krankheit und auch Tod.

Die gesamte »Bakterienflora« im menschlichen Körper ist also heterotroph. Ein Mensch trägt etwa zehnmal so viele Bakterien mit sich herum, als er selbst körpereigene Zellen hat. Die meisten dieser Bakterien des Menschen siedeln im Darm: Sie leben mit uns in Symbiose und helfen uns, die Nahrung zu verdauen. »Da sprechen alle, die uns in sich arbeiten lassen, selbst Mediziner, Apotheker und Biologen, ausschließlich von Darmflora«, so könnten zu Recht die Bakterien protestieren, »schließlich sind wir als erste Lebewesen eure Urahnen!« Wenn man also die *Darmfauna,* um den Bakterien zu ihrem Recht zu verhelfen, zerstört, leiden wir an Mangelerscheinungen oder Entzündungen. Diese Bakterien finden natürlich unseren Inhalt äußerst attraktiv, sonst wären sie nicht so fleißig bei der Sache: Sie ernähren sich mit der Nahrung, die wir zu uns nehmen, direkt oder über die lange Nahrungskette letztlich von autotrophen Lebewesen wie Pflanzen und Algen. Aber auch viele Bakterien, die frei in der Umwelt leben, sind heterotroph und ernähren sich von den »Abfallprodukten« der autotrophen Lebensformen (zum Beispiel die einzelligen Mikroorganismen im Meeresboden, die von Sedimenten leben). Diese heterotrophen Bakterien haben die wichtige Funktion, die Stoffkreisläufe zu schließen. Organische Masse muss erst in ihre Grundbausteine zersetzt werden, damit autotrophe Lebewesen wie Cyanobakterien, Algen oder Pflanzen diese wieder – als Nährsalze etwa – nutzen können. Im Komposthaufen verwandelt sich organischer Müll in fruchtbare Erde. Das ist die lebenswichtige Funktion der heterotrophen Bakterien und Pilze. Ohne sie würde die Erde ersticken in einem Haufen toter Biomasse.

Zu Ende gedacht brauchen also langfristig die autotrophen Lebewesen die heterotrophen – und umgekehrt. Auch in diesen Stoffwechselprozessen spiegelt sich unser Modell von Kreativität, Polarität und wechselseitiger Attraktivität.

Stammbaumanalysen der Bakterien zeigen deutlich, dass die Spaltung in autotrophe und heterotrophe bakterielle Lebensformen schon sehr früh erfolgt sein muss, möglicherweise bereits in LUCA, dem *last univeral common ancestor* vor mehr als dreieinhalb Milliarden Jahren. Vielleicht hatte LUCA, dieser »letzte allgemeine Vorfahr« aller heute existierenden Lebewesen, beide Fähigkeiten, die sich dann bei dessen Nachfahren aufgespaltet haben.

Die Explosion der Arten

Durch die Entwicklung dieser vielen Lebensformen vor etwa 650 Millionen Jahren – oder vielleicht doch viel früher? – stieg der Sauerstoffgehalt der Atmosphäre steil an. Die Atmosphäre füllte sich mit 21 Prozent Sauerstoffanteil, und die Ozonschicht schützte das Leben auf der Erde vor kurzwelliger Strahlung.

Mit dieser Luft zum Leben ereignete sich die »kambrische Explosion«, die manche Wissenschaftler auch als »Big Bang« der Tierwelt bezeichnen: Da kam es zu einer Multiplikation der Baupläne in Flora und Fauna, erschienen also plötzlich viele neuartige Tiere und Pflanzen auf der Erde, und in einem exponentiellen Verlauf bildeten sich aus neuen Arten immer wieder neue.

Nervensysteme primitiver Wirbeltiere sind aus 500 Millionen Jahren alten Fossilien ersichtlich, Vorläufer höher entwickelter Wirbeltiere vor 400 Millionen Jahren, und im Devon vor 380 Millionen Jahren entwickelt sich aus den Fischen der erst 2004 in der Arktis (die früher ein warmes Klima hatte) gefundene Tiktaalik, ein Fisch mit Kiemen und Lungen, der sich mit Beinstummeln vorne und Fischschwanz-Bewegungen hinten als erstes Tier an Land wagte. Das Grundmuster bis zu uns, sogar bis in die Anordnung der Armknochen, blieb gleich.

In dieser Zeit begrünt sich die Erde. Vor 350 Millionen Jahren beginnt der Regenwald zu wachsen. Nach und nach entwickeln sich archaische Vogelarten (wie der Archäopteryx) und Säugetiere. Höhere Säuger und Primaten findet man aus der Zeit vor 65 Millionen Jahren als Vorfahren der Schimpansen und des Menschen. Für den Beginn der Menschheit müssen wir aber Millionen von Jahren zurückblicken, weil damals wohl unser Bewusstsein entstand. Unsere eigene Unterart *homo sapiens sapiens* lebt seit gerade einmal 200 000 Jahren.

Zwar gab es mehrfach Katastrophen wie Vulkanausbrüche und Meteoriteneinschläge, durch die massenweise Arten ausgerottet wurden, aber das Leben war doch so unverwüstlich, dass es anschließend jedes Mal zu einem neuen Evolutionsschub anhob. Man zählt fünf solcher Katastrophen, die die Erde an den Rand ihres Überlebens brachten. Die letzte fand im Tertiär vor 66 Millionen Jahren statt, ihr fielen mit den Dinosauriern vor allem die größeren Tiere zum Opfer. Diese aber bauen immer wieder auf dem Kleingetier auf. Die sechste Katastrophe für die Artenvielfalt sind derzeit wir Menschen.

Der US-amerikanische Biologe Edward O. Wilson sagt, dass die Entstehung der Arten »einfach auf der Herausbildung eines Unterschieds – irgendeines beliebigen Unterschieds« basiert, »der unter natürlichen Bedingungen Populationen daran hindert, fortpflanzungsfähige Hybriden zu erzeugen«.[10] Diese Schranke für eine beliebige Kreativität sorgt also dafür, dass sich die neu entstehenden Arten stabilisieren. Die Verschmelzung durch die Attraktivität innerhalb der Art erfolgt meist auf der chemischen Spur, oft durch einen duftenden Lockstoff. Dabei »kann ein einziges Gen … die Form eines Schädels verändern. Es kann die Lebensdauer verlängern, das Farbmusters eines Flügels umgestalten oder eine Rasse von Riesenexemplaren hervorbringen«. Wilson sieht als Gründe der Artenvielfalt vor allem die riesige Zahl der Mutationen und die Geschwindigkeit der natürlichen Auslese von etwa zwanzig Generationen, was bei der Stubenfliege nur einem Jahr entspricht.

In der erdgeschichtlich so kurzen Zeit des Auftauchens des Menschen als des Tieres, dem ein Bewusstsein zuzusprechen ist, erreicht die Biodiversität mit einer geschätzten Anzahl von zehn bis hundert Millionen Arten ihren Höhepunkt.

Die in ihrer Formenvielfalt überquellende Natur konnte Charles Darwin (1809–1882) mit seiner natürlichen Auslese alleine nicht begründen. So setzte er dann auch auf die Theorie der sexuellen Auslese, durch die der weibliche Instinkt die Variation, die leichte Abweichung begünstige. Diese Theorie übernimmt der Münchner Evolutionsbiologe Josef H. Reichholf, indem er sie zum *Ursprung der Schönheit*[11] weiterentwickelt, die der Freiheit des evolutionären

Spieltriebs entspringe. Dieser aber beruht wiederum auf dem der gesamten Evolution innewohnenden Prinzip der Attraktivität.

Die Kreativität und die Lebenskraft als Eigenschaften jeden Lebewesens sind damit auch nicht erklärbar. Wir wissen durch die Naturwissenschaften zwar immer mehr über das »Wie«, aber nicht, was das Leben ausmacht, und schon gar nichts zum »Warum«.

Emergenz

Ein Modewort der Wissenschaft hat es zum Hype gebracht: die Emergenz. Aus unüberschaubar Vielem schafft die Evolution plötzlich etwas völlig Neues. Manche Wissenschaftler sprechen auch von »übersummativ«, aber das wird der Dynamik nicht gerecht.

Diese Emergenz, die bei Karl Marx das Umschlagen von Quantität in Qualität darstellt, ist das gegenläufige Prinzip zur Abkühlung, Einebnung, Vermischung und des Absterbens in der Entropie. Das lateinische *emergere* bedeutet »auftauchen«, »herauskommen« oder »emporsteigen« und meint als »Emergenz« das Auftauchen einer wesentlichen neuen Eigenschaft oder Struktur aufgrund der Wechselwirkung ihrer vielen Teile als Auslöser. Kein einzelner Bestandteil hätte dazu das Zeug.

In nahezu allen Wissenschaften ist der Begriff heimisch geworden, weil überall solch sprunghaftes Aufsteigen einer kritischen Masse in eine qualitativ neue Ebene beobachtet wird. Schon für Aristoteles war eine Silbe mehr als die einzelnen Buchstaben für sich, geschweige denn als ein Wort mit seiner Bedeutung. »Das Ganze ist mehr als die Summe seiner Teile« ist die populäre Umschreibung von Emergenz, dies aber nur in ihrer statischen Funktion. Dynamisch ist ihre Plötzlichkeit.

Die Evolution stellt sich als eine unvorstellbare Fülle von emergenten Einzelschritten dar, deren Ergebnisse jeweils mit anderen emergenten Ergebnissen zu neuen Emergenzien reagieren: mit Emergenz zum Stern, zur Erde, zum Leben, zum Bewusstsein, zur

Intelligenz, vielleicht durch Digitalisierung zu etwas Neuem. Jedenfalls wird die Unvorhersehbarkeit als ein Kriterium der Emergenz angenommen, weil die unterschiedlichen Rückkopplungen der Teile untereinander nicht bestimmbar sind.

In dieser Hinsicht spielt die Emergenz in die Chaosforschung und die Untersuchung der Selbstorganisation von Systemen hinein. Jeder Kreativitätsschritt, bei dem im Kern Polaritätskonstellationen in ihrer wechselseitigen Attraktivität verschmelzen, ist Ergebnis der Emergenz. Genau das ist die selbsttätige Organisation der Kreativität der Natur.

In der Biologie besitzt kein Atom die Fähigkeit, die es in der Summe der Wechselwirkungen vieler Atome als Proteinmolekül zeigt, oder auf höheren Stufen in Gestalt von Herz oder Leber. Oder staunen wir über einen Klumpen von Milliarden Nervenzellen, der zum Gehirn emergiert und gar zu Gedanken.

Auch im sozialen Verbund wirkt Emergenz. In einer Schulklasse beobachtete ich bei Dreharbeiten, wie das von Jean-Pol Martin an der Universität Eichstätt entwickelte System des Lernens durch Lehren in kleinen interaktiven Gruppen einen sprunghaften Anstieg der Wissensaneignung durch Entdecken, Aktivierung und Motivation gegenüber Frontalunterricht erbrachte. Die Schüler interagierten den Atomen vergleichbar und förderten ihre eigene Kreativität.

In den Sozialwissenschaften weist Norbert Elias bezüglich des Verhältnisses von Gesellschaft und Individuum darauf hin, dass Gesellschaft nicht auf die Summe der Einzelnen reduziert werden darf, und dass die Individuen erst in ihren Abhängigkeiten und komplexen Wechselwirkungen die Ganzheit einer bestimmten Gesellschaft ergeben. Gustave Le Bon, Arzt und Soziologe, hat so die Massenpsychologie untersucht, ohne den Begriff Emergenz zu verwenden, und das Entstehen einer Massenseele in Extremsituationen beschrieben. Da hat ihn der Wiener Volksmund dann so interpretiert: »Der Mensch ist gut, aber die Leut' sind a Gsindel.«

Durchaus nicht unähnlich beobachtet die Verhaltensforschung Emergenz bei der Rudelbildung von Wildtieren oder auch der Staatenbildung von Insekten. Bis es aber zu solch hohen Formen kommt, ist die Kreativität der Natur auf unteren Ebenen herausgefordert.

Mutation und Selektion

Wir erleben das Wesen der Kreativität als das Streben nach Neuem. Dazu bedient sich die Natur zunächst der reproduzierenden Wiederkehr, die einen Kreislauf entstehen lässt. Dieser umspannt den ganzen Erdball, weil die unendlich erscheinenden Variationen des Erbmaterials und damit der pflanzlichen und tierischen Lebensformen ihn wie ein Gewebe einhüllen, das durch die Ernährungsbeziehungen und Fresshierarchien untereinander untrennbar fest verknüpft ist.

Im Streben nach Neuem setzt also die Natur auch auf diese genetischen Variationen. Das sind aktuelle, zunächst träge, aber dann doch plötzliche Reaktionen auf die stetige Veränderung der Bedingungen des Planeten, genau wie die genetischen Variationen zu dieser Umformung durch ihre geheimnisvolle Lebenskraft stets und ständig beitragen.

Vermutlich hat sich bis in unsere heutige Zeit die Zahl der Lebensformen, trotz des Untergangs so vieler, immer weiter ausdifferenziert; doch abgesehen vom mikrobiologischen Bereich, den wir noch nicht annähernd überblicken – vom Leben in den Wipfeln der tropischen Regenwälder und von dem in der Tiefsee ganz zu schweigen –, standen wir bereits Ende des 20. Jahrhunderts an einem Wendepunkt, berichtet die Initiative »Life Counts«, die eine Bestandsaufnahme des Lebens auf dem Planeten zur Jahrtausendwende unternahm.[12] Die sich ausbreitende Menschheit mit ihrem unstillbaren Energiehunger bewirkt und befördert nun deutlich ein Verschwinden der Arten, eine Einebnung.

Das Gegenprinzip dieses Absterbens ist die Kreativität der Natur, ihre Kraft und Vitalität. Diese Kreativität schafft neben Neuem vor allem Anderes. Das Entstehen solcher Vielfalt hat einen Grund: Es ist die blanke Lust, der Spieltrieb der Natur und die aus dem Kreativitätsdruck entspringende und jeweils erforderliche Anpassung an die entstehenden Anforderungen. Dieses Stimulans der Evolution zur Vielfalt in Flora und Fauna ist das Ergebnis von Mutation und Selektion.

Wenn sich das Erbgut dauerhaft verändert, und zwar durch »Fehler« beim »Kopieren«, spricht man seit der Begriffsbestimmung des Botanikers Hugo de Vries 1901 von einer Mutation. Zunächst ist nur eine Zelle betroffen, in Pflanzen oder Tieren. Diese Zelle gibt aber ihre neue Erbinformation an alle aus ihr erwachsenden Körperzellen weiter.

Warum macht das die Natur? Es liegt an ihrem Kreativitätsdruck, möglichst viele Arten hervorzubringen und in dieser jeweils entstehenden Vielfalt durch das in ihr wirkende Polaritätsprinzip sich selbst in die Balance zu bringen – Koevolution im Größten wie im Kleinsten. Dabei sind die Lebensbedingungen der jeweiligen »Art« berücksichtigt in deren biologischen und vererbbaren Vitalitäts- und Schutzmechanismen. Doch koevolutionäre Antworten können dauern. Der Zeitmaßstab der Natur setzt auf Geduld, die Technologie der Genmanipulation im Labor jedoch ist ungeduldig. Biogenetik will den Erfolg gleich, ohne dass wir wissen können, welche Reaktionen die Natur bereithält. Die Evolution ist eben nicht beherrschbar, auch wenn die aktuelle Methode des synthetischen »Gene Drive«, eines genetischen Eingriffs, bei dem nur gewünschte Eigenschaften vererbt werden, genau dies behauptet und rasche Lösungen verspricht. Mücken, die Malaria, Gelbfieber oder Zika übertragen, sollen kaum mehr Nachkommen haben. Aber was singen die Vögel dazu? Für welche Opfer weben Spinnen ihre Netze? Menschlicher Forscherdrang will möglichst rasch helfen, muss jedoch das Ende bedenken, zu dem auch Biowaffen und die menschliche Keimbahn neben der Komplexität der Koevolution gehören. Für die sind Unterschiedlichkeit und Vielfalt das Resultat eines besonderen Reizes. Es ist die Attraktivität des Ungewöhnlichen, des Abweichenden, »Exotischen«, des Suchens und dabei der Freiheit beim großen Spiel der Natur. Kreativität nimmt sich die Freiheit. Diese ist ihr Element.

So lassen Mutationen neue Arten entstehen, wirken aber auch innerhalb ihrer Art. Waren wir Menschen mit anzunehmender Sicherheit zu Beginn alle einmal schwarz, um uns vor der sengenden Sonne Afrikas mit ihrem UV-Licht zu schützen, so hat sich mit der Wanderung in weniger UV-intensive Regionen die Haut aufgehellt, um das lebenswichtige Vitamin D aus dem Licht aufnehmen zu können. Diese Eigenschaft hat sich dann vererbt.

Jede Art von Züchtung ist ein aufgezwungener Evolutionsschritt. Bei der »natürlichen« Mutation kommt sofort die Auswahl, die Selektion, ins Spiel. Sie wirkt als Korrektiv. Denn das Genmaterial will ausprobieren, was funktioniert. Das ist der Spieltrieb der Natur, dem sie selbst Regeln verpasst, um sich zu zügeln.

Charles Darwin hat den Begriff dieser natürlichen Selektion eingeführt, den die Evolutionsbiologie aufgriff. Mit *survival of the fittest* – den Slogan hat er wohl von dem Soziologen Herbert Spencer übernommen – meint Darwin nicht das Überleben der Gesündesten oder Stärksten, sondern der am besten an die Umweltbedingungen Angepassten; das gilt für die Lebewesen mit den meisten fortpflanzungsfähigen Nachkommen. Die Selektion bezieht sich also auf die Fortpflanzungsgemeinschaft.

Bei Insekten wie Ameisen oder Bienen erleben wir sowohl die Kooperationsfähigkeit wie auch die Ein- und Unterordnung in ein System, das die Art zu ihrem Bestand entwickelt, eine hochkomplexe Mutation hin zur Staatenbildung.

Innerhalb der Arten können sich durchaus Subgruppierungen unterscheiden, das wird auch bei der Spezies Mensch sichtbar. Da gibt es diejenigen, die sich der intensiveren Sonneneinstrahlung durch eine dunkle Pigmentierung der Haut gut angepasst haben, und diejenigen, die näher an den Polen leben und deren Haut sich dem

Sonnenlicht mehr oder weniger öffnete. Andere mussten Überlebenstechniken im Eis entwickeln, im Regenwald oder in extrem hohem Bergland, was geringe Mutationen innerhalb der Art auslöste. Diese äußeren Eigenschaften werden auch in veränderten Lebensregionen weitervererbt, was dann rassistische Vorbehalte fördert. Die nun einsetzende Globalisierung hat diesen Evolutionsschritt zu bewältigen. Die Genetik zeigt nämlich deutlich, dass es biologisch gesehen nur eine Rasse Mensch gibt, wenn auch Spezialisierungen nach ursprünglich geografischen Varianten auftreten.

Bei der natürlichen Selektion – im Gegensatz zur künstlichen der Züchtung – werden die Erbanlagen Einzelner mit geringerer Wahrscheinlichkeit oder eben gar nicht weitergegeben. Ein Aussterben solcher überlebender Einzelner wird dann durch Umweltbedingungen wie Dürre oder Entwaldung ausgelöst. Heute ist die menschliche Zivilisation der Hauptgrund für das Sterben ganzer Arten in unvorstellbarer Zahl. In der Erdgeschichte war das aber auch durch »natürliche« Klimaveränderungen und Katastrophen veranlasst.

Möglicherweise bricht beim Homo sapiens durch die von uns erfundene digitale Welt mit ihrer Wahrnehmung der Virtualität anstelle der »Realität« – also der Wahrnehmung und Nutzung einer neuen Wirklichkeit – eine neue Stufe der Evolution an, die neue Eigenschaften fördert und bisher entwickelte untergehen lässt. Was hatten die Menschen frühester Kulturen für ausgeprägte Wahrnehmungsfähigkeiten, die schon bald ohne die geringste Technik Völkerwanderungen auf dem Globus ermöglichten? Was war bei Menschen der Megalithkultur an Umweltsensibilität vorhanden und an Zeichenverständnis ohne Schrift? Heute geht mit dem Taschenrechner bereits das Verständnis für Zahlenmengen, für einschätzendes Kalkulieren und Kopfrechnen unter, dafür werden andere Fähigkeiten im Umgang mit virtueller Realität entstehen.

So zufällig, wie Darwin zunächst annahm, scheinen die Mutationen also gar nicht aufzutreten, vor allem nicht bei der Entstehung neuer

Arten. Denn es ist der Wille der Natur, sich passend zu ihrer Umgebung zu vervielfältigen. Und so überzeugend diese Erkenntnis scheint, hat sich doch hierüber ein Streit in der Wissenschaft entzündet, der einen Forscher das Leben gekostet hat. Wir wollen den Fall gleich aufklären.

Lamarck, Darwin und der Neodarwinismus

Darwins Thesen gelten bis heute in nahezu allen Details als unumstößlich. Obwohl Charles Darwin (1809–1882) selbst den Zufall als Auslöser der Mutationen später relativierte, ging er davon aus, dass die Umwelt höchstens sehr indirekt auf das Entstehen von Mutationen einwirkt. Die Natur würde es eben willkürlich probieren und lasse bei der Verdoppelung der Erbstruktur Kopierfehler auftreten. Die am besten angepasste Form setze sich durch, überlebe und gebe ihr Erbmaterial weiter. Spontan sei solches Entstehen.

Es gab aber schon vor Darwin Evolutionstheorien. Anfang des 19. Jahrhunderts nahm der französische Biologe Jean-Baptiste de Lamarck (1744–1829) an, dass Organismen Eigenschaften an ihre Nachkommen vererben könnten, die sie während ihres Lebens erworben hatten.

Nach Darwins Tod entbrannte ein Streit zwischen Neodarwinisten und Lamarckisten, der bis in die Gegenwart anhält. Vertieft man sich jedoch in Darwins *Über die Entstehung der Arten durch natürliche Zuchtwahl oder die Erhaltung der begünstigten Rassen im Kampfe ums Dasein,* insbesondere in das 4. und 5. Kapitel (Abschnitt: »Wirkungen veränderter Bedingungen«), erkennt man, dass Darwin Umwelteinflüsse gar nicht als so ausschließend betrachtete, wie die Neodarwinisten das bis heute mit ihrem Zufallsprinzip vertreten. Selbst im Internet wird die alte Auseinandersetzung über den Gräbern der Protagonisten fast überall zugunsten des Darwinismus entschieden. Da heißt es etwa: Die Lamarck'sche »Theorie ist widerlegt, weil sie eine Veränderung des Erbguts voraussetzt, die nach heutigem Erkenntnisstand aber nicht möglich ist«.[13]

Das ist jedoch grober Unfug, schaut man sich gleich die Quellen an. Hier spielt sich auch ein politisch-gesellschaftlicher Hintergrund in den Vordergrund.

Lamarck zufolge existiert ein gerichteter Informationsfluss von der Umgebung auf den Kopiervorgang der Erbstrukturen, sodass die Nachkommen auch die Veränderungen in sich tragen, die zur Umwelt passen. Das bestätigte der österreichische Forscher Paul Kammerer Anfang des 20. Jahrhunderts mit seinem Amphibienexperiment. Schon als Kind hatte er den elterlichen Industriellenhaushalt in ein Terrarium verwandelt. Später, als Zoologe, beobachtete er die Folgen der Begattung von Geburtshelferkröten, die sich an Land paarten, im Vergleich zu denen, die er zwang, sich im Wasser zu begatten. Die Männchen der sich nur im Wasser Paarenden entwickelten mit der Zeit krallenähnliche Halteorgane, die sich weitervererbten.

Ähnliche Vererbungsversuche machte Kammerer mit den gelbschwarz gefleckten Feuersalamandern und den schwarzen Alpensalamandern. Er setzte sie jeweils in die ihnen ungewohnte Umgebung und beobachtete, dass sie Merkmale der anderen Art übernahmen.

Kammerer publizierte seine Ergebnisse über die Vererbung von Merkmalen, die in der Auseinandersetzung mit der Umwelt erworben werden können, in mehr als 130 Aufsätzen und Monografien. Von seinen Kollegen weitgehend misstrauisch beäugt, wurde er doch mit seiner Theorie über die Bedeutung der Umwelteinflüsse in Moskau anerkannt und erhielt 1926 einen Ruf an die Kommunistische Akademie der Wissenschaften. Aber dann jäh die Intrige: Der amerikanische Zoologe Gladwyn Kingsley Noble untersuchte in Wien die letzte der von Kammerers Versuchen übrig gebliebenen Geburtshelferkröten. An diesem Exemplar konnte oder wollte er wohl keine Veränderung diagnostizieren und stellte daraufhin seinen Kollegen in der Fachzeitschrift *Nature,* in der auch Kammerer publiziert hatte, als Fälscher hin. Dieser sah sich so gedemütigt, dass er nach Moskau schrieb, er habe nichts gefälscht und hoffentlich am nächsten Tag den Mut, seinem Leben ein Ende zu setzen. Am 22. September 1926 erschoss er sich.

Kammerers Thesen passten zwar in die Ideologie derer, die den neuen Menschen nach ihren Vorstellungen formen wollten, aber dieser politische Versuch mit etwa anderthalb Milliarden Versuchspersonen musste in der Folgezeit misslingen, weil erstens das Milieu nicht steril genug gehalten werden konnte, und vor allem, weil den Menschen – anders als den anderen Tieren – das Reflexionsvermögen in den Genen steckt und zusätzlich auch noch der Trieb individueller materieller Erfüllung. Das kommunistische Weltbild ist deshalb zwangsläufig schon an den Egoismen der Funktionäre gescheitert, an der Vorstellung vom Menschen sowieso.

Im Jahr 2014 vermeldete die Universität in Ottawa folgende Beobachtung: Unter Laborbedingungen hätten sich in kürzester Zeit Mutationen bei Flösselhechten vorbereitet. Eine einfache Lunge, ausgeprägter als bei den Meeressäugern, erlaubt diesen Süßwasserfischen eine kurze, mühevolle Fortbewegung an Land. Das war Anreiz für die Forscher in Ottawa, sie länger dieser Umweltsituation auszusetzen, und siehe da: Die länger ans Land gezogenen Fische richteten ihren Kopf höher auf, entwickelten stärkere vordere Flossen, die sie aufstellten und mit denen sie watscheln konnten, während der restliche Rumpf durch Schlängeln für Vortrieb sorgte. Auch der Körperbau im Brustbereich verstärkte sich. Und diese Eigenschaften gaben die Fische weiter. So ähnlich stellen sich die Forscher in Ottawa nun die Entwicklung seit 400 Millionen Jahren vor, als das Leben das Wasser verließ. Hat die Natur es nicht so eingerichtet, dass alles, was die Lebenschancen erhöht, auch zielführend ist? 1:0 für Kammerer.

Und hier gleich noch ein 2:0 für Kammerer und Lamarck und damit auch für die moderne *Epigenetik,* die, erst seit Kurzem existierend, die Übertragung von Anpassungen an Umwelteinflüsse ins Erbmaterial annimmt: Forscher setzten 1995 auf einigen kleinen Inseln vor Florida braune Echsen, die sogenannten Bahama-Anolis, aus. Auf diesen Inseln waren bisher nur die grünen Anolis mit roter Kehle (»Rotkehl-Anolis«) heimisch. Die durchsetzungsstärkeren braunen Echsen besetzten nun mehr und mehr vom Lebensraum der grünen Anolis, sodass diese die Flucht nach oben antraten: Von ihrem bisherigen Lebensraum etwa ein dreiviertel Meter über dem Boden in Bäumen und Gesträuch mussten sie sich auf deutlich höhere Zweige und Äste aufschwingen. Heute, nach nur zwanzig Generationen, sind ihnen für ihre Klettereien deutlich größere Haftflächen an den Füßen gewachsen, ganz im Gegensatz zu den unbedrängten Rotkehl-Geschwistern auf den anderen Inseln.

Höchstleistung und Spezialistentum in der Anpassung kann sich jedoch auch rächen, wenn sich die Umweltbedingungen rasch ändern. Die Abholzung der Regenwälder zum Beispiel ist eine Katastrophe für die gesamte Biosphäre. Wo aber Reste der gewachsenen Natur verbleiben, können jüngere, noch weniger spezialisierte Arten besser zurechtkommen.

Ein internationales Team von Vogelkundlern berichtet vom kleinen gelb-grün metallisch glänzenden Rotschwanz Jakamar in Costa Rica. Der hat einen sehr spitzen, bis zu fünf Zentimeter langen Schnabel zum Jagen bestimmter Arten von Schmetterlingen. Mit ihm kann er die Schmetterlingsflügel als Abfall beim Schnappen einfach abtrennen. Die hochgradige Angepasstheit des Jakamar mit seinem speziellen Schnabel ist ihm nun, da sich die landwirtschaftlichen Flächen immer stärker ausdehnen, ein Hindernis bei der Umstellung auf eine andere Ernährung. Da haben es die weniger entwickelten Arten als Generalisten zwar schwer genug, aber immer noch leichter.

Wie um Hoffnung zu wecken, berichten Biologen vom Geomar-Zentrum in Kiel, dass die winzige Kalkalge in der Lage ist, den Klimawandel zu verdauen. Zwar werden die Meere wärmer und ihr pH-Wert sinkt wegen des Kohlendioxideintrags in ein saures Milieu, doch diese Alge hat im Labor bereits sehr starke Veränderungen vertragen und weitergegeben. Die Algenzellen wurden kleiner, aber die Biomasse, welche die Nahrungsgrundlage für andere Meerestiere ist, vermehrte sich.

Seit fast zwanzig Jahren setzt die Forschungsrichtung der Epigenetik dem Neodarwinismus zu, der nach unserer Auffassung auch Darwin unrecht tut. Es geht also um die Frage, ob die Umwelt die Vererbung beeinflussen kann. Wenn die DNA die Schrift der Genetik ist, dann stellt die Epigenetik die farbige Markierung des Textes dar. Bei der nächsten »Lesung« der Vererbung wird die Markierung berücksichtigt, die Merkmale sind weiter vererbt. Dennoch zeichnet sich eine harte Auseinandersetzung der »Schulen« ab, ob es einen Einfluss der Umwelt auf die Gene gibt – mit Intrigen bis hin zum Vorwurf von Neodarwinisten, wer so etwas für möglich halte, verstehe die Evolution nicht.

In diesem konkreten Streit mögen die Fragen des naturwissenschaftlich interessierten Laien rhetorisch klingen: Warum sollte sich die Natur nicht die Fähigkeit erwerben, Informationen ins Erbgut einzulesen? Könnte die Natur so dumm und unkreativ sein, Informationen nicht zu nutzen? Sie tut es.

Endstationen

Derzeit, so schätzt die Forschung, gibt es fünf bis neun Millionen Tierarten auf der Erde. Dabei sind die beiden »unbekannten Kontinente des Lebens«, die Tiefsee und die Baumwipfel des tropischen Regenwalds, noch weitgehend unentdeckt. Möglicherweise gehen viele Arten unter, bevor wir sie kennenlernen dürfen, meinte im Jahr 2000 die Aktion »Life Counts«.[14]

Inzwischen nimmt man an, dass jedes Jahr zwischen zehn- und sechzigtausend Arten (!) aussterben.

Arten können ein Ende finden durch Aussterben, durch Ausrottung oder dadurch, dass sie in einer neuen Art aufgehen. Den Sauriern brachte am Ende der Kreidezeit vor 66 Millionen Jahren ein Meteoriteneinschlag den dramatischen Tod. Fossilienfunde wie zuletzt der eines 40 Zentimeter langen Horns eines 8 Tonnen wiegenden Dinos – im US-Bundesstaat Montana knapp unter der Kreidegrenze entdeckt – schließen manche bisher geäußerten Zweifel an dieser Todesursache aus.

Eine natürliche Form des Artensterbens ist die Aufspaltung in Tochterarten, die sich von der Ursprungsart unterscheiden, oder die Vermischung mit einer anderen verwandten Art.

Das Aussterben bedeutet den irreversiblen Verlust der Erbsubstanz, der Erbinformation, wie sie uns eine lange Geschichte des Lebens überliefert hat. Dass sich die Biodiversität vermindert, übrigens bei Tieren wie bei Pflanzen, hängt vor allem mit unserer Art zu leben zusammen. Die Zerstörung von Lebensräumen durch Klimawandel, Vernichtung des tropischen Regenwalds, Siedlungsdruck, Energiehunger und Konsumverhalten, durch Monokulturen und Pestizideinsatz, aber auch die Konkurrenz eingeführter Arten und die Unterbrechung der Nahrungskette sind Ursachen für ein massenhaftes Artensterben, das unsere Zivilisation auslöst und inzwischen mit dem schlagartigen Tod der Dinosaurier verglichen wird.

Im Jahr 2010 hat die Biodiversitätskommission der Vereinten Nationen einen verheerenden Bericht veröffentlicht: Von einem graduellen Abstieg könne es zu einem plötzlichen kommen mit Verlusten katastrophalen Ausmaßes, weil innerhalb des komplexen Systems eine Kaskade unkalkulierbarer Folgen auftreten könne.

Da ist die Ausrottung durch gezielte Jagd und ungezielte Überfischung quantitativ noch ein Randphänomen, das aber sichtbar ist, während das Sterben als Prozess eher im Verborgenen billigend in Kauf genommen wird.

Der Moa war ein kälbergroßer, flugunfähiger Vogel auf Neuseeland, der bereits um das Jahr 1500 als Art erledigt war – bei insgesamt nur 2500 Siedlern auf der pazifischen Inselgruppe. Mit der Art starb auch ihr Räuber, der mit drei Metern Flügelspannweite mächtige Haastadler. Wenn so wenige Erdenbürger auf einer so riesigen Landfläche genügen, um innerhalb kurzer Zeit zwei Arten auszurotten, hält man nun auch die vergleichsweise wenigen altsteinzeitlichen Jäger für den Tod der Mammuts in Europa für verantwortlich.

Was aber richten dann sieben Milliarden und bald noch mehr Menschen an? Unsere Erde ist in ihrer Koevolution ein einziges großes Stoffwechselsystem von Fresshierarchien und Materieumbau. Die massenhaften Eingriffe des Menschen in dieses System sind der Grund dafür, dass unser Erdzeitalter heute als »Anthropozän« bezeichnet wird und damit einen menschlichen Stempel aufgedrückt bekommt.

Endpunkte der Natur

So wie ein Baum sich verästelt und in Zweigen und Wipfeln endet, so erreichen auch die Triebe der Kreativität Endpunkte. Immer wieder geraten einzelne Produkte der Evolution an den Punkt, an dem sie »fertig« sind, weil die Beziehung von Nutzen und Komplexität ausgeschöpft ist. Eine Steigerung durch Weiterentwicklung ist nicht mehr möglich. Ein Beispiel ist der Archäopteryx, das eigenständige Brückenglied zwischen Sauriern und Vögeln, das vor 150 Millionen Jahren im Gebiet des späteren Urstromtals der Donau gelebt hat. Seine Konstruktion erscheint zu »ausgereizt«, um sich als Vogel weiterentwickeln zu können. Wenn sich dann die Umwelt für den Typus unpassend verändert, sind seine evolutionären Chancen gekappt. Es bedarf zur Weiterentwicklung offenbar genereller angelegter Prototypen, aus denen noch etwas werden kann, weil sie durch Mutationen imstande sind, immer speziellere Anforderungen zu bewältigen.

Auch einzelne Organe wie das menschliche Auge oder das Facettenauge der Insekten mit den dazugehörigen datenverarbeitenden neuronalen Netzen könnten solche Endpunkte markieren. Giraffen werden wohl kaum noch längere Hälse bekommen, weil die begehrten Früchte erreichbar sind und die Körperdynamik aus dem Lot geraten würde. Auch die riesigen Blauwale mit über dreißig Metern Länge, deren Entwicklungslinie im frühen Eozän vor mehr als fünfzig Millionen Jahren mit frühen Paarhufern an Land begann, dürften ein Endstadium erreicht haben, weil die Blauwale – wie die Elefanten – den Grenzwert ihrer Massigkeit erreicht haben. Größer und schwerer können sie nicht mehr werden.

Trotz teilweisen Stillstands oder auch der Regression durch Aussterben gibt es ein stetiges neues Vorwärtsdrängen in der Kreativität. Das ist für uns auch als durchaus unangenehm zu beobachten, nämlich bei der Wandlungsfähigkeit und dem Neuauftauchen von Viren. Vielleicht denkt die Erde sich, wir sollten nicht noch mehr werden.

Wie die Erde denkt

Denkt sich die Erde etwas? Dazu müsste sie zunächst einmal eine Einheit darstellen. Wo immer wir hinblicken, erkennen wir Knoten einer Vernetzung durch kommunikative Wechselwirkung. Farbenpracht und Formenfülle der Flora wollen Insekten zur Bestäubung, also zur Weitergabe pflanzlichen Lebens, anlocken und geben dafür köstliche Nahrung. Aber auch Fresshierarchien bilden Knoten in dieser verknüpften Einheit. Jedes Molekül ist eine Verknüpfung von Elementen. So erweist sich die Natur als ein einziges riesiges Netz – im Atom, im Kosmos und in allem dazwischen.

Die in die Galaxie der Milchstraße eingebettete Sonne hält uns, ihr Licht schafft Leben und Wachstum, ihren Spin gibt sie weiter, er schleudert uns auch in tägliche Dunkelheit, damit wir uns erholen. All diese vielfältigen Verbindungen werden durch Kräfte der kinetischen Energie, durch Anziehung und Abstoßung, durch chemische, elektrische, akustische oder optische Reize von wechselseitiger Attraktivität hergestellt.

Die Schwerkraft hält uns auf dem Erdball, und Elektromagnetismus sowie die starke und die schwache Wechselwirkungskraft (auch als starke und schwache Kernkraft bezeichnet) knüpfen exakt austariert als die vier Grundkräfte der Physik das Weltennetz. Dieses hat wie das Gehirn kein zentrales Befehlszentrum; das könnte ja womöglich verheerende Fehler machen – wie eine diktatorische Regierung auch. Die Selbstorganisation regelt auf unzähligen Ebenen den universellen Ausgleich. Dabei schafft es die Koevolution, also die parallele Mitentwicklung zu allem Entstehenden durch kreative Polarität, dass nichts in dieser Welt ohne *Zweck* ist und alles seine Funktion erfüllt – auch wenn wir das noch nicht von allem wissen. Ein Beispiel sind die Neutrinos, als elektrisch neutrale Elementarteilchen mit geringst möglicher Masse bezeichnet, die von der Kernfusion in den Sternen ausgelöst das Universum fast spurlos durchrasen – auch uns milliardenfach, ohne dass wir das spüren und ohne dass uns deren genaue Funktion bisher bekannt geworden wäre. Überhaupt folgt aus dem Umstand, dass nichts zweckfrei geschieht und sich alles passgenau entwickelt, auch eine in der Evolution aufscheinende *funktionale Schönheit.*

Das Universum, dieses Alles von Erde und Kosmos, stellt sich als das komplexeste Hypersystem dar: Die unbelebte Natur mit ihrer Chemie und Physik, etwa von Tag und Nacht, Ebbe und Flut, Klima und Wetter, und die belebte Natur mit Flora und Fauna bilden ein einziges Kommunikationssystem. Das ist relativ robust und hat aufgrund seiner Komplexität vielfältige Mechanismen der Selbstreparatur eingebaut; grobe Verletzungen können allerdings auch in dieses sich selbst organisierende Netzwerk fatale Löcher reißen. Das uns umfassende Wesen, das die griechische Mythologie »Gaia« als die personifizierte Erde nennt, ist uns, als von ihr hervorgebracht, wohlgesinnt, doch versehrbar zugleich. Wir sind in der Entstehung von allem verfangen.

Aus dem Indogermanischen abgeleitet, soll Gaia, auch Gäa, als Göttin die Allesgebärerin sein – ein Beispiel, in dem sich Mythos und Logos, Gaia und erkanntes Hypersystem verschränken. So denkt also die Erde, so empfanden es die Vorfahren, ohne dass sie über naturwissenschaftliche Erkenntnisse verfügten, und so sieht es die Wissenschaft, die mit jeder Entdeckung die Tür zu noch größeren Rätseln aufstößt.

2.4. Die Naturgesetzlichkeit des »Zufalls«

Eines der größten Rätsel scheint uns der Zufall aufzugeben. Zufall wird allgemein als »Abweichung« oder »Durchbrechung des Regelhaften« beschrieben. Am Beginn von Überlegungen zum Zufall steht oft Einsteins berühmter Ausspruch: »Der Herrgott würfelt nicht«, eine Aussage, die er gegen Ende seines Lebens irgendwie doch bezweifelte.

Zufall in der Evolution

Alles, was sich ereignet, erfolgt im Rahmen der Naturgesetzlichkeit, der Zufall ist ausgeschlossen, war Einsteins Hypothese (deshalb werden wir uns gleich den Würfel näher ansehen). Dann kam die Quantenmechanik und beobachtete, dass beim radioaktiven Zerfall doch der Zufall sein Spiel betreiben will. Zum Beispiel kann der Alphazerfall (die spontane Umwandlung von Alphastrahlern unter Emission von Alphateilchen) zweier gleicher Atome zu unterschiedlichen Zeiten erfolgen, irgendwann, zu einem unbestimmten Zeitpunkt. Dies erscheint grundlos, also zufällig zu passieren. Deshalb glaubt man oft an die Durchbrechung der naturgesetzlichen Kausalität und begründet damit die Unvorhersehbarkeit der Zukunft, die ja ohne Zufall kausal und damit determiniert verlaufen würde.

Aber kann denn etwas ohne Ursache geschehen? Was soll Zufall anderes sein, als dass etwas grundlos erfolgt?

Man kann diese Folgerung der Quantenmechanik für richtig halten, solange man die Kausalitätsabläufe innerhalb der atomaren und subatomaren Ebene nicht kennt und Unterschiede leugnet. Dies geschieht im Allgemeinen, obwohl uns die Stringtheorie in weithin unbekannte Welten führt. An dieser Stelle drängt sich die Frage auf: Sollten denn in jedem der verglichenen »gleichen« Atome die exakt gleichen Bedingungen herrschen? Das wissen wir doch (noch?) gar nicht. Wir wissen auch nichts über Alter oder Geschwindigkeit der betreffenden Elementarteilchen, was vielleicht für den Zeitpunkt des Zerfalls eine Rolle spielt. Außerdem zeigt die Beobachtung, dass sich nichts gleicht. Man sammle nur die Blätter gleicher Bäume, wie das schon der berühmte Naturforscher Gottfried Wilhelm Leibniz seinen Damenkränzchen empfahl, oder untersuche Sandkörner unter dem Mikroskop.

Gäbe es den absoluten Zufall, der keine Wirkursache hat, dann gäbe es nichts Bewirktes. Es gäbe auch keine Einheit des Seins, denn es würde zerfallen oder gar nicht erst entstehen. Wirkungslos, das ist sinnlos.

Der Verstand empfiehlt anstelle des Zufalls, der Unterbrechung der Kausalkette, als Garant für die Offenheit der Zukunft etwas anderes: die unendliche Zahl der Kombinations- und Kommunikationsmöglichkeiten, ihrer Wechselwirkungen, also der Polaritäten und Attraktivitäten ohne Zahl, die jeweils neue Kreativität erzeugt. Diese Unzahl an Interdependenzen entzieht sich jeder Berechenbarkeit, so wie wir das schon bei der Verteilung der Schlieren des Rotweintropfens sehen, der in ein Glas Wasser fällt, oder bei den Schwingungen eines einfachen Pendels, das an einem Pendel hängt, dieses anschwingt und abbremst und sich plötzlich überschlägt. (Vom Doppel- oder Dreifachpendel kommt auch der Begriff des Aufschaukelns). Deshalb halte ich persönlich nichts vom Zufall. Aber das macht nichts. Man kann es ja Zufall nennen, wenn etwas eintritt, was höchst unwahrscheinlich ist oder sich einer Erklärung im Sinne der Berechenbarkeit entzieht. Ich meine, dass hinter allem eine unberechenbare Ursächlichkeit zu entdecken wäre, die zu dem gleichen Ergebnis der Offenheit der Zukunft führt. Warum sollte sich irgendetwas der Naturgesetzlichkeit entziehen? Das macht keinen Sinn.

Ob ein Würfel von der Kante auf diese oder jene Seite fällt, hängt von der Lage des Würfels in der Hand, von Schwung, Gewicht, Oberflächen, Kantenrundung, Dreheffekt, Härte der Tischplatte, Widerstand und Schwerkraft ab. Weil sich dieses höchst unvollständige Bündel physikalischer Daten in seinem Zusammenwirken der Berechenbarkeit entzieht, sprechen wir von Zufall. Würfelt man oft genug, ergibt sich nach der Wahrscheinlichkeit eine gleichmäßige Verteilung der sechs Zahlen. Von dieser statistischen Wahrscheinlichkeit gleichmäßig verteilter »Zufälle« ausgehend muss man doch auch anerkennen, dass die erwürfelte Zahl nicht außerhalb von Naturgesetzlichkeiten zustande gekommen ist. Das Gleiche gilt für die Kugeln beim Zahlenlotto, wo es darauf ankommt, welche Kugel beim Stopp der gläsernen Trommel in der günstigsten Position liegt, um ins Röhrchen laufen zu können.

Dass es den Zufall wirklich gibt, als ein Ereignis, das gewissermaßen von nichts abhängt, widerspricht den Gesetzen der Logik. Streng genommen gibt es nur statistisch höchst Unwahrscheinliches, aber keine Zufälle. Denn innerhalb von Gesetzmäßigkeiten ist Zufall ausgeschlossen.

Der hier vertretenen Sicht zum nicht existierenden Zufall sei eine nur scheinbar gegensätzliche Position des Philosophen Richard Müller-Freienfels (1882–1949) kurz gegenübergestellt, die unsere Ansicht doch erhärtet und außerdem mit ihrem angeführten Beispiel unterhaltsam ist.

Im Schicksalsbegriff, so Müller-Freienfels in seinem Werk *Schicksal und Zufall* (1949), stecke offenbar etwas Ganzheitliches, vielleicht sogar Voraussehbares und Sinnvolles jenseits aller Einzeltatsachen und kausalen Verknüpfungen, das wir freilich nicht rational erfassen könnten. Als Zufall sei alles anzusehen, was nicht nach Kausalgesetzen verlaufe. Alles in der Welt verlaufe kausal, doch gebe es ein »universales Kausalgesetz« überhaupt nicht. Denn Kausalität und Kausalgesetzlichkeit seien nicht identisch. Wenn wir mikroskopische Augen hätten, wären die Naturgesetze nie gefunden worden, denn es gebe keine Gleichheit im Detail, auch wenn wir glaubten, dass bei gleichen Voraussetzungen – die es offenbar auch nicht gibt – gleiche Ergebnisse erzielbar wären. »Selbst wenn wir die universelle Kausalität als logisches Postulat aufstellen, ist sie in keiner Weise gesetzlich formulierbar. Es gibt arttypische Regelmäßigkeiten, aber unendliche Variationen. Zufälle? Die Natur gehorcht eben nicht mathematischen Formeln wie Bürger den Gesetzen, das wäre Mythologie. Es gibt eben nicht nur eine Ursache«, schreibt Müller-Freienfels. Vielmehr sei die Gesamtkonstellation des Kosmos Bedingung für jeden Kausalvorgang. Dass solche Ursachen zusammenkommen, sei in der Natur nicht gesetzlich zu bestimmen, das sei eben der »Zufall«. »Der Zufall ist also das Zusammenfallen mehrerer Ereignisse, nicht ein Sonderfall der Kausalgesetzlichkeit; vielmehr ist die Kausalgesetzlichkeit ein Sonderfall der Zufälligkeit, des Zusammenfallens mehrere Ursachen.«[15]

Bei dieser Sicht ist der Zufall ganz natürlich ein Fall der Gesetzmäßigkeit. Er durchkreuzt nur die Regelmäßigkeit und damit das statistisch Erwartbare, aber nicht die Regel.

Allerdings stellt Müller-Freienfels unter der Kapitelüberschrift »Seine Majestät der Zufall« fest: Wenn in der Welt ein Sinn und eine gewisse Voraussehbarkeit angenommen werden, spielten doch Zufälle als Störenfriede herein, die den Regeln von Logik, Ästhetik, Ethik oder Religion zuwiderlaufen würden. Aber, müssen wir konstatieren, solche »Zufälle« sind keine, denn hier wird etwas Außergewöhnliches, das auf Ursachen zurückgeführt wird, lediglich als »Zufall« bezeichnet.

Als Überraschung hält Müller-Freienfels eine Notiz bereit, die ihm bei einem Vortrag 1946 ein Zuhörer in die Hand drückte. Es handelte sich um einen Zeitungsausriss aus dem Jahr 1916 mit den wichtigsten Daten der beiden Kaiser Franz Joseph und Wilhelm II.:

	Franz Joseph	Wilhelm II.
Geburt:	1830	1859
Thronbesteigung:	1848	1888
Lebensalter (1916):	86	57
Regierungsdauer in Jahren:	68	28
	3832	3832

Teilt man diese identischen Summen durch 2, erhält man das Jahr dieser Aufstellung: 1916.

Solche Zahlenspielereien gibt es viele, und sie verblüffen immer wieder. Man nennt so etwas Zufall, aber es ist keine Unterbrechung irgendeiner Kausalkette. Auch Müller-Freienfels bestätigt nicht die Existenz des Zufälligen als eines Phänomens außerhalb der Kausalität.

Und im Chaos?

Alle Geschehnisse sind »natürlich«. Und wie ist das mit dem Chaos? Ist ein solcher Zustand nicht auch Teil des Ablaufs der Natur? Im Prozess der Selbstorganisation baut sich doch Chaos wieder zu einem Ordnungsprinzip auf. Da die Wechselwirkungen gegen unendlich tendieren, können wir sie nicht berechnen, nur aufgrund statistischer Erfahrungswerte erahnen.

Wenn es nichts außerhalb der Naturgesetze gibt, dann herrschen diese auch im Chaos, das wir aber landläufig als absolut regellosen Zustand verstehen. Doch die (mathematisch-physikalische) Chaostheorie, die auch auf technische, wirtschaftliche, gesellschaftliche oder ökologische Probleme, wie etwa das Wetter, angewandt wird, geht davon aus, dass sogenannte »chaotische Attraktoren« die Abläufe im Chaos bestimmen. Als Attraktor bezeichnet die Chaosforschung den Endzustand eines dynamischen Systems beim Ablaufen eines evolutionären Prozesses, weil es so aussieht, als hätte der Attraktor die Einzelzustände angezogen. (Auch für das Chaos scheint der Begriff der in diesem Buch vertretenen »Attraktivitätstheorie« folgerichtig, siehe Teil IV.) Die Attraktoren bewirken, dass »mikroskopische Störungen sich verstärken … und dadurch das makroskopische Verhalten des betrachteten Systems beeinflusst wird …, so dass jede Vorhersehbarkeit verloren geht … Es zeigt sich …, dass kausale Zusammenhänge bestehen bleiben und Ordnungen oder fraktale Strukturierungen im Chaos vorhanden sind.«[16] Das bedeutet doch nichts anderes, als dass auch im Chaos der blanke Zufall nicht herrschen kann, weil er selbst dort nicht gefunden wird, und sich demnach die Darwinisten und selbst die Quantenphysiker vom Zufall verabschieden müssten.

Wenn es also den Zufall nicht gibt als einen Fall außerhalb einer Kausalkette, so ist er, weil ein statistisch höchst überraschender Fall, als Alltagsbegriff eingeführt und als solcher allenfalls hinnehmbar.

Einflüsse, Zufall oder Absicht

Um den Kreis zur Biologie zu schließen: Wenn es nichts außerhalb der Naturgesetzlichkeit gibt, ist also die Mutation nicht vom Zufall abhängig, sondern von inneren Bedingungen und äußeren Einflüssen.

»Wäre in der Natur überhaupt Zufall – auch nur ein Zufall –, so würdest du sie in allgemeiner Regellosigkeit erblicken«, schreibt Friedrich Wilhelm Schelling und fährt fort: »Weil aber alles, was in ihr geschieht, mit blinder Notwendigkeit geschieht, so ist alles, was geschieht oder was entsteht, Ausdruck eines ewigen Gesetzes und einer unverletzbaren Form.«

Die Handskizze des Autors soll die zeitliche Dimension der Evolution in unterschiedlich gestauchtem Ablauf veranschaulichen – bis hin zu uns und einer offenen Zukunft.

KREATIVITÄT POLARITÄT ATTRAKTIVITÄT ←→ REFLEXION
in allen Phasen
VOR DREI MILLIONEN JAHREN
BEWUSSTSEIN
FLORA FAUNA
LEBEN ENTSTEHT
VOR DREI KOMMA FÜNF MRD. JAHREN
UNSERE ERDE MOND
VOR VIER MILLIARDEN JAHREN
NACH ZEHN MILLIARDEN JAHREN
GALAXIEN
STERNE
SONNE
HIMMELSKÖRPER
PLANETEN
DIE ERSTEN SEKUNDEN
ENERGIE RAUM ZEIT MATERIE
Attraktivität
Polarität
Kreativität
Attraktivität
Polarität
Kreativität

Wir würden allerdings das »blind« als Attribut der Notwendigkeit in unserer Gedankenfolge bezweifeln. »Mensch im Universum: Zufall oder Absicht« – unter diesem Titel stellt der Chemiker Nikolai F. Hartz in einem Vortrag 2014 dar, wie an jeder der unvorstellbar vielen Stufen bis zum Homo sapiens die Evolution die Entscheidung für jeweils eine einzige aus unendlich vielen chemischen Möglichkeiten traf, und das immer wieder in einer Kette mit unvorstellbar vielen Gliedern. Diese jeweils höchst unwahrscheinlichen Entscheidungen zeitigten schließlich unsere Art als vorläufiges Ergebnis.

Der Max-Planck-Physiker Wolfgang Engelhard schreibt unter eine Abbildung des David von Michelangelo in einer Powerpoint-Präsentation (2014) das Wort »Zufall« und unter das gegenüberliegende Foto eines Steinmandls aus drei übereinandergelegten rohen Steinplatten als Wegweiser im Gebirge das Wort »Intelligent Design«, um seine Zweifel oder Ratlosigkeit am Antrieb der Evolution zu verdeutlichen.

Intelligent Design (ID) hat sich aus der kreationistischen Bewegung vor allem unter evangelikalen Christen Ende des letzten Jahrhunderts in Amerika gebildet. Das Intelligent Design (ID) hat viele Kritiker auf den Plan gerufen, weil es sich als Wissenschaft etablieren wollte. Dabei bezog sich Intelligent Design auf christliche wie antike Vorstellungen, ohne vom Schöpfergott zu sprechen, verbarg diesen aber hinter dem wolkigen Begriff »ID«.

Eine Gegenposition zur Idee des Intelligent Design vertritt der »kritische Rationalismus«, dessen Hauptvertreter Karl Popper ist, durch den norwegischen Architekten und Designprofessor Jan Michl (Motto: »design is redesign«) mit dem Gegenargument der Unstimmigkeit in sich. Denn die heftigsten Kritiker des Intelligent Design, wie etwa Richard Dawkins, gingen selbst völlig unkritisch bei Gegenständen, die der Mensch gefertigt hat, von einer kreationistischen Sicht aus – eine zentrale Annahme von »ID«.

Inzwischen behaupten einige Mathematiker, das Universum hätte bei den einzelnen Kreativitätsstufen auch eine andere Entwicklung nehmen können. Für diese Feststellung braucht man wohl keine höhere Mathematik, wenn man von Zufällen ausgeht, die Naturgesetzen nicht unterliegen. Im Rahmen der Naturgesetzlichkeit ist es jedenfalls auf uns als Menschen zugelaufen.

Auch in diesen Streitfragen wird deutlich, dass Zuordnungen in Denkschubladen dem Denken nicht immer förderlich sind. Wer eine Absicht oder nur eine irgendwie geartete Zielführung der Naturgesetzlichkeit lediglich nicht ausschließen mag, für den ist der Begriff des Intelligent Design ohnehin untauglich, weil Intelligenz bestenfalls eine menschliche Eigenschaft ist und Design nicht die Dynamik innerster Strukturen betrifft. So wenig, wie die wissenschaftliche Methodik die Annahme einer Absicht begründen oder widerlegen kann, so wenig kann sie die Annahme der so unvorstellbar vielen, aufeinander abgestimmten »Zufälle« im Rahmen eines Gesamtzufalls beweisen und auch nicht die extrem unwahrscheinlichen, aber im Rahmen der Naturgesetze möglichen, folgerichtig aufeinander aufbauenden Ereignisse.

Hier muss sich die Wissenschaft ihre Ratlosigkeit einfach eingestehen. Nur die Anschauung hilft weiter. (Als Beispiel dafür, dass Zufall nicht möglich ist, gilt etwa die bereits erwähnte Maschine, die sich trotz der Selbstorganisationsdynamik nicht aus allen notwendigen, verfügbaren und funktionsfähigen Teilen auf einem Schrottplatz bei beliebig vielen Erdbeben plötzlich oder langsam bilden könnte.)

Blickt man in die Evolution zurück, dann mag man vielleicht irgendwann einmal erklären können, was wann warum geschah, und dies als deterministischen Prozess interpretieren. Doch wird man bei aller Kenntnis der Naturgesetze die künftige Entwicklung nicht prognostizieren können. Sie ist eben nicht linear determiniert; sie ist, wie Popper betont, offen.

Kann es, wenn es den Zufall (verstanden als Durchbrechung oder Ignorierung von Naturgesetzen) nicht gibt, dann Wunder geben? Diese Frage erörtern wir in Teil V beim Reflexionsprinzip.

2.5. Bionik: Lehrmeisterin Natur

Immer deutlicher wird der menschlichen Forschung und Entwicklung bewusst, wie einfallsreich und kreativ die Natur ist. In allen technischen Disziplinen, in künstlerischen wie der Architektur, aber auch in Medizin und Psychologie und in Sozial- und Wirtschaftswissenschaften erkennt man die Leistungen der Evolution, die durch Mutation in alle denkbaren, auch noch teilweise unvorstellbaren Richtungen ihre Triebe verzweigte, und versucht sie nachzuahmen: Die raue Haut des Hais mit ihren kleinsten Abrisskanten dient als Vorbild für die nun entwickelte Aufrauung der Oberfläche von Flugzeug- und Schiffsrümpfen; Flügelstellungen von Libelle und Kolibri haben Einfluss auf die Technik von Hubschraubern und kleinen Drohnen; Fäden und Netze von Spinnen helfen bei der Entwicklung neuer Seil- und Gewebetechniken; Termitenhügel liefern Ideen für Belüftungssysteme …

Das »Büro für Technologiefolgenabschätzung beim Deutschen Bundestag« stellt die Forschungsfelder der Bionik im Überblick dar. Die Fülle der Anwendungsbeispiele sei hier zur Ehre der natürlichen Kreativität und ihres Reichtums an Lösungen angedeutet, so wie das im zitierten Bericht aufgelistet ist und hier auszugsweise wiedergegeben wird:

> *Stoffe* wie Chemikalien oder Materialien, funktionale Mikrostrukturen, Ober- und Grenzflächen einschließlich der Bildungs- und Umwandlungsprinzipien von Stoffen, Materialien und Materialverbünden. Themengebiete sind vor allem neue Materialien wie Naturfaserverbundstoffe, smart materials, Klebematerialien und Leichtbau, neue, z.B. selbstreinigende oder selbstreparierende Oberflächenstrukturen, statische Konstruktionen (Leichtbau, Tragwerke, Flug-, Fahr- und Schwimmkörper).
>
> Themenbeispiele sind die Nutzung pflanzlicher Achsen, die Evolution pflanzlicher Wuchsformen, Leichtbaustruktu-

ren und Fragen der Reibungsminimierung an Schwimm- und Flugkörpern.

Daneben sind auch *dynamische Systeme* der Natur Vorbild bei Sensorik, Aktorik, Lokomotion und Robotik: Biosensorik für Energieminimierung bei der Fortbewegung, bionisch inspirierte Robotik, insbesondere für Laufmaschinen auf der Basis natürlicher Fortbewegungsmechanismen, bionische Roboterbestandteile wie Arme. Dazu bedarf es auch der Imitation neuronaler Netze. Die Schnittstelle zwischen lebenden Systemen (z.B. dem Menschen) und Maschinen (Bioelektronik, Ergonomie, Prothetik und kybernetische Organismen) rückt in den Vordergrund.

Auch *Prozesse* können abgeschaut werden (für Geräte, Maschinen, Verfahren, Impuls-, Wärme- und Stofftransport). Beispiele sind Gebäudelüftungssysteme nach natürlichen Vorbildern (z.B. Termitenhügel) und die biosolare Wasserstoffproduktion.

Sogar die *Datenübertragung* und *-verarbeitung* lernt von der Natur (Optimierung mittels Evolutionsstrategien, Funkübertragung, Routing etc.). Wesentliches Thema ist die evolutionäre Optimierung von Datenübertragungs- und -verarbeitungssystemen sowie entsprechender Algorithmen, z.B. für sensorgetriebene und kognitive Systeme zur Robotersteuerung.[17]

Man kann nur staunen: Auch Organisationsformen wie die industrielle Ökologie oder Managementsysteme finden in der Natur ihre Projektentwürfe. Die sogenannte Organisationsbionik befasst sich mit Managementkonzepten auf der Basis von Prinzipien der Selbstorganisation im Gegensatz zu hierarchischen Strukturen.

Das »Büro für Technologiefolgenabschätzung« kommt zu folgender Einschätzung: Die Einstellung der Industrie sei grundsätzlich positiv. Es zeige sich aber auch größere Zurückhaltung bezüglich rentabler Massenfertigung. Nicht direkt eingestanden würde das Misstrauen gegenüber dem bionischen Ansatz der Selbstorganisation, weil er den klassischen betriebswirtschaftlichen Planungsstrategien diametral entgegengesetzt sei.

Die Anwendung eines vielfach bewährten Naturprinzips in unserem Kopf ist jedoch nur indirekt Bionik, weil wir diese naturinterne Technik unbewusst einsetzen: Im Dreierteam fand der Hirnforscher Edvard Moser »die perfekteste Symmetrie, die es gibt« in der Figur des in der Natur vielfältig auftretenden Sechsecks und erhielt dafür 2014 den Medizinnobelpreis.

Wie Bienenwaben oder Kohlenstoffatome hexagonal angelegt sind, so arbeitet auch unser Hirn bei der Orientierung im Raum nach dieser Symmetrie. Dabei markiert es die durchschrittene Umgebung in Rückkopplung mit der Muskelbewegung in mehreren unterschiedlich großen Sechseckgittern. Diese Kartierung verhilft auch in der Dunkelheit bei kürzeren Entfernungen zum Gewusst wo.

3. MENSCHLICHE KREATIVITÄT

Gewusst wie – das heißt Lösungen finden. In der zweiten Hälfte des letzten Jahrhunderts ist eine fast unübersehbare Menge an Literatur über individuelle menschliche Kreativität entstanden, ohne dass diese Erkenntnisse und Forderungen in den Bildungseinrichtungen und den ministeriellen Vorgaben für Schulen und Universitäten angekommen wären. Kreativität in der Politik zielt zuerst auf Machterwerb oder -erhalt, erst sekundär auf sinnvolle Lösungen, genauso wie Kreativität in der Ökonomie häufig die Gier bedient (wie wir in Teil VI noch genauer sehen werden).

Dennoch war die Evolution des menschlichen Gehirns und also die der Menschheit ganz wesentlich von der Erkenntnis geprägt, dass die Bewältigung extremer Herausforderungen nur in und mit der Gemeinschaft zu leisten ist. Das hat Gruppen stabilisiert und ihnen mit dem Schutz auch kulturelle Identität vermittelt.

Was die individuelle Kreativität betrifft, so haben wir schon alle die Erfahrung gemacht, dass wir mit einem Problem schwanger gehen und uns keine Lösung einfallen will, auch nicht mithilfe guter Ratschläge. Das Thema muss so lange in uns arbeiten, bis es aus dem Bewusstsein in eine tiefere Etage sinkt. Wenn wir dann, losgelöst von dem uns bewussten Herumknabbern an der Frage, in einer Alltagssituation plötzlich den zündenden Einfall haben und uns wundern, dass der sich nicht gleich eingestellt hat, dann müssen wir nur noch prüfen, ob die Idee auch funktioniert. Diesen typischen Ablauf kann man in die Phasen von Inkubation, Separierung, Illumination und deren Verifizierung einteilen.[18]

Noch etwas fällt auf, was diesem gedanklichen Loslassen entspricht: Es ist das Verlassen des eingefahrenen Denkschemas, das Betrachten des Problems »von außen«, das uns plötzlich wie von einer Gegenposition zur sinnvollen Verbindung der Überlegungen führt. Besonders wichtig ist diese Fähigkeit für die Entwicklung sozialer Intelligenz, wenn man sich etwa in die Position seines Gegenübers versetzt.

3.1. Persönliche Voraussetzungen menschlicher Kreativität

Grundvoraussetzung aller kreativen Entwicklung ist Freiheit, *das* Menschenrecht. Nicht nur individuelle Kreativität, auch die Kreativität eines Teams, eines Unternehmens, einer Volkswirtschaft, selbst einer Regierungsform hängt von dem Maß der zugestandenen Alternativen, also vom Grad der Freiheit, ab.

Kreativität des Menschen bedarf einer Reihe von Voraussetzungen, und zwar solchen, die im Individuum selbst, und solchen, die in dessen Umgebung liegen. Denn äußere und innere Bedingungen wirken oft unmittelbar zusammen.

Nehmen Sie dieses Beispiel für die äußeren Bedingungen: In den Siebzigerjahren hatte ich für ein Wissenschaftsmagazin ein therapeutisches Programm mit dem Sozialpsychologen Paul Innerhofer im Münchner Max-Planck-Institut für Psychologie beobachtet. Dabei konnten die Forscher durch eine Einwegscheibe sehen, wie Menschen untereinander in der Familientherapie aufblühten und kreativ wurden, wenn sie nur minimale »Belohnungen« durch Blicke oder Worte erfuhren oder, wie meist bei den Problemfällen, in ihrem Verhalten und Sprechen durch die »Strafen« von Worten, Tonfall oder zum Teil kleinste Gesten niedergedrückt wurden. Der Therapeut wertete dann im Gespräch anhand eines Videotapes mit den Betroffenen deren Verhalten aus. Wir können das im Leben stets ablaufende Belohnungs- und Bestrafungsspiel und die Folgen für die Kreativität überall beobachten. Durch bildgebende Verfahren wissen wir heute, dass die neuronale Aktivität im präfrontalen Kortex, der Gehirnregion, in der das Selbstwertgefühl angeregt wird, ansteigt, sobald der Mensch eine positive Rückmeldung erfährt – ein Schub für individuelle Kreativität.

Neugier, Wissen und Verknüpfungen

Alle Kreativen haben ihre Persönlichkeit entfaltet – eigentlich ein Jedermannsrecht. Was aber nützt dieses Grundrecht auf freie Entfaltung der Persönlichkeit, wenn es daran fehlen sollte, dass diese ausgeprägt ist – es letztlich an Persönlichkeit mangelt? Es ist ein Wachstum der Persönlichkeit erforderlich, das ich »Kreativität nach innen« nennen möchte.

Vor deren Systematisierung seien erst einmal die allgemeinen Bedingungen menschlicher Kreativität aufgezählt, welche man sich aneignen kann oder suchen sollte, will man das elementare Grundrecht der Entfaltung der Persönlichkeit auch nutzen:

Verarbeitung von Erfahrungen; positive Rückmeldung; Neugier und Interesse; relativierender Umgang mit sozialer Abstrafung; Bereitschaft, sich Widerständen zu stellen; Erkennen des Wesentlichen; die Strategie des Ausblendens und des Muts zur Lücke; Abschirmung und Konzentration; Vermeiden von Stereotypen und

Offenheit zum Suchen, Finden und Gegenüberstellen von Alternativen; Analyse; Systematik; Kombinationsvermögen; Entscheidungsfreude; Originalität; Konstruktivität; Übernahme von Verantwortung; musisches Empfinden und Denken; Leichtigkeit des Spiels; Sportlichkeit und Körperbewusstsein.

Um diese Eigenschaften zu gewinnen oder umzusetzen, sei als erste Bedingung der *Wille* und dann eine gute Portion *praktischen Wissens* genannt, damit durch Erfahrung und Vergleich Lösungen gefunden werden. So sind die Berufe entstanden und mit dem wachsenden theoretischen Wissen unsere Zivilisation mit all ihren Arbeitserleichterungen und Bequemlichkeiten.

Das *Wissen* ist eine Voraussetzung, um Ideen vergleichen und verknüpfen zu können. Ideenvielfalt, die Fähigkeit, mit diesen Ideen zu spielen, sie durch Logik zu strukturieren – all diese Eigenschaften, die man kultivieren kann, sind unerlässlich, doch sie reichen nicht aus. Wissen setzt Neugier voraus, die durch Spaß am Entdecken das Verstehen und Speichern fördert. Schulmäßiges Reproduzieren leistet dies kaum. Das ist übrigens auch ein Handicap im Bologna-Prozess der Studiengänge: Während des Bachelorstudiums bleibt zu wenig Raum für eigene Wege der Erkundung, ein fachlicher Tunnelblick schließt das Querstudieren und Schnuppern an der Forschung meist aus.

Entdeckerlust kann auch mit Fehlern besser umgehen und sie als wichtige Erfahrungen ins Lernen einbeziehen. Fehler sind wahre Lehrmeister. Vielleicht verlernt man ja auch durch zu viel Strebsamkeit das Weglassen, das wiederum eine Verstopfung durch zu viel Angelerntes vermeiden hilft.

Eine Mutter der Kreativität ist die *Muße,* die auch spielerische Fantasie verleiht. So kann man die Vorstellung zur Projektion entwickeln, was sich ereignen könnte. Fantasie kann durch nichts besser angelegt werden als durch frühkindliche Anregungen, durch Erzählen, Zeichnen, Singen und Spielen.

Viele Tierarten holen sich im kreativen Spiel als Junge ihre Überlebensfähigkeiten. Doch wo können unsere Kinder in der betonierten und durchreglementierten Welt noch den nötigen Spieltrieb ausleben? Ratten, Raben und Menschen haben nach Meinung von Verhaltensforschern aus dem von ihnen ausgelebten Spieltrieb so viel gelernt, dass sie sich über den ganzen Erdball von Pol zu Pol verbreiten konnten. Ihr Lebensraum ist in den verschiedenen Medien, in denen sie sich bewegen, sehr weit geworden.

Wie das Spiel, so ist auch die Entwicklung der Fantasie im Kindesalter unabdingbar. Doch kann in prägsamen Phasen eine visuelle Überlastung durch große und kleine Bildschirme jeder Art die eigene Interpretation von Gehörtem oder Gelesenem langfristig behindern, weil der Raum der Vorstellung schon ausgefüllt ist. Die Entwicklung der Fantasie ist auch deshalb für die menschliche Kreativität so bedeutsam, weil die treffende kreative Lösung meistens außerhalb der eingefahrenen Denkbahnen liegt: Intuition kommt nicht aus dem Denkkanal, sondern dem Kanal der Empfindungen und dem Keller der Erfahrungen.

Ein gewisser Grundoptimismus, der ans Gelingen glaubt, ist hilfreich. Dazu gehört das Selbstvertrauen, auf das dann ein Durchhaltewillen gut aufsetzen kann. Manchmal benötigt Kreativität nämlich eine kräftige Portion Frustrationstoleranz, aber auch Widerstandskraft und Zeit. Innere Unabhängigkeit – und eine gewisse äußere – sind ein fruchtbarer Boden für Kreativität.

Etwas mag dabei erstaunen, doch es ist nur ein scheinbarer Widerspruch: Kreativität entfaltet sich meist unter Bedingungen der Beschränkung. Für die Zielerreichung kann ein gewisses Maß an Druck durch ökonomische oder in der Aufgabe steckende Gegebenheiten und durch zeitliche Schranken hilfreich sein.

Analyse, Synthese und odysseisches Suchen

In seinem bereits weiter vorne zitierten Werk *Über die Kreativität von Natur und Mensch* geht der Physiker Gerd Binnig für jegliche menschliche Kreativität von einem notwendigen Analyse-Synthese-Dualismus aus, zu dem er von Karl Popper und John Eccles angeregt wurde *(Das Ich und das Gehirn),* und außerdem von seinen praktischen Erfahrungen als Teamplayer. Die Hirnforschung stelle unterschiedliche Schwerpunkte der Fähigkeiten der linken und der rechten Gehirnhälfte fest: Die linke weise stärkere analytische, die rechte mehr synthetische Fähigkeiten auf. (Die starke Trennung dieser Fähigkeiten ist allerdings inzwischen wieder relativiert.) Ebenso brauche zum Beispiel ein Forscherteam beide Charaktere, die kühnen »Behaupter« und die analysierenden »Prüfer«, um brauchbare Ergebnisse zu erzielen.

Die wissenschaftliche Vorgehensweise, Hypothesen durch Hinterfragen auf Fehler abzuklopfen, um sie auf ihre Stimmigkeit zu überprüfen, hat sich als *Falsifikationsprinzip* etabliert. Karl Popper bevorzugte solche mögliche Falsifizierung von Aussagen, die allgemeine Gültigkeit beanspruchen, gegenüber dem Versuch eines Beweises ihrer Richtigkeit, also der oft schwierigeren Verifizierung. Mit seiner *Logik der Forschung* (Wien, 1935) begründet er 33-jährig seine später *Kritischer Rationalismus* genannte Methodik.

Der Behaupter-Prüfer-Dualität vergleichbar ist der Dualismus von Generalisten und Spezialisten. Forschung, gerade in Europa, ist zu sehr von den Erfolgshoffnungen von Auftraggebern, also von Entwicklung, inspiriert und orientiert sich zu wenig an Grundlagen. Das kann im Anwendungsbereich durchaus zu tiefem Eindringen in Teilbereichen führen, zu notwendigen Erfolgen, die uns höchste Summen wert sind. Die Grundlagenforschung mit ihren wichtigen Zufallsfunden und der Erkenntnis der Verknüpfungen kommt dabei jedoch zu kurz. So gelten in Bezug auf Geld und Geltung Spezialisten mehr als Generalisten. Diese aber werden immer wichtiger.

Für die Verbindung beider Typen, der Spezialisten und der Generalisten, hat Murray Gell-Mann, einer der beiden »Finder« des Quarks, den »odysseischen Typ«, als den er sich selbst sieht, geprägt.[19] Dieser ergänze die beiden Typisierungen von Nietzsche, nämlich die »apollinischen Menschen« – bei Nietzsche die logischen Analytiker – und die »dionysischen Menschen«, die eher intuitivem und synthetischem Denken zuneigen. Wenn der Begriff passt, dann wäre der odysseische Typ als Seefahrer Spezialist, der auf seinem intuitiven Weg von Küste zu Küste Erfahrenes vernetzt. Doch vor Irrfahrt ist er nicht gefeit.

Kreativität hat einen solch odysseischen Weg zu finden. Sie muss sich ständig orientieren und auch korrigieren. Das braucht Mut. Neugier ist ihr Antrieb, Suche ihr Element, Analyse und Synthese sind ihre Instrumente. Irrtum inbegriffen.

Führerschein für Politiker: Denken und Handeln in komplexen Systemen

Kreative Lösungen setzen eine Eigenschaft voraus, die der Bamberger Psychologe Dietrich Dörner den »Führerschein für Politiker« nennt: Damit meint er die Fähigkeit, in komplexen Systemen zu denken. Nur dieses vernetzte Denken befähigt uns, die Folgen der Folgen unseres Handelns rechtzeitig zu erkennen.

Solche Wirkungen stehen in einem vielfältigen Zusammenhang, doch unser Denken ist durch unser gängiges Bildungssystem darauf nicht vorbereitet. Wir haben lediglich lineares Denken gelernt, die Vorstellung, es gehe im Prinzip immer so weiter wie bisher. Doch Entwicklungen verlaufen in der Regel exponentiell, die Kurve weist steil nach oben, wie das Beispiel der Belohnung für den Erfinder des Schachspiels in Indien zeigt: Der Legende nach wollte er seinem Herrscher, ohne ihn zu beleidigen, zeigen, dass dieser ohne Läufer, Springer und Bauern beim Schachspiel nicht gewinnen könne. Statt des vom Regenten angebotenen Lohns wünschte er sich ein scheinbar bescheidenes Geschenk: ein Reiskorn auf dem ersten Feld des Schachbretts und jeweils eine Verdoppelung der Reiskörner von Feld zu Feld. Der Herrscher gestand ihm das zu, doch das Versprechen war unerfüllbar, weil auf Feld 64 auch die gesamte Ernte des Reichs nicht ausgereicht hätte. Der zunächst bescheiden erscheinende Wunsch verdeutlicht unsere eingeschränkte Vorstellungsgabe.

Genau deshalb muss die Weltgesundheitsorganisation heute einräumen, dass sie die Gefahr der Ebolaseuche zu Beginn unterschätzt hat und glaubte, anfangs nicht handeln zu müssen. Bei den mordenden IS-Truppen haben die alles ausspionierenden Geheimdienste weder das Gefährdungspotenzial erkannt noch die Rekrutierungsgeschwindigkeit durch »soziale Netzwerke«. Bei einem Schädling auf dem Feld vermutet man eine langsamere Entwicklung, doch wenn er erst einmal ein Viertel der Ernte vernichtet hat, braucht er nur noch einen Tag für die Hälfte und einen weiteren für den ganzen Rest. Vergleichbar ist die Zögerlichkeit der Regierungen beim Klimawandel – hoffentlich gewesen, wenn nicht der Pariser Klimavertrag von 2015 wieder durchlöchert wird.

Eine konträre Methode für Denken und Handeln in komplexen Systemen hat Dörner in sein Computermodell »Sahelzone« eingebaut. Eine ganze Reihe von Versuchspersonen, Studenten und Manager sollten in einem Modellversuch als »Entwicklungshelfer« dem Volk, das er die »Moro« nannte, Ratschläge geben beziehungsweise für dieses Volk entscheiden und handeln. Zum Überleben betrieben die Moro Hirseanbau und Rinderzucht und hatten dabei wenig Wasser zur Verfügung. Der Computer spuckte die Ergebnisse der Entscheidungen gleich aus, und zwar in jeweils simulierten Jahresschritten, die Versuchspersonen konnten durch erneutes Handeln korrigierend eingreifen.

Die Versuchsanordnung ergab für die Masse der Teilnehmer, dass sie in die Katastrophe steuerten: Sie setzten in der Notsituation wie in militärischer Taktiklehre auf Klotzen statt auf Kleckern. Die meisten bauten zu viele Brunnen, das Grundwasser senkte sich noch weiter ab, das Land verdorrte. Wer verstärkt auf Rinderzucht setzte, erhielt ähnliche Ergebnisse.

In einer Entwicklung aus der Not helfen, so das Ergebnis, jedoch nur viele kleine, aufeinander abgestimmte Schritte. Das System muss, wenn es einmal am Boden ist, in einer Art Spiralbewegung behutsam wieder hochgefahren werden. Da versagten auch Volkswirte und Physiker.[20]

Dieses Modell erläuterte ich einmal der Mitgliederversammlung meines Sportvereins, als der Vorstand wegen dringend notwendiger Dach-, Heizungs- und anderer Reparaturen und zusätzlich notwendiger Investitionen die Verdoppelung des Monatsbeitrags zur Abstimmung gestellt hatte. Mit Blick auf die Mitgliederstruktur befürchtete ich, dass sich die Mitgliederzahl in der Folge fast halbieren würde, und empfahl unter Verweis auf Dörners Katastrophenszenario die Anhebung des Beitrags um 20 statt um 100 Prozent, die Staffelung und Streckung der Arbeiten nach Dringlichkeit, die Aufnahme eines zinsgünstigen Kredits und kleinere flankierende Maßnahmen. So wurde dann auch abgestimmt. Der Verein hat sich tatsächlich schnell saniert, seine Mitgliederzahl stieg sogar – dank Dörner.

Eine dritte Komponente des Denkens in vernetzten Systemen liegt Dörners »Lohausen«-Projekt Ende der Achtzigerjahre zugrunde, dem Modell einer Kleinstadt, in der die Versuchspersonen jahrzehntelang Bürgermeister spielen durften. Dieser Modellversuch ist international bekannt geworden, weil auch er die Beschränktheit unserer geistigen Jonglierkünste aufweist – drei Bälle sind uns schon zu viel. 500 Daten zu Einwohnern, Steuern, Gebäuden, Mieten, Gesundheit und Infrastruktur wie Verkehr oder Schulen waren vorgegeben. Die »Bürgermeister« zeigten sich weitgehend überfordert, als die Ergebnisse ihrer Amtsgeschäfte in gewissen (simulierten) Zeitabständen herauskamen. Sie begannen, die wichtigsten Entscheidungen zu Themen wie Finanzen, Wohnungsbau und Sozialeinrichtungen zu delegieren, um sich aus der Verantwortung zu stehlen und um dann am Ende »die Farben der Kacheln des kommunalen Schwimmbads« zu bestimmen.

Das Ergebnis dieser drei Modelle: Ohne die antrainierte Fähigkeit, in vernetzten Systemen zu denken, gibt es keine kreativ konstruktiven Ergebnisse für komplexe und auszubalancierende Situationen.

Kreativität nach innen

Was aber bedeuten die Garantie der freien Entfaltung der Persönlichkeit und die allgemeine Würde des Menschen ohne dessen Bereitschaft zum inneren Wachstum? Wenn Körper, Geist und Seele eine Einheit bilden, dann gehört die Entwicklung der Persönlichkeit in allen ihren Dimensionen zum zentralen Auftrag menschlicher Existenz.

Die wichtigste Voraussetzung menschlicher Kreativität ist, wie ich sie bezeichnen möchte, die *Kreativität nach innen* mit diesen vier Dimensionen:

- Die meisten der eben erörterten Eigenschaften sind wohl der *kognitiven Dimension* zuzuordnen, für die unser eindimensionales Bildungswesen ausgelegt ist: Lernen, Erkennen, Bewerten, Verknüpfen, Entscheiden und auch die Entwicklung von sozialer Intelligenz. Das kann aber nicht alles sein.
- Die *körperliche Dimension* bedarf genauso der Entwicklung für eine gesunde Führung des Lebens, für Widerstandskraft, für die Bewältigung des Alltags oder des Berufs, für die Ausprägung praktischer Fertigkeiten, zur Abhärtung, zum sportlichen Vergleich, zur Steigerung des Naturgenusses und Erlebens, zur Lust am uns geschenkten Leben.
- Dabei ist die Sexualität vielleicht die Brücke zur *musischen oder ästhetischen Dimension*. Dieser Bereich gilt allen Sinnen, des Sehens von Formen, Farben und Tiefe, des Hörens aller Klänge dieser Welt, des Geschmacks der Köstlichkeiten und der Wahrnehmung der Düfte, überhaupt des Fühlens und des Empfindens. Wie sehr diese Ausprägung der inneren Kreativität gefördert werden sollte, sehen wir später noch im Attraktivitätsprinzip, das wir ja als Schlüssel der Evolution erkennen.
- Und die Seele? Sie war eigentlich überall dabei, wie auch Körper und Geist sich verschränkten. Allerdings weisen wir ihr noch eine besondere Dimension zu: die *spirituelle Dimension*.

Sie bedarf der Pflege und der Entwicklung von Sensibilität und Sensitivität, welche die Fragen nach der Ethik stellt, und auch die nach dem Sinn unserer Existenz.

Alle vier Dimensionen der Kreativität nach innen wirken ineinander, doch scheinen die musische und die spirituelle prädestiniert, das Muster der Evolution anzuerkennen und sich deren Schönheit verpflichtet zu fühlen.

Die Entwicklung von Schlüsselqualifikationen wie Selbstbewusstsein und Teamfähigkeit, Fairness und Rücksichtnahme, Konzentration und Durchhaltevermögen, natürlicher Ehrgeiz und aufgeschlossene Interessiertheit ist allen Dimensionen einer Kreativität nach innen gemeinsam. In der Bildungspolitik geht es seit Georg Pichts Schlagwort vom »Bildungsnotstand« Anfang der Sechzigerjahre eigentlich nur um Quantitäten formaler Abschlüsse und sträflicherweise nicht um solche gesellschaftsstabilisierende Qualität der vier angesprochenen Dimensionen.

In jeder und jedem von uns steckt ein viel größeres kreatives Potenzial, als wir es uns eingestehen und entwickeln. Denn wir lassen uns vom Hamsterrad alltäglicher Pflichten, von vermeintlichen Ansprüchen und von telekommunikativer Ablenkung binden oder von Bequemlichkeit lähmen. Doch kann man bei sich selbst noch viele unentdeckte Schätze heben, ohne sich zu überheben.

Kreativität durch Kommunikation

Wir können selbst vieles zu unserem inneren Wachstum beitragen, und doch werden wir stark durch Genetik, Kultur und Lebenserfahrung geprägt. Die Anregungen von außen sind die vielfältigen Impulse aus der Umgebung, meistens von Mitmenschen im direkten oder indirekten Kontakt, und da vor allem aus Fernsehen, Internet oder Literatur. Ohne solche Kommunikation durch Offenheit für Eindrücke, Wechselwirkungen und Reflexionen gibt es keinen inneren Fortschritt.

Eben hatten wir bei der Frage »Wie die Erde denkt« unseren Planeten, ja die Natur des ganzen Universums als einen einzigen kommunikativen Wechselwirkungszusammenhang erkannt. So schauen wir uns jetzt die soziale Kommunikation als eine Besonderheit daraus an.

Für die soziale Kommunikation, insbesondere die Massenkommunikation, kann man sich das Modell eines Magischen Dreiecks vorstellen, gebildet aus einem kybernetischen System von Organisation, Technik und Botschaft.[21] Für die soziale Kommunikation ist das Magische Dreieck ein ganzheitliches Modell, das alle kommunikationswissenschaftlichen Theorien einlädt, an dieses Rahmenmodell anzudocken.

Für eine Botschaft bedarf es eines Kommunikators und eines technischen Mittels der Produktion: Beim einfachen Zeichen beispielsweise ist das technische Mittel die Handbewegung als Signal, beim Sprecher die Stimme, hervorgerufen durch die Stimmbänder, beim Bild als Botschaft sind es Pinsel und Farbe, bei der Musik die Instrumente, bei der Schrift Papier und Tinte oder Laser, bei der Presse im Wesentlichen der Druck, bei den elektronischen Medien Radio, Fernsehen, Internet sind es die Fülle der Aufnahme-, Wiedergabe- und Distributionstechniken.

Dabei steckt der Kommunikator in seinem Lebens- oder Berufsumfeld, ist Bestandteil einer wie auch immer gestalteten sozialen Organisation, die geprägt ist durch Rahmenbedingungen, etwa durch die Kultur und den Rechtsraum mit Pressefreiheit oder Lenkung und der Ökonomie als dem wirtschaftlichen Interesse dahinter.

Die Botschaft begegnet uns dann als Aussage, im größeren Kontext als ein Programm. Jede Veränderung in einer Position dieser Dreieckskonstellation führt zu Veränderungen der beiden anderen Positionen.

Um das hier nur kurz mit einem Maxi- und einem Minibeispiel anzudeuten: Mit der Einführung einer neuen Verbreitungstechnik (T) von Kabel und Satellit neben der terrestrischen Ausstrahlung kam es zur Organisierung (O) eines dualen Rundfunksystems in den Achtzigerjahren in Deutschland, mit privaten Sendern neben den öffentlich-rechtlichen, und zu einer Vielzahl von Programmen (P), die sich gegenseitig die Zuhörer und Zuschauer streitig machten.

Nach dieser Vogelperspektive ein Beispiel aus der Froschperspektive: Mit speziellen Objektiven oder tragbaren, Bewegungen ausgleichenden Stativen (T), die einen besonderen Preis haben, was organisatorisch zu berücksichtigen ist (O), erhält man auch faszinierendere Bilder als Programm (P).

Dieses Magische Dreieck wechselwirkt in seiner Konstellation immer, es ist allgegenwärtig – in der Kommunikation von der gesprochenen Sprache über das Bild, den offenen Brief und die klassischen Massenmedien bis zum Internet. Es ist Grundlage und Voraussetzung jeder Kommunikation und gewinnt mit der Entwicklung der öffentlichen Kommunikation an Bedeutung.

Das Magische Dreieck ist omnipräsent in jeglicher sozialer Kommunikation. Dabei enthält das Dreieck der jeweils komplexeren Kommunikationsform die Elemente der vorgelagerten Formen. So enthält zum Beispiel das Dreieck der TV-Kommunikation die Elemente der Sprache, des Bilds, des Zeichens und so fort. Es steckt das je Kleinere im Größeren – eine fraktale Beziehung.

Warum dieser Einschub? Um zu zeigen, dass auch der Evolution der menschlichen Kommunikation Prinzipien zugrunde liegen, die sich mit entfalten. Die Entwicklung des Magischen Dreiecks der Kommunikation ist nämlich nach zwei Seiten offen, am Beginn und am Ende.

So liegt die Vermutung nahe, dass dieses modellhafte Konzept schon »vor« der sozialen Kommunikation wirkt, nämlich auch der biologischen Kommunikation zugrunde liegt, die ja als Zellvermehrung oder Stoffwechsel erst das Leben ermöglicht: mit der Zelle (O), den biophysischen Trägern der Erbinformation (T) und deren Programm (P) – das sind dann die Organe oder Knochen oder gar wir, die Menschen. Aber das ist nur eine Imagination.

So könnte man die Omnipräsenz des Magischen Dreiecks in der Evolution anschaulich machen:

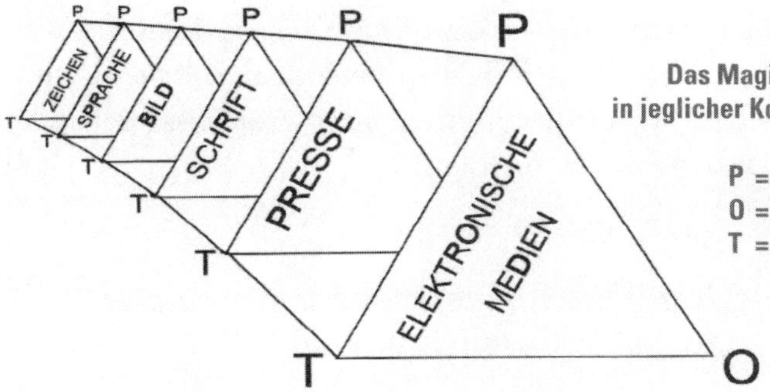

Das Magische Dreieck in jeglicher Kommunikation

P = Programm
O = Organisation
T = Technik

Jede dieser Formen von Kommunikation geht in der nächstgrößeren auf.

Die aufgezeigte Abfolge hat eine zeitlich evolutionäre Dimension, indem die jeweils nachfolgende Kommunikationsform auf die vorhergehende aufbaut. Die Abfolge hat aber auch die Dimension der Gegenwärtigkeit, denn alle hier vorgelagerten Kommunikationsformen gehen in der nächstkomplexeren auf. Verschachtelung im Präsens.

Das Zeichen ist vermutlich nicht das letzte zurückverfolgbare Glied der Kommunikation in dieser Trias von Organisation, Technik und Programm. Die Verbindungslinien könnten also als Denkvorstellung zurückreichen bis in die Kommunikation biologischer Abläufe.

Aus allen Formen der Wahrnehmung entsteht Neues, besonders aus der Diskussion und der Rezeption von Schrift, in allen Formen von Notiz, Brief, Buch, Presse oder Internet und von Gehörtem und Gesehenem in elektronischen Medien.

Zur These der Kreativität durch Kommunikation gibt es jedoch auch eine Gegenthese. Sie besagt, dass wahrgenommen wird, was ohnehin gefällt. Diese selektive Wahrnehmung gilt für Meinungen, für Vorurteile, ja selbst für Entscheidungen. Bei solchen des täglichen Lebens, ganz einfach schon beim Kaufverhalten, holt sich der Käufer oft nachträglich die Bestätigung, dass er die richtige Wahl getroffen hat, zum Beispiel indem er nach seinem Kauf die Werbung für das gewählte Produkt bewusst wahrnimmt, ja sucht. Diese Haltung wird in Psychologie und Kommunikationswissenschaft als »kognitive Dissonanz« beschrieben.

3.2. Gesellschaftliche Bedingungen der Kreativität: Rechtsrahmen und kulturelles Umfeld

Alle genannten Voraussetzungen für Kreativität können nur dann wirksam werden, wenn sie nicht durch faktische oder rechtliche Rahmenbedingungen unterdrückt werden (im Modell von vorhin durch die Organisation). Insofern ist es unerlässlich, dass Freiräume im kulturellen Umfeld geschaffen und garantiert werden, im Bildungssystem – man denke an den Kampf der Mädchen in Pakistan oder soziale Hemmnisse hier –, aber auch in der Wirtschaft und im Staatswesen.

Die Demokratie braucht Alternativen der Entscheidungspositionen und deshalb mündige Bürger mit freiem Zugang zu Informationen. Wenn alle Staatsgewalt vom Volke ausgeht – das Prinzip der Demokratie –, dann kommt sie auch wieder einmal heim zu ihrem Volk. Wie sie das tut, ob mit Willkür und propagandistisch begleiteten Denk- und Lenkmanövern oder unter Achtung der Würde, mit Gleichbehandlung und Anerkennung der Menschenrechte, das macht den Wert einer Verfassung aus und zeigt deren wahre Konstitution als das Prinzip des Rechtsstaats.

Grundsätzlich können wir offene und geschlossene Kommunikationsräume unterscheiden. Meinen wir mit »Offenheit« die Freiheit aktiver und passiver Information im demokratischen Rechtsstaat mit einem auch nach außen politische und kulturelle Grenzen überwindenden Kommunikationsfluss, so stellt sich »Geschlossenheit« mit der Durchsetzung einer Ideologie der Abschottung nach außen und nach innen ein, indem dort Pluralität verhindert wird (wie wir es in diktatorisch gelenkten Systemen beobachten).[22] Die Verbreitungswege durch Internet und mobiles Telefon erweitern und durchdringen auf technischem Weg geschlossene Kommunikationsräume immer mehr und gefährden so autoritäre politische Systeme in Arabien, dem Iran und andernorts, soweit diese Technik nicht unterdrückt oder manipuliert wird, wie in Hongkong und China; ebenso haben gegen Ende des 20. Jahrhunderts Hörfunk und Fernsehen eine destabilisierende Wirkung im damaligen Ostblock ausgelöst. Staaten mit geschlossenen Kommunikationsräumen sind nur bedingt effektiv, und, weil sie die menschlichen Potenziale nicht wirksam werden lassen, noch weniger sind sie kreativ.

Staatsform als gelebte Verfassung und Kreativität von Systemen und Individuen hängen aufs Engste zusammen. Ob die Evolution zur kreativen Befreiung der Menschheit führt, mag man hoffen, das ist aber auch in Hinblick auf die technologische Einbindung in einer digitalen Zukunft keineswegs ausgemacht. Da gilt es, wach zu sein. Umfassende Informiertheit ist die Basis sozialer Kreativität.

Wirkungen der Bedrohung von Kreativität auf die Gesellschaft

Aber auch in offenen Kommunikationsräumen ist Kreativität gefährdet. Ein interessanter Effekt ihrer Gefährdung ist die kommerzialisierte Messung des Massengeschmacks. Beispiel Musik: Die Massen an Daten, die sich aus der Auswertung des Musikkonsums ergeben – zum Beispiel durch viele Millionen Suchanfragen täglich beim Musikerkennungsdienst Shazam oder durch die Daten von Spotify und Pandora –, nutzt die Industrie, um Produkte zu kreieren, die berechenbar ankommen. Durch immer stärkere Angleichung kommt es zu einer Art Einebnung musikalischer Originalität im populären Genre.

Algorithmen und Methoden der Auswertung dienen also nicht nur zum Messen, sondern auch zum Prägen der Stücke und folglich des Publikumsgeschmacks. Diese Anpassung neuer Songs an Bewährtes lässt sich auch geografisch steuern, sodass schließlich über die Bestätigung bisheriger Prognosen sogar der Zeitpunkt eines Durchbruchs zum Hit in Terminen und Orten von Konzerten festgelegt werden kann. Das Gleiche gilt für Auswahl und Zeitpunkt der Präsentation von neuen Songs im Hörfunk und von neuen Bands bei Plattenlabels.

Diese Form der Beeinflussung massenmedialer Kommunikation führt nach neueren Untersuchungen in Spanien seit 1995 und in den letzten Jahren auch in Deutschland zur deutlichen Abnahme von Notenkombinationen und sogar der Klangfarben der Instrumentierung.

Fernsehprogramme unterliegen ähnlichen Mechanismen, selbst Buchprogramme sind bestimmt durch die Bedürfnisse von Buchhandelsketten. Kommerzialisierung von Kommunikation hat Folgen für die Kreativität, die wir im Kapitel über Unvernunft der Rationalität noch einmal aufgreifen werden.

3.3. Menschliche Kreativität und ihr Zugriff auf unseren Planeten

Die Kreativität unserer Zivilisation setzt unserer Erde kräftig zu. Mit Stahl und Beton, Ölprodukten und Heizrückständen, industrieller Radioaktivität und Energiegewinnung und -verbrauch, Abholzung und Monokulturen, mit Alufolien und Plastikmüll und nicht zuletzt mit der massenhaften Verdrängung der Arten greifen wir ein in die Geologie der Erdoberfläche und den Kreislauf des Ökosystems.

In vier Milliarden Jahren hat unsere alte Mutter Erde schon vieles aus Kosmos und eigener Wirksamkeit erlebt, was Geologen dann in die verschiedenen »Erdzeitalter« einteilten. Was dem Planeten aber in jüngster Zeit, vor allem infolge der beschleunigten Vergrößerung der Weltbevölkerung, aufgebürdet wird, das nennen Geologen, Chemiker und Futurologen seit der Begriffsbildung durch den genobelten Chemiker Paul Crutzen als neues Erdzeitalter das »Anthropozän«. Da ist der Mensch, *anthropos,* als Verursacher gleich in den Namen eingepackt. Wir wollen alle den Komfort und sehen die Folgen nur schemenhaft. Als Teil der Natur beschleunigt die Kreativität unserer Spezies die Evolution. Wohin allerdings, dazu mehr in Teil VI über die Unvernunft der Rationalität.

4. KREATIVITÄT – UND DANN?

Kreativität ist Wachstum. Wachstum allein aber würde entarten wie Krebszellen, wäre Wucherung. Wachstum braucht Steuerung und Bändigung, braucht weitere Kräfte, die seine evolutionäre Fruchtbarkeit lenken.

Jedem kreativen Entwicklungsschritt wächst eine Gegenentwicklung zu. So sorgt die Evolution in ihrer Koevolution für stabilisierende Balance – ein wichtiger Aspekt, der bei der Genmanipulation zu beachten wäre, zu der die Natur so schnell kein Gegengewicht herstellen kann.

Zum Schluss dieses Gleichnis: Nehmen wir den kleinsten Kreativitätsschritt, so ist die Kreativität dem Atom vergleichbar, das mit anderen Atomen wechselwirkt und sich zu Molekülen entwickelt. Im Bereich der Ideen entstehen aus »Ideenatomen« auf diese Weise »Gedankenmoleküle«. Ein Kreativitätsschritt hüllt seine Bestandteile ein: Es sind die beiden weiteren Grundprinzipien der Evolution, von denen keines für sich allein Bestand haben könnte, also auch nicht die Kreativität als Elementarteilchen dieser Trias aus Kreativität, Polarität und Attraktivität.

Kreativität ist eine ständige Geburt des Seins, ein stetig vor sich hin fließender Prozess. Wir werden in den beiden nächsten Kapiteln sehen, wie jeder Kreativitätsschritt dieses fraktale Muster in sich trägt – und wie aus der Selbstorganisation eine Selbstoptimierung wird durch den in der Evolution wirkenden Geist.

III.

DAS POLARITÄTSPRINZIP

Evolution ist Spannung

1. POLARITÄT ALS WIDERSPRUCH

Die notwendige Entzweiung ist ein Faktor des Lebens, das ewig entgegensetzend sich bildet.
Friedrich Wilhelm Hegel

Um schon alles hier vorwegzunehmen: Polarität ist ein Merkmal allen Seins. Polarität ist ein Strukturmoment der Wirklichkeit. Wie das Kreativitätsprinzip Schubkraft oder Motor der Evolution, so ist das Prinzip der Polarität der umfassendste Ausdruck der Koevolution, nach der allem ein interagierender Partner zuwächst. Das Prinzip der Polarität findet sich als Ausgangspunkt im Atom und über molekulare und biologische Prozesse überall in unserer Welt und war schon in den ersten Sekunden nach dem Urknall über Raum und Zeit als kosmische Struktur im All repräsentiert.

Polarität ist ein dualistisches Prinzip, und zwar auf der Ebene vergleichbarer Gegensätze. Die Kreiselbewegung der Erde mit deren flüssigem Kern und dem Mond als attraktivem Partner erzeugt wie ein Dynamo gegensätzliche Pole, an denen sich Pflanzen und Tiere und wir ausrichten. Plus- und Minuspol schaffen eine Spannung und dadurch eine kreative Energie. Bei der Entstehung des Lebens finden wir die schöpferische Dualität von Energie und Materie, in der Biologie die des Weiblichen und Männlichen. Wir werden aber auch noch ganz andere Paarungen beobachten.

Und wie verhält es sich mit den unendlich vielen Symmetrien in der Biosphäre, zum Beispiel in Körperschemata oder Oberflächenstrukturen, etwa dem Gesicht, als Widerspruch seiner Hälften im Spiegelbild? Erweisen sie sich nicht auch als in der Attraktivität verschmolzene Polarität? Was ist mit Begriff und Funktion der Polarität als Stufe und als Bindeglied zwischen den evolutionären Stufen von Kreativität und Attraktivität überhaupt gemeint?

Polarität ist komplementär

Die Polarität ist zunächst eine Konstellation der Konfrontation. Sie entsteht durch eine kreative Gegenentwicklung auf allen Stufen der Kreativität. So könnten wir sie komplementär nennen, sie als Gegengewicht bezeichnen, das ein labiles Gleichgewicht herstellt. Solche Balance strebt nach stabilisierender Weiterentwicklung, nach Harmonisierung durch die in der Polarität liegende Attraktivität, und treibt so wieder die Kreativität an. Polarität bedeutet Antinomien und Antagonismen. Weil diese Polarität als Spannung Wechselwirkungen erzeugt, ist sie rückbezüglich, wodurch auch die Reziprozität einbezogen ist.

Was im einleitenden Kapitel »Auf der Suche« beim Thema der Sprache als Hilfe und notwendige Einschränkung der Kommunikation erörtert wurde, um dafür zu werben, nicht nur in Sprache, sondern auch in anderen Formen zu denken, gilt ebenso für die Polarität. Sie ist in diesem Buch in einem weiteren als dem physikalischen Sinn zu verstehen. So sind die eben erwogenen sprachlichen Alternativen hineinzulesen.

Nur weil es Ungleiches gibt, können wir von Gleichem sprechen, zum Beispiel von einer gleichen Ebene, auf der sich Ungleiches als Polarität gegenübersteht. Polarität ist Vergleichbares, das sich im Widerspruch ergänzt.

Das ungleiche Paar ist von derselben Art. In den Tiefen der Strukturen finden sich die Elementarteilchen als positiv und negativ geladen, in der Zelle Ei und Samen, welche die gegeneinander gewendelte Doppelhelix als Bauplan entstehen lassen für die Lebewesen, die in eine Wechselwirkung ohne Zahl treten und so die ökologische Harmonie hervorbringen. Dieser Zusammenklang konnte aus der Polarität wachsen, welche Flora und Fauna in den zeitlichen Abläufen von Licht und Dunkelheit, Sommer und Winter, Trockenheit und Regen, Ebbe und Flut bereits vorfanden.

Das Gemeinsame bleibt die Ebene des Vergleichs: Yin und Yang, Mann und Frau, Helligkeit und Finsternis, Krieg und Frie-

den, links und rechts, gut und böse, gut und schlecht, leicht und schwer, rau und glatt, bunt und eintönig, schroff und sanft, viel und wenig, trocken und nass, hoch und tief, Glück und Unglück, Harmonie und Disharmonie, Ordnung und Chaos, Weisheit und Ignoranz, Klugheit und Dummheit, giftig und genießbar, hungrig und satt, Blühen und Welken, Himmel und Hölle; selbst das Leben gibt es nur um den Preis des Todes. Dieser gibt dem Leben erst seinen Sinn – das »nütze, genieße und erfülle den Tag!«, das alles im *»carpe diem!«* steckt. So verbinden sich Geburt und Tod attraktiv im Leben.

Extreme berühren sich in der Gemeinsamkeit der gleichen Ebene. Es sind jeweils Gegenpole, die wir oft als positiv oder negativ empfinden. Wenn uns auch Höhe und Tiefe zunächst als neutrale Begriffe erscheinen, so können wir sie in einer konkreten Situation durchaus am eigenen Körper erleben, zum Beispiel wenn wir Höhenangst verspüren oder unten in einer Gletscherspalte hängen.

Anziehung und Abstoßung gehören zentral in diesen Kontext. Und am Urgrund von allem Existenten erkennt die Quantentheorie die Ja-Nein-Entscheidungen der Bits, die Informationsbasis, die sie als Qubits bezeichnet und auf der etwa nach Anton Zeilinger, Quantenphysiker und wichtiger Vordenker in seiner Zunft, alles aufbaut – nicht als die Dinge selbst, sondern als deren Eigenschaft.[1]

Die Polarität von Frau und Mann: das erste Paar, wie es Lucas Cranach d. Ä. als »Der Sündenfall« 1531 gemalt hat. Das erste Menschenpaar war von schwarzer Haut und lebte vor gut drei Millionen Jahren in Afrika. Es ereignete sich vermutlich so etwas wie ein zweiter Urknall, als plötzlich das Bewusstsein in einem emergenten Schub in die Evolution trat. Die archaische Vorstellung von Sündenfall, Baum der Erkenntnis und Vertreibung aus dem Paradies scheint für das Erkennen von Gut und Böse, von Richtig und Falsch und damit für die Last der Verantwortung bei jeglichem Handeln zu stehen.

2. POLARITÄT ALS DUALISMUS

Polarität ist auch eine Form des Dualismus. Polarität schließt zwar Multipolaritäten nicht aus, diese sind aber in bipolare Konstellationen zerlegbar, wie wir das unter dem Stichwort »Partie à trois« in Teil IV noch sehen werden. Entscheidend für die Annahme von Polarität ist die Ebene der Wechselwirkungen. Deren Dualismus findet als Urform und Regel in den Erkenntnissen von Physik, Chemie, Biologie, in Religionen und Literatur vielfältigen Niederschlag, so auch in der altchinesischen Philosophie wie im *Tao* von Lao-Tse:

Wenn auf Erden das Schöne alle als schön erkennen,
so ist dadurch schon das Hässliche geschieden.
Wenn auf Erden das Gute alle als gut erkennen,
so ist dadurch schon das Böse gezeichnet.
Sein und Nichtsein bedingen einander.
Schwer und Leicht ergänzen einander.
Lang und Kurz gestalten einander.
Hoch und Tief umkehren einander.
Vorher und Nachher folgen einander.

Zum ersten Gegensatzpaar von »hässlich« und »schön«: In unserer Sprache findet sich im »Hässlichen« der Hass und im »Schönen« der Schein. So wie Lao-Tse diese Paare aneinanderreiht, zeigt auch er auf, was gerade eingangs mit der gemeinsamen Ebene des Vergleichs bei der Polarität gemeint war. Wir dürfen Lao-Tses Gedanken aber noch durch die eben gemachte Beobachtung erweitern: *Anziehung und Abstoßung halten einander.*

Dualismus als Polarität taucht an vielen Stellen in der menschlichen Reflexion auf und ist auch von alters her ein Element der Kulturgeschichte: Unter dem Titel »Sich ergänzende Gegensätze« heißt es im wissenschaftlichen Begleittext zu einer eindrucksvollen Inka-Ausstellung (in Stuttgart und Rosenheim 2014): »Die Bewohner der Anden teilen seit jeher die Natur und die menschliche Gemeinschaft in zwei sich ergänzende Gegensätze.« Von Mann und Frau ausgehend benennen sie als solche Paare Tag und Nacht, die männliche Sonne und den weiblichen Mond, Berg und Küste, Oben und Unten. »Alles wird paarweise gedacht, hergestellt und organisiert. Dieses Prinzip zieht sich von der Großfamilie, *ayllu* genannt, bis in die Spitze der inkaischen Gesellschaft.«

Den Gedanken der Dualität drücken die Inkas fast überall optisch aus: als stilisierte Motive des Hauptnahrungsmittels Mais in Links-Rechts-Symmetrien auf den paarweise hergestellten Amphoren *(aryballos)* oder auf ihren Kappen, die ein Mischwesen symbolisierten: Symbole für die erdverbundenen Lamas und Andeutungen von Flügeln des größten Luftwesens, des Kondors. Der kostbare Lendenschurz aus Federn zeigt sich in Rot für Luft und Blau für Wasser. Der Berg-Küste-Gegensatz kommt beispielhaft im Küstensand zum Ausdruck, den die Inkas in fast 2500 Metern Höhe auf dem zentralen Platz in Machu Picchu ausgebracht haben.

Auch im Denken des abendländischen Kulturkreises gibt es Beispiele für Polarität ohne Zahl: »Ohne Gift und Begierde ist kein Leben; allhier urständet die ewige Feindung und Widerwille; und ist dem so, dass das Stärkste und Gierigste das Nützlichste und Fruchtbarste ist: denn es macht alle Dinge und ist die einzige Ursache aller Beweglichkeit und allen Lebens.«[2] Jakob Böhme, ein Schuhmachermeister aus Görlitz (1575–1624) und als mystisch spekulativer Philosoph überliefert, vertritt hier wie auch in seinem Gottesbild die reine Dualität: So wie der Mensch das Gute und das Böse in sich trägt, tue das auch Gott.

Was Böhme hier zur »Ursache aller Beweglichkeit und allen Lebens« erklärt, kann nicht die Ur-Ursache sein. Sehr wohl erkennt er aber, wie aus den vielfältigsten Spannungen Neues entsteht, ja, dass diese Dualität eine Grundbedingung hierfür ist.

Der Schweizer Psychologe C. G. Jung analysiert in seinem Werk *Erinnerungen, Träume, Gedanken* die Gut-Böse-Polarität als paradoxes Ganzes. Das »Gute« sei kein kategorischer Imperativ, wie das »Böse« keinem absoluten Verbot unterliege. Diese Einheit beider Extreme hebe deren Absolutheitscharakter auf. Wir hätten uns darauf zu besinnen, dass sie individuelle Urteile darstellten und damit relativiert würden.[3]

Schon an diesem Beispiel des Gut-Böse-Ganzen sehen wir, dass die Polarität nur ein Zwischenstadium in der Struktur des Seins ist und auch in unserer Vorstellung vom Werden in der Welt. Das vertrat schon vor bald 200 Jahren Friedrich Wilhelm Schelling, der als Vordenker der Selbstorganisation der Natur gilt. Im Grunde sei zwar alles Getrennte eine Einheit. In seiner Naturphilosophie, in der er die Welt als einen einzigen Organismus betrachtet, sieht Schelling dann gerade die Gegensätze als wesenhaft für die Lebendigkeit dieses Organismus. Die Polaritäten im Leblosen wie im Lebendigen ließen die Natur überhaupt erst werden, und diese Entwicklung laufe in ihren Polaritäten auf die Entstehung des menschlichen Geistes zu. Da erinnern wir uns sofort an Binnigs nach oben offene Evolutionspyramide aus Teil I, bei der sich die jeweils niedrigere Stufe vom Raum zur Materie, diese zum Leben und dieses wiederum zur Intelligenz entwickelt hat, was noch nicht das Ende sein muss. Schelling wurde als »Weltweiser« gefeiert von Regenten wie König Maximilian von Bayern oder von Forschern wie Alexander von Humboldt, und er wurde verachtet und verspottet von Denkern mit großem Namen wie Arthur Schopenhauer oder Ludwig Feuerbach.

Sosehr sich die Philosophen, vor allem jeweils die Zeitgenossen, fetzen und zerfetzen, ist man verführt, auch von Polaritäten der Ansichten zu sprechen, die zu höherer Erkenntnis führen könnten. Doch sind die metaphysischen Erkenntnisse seit Lao-Tse oder der Antike wirklich so sehr viel weiter gediehen? Offenbar nicht, und auch darin nicht, wo der Geist als Endprodukt der Evolution gesehen wird und nicht auch als deren Ausgangspunkt, wie das die archaische Weisheit sieht. Diesem ganz grundsätzlichen Streit werden wir uns im Kapitel »Das Reflexionsprinzip« stellen (V.3.3). So viel vorab: Was ist menschlicher Geist anderes als das Wahrnehmen der Naturgesetze und das Umsetzen beim Schlüsseziehen hieraus? Dem fraktalen Prinzip entspräche die Erkenntnis: Geist kann nicht am Ende sein, wenn er nicht auch am Anfang war.

Die digitale Revolution – 1 und 0, ein und aus als Polarität – mit ihrer Dematerialisierung bedeutet für die Philosophie eine neue Herausforderung, weil das reale Leben auf eine neue Ebene gehoben wird, wo die Pole neuer Spannungsfelder elektrisieren. Dies ist zum Beispiel der Fall, wenn das Geld als Wert undurchschaubaren finanziellen Zahlenwerken gegenübersteht, die im Millisekundentakt verschoben werden und sich die Finanzwirtschaft dadurch von der Realwirtschaft abkoppelt; wenn das informationelle Selbstbestimmungsrecht als Grundrecht der Persönlichkeit und die vollständige Überwachbarkeit aufeinanderprallen, wie wir es über die amerikanischen und englischen Geheimdienste erfahren müssen und sich das Grundrecht der Selbstbestimmung über eigene Informationen in Luft auflöst; oder wenn die Pole der materiellen Datenträger Zeitung, Buch, Film, Tape oder Compact Disc versus Download als »elektrischer Regen«[4] ein neues soziales Kommunikationsverhalten auslösen oder soziale Netzwerke ihren Usern Freundschaften vorgaukeln.

Lao-Tse dachte zum Beispiel so über paradoxe, doch naheliegende Polarität nach:

> *Es gibt nichts Schwächeres und Weicheres als Wasser.*
> *Doch so, wie es das Harte angreift,*
> *kommt ihm nichts gleich.*
> *Dass Schwaches das Starke und Weiches das Harte besiegt,*
> *weiß jedermann auf Erden,*
> *aber niemand handelt und wirkt danach.*

Lao-Tse würde heute vielleicht so dichten:
Es gibt nichts Weicheres als die wabernden Wolken
der schwachen binären Impulse,
Doch so, wie diese in die harte Wirklichkeit des Lebens
eingreifen, kommt nichts ihnen gleich …

Es ist eine der wichtigsten Herausforderungen der Zukunft, dass gegen diesen technisch-ökonomischen Selbstläufer der Digitalisierung noch viel polarisierender Widerstand notwendig ist, um der Evolution gegen die Automatismen digitaler Machtkonzentration einen humanen Weg zu eröffnen, der sich aus der Versöhnung von ausufernder Technik und eindämmender Regelung ergeben sollte – gewissermaßen als eine Form von Koevolution. Das ist übrigens ein Begriff, der zunächst einer engen, biologisch wechselwirkenden Paarung oder Polarität galt, wie bei der Symbiose von Blüten und sie bestäubenden Insekten, bei Parasiten und ihren Wirten oder der Beziehung von Räuber und Beute. Der Begriff hat aber eine Erweiterung in viele Fächer erfahren, bis hinein in Politik und Ökonomie bei sich wechselseitig beeinflussenden Systemen.

3. POLARITÄT ALS BAUPRINZIP

Im Kapitel über die Kreativität mussten wir im Vorgriff auf die Polarität dieses feststellen: Der Urstoff der Materie ist Wasserstoff, bestehend aus einem Proton als Atomkern und einem Elektron, das um den Kern wabert – schon im Urstoff also erleben wir die Polarität von positiver und negativer Ladung. Obwohl *atomos* eigentlich »das Unteilbare« bedeutet, sind die Elementarteilchen von Protonen, Neutronen und Elektronen selbst aus noch winzigeren Bausteinen konfiguriert, den Quarks, Leptonen, Austauschteilchen und dem Higgs-Boson. Sie alle werden in der Wissenschaft statt als »Teilchen« auch als die »geringsten Anregungsstufen von Feldern« beschrieben, durch Polaritäten ausgelöst.

Jede Art von Quarks ist dreifach zu zählen, weil jedes mit einer von drei verschiedenen Farbladungen geladen ist. Von Quarks und Leptonen gibt es je sechs Sorten, und sie sind doppelt zu zählen, denn zu jeder Sorte paart sich die entsprechende Sorte Antiteilchen – Polarität schon im kleinsten Bauteil. So kommt man derzeit auf 61 Arten solcher Teilchen oder Anregungsstufen im Standardmodell. Und schon prognostizieren Theorien die Entdeckung von weiteren Elementarteilchen oder Anregern.

Wir finden also das spannende Prinzip der Doppelung selbst in den kleinsten entdeckten Strukturen jeglicher Materie wie auch in den hierauf aufbauenden biologischen Einheiten der Zellen. Zugrunde liegen die bereits angesprochenen Qubits. Die in ihnen bewahrten Informationen bestimmen die Eigenschaften der Materie, sagt uns die Quantenmechanik. Am Anfang ist die Information, der Informationsfluss unvorstellbar vieler Qubits.

Nach dem hier gesehenen, der Evolution zugrundeliegenden Muster wäre die Existenz der noch nicht endgültig nachgewiesenen Phänomene von Antimaterie und von Dunkler Energie logisch. Und die Schwarzen Löcher? Sie, die inzwischen als »Kerne« von Galaxien betrachtet werden, erweisen sich mit ihrem alles verschlingenden Sog als deren Widerpart. Dass in ihnen die Naturgesetze aufgehoben sein sollen, wie oft behauptet wird, überzeugt nicht. Vielleicht sind es sogar polarisierende Gesetze, die dort wirken. Dass die Schwarzen Löcher Verbindungen zu anderen Universen bilden, ist neuerdings immer wieder gehörte Spekulation.

3.1. Effekte der Polarität: Anziehung und Widerstand

Der Widerstand ist wie die Anziehung ein Effekt der Polarität. Als evolutionäres Prinzip beobachten wir den Widerstand bei den Protonen, die sich, da alle positiv geladen, gegeneinander wehren – das Abstoßungsprinzip der Gleichpoligkeit. Wenn Protonen dennoch – zum Beispiel durch Schwerkraft – zusammengedrückt werden, mögen sie das nicht, werden wütend bis zur Weißglut und lassen so in der Kernschmelze Sterne wie die Sonne entstehen. Die in den Sternen herrschenden Widerstände scheint die Evolution zu brauchen. Denn das Licht der Sonne hat, wie im Kreativitätsprinzip beobachtet, aus Materie Leben werden lassen. Die Forschungen der Plasmaphysiker an der Kernfusion versuchen mit großem Aufwand diese Form der Energiegewinnung der Natur nachzubauen – ergebnisoffen.

Die gewaltigste Form der Attraktivität im All ist die Schwerkraft. Deren Attraktivität kann als Anziehung den Widerstand der Fliehkräfte brechen, bis es zur Kollision kommt, oder aufheben, bis eine Balance hergestellt ist. Wie in der Kosmologie, so erleben wir auch in der Biologie den Widerstand als höchst nützlich: nämlich in unserer Abwehr von Keimen. Das Immunsystem ist das von der Natur aufgebaute Verteidigungsheer gegen freie Radikale, Bakterien, Viren, Pilze oder Parasiten, damit diese bei Verletzungen, Entzündungen oder Infektionen die Sperren nicht überwinden können. Die Anziehung dagegen, repräsentiert durch Luft und Nahrung, sorgt für den Treibstoff des Lebens.

Anziehung und Abstoßung sind auch fundamental für die Entstehung und den Erhalt von Arten. Als eine Bedingung des Lebens sahen wir die Vererbung. Diese Weitergabe des Lebens funktioniert auf der Ebene der gleichen Art. Hat die Mutation ein bestimmtes Maß überschritten, ist also eine neue Art entstanden, sorgt die Abstoßung dafür, dass Fortpflanzung über die Arten hinweg verhindert wird. Polarität sorgt also für Exklusivität.

Auch in der Gesellschaft ist das Wechselspiel von Anpassung und Widerstand elementar für das Zusammenleben. Entgleist die Harmonie von Effektivität des Zusammenwirkens einerseits und der Beachtung humaner Werte andererseits in einem System, etwa am Arbeitsplatz oder in der Regierungs- und Verwaltungspraxis, muss Widerstand, vergleichbar dem Immunsystem, für Ausgleich sorgen.

3.2. Anziehung und Widerstand im sozialen Kontext

Aus Gleichem entsteht nichts Neues, so ist das auch mit der Anpassung im sozialen Rahmen. Es ist eine Portion Widerstand nötig, damit sich der Einzelne wie auch die Gesellschaft als Ganzes weiterentwickeln. In der Wissenschaft sind die Gegenpositionen der Betrachtung ebenfalls unverzichtbar. Solche Dialektik ist nicht nur Ergebnis von Reflexion, sondern Bauprinzip der Realität. Bindung und Widerstand – beides braucht die Gesellschaft.

Als *zoon politikon,* als soziales und politisches Wesen, ist der Mensch in ein soziales Umfeld eingebunden. Er hat die Spielregeln der Gesellschaft zu achten, die ihm partnerschaftlich gegenübersteht. Anpassung ist bis zu einem gewissen Grad Bedingung einer sozialen Übereinkunft. Dieses soziale Umfeld ist aus Traditionen erwachsen, kulturell geprägt und in einen staatlichen und überstaatlichen Rechtsrahmen eingepasst, den die Gesellschaft in der Demokratie variieren kann. Dabei bedeutet »Demokratie« lediglich das Entstehen von Macht mit dem Anspruch, dass »alle Staatsgewalt vom Volke ausgeht«. Diese Willensbildung des Volkes durch Wahlen und Abstimmungen bedarf der Information über Vorgänge von Belang, bedarf des Disputs hierüber, was die Freiheit der Medien, das freie Wort, den Austausch und auch den Wettstreit unterschiedlicher Meinungen voraussetzt. Demokratie lebt von Meinung und Gegenmeinung, die beide aus Informationen kreativ gewonnen werden (können); der Ausgleich gegenläufiger Interessen macht dann die Attraktivität des Rechtsstaats aus.

Wenn die Staatsgewalt aber ausgeht von ihrem Volk, dann kommt sie auch wieder heim zu ihrem Volk, haben wir beim Kreativitätsprinzip verkürzt gesagt. Ob die Staatsgewalt die Grund- und Menschenrechte der Einzelnen achtet oder nicht, ob sie sich selbst durch die Aufteilung dieser Gewalt kontrolliert, ob sie Willkür ausschließt, ob ihr Verhalten messbar und vorhersehbar ist – das entscheidet über Rechtsstaat oder Willkürherrschaft.

Weil die unterschiedlichen Interessen nicht immer ausgeglichen werden, kommt es zu Konflikten der Mitglieder der Gesellschaft untereinander im Zivilrecht und auch zwischen ihnen und der Staatsgewalt im öffentlichen Recht. Der Widerstand, den die Individuen untereinander austragen, kennt viele Ebenen, institutionalisiert ist er in Zivil- und Strafjustiz. Widerstand außerhalb dieser Ebene in robuster Form ist die Notwehr gegen einen handfesten Angriff. Nothilfe ist das Beispringen in solchem Fall. »Rechtfertigender Notstand« heißt dies in Paragraf 34 des deutschen Strafgesetzbuchs, in dem auch der Angriff auf die Ehre des Bedrängten einbezogen ist. Widerstand gegen staatliches Handeln sanktioniert nach den Erfahrungen mit Diktaturen das deutsche Grundgesetz seit Einführung der Notstandsgesetze 1968: Gegen jeden, der es unternimmt, diese Ordnung zu beseitigen, haben alle Deutschen das Recht zum Widerstand, wenn andere Abhilfe nicht möglich ist.[5]

Aber in der Skala unterhalb des »Tyrannenmords« – der eben kein Mord ist – ist Widerstand in der Gesellschaft generell in unendlich vielen Formen vorstellbar, flimmernd in den Facetten von Zivilcourage bis zum »Dolch im Gewande«, changierend von der inneren Kündigung bis zur Abstimmung mit den Füßen, in freier Rede, Flugblatt, Musik und Bild, als gewaltloser Widerstand, als Demonstration, als politischer Witz oder Satire. Widerstand erscheint als Straßen- oder Gleisblockade, die nach der Rechtsprechung nicht immer als Nötigung gewertet werden darf, obwohl sie sich über formales Recht hinwegsetzt. Der millionenfache Aufschrei wie das »Indignez vous!«, »Empört euch!« des neunzigjährigen Stéphane Hessel gegen die gewaltige Macht von Finanzkraken (»Widerstand leisten heißt Neues schaffen, Neues schaffen heißt Widerstand leisten«) ist eine der vielen Formen des Widerstands, so auch das Whistleblowing, wie dies Bradley Manning und Edward Snowden unter Inkaufnahme aller persönlicher Nachteile taten, um Transparenz und Öffentlichkeit gegenüber Kriegsverbrechen oder der flächendeckenden Durchleuchtung der Persönlichkeit aller herzustellen. Hausfriedensbruch oder versteckte Kamera können zur Aufdeckung von gravierenden Missständen gerechtfertigt (und straffrei) sein, dies allerdings in engen Grenzen, sonst hätten schützende Normen keinen Wert. Die Abwägung der Rechtsgüter – etwa hier: Recht aufs eigene Bild oder Verbot des Hausfriedensbruchs, da: Information der Öffentlichkeit – ist durchaus schwierig und risikobehaftet. Die Bandbreite von Widerstandshandlungen entspricht der Formenvielfalt von Beziehungen und Abhängigkeiten.

Dass ein ehemaliger DDR-Richter, der nach der Wiedervereinigung in das rechtsstaatliche System übernommen werden wollte, nach einem längeren Gespräch bei Dreharbeiten den Autor fragte: »Was meinen Sie eigentlich mit Güterabwägung?«, macht klar, dass er bisher nur Sachverhalte unter Anweisungen subsumiert und eben keine höheren Interessen gegenüber Vorschriften abgewogen hatte.

Nur mit breitem Widerstand von Anfang an wäre die größte Katastrophe des 20. Jahrhunderts zu verhindern gewesen: Zu spät kamen Stauffenberg oder die Tapferen der Weißen Rose oder ein Flugblatt als Gebetszettel wie dieses von Reinhold Schneider 1944: »Allein den Betern kann es noch gelingen, dies Schwert ob unsern Häuptern aufzuhalten …«. Da war die Aufklärung eines Fritz Gerlich, der mit Pater Ingbert Naab in seiner katholisch geprägten Widerstandszeitung *Der gerade Weg* von 1931 bis 1933, die Ideologie analysierend, gegen Hitler und die Nazis anschrieb, viel zu einsam. Gerlich vertrat als einer der ganz wenigen die notwendige Ethik des Journalismus und wurde 1934 im KZ Dachau erschossen. Insgesamt war der Widerstand von Anfang an zu schwach, um eine Entgleisung des politischen Systems zu verhindern.

Widerstand und Naturrecht

Es gibt für den Bruch positiven Rechts, also von Gesetzen, ein Denkmodell, das unterschiedlich begründet wird: den übergesetzlichen Notstand, der moralisch zum Handeln herausfordert, weil sehr viel höherrangiges Recht bedroht ist.

Widerstand steht also mitten im Spannungsfeld von positivem Recht und höherrangigem Recht. Dieses Recht als Korrektur, aber auch als Maßstab für positives, das heißt geschriebenes formales Recht, wird meist als Naturrecht bezeichnet. Es ist schon in der Antike von Platon *(Antiphon)* und Cicero *(De legibus)* beschrieben, von Thomas von Aquin als göttliches Recht verstanden und von Hugo Grotius und Samuel Pufendorf als konstantes, ewiges Wertesystem als zweite Basis neben die religiöse Begründung gestellt worden. Kant forderte mit seinem Bezug auf den »gestirnten Himmel über mir« und das »Sittengesetz in mir« subjektive Moral ein mit objektiver Wirkung, bis dann im 19. Jahrhundert die Historische Schule um Carl von Savigny den Naturrechtsgedanken als Quelle der Menschenrechte verdrängte, und zwar zugunsten von gewachsenen Rechtstraditionen und Gewohnheitsrecht als Grundlage.

Nach 1945 kam die Naturrechtslehre wieder zur Geltung: zunächst im Völkerstrafrecht bei der Ahndung von Naziverbrechen, wo sich bei den Nürnberger Prozessen Anklage und Gerichtshof in Ermangelung einer positiven Rechtsgrundlage auf ein natürliches, überpositives Recht beriefen, und auf das sich danach 1948 die dreißig Artikel der Allgemeinen Erklärung der Menschenrechte der Vereinten Nationen gründeten: »Alle Menschen sind frei und gleich an Würde und Rechten geboren« (Art. 1, Satz 1). Man hat sich bewusst nicht auf die Gleichheit, die ohnehin nicht gegeben ist, sondern auf die gleichen Rechte bezogen. Stéphane Hessel, der als UN-Diplomat an den Formulierungen mitgewirkt hatte, bedauerte im Alter, dass die Allgemeine Erklärung mit den aus der Natur begründeten Menschenrechten nur die Menschen im Blick hatte und damals noch nicht die bedrohte Natur selbst.

Auch das 1949 beschlossene deutsche Grundgesetz sieht das Naturrecht als Basis seiner Grundrechte. Da kommt nun in den Sechzigerjahren der Soziologe Niklas Luhmann und betont, mit einer funktionalistischen Betrachtungsweise »das alteuropäische Denken« überwunden zu haben. Das Recht sei funktional, es habe den Funktionen des Einzelnen in der Gesellschaft und den Funktionen der Gesellschaft insgesamt zu dienen und sei ausschließlich hieraus begründet und begründbar. Luhmann stellt der göttlichen oder naturrechtlichen oder auch der rein geisteswissenschaftlichen Begründung der Menschenrechte des Juristen Rudolf Smend die soziale Funktionalität als einzige Legitimierung gegenüber.

Aber das ist vielleicht nur ein Scheingefecht! Der gemeinsame Nenner für das »vor« dem Menschen stehende Naturrecht und die »hinter« ihm liegende Funktionalität ist der Mensch, dem Ordnung adäquat sein muss. Es ist nicht nur vom Ergebnis her das Gleiche, sondern wohl auch vom Ansatz her. Luhmann hat mit seinem selbstreferenziellen Beobachtungspunkt – der Beobachter als Teil des betrachteten Systems – nur vermeintlich das »alteuropäische Denken« überwunden. Es geht bei seiner »sozialen Funktionalität« genauso wie bei einer naturrechtlichen oder geisteswissenschaftlichen Begründung der Freiheiten immer um das Menschenbild, das man für sich im sozialen Kontext beansprucht und also den andern in einer funktionierenden Gesellschaft zugestehen muss.

Die Annahme sozialer Funktionalität als Maßstab allein und als einziger Grundlage des Rechts könnte allerdings in Extremsituationen als Biegewerkzeug gegen humanes Recht missbraucht werden, wenn Staat und Gesellschaft die Ideologie nach dem Vorbild eines Ameisenstaats etablieren, in dem die Menschen nur noch zu funktionieren haben, wie das Stalins oder Mao Tse-tungs Konzept entsprach. Gleichgültig, wie man die Menschenrechte begründet, sie existieren als höchstrangige Rechte. Und als solche sind sie Maßstab für staatliches, gesellschaftliches und individuelles Handeln und damit auch Maßstab für den Widerstand.

So finden sich Bindung und Widerstand als Effekte gesellschaftlicher und staatlicher Normen, die beide im Austausch und Widerstreit der Meinungspositionen für eine humane Balance erforderlich sind. Wie schwierig diese Abwägung im Einzelfall ist, zum Beispiel auch beim Widerstand innerhalb einer Widerstandsbewegung gegen dessen Exzesse, zeigen historische Beispiele. Solches

Verhalten brachte in der Zeit des Terrorregimes der Französischen Revolution Vorkämpfer der Bewegung aufs Schafott. Georg Büchner beschreibt dies in Dantons Tod. Im Kampf gegen den Terror sieht man, wie diffizil es ist, mit Aussteigern etwa als Kronzeugen umzugehen; die Schwierigkeit zeigt sich ebenso in kulturellen Umbruchphasen oder im Alltag.[6]

Eine Gesellschaft braucht das richtige Maß an Bindung und Widerstand – wie die Kräfte, die im Atom oder im Weltall wirken.

3.3. Anziehung und Widerstand im Kosmos

Dass Masse Anziehung bewirkt, hält den Kosmos zusammen. Dass er dabei nicht in sich zusammenstürzt, muss auf Gegenkräfte zurückzuführen sein. Albert Einstein nannte dieses Phänomen auch »Anti-Gravitationskraft«, obwohl sich ihm diese Kraft 1917 nur logisch erschloss und er sie als Kunstgriff für seine allgemeine Relativitätstheorie brauchte. Er ging damals von einem statischen Universum aus. Doch in seinen späten Jahren tat er diese Überlegungen, insbesondere die der Anti-Gravitationskraft, als »größte Eselei meines Lebens« ab. Da hatte nämlich Edwin Hubble 1929 anhand der Galaxienflucht entdeckt, dass sich das Universum ständig ausdehnt – zwischen den Galaxien, nicht innerhalb derselben.

Seit 1998 erlebt Einsteins Vorstellung als sogenannte »kosmologische Konstante« eine Wiedergeburt. Damals beobachteten Kosmologen mit dem neuen Weltraumteleskop Hubble eine beschleunigte Ausdehnung des Universums anhand extrem entfernter Supernoven, die mit erdgebundenen Teleskopen nicht messbar waren. Nimmt man an, dass die Energiedichte im Vakuum trotz Ausdehnung des Universums gleich bleibt, führt das zu einem negativen Druck. Dieser ermöglicht die beschleunigte Ausdehnung des Weltalls. Der Wert dieser kosmologischen Konstante – als zeitlich konstante Energiedichte des Vakuums – wird heute mit der Zahl 0,7 eingeschätzt, was bedeutet, dass ungefähr 70 Prozent der

Energiedichte im Universum in Form der kosmologischen Konstante oder von Dunkler Energie vorliegen.

Steigen Sie jetzt bitte nicht aus. Ohne die Gleichungen in der kosmologischen Literatur nachzuvollziehen, seien hier nur deren aktuelle Ergebnisse referiert und die Grundlinie aufgezeigt:

Dunkle Energie und Dunkle Materie geben der Wissenschaft die größten Rätsel auf, sie werden aber ohne experimentellen Nachweis lediglich durch logische Schlussfolgerungen angenommen, ähnlich wie Einsteins Anti-Gravitationskraft als intuitiver Geniestreich heute bestätigt wird. Experimentell nachweisbar ist die Theorie vom immer schneller expandierenden Universum (dem sogenannten Friedmann-Universum). Dafür, so schließen die Astrophysiker, sei die Expansionskraft der Dunklen Energie verantwortlich. Gegen sie arbeitet die Dunkle Materie an, welche wir im Kapitel über die Kreativität als Gerüst des Universums schon kennengelernt haben. Diese Form von Materie entwickelt ihre eigene Schwerkraft als Widerstand gegen die Fliehkräfte. Woher, wenn nicht von Masse, die ja Schwerkraft erzeugt, sollte sonst der Widerstand kommen? Die Dunkle Materie, oft als »Sternenkitt« bezeichnet, dient dem Zusammenhalt innerhalb von Galaxien. Ihr – und nicht nur dem Gleichgewicht von Anziehung und Fliehkraft – verdanken wir nach Ansicht der Forscher den gleichmäßigen Abstand der Erde zur Sonne, die uns das Leben geschenkt hat und es erhält. Aber hinter dieser Theorie stehen Fragezeichen. Mit Hochspannung blickt die Weltgemeinschaft der Physiker deshalb zum reparierten, schnellsten und auf eine Leistung von 6,5 Tera Elektronenvolt hochgerüsteten Teilchenbeschleuniger der Welt, dem LHC des CERN bei Genf, um endlich die Theorie von der Supersymmetrie zu bestätigen oder zu widerlegen. Nach dieser herrschenden Theorie hat jedes Teilchen einen Partner – inkognito. Und dieser Partner ist die Dunkle Materie.

Beide Thesen zu den Flieh- und Kontraktionskräften wurden im Jahr 2014 durch Bilder des Hubble-Teleskops erhärtet, das annähernd eine halbe Million Galaxien in den Blick nahm. Internationale Forscherteams vor allem in Bonn, Edinburgh und Leiden werteten die Bilder aus. Der Kosmos wird als in alle Richtungen gleich aussehend, als Isotropie, beschrieben, wenn man nicht »kleinere« Bereiche von einer Million Lichtjahren – der Durchmesser etwa unserer Milchstraße – zugrunde legt, sondern durch die Galaxien insgesamt blickt. Daraus schließen die Forscher, dass Materie im Kosmos einigermaßen gleichmäßig verteilt ist (man nennt das Homogenität). In »nahen« Bereichen gibt es durchaus größere Unregelmäßigkeiten, die sich im Großen und Ganzen wieder isotrop und homogen ausgleichen.

Für die Dunkle Energie feiert die Astrophysik seit Jahresbeginn 2016 einen Nachweis: Die Druckwellen aus der Kollision zweier schwarzer Löcher – vor 1,3 Milliarden Lichtjahren – glaubt man, mit neuen Gravitationsdetektoren in den USA empfangen und in Hannover mit ausgewertet zu haben, als sie im Herbst 2015 auf der Erde ankamen. Das wäre eine weitere Bestätigung des Polaritätsprinzips auch im Kosmos.

Das gleiche Muster in Kosmos und Zelle

Auch im Makrokosmos interagieren, unabhängig von den Erkenntnissen zur Dunklen Materie, ganz ähnliche Polaritäten, wie wir sie im Mikrokosmos beim Aufbau des Atoms entdeckten, wo sich etwa zu den Quarks und Leptonen mit ihren je sechs Sorten die entsprechende Sorte Antiteilchen paart. Die Muster des Kosmos begegnen uns auch in der Mikrobiologie wieder. So findet die Astronomie im Inneren unserer Milchstraße eine etwa achtzig Lichtjahre lange riesige Plasmawolke in Form einer Doppelhelix, deren Achse in die Richtung des 300 Lichtjahre entfernten Schwarzen Lochs namens Sagittarius A im Zentrum unserer Galaxis weist. Die Materie der Staubwolke, die innerhalb der eigenen Struktur zu deren Erhalt wechselwirkt, steht mit Sagittarius A in einer (noch) stabilen Interaktion aus Anziehung und Abstoßung. Wir staunen über das gleiche Muster im Kosmos und im Erbgut der Zelle.

3.4. Polarität in der Biologie

Auf die Bitte um Überprüfung des hier vertretenen Denkmodells antwortete der Mikrobiologe Karl Forchhammer nach Lektüre von Teilen des Manuskripts in seinem Statement: »Es ist tatsächlich die Polarität, die letztlich die Grundlage der Zellteilung und des Lebens bildet.« Schauen wir also mit dem Blick des Biologen in unseren Grundbaustein, die Zelle.

Polaritätsstrukturen auf Zellebene

Allen Lebewesen ist die Struktur eines Leben spendenden Moleküls gemeinsam, das der Desoxyribonukleinsäure (DNA). Ihre Struktur wird von der Biochemie als Doppelhelix beschrieben (*helix* kommt aus dem Griechischen und bedeutet »Windung« oder »Spirale«). Die Doppelhelix wird meist als zwei sich umeinander windende Spiralen dargestellt, genau genommen besteht sie aber aus zwei antiparallel angeordneten Strängen, die um eine gemeinsame Achse gewickelt sind.

Die Antwort des Forschers Karl Forchhammer auf die Frage nach der Schlüssigkeit des hier vertretenen Modells der vier Prinzipien der Evolution und insbesondere der Polarität und ihrer Funktion auf Zellebene lautet so:

> *Genau genommen ist die Polarität auch in der doppelsträngigen DNS Doppelhelix zu finden, in Strang und Gegenstrang.*
> *Die Stränge der Doppelhelix, das Rückgrat der DNA, bestehen aus einer alternierenden Folge von Desoxyribosezuckern und Phosphaten. Sie sind, wie Seitenholme einer Leiter, durch »Sprossen« miteinander verknüpft. Jede Sprosse besteht aus zwei komplementären Nukleobasen, die seitlich mit den Desoxiribose-Zuckern des jeweiligen Stranges verknüpft sind.*
> *Es gibt vier verschiedene Nukleobasen: Adenin (A), Guanin (G), Cytosin (C) und Thymin (T), die Buchstaben des genetischen*

> *Codes. Dabei paart Adenin mit Thymin und Guanin mit Cytosin. Die Basenabfolge eines Stranges ist daher genau komplementär zu der des Gegenstranges: Ist z.B. die Basenfolge eines Stranges GTTAC, dann lautet die des Gegenstranges CAATG. Die genetische Information, die in der Sequenz der Basen steckt, ist also in beiden Strängen gleichermaßen enthalten. Darauf beruht auch die Verdopplung der DNA: Die beiden komplementären Stränge der DNA werden durch ein spezielles Enzym (eine Nanomaschine), genannt DNA Polymerase, wie ein Reißverschluss geöffnet. Dabei werden die Basenpaarungen zwischen den A-T und G-C Sprossen aufgebrochen, die Basen liegen nun ungepaart vor. Sie sehnen sich nach neuer Basenpaarung, und so wird an beiden freien Strängen jeweils ein neuer komplementärer Strang zusammengebaut, indem die passenden Bausteine zusammengefügt werden, A zu T und G zu C. Aus einer Doppelhelix sind zwei geworden, wobei jede neue DNA Doppelhelix aus einem ›alten‹ und einem »neuen« Strang besteht.*
>
> *Es ist also tatsächlich die Polarität zwischen den Basen A und T sowie G und C, die dem Mechanismus der DNA- Replikation zugrunde liegt, und die damit letztlich* die Grundlage *der Zellteilung und* des Lebens *bildet.*[7]

Was wir überdies sehen: Strang und Gegenstrang der Doppelhelix sind gegeneinander gewendelt, bilden mithin in sich schon eine doppelte Polarität. Polarität ist also die Voraussetzung des Lebens genauso wie deren nachfolgende Überwindung in der Attraktion, der wechselseitig attraktiven Verbindung.

Nahrung und Stoffwechsel als Polarität

Die Forschungsrichtung der Epigenetik, die annimmt, dass Umwelteinflüsse das Erbmaterial verändern können, findet derzeit immer mehr Beispiele für die Vererbung von erworbenen Eigenschaften. Wie bereits beim Kreativitätsprinzip beobachtet, widerspricht diese Erkenntnis der Darwin'schen Evolutionstheorie, jedenfalls aber dem Neodarwinismus, der hier engere Maßstäbe als Darwin selbst anlegt, und bestätigt aufs Neue die Annahmen des bis in die Gegenwart mehrheitlich abgelehnten Lamarck und des geradezu verfolgten, unglücklichen Wiener Zoologen Paul Kammerer (siehe vorn bei Teil II.2.3).

Wissenschaftler vom Max-Planck-Institut für Immunbiologie und Epigenetik in Freiburg entdeckten 2014 zusammen mit Forschern aus Schweden und Spanien bei Experimenten mit Fruchtfliegen, wie schnell sich die Nahrung männlicher Fliegen auf den Nachwuchs auswirkt.

Zuckerreiche Kost der Väter über nur zwei Tage hinweg vor der Paarung ließ die Kinder, denen dann wenig Zucker angeboten wurde, dicker und übergewichtig werden. Sie fraßen auch mehr als die jungen Fliegen der nicht zuckergefütterten Väter. Dies hielt das ganze Fliegenleben lang an, konnte aber bei der Enkelgeneration nicht nachgewiesen werden. Die Nahrung hatte überraschend unmittelbare Modifizierungen des Erbguts beziehungsweise von dessen Signatur zur Folge, ohne im Übrigen den genetischen Code zu verändern. Man nimmt an, dass sich bei den aus technischen Gründen nicht untersuchten Müttern ein ähnliches Ergebnis in Bezug auf den Nachwuchs einstellt. Aber ist das schon eine Mutation? Nein.

Epigenetik und Koevolution

Die Merkmale werden nicht über mehrere Generationen vererbt, weil der epigenetische Mechanismus erst einmal nur eine vorübergehende Modifikation der DNA ist und noch keine echte Mutation als Änderung der Basenfolge. In dem genannten Beispiel der Fruchtfliegen sind die Söhne, die die epigenetische Veränderung tragen, normal ernährt worden. Folglich waren deren Söhne, also die Enkel der mit Diät behandelten Fliege, wieder normal. Wenn aber die Söhne der ersten Generation auch die Spezialdiät bekommen hätten, dann hätten sie die Stoffwechselveränderung wieder an ihre zweite Generation weitervererbt und so weiter. Und wenn der Reiz lange genug, über Generationen hinweg anhält, dann ist zu erwarten, dass aus der epigenetischen eine genetische Veränderung wird. Der Biologe E. O. Wilson spricht von zwanzig Generationen, was bei der Stubenfliege nur einem Jahr entspricht. Allerdings, meint Forchhammer, könne man bisher bloß spekulieren: »So könnte es sein, dass durch die epigenetische Markierung der DNA die Wahrscheinlichkeit für Mutationen erhöht wird. Die Mutationen entstehen, wenn die oben genannte DNA Polymerase Fehler beim Kopiervorgang macht. Es kann sein, dass durch die epigenetische Veränderung solche Kopierfehler gehäuft auftreten, das ist aber bisher nicht sicher nachgewiesen. Hier steckt die Forschung noch in den Kinderschuhen.«

Das »Schöne« an diesem Evolutionskonzept sei, dass der Organismus erlernte Verhaltensweisen und Umwelteinflüsse erst einmal in einem genetischen »Kurzzeitgedächtnis«, den epigenetischen Veränderungen, speichere, wodurch die Nachkommen konditioniert würden. Wenn der Reiz nicht von Dauer sei, kehre bald wieder der Ursprungszustand ein.

Wenn der Reiz aber anhält, kommt die Evolution gezielt in Fahrt. Statt blind auf puren Zufall zu vertrauen, gibt dieser Mechanismus der Evolution die richtige Richtung. Im Zuge der Evolution sind so die faszinierendsten Geschöpfe kreiert worden, das Faszinosum zeigt sich bis in molekulare Details. Warum sollte nicht auch ein Mechanismus entstanden sein, der Informationen aus Umwelt und Verhalten in die genetische Information rückübersetzen kann? Forchhammer erwähnt im Gespräch seinen Zoologieprofessor an der Münchner Uni, der es mit den herkömmlichen Erklärungen des Neodarwinismus für unvereinbar hielt, wie zum Beispiel die Scheren von Pistolenkrebsen entstanden sein könnten, die mit einem ultraharten Wasserstrahl auf die Jagd gehen. Ihn habe das schon als Student nachdenklich gemacht, und der Mikrobiologe bestätigt die hier vertretenen Hauptthesen: »Die Erkenntnisse der Epigenetik sind für das in Ihrem Buch vertretene Polaritätsprinzip und das nachfolgende Attraktivitätsprinzip insofern relevant, als durch den epigenetischen Prozess neue Interaktionen zwischen Polaritäten, hier neuartige Zuckernahrung für Fliegen und deren Verarbeitung, verinnerlicht und vererbt werden können. Die Verschmelzung der Interaktionen findet nach einem gewissen Zeitablauf den Weg ins Erbgut, ein ›Turbolader‹ für die Koevolution.«

Evolution ist beides: Wettrüsten und Schönheitskonkurrenz

Das Prinzip der Polarität ist es, das die Koevolution antreibt und zur Vielgestaltigkeit in der Natur geradezu befeuert. Das Prinzip äußert sich schon im Kleinsten: Ein Wettrüsten der Viren vermutlich seit zwölf Millionen Jahren bei Affen wollen die Forscher Compton und Emerman aus Washington bei ihrer Untersuchung des Aidsvirus und seiner Gegner zum Schutz des Immunsystems nachgewiesen haben, wobei sich die viralen Kontrahenten durch Mutationen immer wieder neu aufstellten. In der Ausdifferenzierung und jeweiligen Ausbalancierung von Viren und Antikörpern findet ein gnadenloser Konkurrenzkampf statt.

Wir beobachten einerseits ein Wettrüsten bei der Fresshierarchie mit immer ausgefeimteren Waffensystemen: Angriffe erfolgen mit Gebissen und Tentakeln, durch Lauern und Schnellkraft, und gleichzeitig entwickeln sich immer effektvollere Defensivstrategien des Tarnens, Täuschens, Vernebelns, Stinkens, Stechens und auch der Fluchtmethoden. Gleichzeitig schaukelt sich die Polarität auf in der Steigerung der Attraktivität bei der Entwicklung von Duft- und Lockstoffen oder bei der zur Schau gestellten Schönheitskonkurrenz von Federn und Geplūster oder eines Sängerwettstreits oder Brunftgeröhrs unter denen, die zum Sex ihre Partner finden wollen.

Der biologische Schlüssel für die Fortentwicklung liegt in der Schönheit. »Survival of the fittest« meint hier die Partnerwahl zugunsten der Nachkommenschaft. Diese generelle Fähigkeit der Anpassung an die Umwelt, wie sie die Epigenetik feststellt, setzt Darwin, jedenfalls dem Neodarwinismus, zu.

Die Jäger-Beute-Polarität

Der Feldhase schlägt Haken, um dem Adler zu entwischen. Er ist schnell und rennt um sein Leben. Aber es gelingt nicht immer allen Hasen, Kitzen, Katzen und Murmeltieren, mit dem Leben davonzukommen. Andernfalls müsste der Adler noch besser sehen, noch schneller herabstürzen können, um Beute zu machen. Die Jäger zu Luft, Land und Wasser brauchen die Beute zu ihrem Überleben. Im Meer ist die Fresshierarchie besonders fein abgestuft.

Ist das wirklich Polarität? Ja, denn auch die Beute sucht den Jäger, ob sie das weiß oder nicht und ob ihr das recht ist oder nicht. Das schwächere Kollektiv bedarf des Jägers. Dass die Beute den Jäger braucht, gilt für ihre Art und ist ein Grundprinzip des natürlichen Gleichgewichts. Die Beute ist das Opfer, das die Art zu bringen hat. Denn: Dass keine Art überhandnimmt, ist ein Prinzip des Lebewesens Erde, wie wir in Teil II bereits gesehen haben. Ob der Mensch weiß, dass zu viele auch von seiner Art das Gleichgewicht stören?

Gift oder Nahrung

Giftige Früchte – warum gibt es die? Um die Natur in der Balance zu halten? Auch giftige Früchte wollen locken, wie die pralle Tollkirsche, die glänzende Eibe, der im Ring tanzende Knollenblätterpilz. Tiere und Menschen, die auf diese Verlockungen hereinfallen, werden nicht zu viele, und ihre verwesenden Körper bilden wieder Stoff des Lebens – den Würmern als Nahrung, den Samen als Mist, dem Boden als Humus.

Aasgeruch und -geschmack ist für die Schmeißfliegen von attraktiver Köstlichkeit, uns aber in seiner abstoßenden Ekeligkeit Warnung vor Gift. Polarität auch hier als Abstoßung für die einen und Anziehung für die anderen. Wo sich Polaritäten anziehen, treiben sie die Evolution voran – selbst tote Körper von Tieren und Pflanzen können das bewirken.

3.5. Polarität der Weisheit

All die dargestellten Polaritäten brauchen einander, um die Evolution so zu ermöglichen, dass sie immer Neues schafft. Friedrich Wilhelm Hegel, der noch nichts wissen konnte von dem Polaritätsprinzip, das der vereinzelten Doppelhelix im Kosmos und der Doppelhelix im Erbgut jeder Zelle innewohnt, bringt es dennoch verallgemeinernd und staunenswert auf den Punkt: »Die notwendige Entzweiung ist ein Faktor des Lebens, das ewig entgegensetzend sich bildet.«

Das folgende Zitat des Dichters Werner Bergengruen schreitet, wie das bei Hegel auch schon anklingt, über die Polarität bereits hinaus: »Das wäre zu wenig, wenn sich die Gegensätze nur anzögen, oder die Extreme sich berührten. Das Geheimnis ist größer und jedes Gegensatzpaar zugleich ein doppelgängerisches Singulare. In der Identität von Morgen- und Abendstern, der wohl als der göttliche Hermaphrodit der alchimistischen Philosophen einleuchten, ja einleuchten, mag, scheinen alle großen Identitäten der Schöpfung vorweggedeutet: Schmerz und Lust, Ich und Welt, Zeit und Ewigkeit, Leben und Tod.«[8]

Yin und Yang

In dem fast 3000 Jahre alten Weisheitsbuch der Chinesen, dem Buch der Wandlungen, *I Ging,* ist das Ordnungsprinzip des Dualismus von Yin und Yang beschrieben. Diese beiden Positionen, Kräfte oder auch Prinzipien der chinesischen Philosophie des Daoismus bedingen sich, indem sie sich wechselseitig hervorbringen und verbinden.

Das heute hierfür bekannte Symbol ☯ soll so erst im 14. Jahrhundert mit der Machtübernahme der Ming üblich geworden sein, allerdings sind bereits etwa 500 Jahre vor dem *I Ging,* also um 1400 v. Chr., Zeichen für diesen Dualismus verwendet worden.

Dabei steht das Weiß für das Licht und das Schwarz für seinen dunklen Schatten, so wie das Licht den Schatten erzeugt. Das Dunkle steht zudem für das Ruhen, für die Kälte der Nacht, außerdem für das Weiche und für das Weibliche, während das Helle auch Hitze symbolisiert, das Harte, das Männliche und die Aktivität. Im Lauf der Zeit haben sich noch viele weitere Begriffspaare den beiden Polen zugeordnet. Wichtig für das Verständnis ist der rhythmische Wechsel, in dem jeweils Yin oder Yang in den Vordergrund treten, ähnlich dem Tag-Nacht-Rhythmus oder dem von Aktivität und Ruhe oder Geben und Nehmen, Aufsteigen und Absteigen, Leere und Fülle, innen und außen.

Die Verschlingung im Symbol zeigt nicht nur die Rückbezüglichkeit beider Prinzipien aufeinander, sondern im Kreis auch die Verschmelzung und zudem die Weiterentwicklung und im Rad die Wiederkehr.

Die ältesten Zeichen für diese Polaritäten fanden sich also um 1400 v. Chr., und zwar auf »Orakelknochen«, Knochen verschiedener Tiere als Opfergaben. Über einen Wissenstransfer von China nach Europa zur Zeit der Kelten gibt es keine zuverlässigen Hinweise, doch weisen auch keltische Zeichen bis ins fünfte vorchristliche Jahrhundert hinein interessanterweise diese Polarität auf. Sie sehen aus wie ineinander verschränkte Kommas, eine Kreisfläche füllend, mit je einem dicken Punkt, zunächst als schmückendes Muster, dann bis ins erste Jahrhundert n. Chr. als eigenständiges Symbol. Es muss also in dieser schriftlosen Kultur ähnliche Weltsichten gegeben haben wie beim chinesischen Yin und Yang.

Chinesische Philosophen entwickelten mit Yin und Yang verschiedene kosmologische Erklärungsprinzipien – oft im Zusammenhang mit einer Elementenlehre –, bei denen Himmel, Erde und Mensch integraler Bestandteil sind. So würden auch der Himmel als Verkörperung des Schicksals und Mensch in moralischer Wechselwirkung aufeinander reagieren.

Dem Volk wurde die Idee wie zur Beruhigung als eine Vorstellung des »mittleren Maßes« vermittelt, wonach auf schlechte Ernten wieder gute folgen würden und man deshalb Vorräte anlegen sollte. Die Idee des Ausgleichs und der Harmonisierung für das persönliche Wohlbefinden, für Glück und vor allem für die Gesundheit – mithilfe auch der Traditionellen Chinesischen Medizin (TCM) – stößt heute vor allem im Westen auf wachsendes Interesse. Ebenso beruht die Richtung des Feng-Shui für die Gestaltung der Umwelt auf dem Ordnungsprinzip von Yin und Yang. Zwei Pole desselben Sachzusammenhangs stehen sich gegenüber und bedingen einander.[9]

3.6. Werden und Vergehen

Mit dem Polaritätenpaar des Werdens und Vergehens ist die gesamte Evolution beschreibbar. Geburt und Tod bestimmen uns. Anfang und Ende als Alpha und Omega mit dem ersten und letzten Buchstaben des altgriechischen Alphabets markieren Zeitlichkeit und Ewigkeit. Im archaischen Gedächtnis der Menschheit verschmelzen Werden und Vergehen zum Zyklus allen Seins.

Es ist ein ständig vor sich hin fließender Prozess. In ihm entsteht das Werden auch aus dem Vergehen, denn die Natur hat in jedem einzelnen kreativen Geburtsschritt schon dessen Ende im Programm. Darwin zufolge geht die Lösung der Probleme aus dem Kampf der Natur, aus Hunger und Tod hervor. Die Evolution ist eine ständige Geburt des Seins, welche die Kulturen überall auf der Welt zum künstlerischen Ausdruck bringen.

Im Hinduismus verkörpert Shiva als Teil der Trinität mit Brahma als Schöpfer und Vishnu als Bewahrer den Aspekt der Zerstörung. Allein stehend aber gilt er als Sinnbild für alles – für Schöpfung und Neubeginn ebenso wie für Bewahrung und Zerstörung. Im Bild und als Skulptur tanzt er mit seinen vielen schöpferischen Armen im kosmischen Kreis, der auch das Leben beschreibt, und zertritt doch Apasmara, den Dämon der Unwissenheit, aber auch junges Leben und das Universum, das er dennoch im Kreise stehend gleichzeitig wieder neu erschafft.

Mythologien und Religionen nutzen Feuer und Wasser als Sinnbild. Obwohl beide »Elemente« einander scheinbar völlig ausschließen in ihrem Gegensatz, stehen sie sowohl für Werden wie Vergehen: Feuer für Sonnenglut, Licht, Leben und auch Zerstörung, Wasser für Fruchtbarkeit, Erneuerung (Taufe) und den Fluss des Lebens, es löscht aber auch das Feuer aus. Feuer wiederum kann das Wasser verdunsten lassen.

Entwicklungspsychologen wie der Münchner Forscher Rolf Oerter weisen auf die tief im Menschen veranlagte und gleichzeitig ausgelebte Aufbau- und Zerstörungsabsicht hin. Die Beobachtung von Kleinkindern zeige, dass diese mühevoll einen Turm aus Bauklötzen bauen, um ihn sogleich wieder umzuwerfen.

Überall gibt es die Bräuche, etwas großartig aufzurichten und dann zu verbrennen, nicht nur aus Freude am Feuer. Zigtausend Menschen zieht der »Burning Man« inzwischen jedes Jahr in die Wüste von Nevada, wo kunstvoll errichtete Holztempel, in denen man sich begegnet, meditiert, weint und besondere Bewusstseinszustände zulässt, schließlich abgefackelt werden. In Valencia ist »Las fallas« seit Jahrhunderten ein Gegenstück mit dem Niederbrennen riesiger Puppen fünf Tage später, am Josefitag, dem 19. März – ein Brauch, der auch in den Südtiroler Bergen im Spätsommer zu Hause ist.

4. POLARITÄT UND SCHEINPOLARITÄT

Wir ordneten der Polarität eine Reihe von Begriffen zu wie »Gegengewicht«, »Balance«, »Komplementarität«, »Antinomie«, »Reziprozität« und haben die gemeinten Gegenüberstellungen mit »Dualismus« gekennzeichnet. Dieser Dualismusbegriff taucht in den meisten Wissenschaften auf, und zwar mit changierenden Bedeutungen. In der Physik steht er bei Isaac Newton für Kräfte der

Natur einerseits und passive Materie andererseits, später dann wird das Verhältnis von Relativitätstheorie versus Quantenmechanik ebenfalls als Dualismus bezeichnet. Bei solchem Dualismus handelt es sich jeweils um zwei unterschiedliche Objekte oder Verfahren der Beobachtung, nicht aber um Polarität.

Welle-Teilchen-Dualismus

Ebenso erweist sich innerhalb der Quantenmechanik der Welle-Teilchen-Dualismus als ein Phänomen lediglich der Betrachtung, es handelt sich nur um eine Polarität des Anscheins.

Nehmen wir das Licht: Bereits im 17. Jahrhundert beschrieb der Optiker Christian Huygens das Licht als wellenförmig, während sein Zeitgenosse Isaac Newton es als Strahlen von Körperchen (»Korpuskel«) auffasste. Mit der Beobachtung der Lichtbeugung gewann die Wellentheorie mehr und mehr an Glaubwürdigkeit und wurde durch die sogenannten Maxwell-Gleichungen nachhaltig gestützt. Bei der Beschreibung der Entstehung des Lebens konnten wir aber schon auf die Photonen eingehen, die Elektronen aus metallischen Oberflächen herausschlagen. Tun das anständige Wellen, die keine Masse haben?

Albert Einstein und Max Planck haben erkannt, dass das Licht nur portionsweise ausgesendet und aufgenommen werden kann; diese kleinsten Quanten nannten sie Photonen, deren wirklicher Charakter sich für Einstein »auch nach fünfzig Jahren des Nachdenkens« nicht erschloss, weil das schließlich nicht zum Wellencharakter passt. Und wenn er schimpfte: »Aber jeder Lump glaubt das zu wissen«, sei er getröstet: Heute weiß man auch nicht mehr.

Genauso stellt sich die Frage nach der Natur der Elementar-»Teilchen«. Denn Elektronen zeigen offenbar auch Wellencharakter und sind wie Strahlen beugbar. Photonen und Elementarteilchen scheinen also beides zu sein, was sich aber nach der Vorstellung und nach der physikalischen Begrifflichkeit ausschließt. Eine

Art Bäumchen-wechsle-dich, eine Er-Schein-Polarität? Hawking gibt Newton mit seiner Schwerkrafttheorie noch eine kleine Chance der Aussöhnung der beiden konträren Charaktere von Welle oder Teilchen.

Polarität und Dialektik

Mit dem im Griechischen wie im Lateinischen wurzelnden Begriff »Dialektik« ist ursprünglich die Kunst der Unterredung und des Streitgesprächs gemeint. In der Philosophie gilt sie manchen als ein Weg der Wahrheitsfindung. Die Sophisten, eigentlich weise, reisende Gelehrte im Griechenland des 5. und 4. vorchristlichen Jahrhunderts, haben sich in einer Art Aufklärung von der bis dahin betriebenen Naturphilosophie dem Menschen in ästhetischen, ethischen, staats- und sprachwissenschaftlichen Fragen zugewandt und dabei die Mittel der Logik eingesetzt. Der Sophismus kam aber in Verruf, weil er in seiner Spätphase in Skeptizismus und Relativismus abglitt. Mit scheinbar logischen Argumenten und Spitzfindigkeiten wollten die Sophisten ihre Gesprächspartner oder Gegner zu ihrem gewünschten Ergebnis bringen.

Ihr Hauptvertreter in dieser Phase war Kritias, der die Technik der Überredung und des Spiels mit Begriffen gewerblich, etwa für Gerichtsverhandlungen, anbot. Platon und Aristoteles lehnten solche Tricks ab, fanden aber Gefallen an der dialektischen Methode, weil sie ihnen geeignet schien, alle Kriterien einer Fragestellung zu entdecken und zu bewerten.

Nach Ansicht von Immanuel Kant taugt die dialektische Methode jedoch nur zur Aufdeckung von Widersprüchlichkeiten, während Georg Friedrich Wilhelm Hegel die Dialektik auch als zielführend zu einem Ergebnis betrachtet.

Die Dialektik ist also eine Methode der Beobachtung, kein Bauprinzip der Realität.

5. POLARITÄT – UND DANN?

Zwar ist die Welt die Fülle aller Gegensätze in deren komplexem Wechselspiel, doch liegt in dieser Feststellung keine abschließende Definition im Sinn einer Eingrenzung. Wäre das nämlich alles, würde die Welt aus den Fugen geraten. Sie wäre so labil, dass sie schlicht nicht existieren und sich schon gar nicht fortentwickeln könnte. Dazu sind bindende Kräfte nötig – physische, chemische und biologische, und auf der humanen Ebene metaphysische, psychische, moralische und nicht zuletzt ästhetische. *Coincidentia oppositorum* nannte Nikolaus von Kues – Mathematiker, Theologe und Philosoph, auch Cusanus genannt – in der Fortführung des Neuplatonismus das Zusammenfallen von Gegensätzen zur Bildung einer neuen Einheit. Diese Bindekräfte gebären auf allen Ebenen wieder Neues. So kann Polarität kein Selbstzweck sein.

Es gibt einen Begriff, der diese Bindungskraft umfasst: Wir nennen ihn Attraktivität, und er schließt die physische Anziehung ebenso ein wie die psychische, das Begehren, Verschmelzen, die Synthese. Attraktivität bringt die Widersprüche in Einklang. Wir werden erkennen, dass die Betrachtung jedes dieser drei Prinzipien von Kreativität, Polarität und Attraktivität für sich genommen sinnvoll für das Verständnis des logischen Aufbaus der Welt ist und in ihrer Abfolge eine unendliche Kette bildet.

IV.

DAS ATTRAKTIVITÄTS-PRINZIP

Beide Seiten der Medaille

1. ATTRAKTIVITÄT UND ATTRAKTION

Der SINN erzeugt die Eins.
Die Eins erzeugt die Zwei.
Die Zwei erzeugt die Drei.
Die Drei erzeugt alle Dinge.
Alle Dinge haben im Rücken das Dunkle
und streben nach dem Licht,
und die strömende Kraft gibt ihnen Harmonie.
Lao-Tse

Am Anfang steht der Sinn. So haben wir das auch bisher betrachtet. Lao-Tses »Eins« kann unserer Kreativität entsprechen, seine »Zwei« unserer Polarität oder der gesamten Koevolution, aus der durch die Attraktivität der »Drei« dann ein Ganzes wird; daraus entwickelt sich alles.

Wir geben den logischen Stufen der Evolution Namen und Zuordnungen und sehen uns im Nachhinein durch den chinesischen Philosophen, der vor 2500 Jahren gelebt haben soll, bestätigt. (Über Lao-Tses Vita wissen wir wenig; möglicherweise verbirgt sich hinter diesem Namen, der für die Begründung des Tao steht, eine Zusammenfassung altchinesischen Denkens.)

Die »Drei« also ist als Code des Universums in unserer Anschauung der Welt die Attraktivität. Sie bewirkt und ist Anziehung. Attraktivität hat neben dieser dynamischen auch eine statische Komponente. Attraktivität wird in unserer Alltagssprache durchaus als Synonym für »Schönheit« gebraucht.

Ohne Attraktivität gäbe es nichts – kein Leben und keinen Kosmos. Das Attraktivitätsprinzip wirkt nicht nur bei der Begierde zur Fortpflanzung in der Partnerwahl, es wirkt auch beim Locken der duftenden und wunderschönen Blüten zur Bestäubung durch Bienen und Hummeln, es wirkt in allem Leben und selbst in den Atomen der Materie, der Welt, die uns leblos erscheint. Attraktivität ist die Bindekraft der kleinsten und größten Bausteine des Kosmos, aller seiner Systeme und Subsysteme. Attraktivität schafft Halt.

Attraktivität umfasst alles. Wie die Kreativität die Logik hinter dem Entstehen ist die Attraktivität die Logik der Zusammenführung und des Zusammenhalts der Welt. Sie ist eine Bedingung des Lebens und Überlebens. Wie die Schönheit.

Ohne Schönheit der Gefühle keine Lebenslust, ohne Attraktivität in Leben und Materie keine Anziehung und kein Halt. Die Attraktivität birgt in sich Ästhetik und physische Vereinigung. So birgt sie durch die Verschmelzung das, was wir als Glück empfinden und was der Kosmos als sein ständiges Entstehen erfährt. Das gilt es anzuschauen.

Wenn wir uns daran erinnern, wie Kant den »Widerhalt« des Physischen als Grundlage für die Entwicklung von Ideen postulierte, sind wir mit der »Anschauung« und der »Sinnlichkeit« als das mit den Sinnen Wahrnehmbare und auch als erkannt Reflektierte direkt in der Empirie, die er einfordert.

Anziehung als Halt

Ohne Anziehung fliegt alles auseinander. Es gibt eine Kraft im Kosmos, welche der Fliehkraft, dem Auseinanderdriften der Sterne und Planeten, entgegenwirkt. Diese positive Attraktivität der Schwerkraft steht der negativen Attraktivität der Fliehkraft in einem Polaritätsverhältnis gegenüber.

Das Ergebnis dieses Kräfteringens im Universum ist eine Pattsituation und wird »kosmologische Konstante« genannt. Sie bewirkt, dass wir nicht durch die Schleuderkraft der Sonne hinausgeschlenzt werden aus der Umlaufbahn an die Ränder der Galaxis, wie ein Hammer oder Diskus vom rotierenden Werfer. Unser Zentralgestirn übt gerade so viel Attraktion auf unser Raumschiff Erde aus, dass wir nicht in die kalten Tiefen des Alls abdriften, aber doch durch den Schwung im sicheren Abstand verweilen können, also nicht verbrennen. Es ist die Kraft der Attraktivität, die den wild tanzenden Kosmos stabilisiert. Die Erde ist für die Sonne offenbar so attraktiv wie die Sonne für sie. Das ist Gott sei Dank so, obwohl wir durch die Rotverschiebung beziehungsweise die Lichtstärke entfernter Supernoven von der Expansion des Universums wissen oder diese zumindest vermuten.

Was diese dosierte Attraktivität ausmacht, dafür halten Astronomie und Kernphysik spannende Erklärungen bereit, ohne dass diese bisher verifiziert werden konnten. Die heute am häufigsten vertretene Hypothese für solch ein Stützkorsett im Weltall ist, dass die etwa 5 Prozent gewöhnlicher Materie im All von etwa 23 Prozent Dunkler Materie und 72 Prozent Dunkler Energie zusammengehalten werden. Um dies nachzuweisen, muss man erst so ein dunkles Teilchen einfangen können. So voll das All von diesen Flitzern auch zu sein scheint, kann man sie nur mit aufwendigsten Apparaturen einzufangen versuchen; Kristalle und flüssiges Xenon sind derzeit das Detektormaterial. Ein Lichtblitz im Fotodetektor soll den Zusammenstoß mit einem Atom erweisen.

Weil das noch nicht gelungen ist, spukt auch die Gegenthese in einigen Köpfen, dass es die Dunkle Materie gar nicht gibt, folglich die Allgemeine Relativitätstheorie infrage gestellt ist.

Die kosmologische Konstante wird heute als Erscheinung der Dunklen Energie betrachtet, als zeitlich konstante Energiedichte. Ihr mathematischer Wert wird mit etwa 0,7 eingeschätzt, was dann die gut 70 Prozent der Dunklen Energie im Kosmos begründen würde.

Die Theorie der kosmischen Konstante, die Einstein einmal als seine »größte Eselei« bezeichnete, hat seit Ende des 20. Jahrhunderts wieder als großes Rätsel der Kosmologie Konjunktur.

Im Gegensatz zur chemischen Attraktivität sind die Prozesse im Atomkern Physik, eine Folge von Schwerkraft und hohem Druck, wie wir das bei den Elementen Wasserstoff (H_2) und Helium (He) sahen, aus denen die Vielzahl der weiteren Elemente entstand: Kreativität durch Zwangsverheiratung sich ursprünglich abstoßender Polarität.

Das Max-Planck-Institut für Plasmaphysik in Garching stellt sein Bemühen, Natur zu simulieren und mit der Überwindung der entgegengesetzten Kräfte zur Energiegewinnung auf der Erde beizutragen, so dar: Kernverschmelzungen sind wichtige Naturprozesse. Viele chemische Elemente entstanden durch Fusion aus Wasserstoff. Fusion ist die Energiequelle von Sonne und Sternen. Deren riesige Plasmabälle bestehen überwiegend aus Wasserstoff. Im heißen Inneren von Sonne und Sternen brennt ein beständiges Fusionsfeuer. Hier verschmelzen die Wasserstoff-Atomkerne zu Helium. Die bei dieser Kernfusion erzeugten gewaltigen Energien ließen unser Leben entstehen durch Licht und Wärme. So ist Ziel der Fusionsforschung, aus der Verschmelzung von Atomkernen in einem Fusionskraftwerk Energie zu gewinnen. Unter irdischen Bedingungen verschmelzen am leichtesten die beiden Wasserstoffsorten Deuterium und Tritium. Dabei entsteht ein Helium-Kern, außerdem werden neben einem Neutron große Mengen nutzbarer Energie frei: Ein Gramm Brennstoff könnte in einem Kraftwerk 90 000 Kilowattstunden Energie erzeugen – die Verbrennungswärme von elf Tonnen Kohle.

Die Fusionsbrennstoffe sind billig und auf der Erde gleichmäßig verteilt. Deuterium ist in nahezu unerschöpflichen Mengen im Meerwasser zu finden. Tritium – ein radioaktives Gas mit kurzer Halbwertszeit von 12,3 Jahren – kommt in der Natur zwar kaum vor, es kann aber im Kraftwerk aus Lithium gebildet werden, das ebenfalls reichlich vorhanden ist. Da ein Fusionskraftwerk zudem günstige Umwelt- und Sicherheitseigenschaften aufweisen wird, könnte die Fusion nachhaltig zur künftigen Energieversorgung beitragen. So weit die Darstellung des MPI.

Die Bindungskräfte der kosmologischen Konstante finden ihre Analogie in den Bindungskräften der Atome und Moleküle. Die Physik vom Größten und die vom Kleinsten – Astrophysik und Atomphysik – kann keinen unterschiedlichen Gesetzen unterliegen. So legt die Atomphysik die Basis für die Chemie.

2. CHEMISCHE ATTRAKTION

Dass sich Gegensätze anziehen, ist eine Volksweisheit. Wie tief sie reicht, wird am Beispiel der Chemie deutlich, blickt man in die atomaren und molekularen Strukturen hinein.

Für alle Stofflichkeit ist die Bindefähigkeit entscheidend. Ohne diese Attraktion gäbe es keine Atomverbindungen zu Molekülen, also keine unterschiedlichen Materialien, nicht die ungeheure Vielzahl an Stoffen, die unsere Welt so reichhaltig und schön werden ließ. Die sich verbindenden Partner finden es viel attraktiver, miteinander etwas Neues zu kreieren, denn als ungebundene Teilchen vor sich hin zu vegetieren. Moleküle mit einem ungepaarten Elektron zum Beispiel werden zu Recht als »Radikale« bezeichnet: Das ledige Elektron sucht sich mit Nachdruck einen Partner. Es kann sich ein Elektron irgendwo herausreißen, oder es knüpft an einer anderen Stelle an. Wenn sich Atome (oder Ionen, darüber gleich mehr) fest zusammentun, ist solche Bindung energetisch günstig. In dieser Hinsicht ist also die Physik die Grundlage chemischer Evolution.

Die meisten Verbindungen sind von der Art ihrer Konstruktion Mischformen. An zwei wichtigen Bindungsformen soll lediglich aufgezeigt werden, dass die festen, flüssigen und gasförmigen Stoffe in ihrer Vielzahl nur durch die wechselseitige Attraktivität ihrer Bauteile entstehen konnten.

Alle chemischen Reaktionen sind Paarungsvorgänge in den Elektronenschalen. Die wesentlichen Bindekräfte sind die ionische und die kovalente Bindung. Es sind zwei sehr verschiedene Typen, denn die ionische Bindung ist ungerichtet, hat eine Sogwirkung wie ein senkrecht gehaltenes Staubsaugerrohr in alle Richtungen, während die kovalente Bindung streng gerichtet ist. Daneben gibt es noch die metallische Bindung. Man kann sich solche Bindungen vorstellen wie Partnerschaften – hier eine Ehe, auch eine mit getrennten Schlafzimmern, dort eine stabile Wohngemeinschaft. Der Abstand zweier Atomkerne in den Molekülen – Doppelbett oder Zimmer nebenan – hat als Maß die Bindungslänge. Die Stärke einer Bindung, auf die es ankommt für eine dauerhafte Beziehung, heißt Bindungsenergie.

Ionische Bindung

Grundlage der ionischen Bindung sind elektrostatische Wechselwirkungen. Positiv oder negativ geladene Ionen gehen dabei durch ihre elektrostatische Attraktion Bindungen ein. Man nennt solche Bindungen deshalb auch »heteropolar« – unser Polaritätsprinzip, das wir in Teil III betrachtet haben.

Aber wer oder was sind überhaupt diese Ionen?

Der Begriff bezeichnet ein Ungleichgewicht. Vorab: Ein chemisches Element wird abhängig von der elektrischen Ladung des Atomkerns etwa als Wasserstoff oder als Eisen bestimmt. Diese ist durch die Anzahl der im Kern vorhandenen Protonen gegeben, welche als »chemische Ordnungszahl« des Atoms beziehungsweise des Elements bezeichnet wird. Im »Normalfall« haben ja Atome, von denen es als Elemente bezeichnet 118 bisher bekannte (natürliche) Arten gibt – 80 davon sind stabil – so viele um den Kern schwirrende (negative) Elektronen, wie es (positive) Protonen (neben den Neutronen) im Atomkern besitzt.

Durch chemische und physikalische Prozesse können nun der Hülle eines Atoms Elektronen hinzugefügt oder weggenommen werden, schon sind Ionen entstanden: Atome und Moleküle, bei denen die Anzahl der Protonen nicht mit der Anzahl der Elektronen übereinstimmt. Hat ein Ion mehr Elektronen als Protonen, besteht also ein Elektronenüberschuss, ist es negativ geladen und heißt Anion; hat es weniger Elektronen als Protonen, ist es ein positives Kation.

Was unausgeglichen ist, strebt nach Harmonie, zumindest in der Chemie. Die positiv geladenen Kationen und die negativen Anionen ziehen sich elektrostatisch an. Atome, von denen die einen zu wenig Elektronen in der Hülle haben und die anderen zu viele, tun sich zusammen.

Die Ionenbindung entsteht im Allgemeinen zwischen Elementen von Metallen, die Kationen bilden, und anionischen Nichtmetallen. Bei der Ionenverbindung wird Energie frei, die man wegen der entstehenden Strukturen »Gitterenergie« nennt – die Triebfeder für die Salzbildung: Ein klassisches Beispiel hierfür sind etwa Natriumchlorid oder Cäsiumfluorid.

Die Gitterstruktur entsteht durch die elektrostatische Abstoßung zwischen den Kernen einerseits und den Elektronenhüllen andererseits. Das elektrostatische Feld breitet sich in alle Richtungen gleichmäßig aus

Charakteristisch für diese Salze ist ihr stabiler Verbund durch die gleichmäßig nach allen Seiten wirkenden Bindungskräfte und damit ihr hoher Schmelz- und Siedepunkt; sie bilden wunderschöne Kristalle, und sie lösen sich in Wasser auf in ihre Ionen.

Kovalente Bindung

Die kovalente chemische Bindungsform nennt man auch »Molekülbindung«, »Atombindung« oder »homöopolare Bindung«. Die Kraft, welche dieser kovalenten Bindung zugrunde liegt, ist das Bestreben nach einer perfekten Elektronenpaarung. Atome mit unperfekter Elektronenpaarung suchen sich deshalb solche Partner aus, mit denen sie zusammen ein perfektes Elektronenpaar ausbilden können. Sie vereinigen sich in ihrer Unvollkommenheit und sind dabei nur aufeinander gerichtet. Plastisch ausgedrückt: Sie überlappen sich an ihren defizitären Stellen, den äußeren Ringen der Elektronenhülle (auch »Orbitale« genannt), und ergänzen sich auf diese Weise ineinandergreifend. So entstehen viele Gase wie Sauerstoff, Stickstoff, Ammoniak, Kohlendioxid, aber auch Festkörper wie Silikate (also Quarzgesteine) oder Karbonate wie Kalksteine.

Es gibt noch weitere Bindungsformen, die meisten treten in ihrer Kombination auf. Begeisterte Chemiker bewundern die Schönheit der Strukturen und Symmetrien, der sich verstärkenden Interferenzen und Resonanzen. Solche Schönheit entsteht aber erst, wenn sich die Teilchen selbst attraktiv finden – und binden.

3. ATTRAKTIVITÄT IN DER BIOLOGIE

Wenn wir in die lebende Natur schauen, hineinhören, uns für sie öffnen, sind wir erfüllt von ihrer Attraktivität – dem Rauschen des Waldes und der Silhouette der Buche auf dem Hügel, dem Flug der Vögel und ihrem Gesang, dem Duft und dem Leuchten der Wiesenblumen; auch die kunstvolle Schichtung des Ameisenbaus und die kleinen, glänzenden, grazilen Arbeiterinnen bewundern wir. Diese Attraktivität reicht – für uns unsichtbar – hinunter bis in die untersten Strukturen, aus denen diese Lebewesen erwachsen.

Attraktivität in der Zelle

Vor dem Zusammenspiel von Flora und Fauna in der Natur steht das Wechselspiel innerhalb der Zelle.

Der Systembiologe Hans Westerhoff: »Einst dachten wir, irgendwo im Dschungel der vielen Moleküle in der Zelle würde sich das Geheimnis des Lebens verstecken. Heute wissen wir, dass das Geheimnis des Lebens der Dschungel dieser Interaktionen ist.«[1]

Diese Interaktionen sind das Resultat der Attraktivität, der Dschungel ist attraktiv.

Partie à trois?
Was schlüpfrig klingen mag, ist harte Kost für Uneingeweihte. Weil wir uns beim Kreativitätsprinzip den Beginn des Lebens genauer ansahen, können wir hier an einem kleinen Beispiel innerhalb einer Pflanzenzelle die Weiterentwicklung durch die Attraktivität von Polaritäten beobachten.

Dass Pflanzen Stickstoff brauchen, um wachsen und gedeihen zu können, weiß jeder Landwirt und fast jeder Hobbygärtner. Wie es die Zellen der Pflanzen aber schaffen, Stickstoff in der richtigen Dosierung zu nutzen, ist ein höchst komplexes Geschehen.

Eine Forschergruppe um Karl Forchhammer von der Uni Tübingen, Marcus Hartmann vom dortigen Max-Planck-Institut für Entwicklungsbiologie und Biologen von der Universität St. Petersburg haben diesen Prozess nun weitgehend entschlüsseln können, berichtet das internationale Fachmagazin *Cell.* Uns interessiert dabei das Wirken der Attraktivität ohne den detaillierten Hintergrund:

Der Stickstoff wird in den Zellen, und dort in den Chloroplasten, dem Blattgrün, in Glutamin eingebaut. Dieser Stoff fungiert als zentraler Verteiler und speist den gebundenen Stickstoff in verschiedene Stoffwechselwege ein. Die Entdeckung dabei ist eine Art Stickstoffsensor, der über die Bindung an Glutamin an die sogenannten PII-Signalproteine die Menge des benötigten Stickstoffs ermittelt, um so das Pflanzenwachstum zu steuern. Glutamin bindet sich also an das PII-Signalprotein, was dadurch eine kleine Formänderung erfährt, als ersten Attraktionsprozess. Dieses mittelgroße PII-Signalprotein ist für das kleine Glutaminmolekül attraktiv. Sie tun sich zusammen und docken nun beide an das große Enzym an, das NAGK genannt wird, denn in der neuen Form ist es für das große Enzym attraktiv geworden. Diese zweite Attraktion aus den drei genannten Stoffen, Glutamin-PII und NAGK, macht Arginin frei. Arginin ist die Vorstufe zur Speicherung von Stickstoff und für das Pflanzenwachstum entscheidend. Sinkt die Glutaminkonzentration wieder ab, löst sich das Glutamin aus der Dreierkonstellation, und diese zerfällt wieder, kann sich aber auch bei entsprechend mehr an Glutamin wieder aufbauen. Die Forscher sprechen von dynamisch interagierenden Hierarchieebenen, die übereinandergeschichtet das komplexe Gefüge einer Zelle entstehen lassen. In dieser »Partie à trois« tun sich also erst zwei zusammen, die sich dann gemeinsam als Gegenpol einen Dritten angeln.

Diese kleine Exkursion ins Kleinste, aber noch lange nicht ins Allerkleinste, bietet ein Lehrstück in Sachen Evolution. So ist der jetzt gefundene Stickstoffsensor ein Beispiel dafür, wie neue Eigenschaften auf der Grundlage bereits vorhandener Bauteile entstehen können: Bei den Chloroplasten, in denen die Synthese des grünen Farbstoffs Chlorophyll stattfindet, handelt es sich ursprünglich um in die Zelle eingewanderte Cyanobakterien, die PII-Signalproteine besaßen. Als die Notwendigkeit eintrat, die Verfügbarkeit von Stickstoff zum Pflanzenwachstum zu signalisieren, hat sich an all diesen Bakterien ein schlauchförmiger Fortsatz gebildet, der die Signalübertragung an den Glutaminspiegel leisten konnte. Diese Eigenschaft war so hilfreich, dass sie auf alle Pflanzen vererbt wurde.

Das Zusammenspiel von Flora und Fauna

Es bleibt uns immer wieder nur das Staunen, wie die Natur sich im Allerkleinsten organisiert, um sich zu Pflanze oder Tier entwickeln zu können. Das bewirkt die Attraktivität der Gegenpole schon in den Grundbausteinen, und es ist – in der Vollendung der Lebewesen – eine unablässige Attraktivität von Pflanzen- und Tierwelt füreinander. Flora und Fauna brauchen sich.

Erdgeschichtlich begann das Leben mit der Flora. Von außen bekam sie Licht und Nährstoffe. Mit der Ausdifferenzierung und dem Aufkommen der Fauna begann das Zusammenspiel nach dem Win-win-Prinzip: Pflanzen geben Sauerstoff ab, den die Tiere brauchen. Diese stoßen das Kohlendioxid aus, das die Pflanzen benötigen. Tiere fressen Pflanzen, Pflanzen nutzen Tiere, zum Beispiel Vögel, Fledermäuse oder Wild, damit sie Samen weiterverbreiten, ja auch Wälder aufforsten, oder Insekten, damit sie ihren Blütenstaub zur Befruchtung auf den Stempel tragen. Die Blüten revanchieren sich mit Nektar.

Und wir Menschen? Wir sind Teil der Fauna, und als solche genießen wir die Flora – materiell durch Verzehr und ideell durch Freude an ihrer Erscheinung. Wir empfinden entsprechend unserer Prägung die Küste mit Föhren, Dünen und Fischerhäfen, die Flusslandschaft mit Waldhügeln und Brücken oder die satten Bergwiesen attraktiv, auf denen Kühe und Schafe unter der Obhut von Bergbauern und Sennerinnen dafür sorgen, dass es diese wunderschöne Mischung aus gewachsener und sanft genutzter Natur gibt. Materiell ist die Verköstigung durch die Natur köstlicher Genuss.

Lustspiele

Zwischen Flora und Fauna treibt die stolze Orchidee ein besonderes Spiel. Mit ihrer Farben- und Formenpracht und ihrem Duft ist sie Verführung pur – auch für Bienen, denen das Wasser im Mund zusammenläuft. Sie fliegen in den Blütenkelch des bei uns heimischen Frauenschuhs und rutschen an der glatten Innenseite in den tiefen Becher. Dort finden sie – nichts. Beim Versuch herauszukrabbeln gleiten sie immer wieder ab, weil der Rand der Lippe nach innen gebogen ist. (Charles Darwin hat Form und Funktion dieses Blütenkelchs seinen Lesern übrigens mit einer in London üblichen Falle für Küchenschaben verständlich gemacht.) Die Insekten nehmen nun ungewollt Packungen von Pollen in ihrem dünnen Fellchen auf. Wenn sie sich jetzt aus dem Blütenkelch herauszwängen und dafür kleine lichtdurchflutete Öffnungen finden, reiben sie an der Blütennabe Pollen ab und verteilen diese auch beim Weiterflug und nochmaligen Hereinfallen auf den Trick. Florian Schiestl, Evolutionbiologe in Zürich, schätzt, dass ein Drittel dieser Blumen als »Futtertäusch-Orchideen« keinen Nektar produziert.

In der Trickkiste (der Orchideen) befindet sich noch ein besonders fieser: Einige Orchideen ahmen durch ihre Form paarungswillige Insektenweibchen nach, schreibt Schiestl.[2] Der ausströmende Duft schafft dann bei dieser Sexualtäuschung die komplette Verwirrung. Das gilt auch für heimische Ragwurz-Orchideen mit ihrer Nachbildung des Hinterleibs von Insekten in Form und Farbe und ihrer Imitation des Duftstoffs des weiblichen Insekten-Lockmittels. Männchen fliegen auf so etwas – schon haften die Blütenpollen an ihrem Körper. Und weil sich Männchen immer wieder hereinlegen lassen, bestäuben sie die nächsten »Hinterteile«. Der Biologe vermutet als Sinn dieses Tricks, dass die Bestäuber nur kurz auf den Blüten bleiben und gleich weiterfliegen sollen. So könne Inzucht vermieden und das Erbgut über entferntere Orchideen also besser vermischt werden. Im Lauf der langen Evolution hätten die Orchideen immer wieder neue Duftkompositionen ausprobiert, die beste Mixtur war dann die frequentierteste Flugdestination.

Es geht noch krasser: Um Hornissen anzulocken, ahmt die chinesische Orchidee *Dendrobium sinense* den Duftstoff nach, den Bienen bei Alarm aussenden. Die evolutionäre Fantasie zur Steigerung der Attraktivität von Orchideen ist scheinbar grenzenlos.

Doch sie sterben trotz ihres Ideenreichtums bei uns allmählich aus, weil es uns an Ideen fehlt und an Gespür für die Vielfalt. Unsere Einfalt heißt Rationalisierung. Welcher Missbrauch der Ratio!

Noch gibt es in Mittel- und Südamerika mehr als 600 Orchideenarten – mit einem »Pollenangebot« für die männlichen Duftsammler von 200 Arten von Bienen. Für Darwin handelt es sich um ein Zusammenspiel, wobei beide Seiten im Lauf der Zeit gleichmäßig einander entgegengewachsen seien. Evolutionsbiologen um Santiago Ramírez von der Harvard University untersuchten jetzt Erbgutabschnitte von 138 Prachtbienen-Arten und Pollen von rund 80 Orchideenarten, den sie an mehr als 7000 eingefangenen Bienenmännchen fanden. Ihr Ergebnis publizierten sie in *Science:* Hier geht Darwin fehl. Erst veränderten sich die Bienen, dann passten sich ihnen die Blumen an. Denn die Prachtbienen gehen auf einen jüngsten gemeinsamen Vorfahren zurück, der vor 34 bis 38 Millionen Jahren lebte und damals schon eine Vorliebe für besondere Düfte hatte. Erst zwölf Millionen Jahre später sollen die Orchideen im Zuge einer Koevolution die Fähigkeit entwickelt haben, Düfte für die Bienen zu entwickeln. Gleichzeitigkeit ist also keine Voraussetzung für Koevolution, da kann ein Partner ruhig einige Millionen Jahre vorlegen.

Superorganismen

Der individuelle Reproduktionserfolg entscheide über evolutionäre Neuerungen, meinen Neodarwinisten. Heute ist dieses Konzept überholt. Nicht der individuelle Reproduktionserfolg entscheidet über die Evolution von Arten, sondern der Erfolg einer »Fortpflanzungsgemeinschaft«. Durch sie können altruistische Verhaltensweisen den Erfolg einer Population steigern, auch auf Kosten einiger Individuen. Das ist besonders augenfällig bei Bienen, Termiten, Wespen und Ameisen, deren Verhaltensweisen diese individuelle Sicht konterkariert. Ihre Arten werden geprägt durch ein komplexes und dabei höchst effektives Zusammenspiel unzähliger Individuen zu einem arbeitsteiligen Superorganismus.

Für die Forscher Bert Hölldobler und Edward O. Wilson ist der Gipfel der Raffinesse solcher Sozialverbünde von Insekten die Blattschneiderameise.[3] Deren Superorganismen zwingen zur Neubewertung evolutionärer Prozesse. Denn die Arbeiterinnen verzichten auf Reproduktion, kümmern sich selbstlos um die jüngeren Geschwister, die morphologische Spezialisierung selbst innerhalb der Arbeiterkasten nimmt zu: Die Kolonie erweist sich als übergeordnete Selektionseinheit. Da die Individuen verwandt sind, erhöht sich der Gesamterfolg des gemeinsamen Genpools. Die »Onkel und Tanten« kämpfen für den Erfolg der »Neffen und Nichten«, die auch einen Teil von deren Genen in sich tragen. Das ist eine Erklärung, wie es zur Bildung von Ameisenstaaten kommen konnte. Die Arbeiterinnen sind alle Schwestern der Königin. Die Nachkommen der Königin sind also auch die Nachkommen der Arbeiterinnen. Durch die Staatenbildung können sich diese kleinen Insekten ein Nahrungsspektrum erschließen, das für einzelne Insekten unerreichbar ist. Nach dieser Theorie, die sich auf das Sozialverhalten stützt, ist nicht nur das Individuum, sondern auch die altruistische Gruppe das Objekt der evolutionären Auslese.

Einen revolutionären, doch von Kollegen beargwöhnten Ansatz pflegt Rupert Sheldrake in *Das Gedächtnis der Natur.*[4] Er betrachtet viele Arten als durch morphogenetische, also formbildende Felder zeitweilig oder auch dauerhaft organisiert. Er vertritt die Ansicht, »dass natürliche Systeme wie Termitenkolonien, Tauben, Orchideen und Insulinmoleküle von allen früheren Exemplaren ihrer Art, wann und wo auch immer diese existiert haben mögen, eine kollektive Erinnerung übernehmen. Diese kollektive Erinnerung ist von kumulativem Charakter, wird also durch Wiederholung immer weiter ausgeprägt …« So nehme die junge Schwalbe die Instinkte ihrer Art »über unsichtbare Ferneinflüsse auf«. Und: »Auch Menschen schöpfen aus einer kollektiven Erinnerung, und ein jeder trägt seinerseits zu dieser Erinnerung bei.« Sheldrake sieht das nicht in den Genen, im Materiellen angelegt. »Unsichtbar« bedeutet für ihn ein »morphisches Feld«, für uns die Schwingung einer Anziehungskraft, einer Form der Attraktivität.

»Morphische Felder« sind »nicht-materielle Kraftzonen«, die sich innerhalb und in der Umgebung des Systems, welches sie organisieren, ausbreiten und andauern. So würden sich auch Tiergesellschaften aus unzähligen Individuen mit speziellen Aufgaben wie ein einziger Organismus ausbilden, etwa die Staatsqualle wie die Portugiesische Galeere oder die Koralle. Bei den Insektenstaaten fallen die Spezialisierungen auf, wo eine Termitenkönigin bis zu 30 000 Eier am Tag legen und kein einziges Tier den Bau der Anlage überblicken kann. Das morphische Feld überspanne den Bau als Ganzes.

Bei Fischschwärmen, die Millionen von selbstständigen Lebewesen umfassen können, bilden sich Organisationen aus, die im Fall der Bedrohung durch größere Raubfische sofort einen größeren Leerraum um den Räuber herstellen; oder der Schwarm teilt sich, die beiden Hälften führen auf einen Schlag eine seitliche Kehrtwendung aus, um sich hinter dem Räuber wieder zu vereinigen. Bei den seitlichen Wendungen »übernehmen Fische, die bis dahin die Flanke bildeten, die Führung«. Besonders eindrucksvoll: die »Blitz-Explosion« im Fall der Gefahr. Innerhalb einer Fünfzigstelsekunde stieben die Fische vom Zentrum – wer weiß, wo es ist? – mit einer Geschwindigkeit von bis zu zwanzig Körperlängen pro Sekunde auseinander, ohne dass sie zusammenstoßen. Die Individuen wissen also, wohin sie selbst schwimmen müssen, und auch, wie sich die Nachbarn verhalten. Das Gegenteil von Panik. Auch bei Vogelschwärmen und Herden an Land würden sich vergleichbare Beobachtungen machen lassen.

Die These vom formbildenden Feld stützt sich auf Beobachtungen und Schlussfolgerungen, kann bisher streng naturwissenschaftlich nicht bewiesen, aber auch noch nicht widerlegt werden und hat heute deutlich mehr Gegner als Befürworter. Sheldrake führt das auf seine Herausforderung gegenüber einem mechanistischen Paradigma zurück, welches die Biologie als eine Funktion von Chemie und Physik sehe und so auch nichts zum Bewusstsein beitragen könne. Vielleicht greifen rein naturwissenschaftliche Ansätze zu kurz für diese Phänomene von Gruppenverhalten und Software auf den Genen? Die Schwierigkeiten könnten ähnlich sein, wie sie sich die Hirnforschung heute bei der Beschäftigung mit dem Bewusstsein eingesteht (mehr dazu in Kapitel V).

Die Theorie vom morphischen Feld entspricht möglicherweise dem Denkansatz, wie er dem Biologen und Philosophen Hans Driesch vor einem Jahrhundert bereits als Abkehr einer materialistisch-positivistischen Sicht der Evolutionslehre bei seiner Teilung der Seeigelzellen in den Sinn kam und wie es schon Aristoteles mit seiner Entelechie vermutete, über die bereits in Kapitel II.2.2 berichtet wurde.

Die Attraktivität des Jägers für die Beute

Fressen und gefressen werden – ein Lebensgrundprinzip auf Erden: Der Hase ist für den Adler attraktiv, wohl nicht der Adler für den Hasen – denkt sich der Hase. Aber auch der Adler ist für den Hasen von einer gewissen Attraktivität.

Wir greifen hier eine Feststellung aus dem Kapitel über die Polarität auf: Dass die Beute den Jäger braucht, gilt für die Art und ist ein Grundprinzip des natürlichen Gleichgewichts. Die Beute ist das Opfer, das die Art zu bringen hat. Die Jäger-Beute-Polarität ist so betrachtet von wechselseitiger Attraktivität geprägt und sorgt ebenfalls für das Gleichgewicht der Natur. (An dieser Stelle des Manuskripts stand eine arglose Beobachtung des Autors, deren Wiedergabe hier nicht hergehört und unnötig ist und deshalb von der Lektorin zu Recht gestrichen wurde. Die inkorrekte Bemerkung bezog sich bei der höchsten Tiergattung auf die Weibchen, die vermehrt als Wendelwesen zu beobachten sind, da sie als Jägerinnen ausziehen, um sich dann als Beute zu überlassen. Aber natürlich kann man das nicht so sagen!)

Für den Wolf ist das Geißlein märchenhaft attraktiv. Aber wie findet wohl das Geißlein oder das Rehkitz den Wolf? Als die schottische Insel Rùm noch bis Ende des Mittelalters sich weitgehend selbst überlassen war, soll sie dicht bewaldet und tierreich gewesen sein. Doch weil der Wolf den wenigen Menschen den Nachwuchs der Rehe wegfraß, rottete das überlegenste Tier der Artenkette den Wolf aus. Das freute die Rehe, die sich umso mehr bespringen und vermehren konnten. Die jungen Pflanzentriebe wurden schnell Opfer dieses Auftriebs. Der Wald dünnte durch Verbiss zusehends aus, schließlich schwand dieser Lebensraum für Vögel und Würmer und für vielerlei Arten von Flora und Fauna, die alle in der Dynamik des Fressens und Gefressenwerdens aufeinander angewiesen waren – also auch für die Rehe. Die Insel ist heute eine Graslandschaft.[5]

Dieser »Niedergang der Nahrungskette«, wie eine solche Entwicklung bezeichnet wird, war vielleicht nicht ganz so monokausal, führt aber überall, wo das Raubtier Mensch die Spitzen der Fresshierarchien dezimiert oder ausrottet, zu einem biologischen Ungleichgewicht und dann zur Reduktion der Komplexität der Natur, zu einem Schwund ihrer Vielfalt und Schönheit.

Es gibt auch Wildtiere, die den Wald schützen. Das sind die Fleischliebhaber. So wie die Wölfe den Wald durch Dezimierung der Rehe hegten, machen das in Afrika Leoparden und Wildhunde. Die Antilopen würden nämlich als Vegetarier liebend gerne Laubbäume kahl fressen, doch sie wagen sich nicht in die spärlichen Grüngürtel, da sich dort ihre Jäger verstecken. Sie fühlen sich also in der freien Savanne und mit dem dornigen Geäst, das sie dort vorfinden, sicherer.

Kleine Raubfische sorgen für die Wasserqualität, indem sie es von zu viel Plankton befreien, sie fressen Malariamückenlarven und erhalten das Ökosystem. Das Gleiche tun die großen Haie, die auch für den Erhalt von Riffen und Korallen wichtig sind: Riffhaie halten die Zahl kleiner Raubfische unter Kontrolle. Diese würden in Überzahl nämlich andere Bewohner, die ein lebendiges Riff braucht, wegfressen. So bleibt das Riff im Gleichgewicht seines natürlichen Kreislaufs.

Paviane vermehrten sich in Afrika einer Potenzialkurve gleich nach dem verstärken Abschuss von Löwe und Leopard. Das hat Folgen auch für den Menschen: Paviane werden häufiger krank und übertragen Viren auf die Menschen. Immer wenn die Tiere an der Spitze der Hierarchie dezimiert oder vernichtet werden, wirkt sich das als Katastrophe für das gesamte System aus. Die einzelne gejagte Beute versucht zu fliehen, aber als Quote der Art sucht die Beute den Jäger. Das Fressen und Gefressenwerden bildet den Regelkreis der Stabilisierung. Die Polarität verschmilzt in der Attraktivität.

»Fressen und gefressen werden« bedeutet eine einfache Darstellung der Nahrungskette, der linearen Energie- und Stoffflüsse im Ökosystem, wie es die Biologie ausdrückt. Es gibt also verschiedene Sichtweisen, solche des Individuums und solche des Systems.

Die Attraktivität ist im Gleichgewicht gewahrt. Erst im Ungleichgewicht erkennen und beobachten wir, wie sich die Arten der Tier- und auch der Pflanzenwelt gegenseitig brauchen: Das einzelne Rehkitz könnte auf den Wolf gerne verzichten, die Rehe in ihrer Gesamtheit aber nicht, weil sie den Wald – auch mit seinen Gefahren – als Lebensraum, etwa als Versteck und als Nahrungsgrundlage, nutzen. Damit der Wald bestehen bleibt, darf auch ihre Population nicht überhandnehmen, ihre Größe muss dem Lebensraum angepasst sein.

Die optimale Größe einer Population

Das gilt auch für die Menschen. Die »Pille« ist hierfür ein Ausdruck, wenn sie auch den Marsch dieser Population hin zur Neun-Milliarden-Marke nicht verhindern kann. Aber bestimmte Ethnien betrieben Geburtenkontrolle schon lange vor der Erfindung der Herren Djerassi oder Pincus.

Als die Pille noch nicht in aller (Frauen) Munde war, erfuhr ich bei den Karitiana-Indios im brasilianisch-bolivianischen Grenzgebiet, dass die Frauen dort einen Saft aus Waldpflanzen einnehmen, um Schwangerschaften zu verhindern. Beim Stamm der Mynki in Zentralamazonien waren es die Männer, die ein Gebräu aus dem Bast eines Baumes tranken, wenn sie Sex ohne Zeugung haben wollten, wie wir bei Filmaufnahmen dort erfuhren. Die einzelnen Samenfäden seien durch den Trank paralysiert und würden die Samenzelle nicht mehr zur Eizelle treiben, erklärte mir ein befragter Wissenschaftler.

Der brasilianische Regenwald ist nicht so dicht und tierreich, wie er sich in unserer Vorstellung vom Dschungel darstellt. Manche vergleichen den Urwald mit einer Kathedrale: die Stämme als Säulen, das Blätterdach als Gewölbe, der lange Nachhall eines Vogelschreis – einer feierlichen Stimmung kann man sich kaum entziehen. Ein indigener Stamm weiß intuitiv, welche Größe er nicht überschreiten soll, um lebensfähig zu bleiben. Er weiß auch, dass er das vielfache Ineinandergreifen der biologischen Struktur des Urwalds nicht verletzen darf.

Wenn ein Indio der Mynkis einen Baum für sein Langhaus fällen muss, spricht er in einer Gebetsformel eine Entschuldigung. Hat der Stamm von etwa sechzig bis hundert Menschen in einem überschaubaren Areal sieben Jahre lang gelebt, zieht er weiter und erschließt sich ein neues Gebiet. Dabei nutzt er zu Beginn der Regenzeit auch eine kontrollierte Brandrodung auf kleinstem Raum, um fruchtbare Asche sowie Platz für Langhaus, Hütten und zum Anbau von Maniokwurzeln und Gewürzen zu gewinnen. Nach weiteren sieben Jahren sucht sich der Stamm ein neues Terrain, um beim fünften Umzug wieder dort zu sein, wo er vor mehr als einer Generation auch schon war und wo sich der Wald in aller Pracht selbst wieder geschlossen hat. Schon deshalb muss ein Indioreservat, wie jede Schutzzone für indigene Gruppen, eine gewisse Weite garantieren.

Dieses Bewusstsein um eine optimal angepasste Populationsgröße scheint der Art »Mensch« abhandengekommen zu sein. Oder führt er seine Kriege mit Millionen von Toten aus dem Unterbewusstsein? Denn nur der Mensch ist noch des Menschen Wolf. Er ist sein einziger natürlicher Feind.

Naturkatastrophen, die nicht von Menschen verursacht sind, scheiden bei solcher Betrachtung aus, weil Vulkanausbrüche, Tsunamis oder Erdbeben keine Verstoffwechslung im Sinn haben. Bei Kriegen geht es immerhin um den Gewinn von Ressourcen zum Vorteil eigener Lebensinteressen.

Auch ohne Krieg ist der Mensch sein eigener Feind – bei der Aus-»Beutung« der Natur. Die großflächigen Raubzüge, die er im Regenwald unternimmt, um Pelze, edle Hölzer und Bodenschätze zu erbeuten, hinterlassen nur für kurze Zeit eine Fläche für Viehzucht, Zuckerrohr, für die Erzeugung von Biosprit oder Sojafelder von Horizont zu Horizont. Dann ist der dünne Boden des ehemaligen Regenwalds, der vom Kreislauf fallender Blätter und der Bildung von Pilzen und Bakterien gut gelebt hat, ausgelaugt und der Verwüstung preisgegeben. Was sich in Hunderttausenden von Jahren an Zusammenspiel in der Natur entwickelt hatte, ist dann nicht wieder zurückzuholen.

Die optimale Größe einer Population bestimmt sich also erstens aus der Qualität und der Weite des Lebensraums, der im Regenwald, auf einer Insel oder in einem Fluss oder Teich ein anderer ist als in den Ozeanen oder den Lüften, und zweitens aus den Bedürfnissen der Art und damit also aus dem Gleichgewicht, das sich im Spiel von Kreativität, Polarität und Attraktivität in Jahrmillionen entwickelt hat.

Schwingung, Anziehung, Einheit

In der Biologie spricht man auch von sexueller Selektion. Partner suchen sich – aufgrund des Polaritätsprinzips unterschiedlichen Geschlechts – in der Absicht, Erbanlagen derjenigen Merkmale weiterzugeben, die von den Sexualpartnern geschätzt werden. Das Attraktivitätsprinzip ist also auch hier bestimmend.

Der Neurobiologe Gerald Hüther beginnt seine Erklärung von Liebe so: Es sei schwer, sagen die Physiker, die ungeheure Kraft, mit der die kleinsten Teilchen umherfliegen, zu überwinden. Erst wenn es gelinge, diese auseinanderstrebenden Kräfte zu verringern, könnten die Teilchen miteinander in eine Wechselbeziehung treten. Was die zur Fusion der Teilchen führende Kraft ist, wüssten wir nicht. Wir würden sie Magnetismus, Gravitation, Anziehung nennen. Es müsse sich um eine Kraft handeln, die aus der eigenen Bewegung dieser Teilchen, ihrer Schwingung herrührt. Für die Physiker sei es Resonanz. Wann immer zwei schwingende Systeme – Teilchen, Zellen, auch Menschen – miteinander in Resonanz treten, komme es zu einer Annäherung. Unter bestimmten Bedingungen könne diese sich durch Resonanz immer weiter aufschaukelnde Annäherung einen Punkt erreichen, an dem mit einem Schlag die Grenzen zwischen den Systemen zusammenbrechen. Fortan schwingen sie im Einklang. Wenn wir die Tendenz, in Resonanz zu treten, als ein universelles Prinzip anerkennen, dann sei die Liebe Ausdruck und Ziel dieses Prinzips.[6]

Diesen Ansatz ergänzt die Zellphysiologie mit der meist unbewussten Leistung unserer Nase: Die Evolution hat das Leben dergestalt eingerichtet, dass die passenden Partner zusammenkommen, um möglichst gesunde Nachkommen zu zeugen. Dabei helfen auch individuelle Duftstoffe unseres Körperschweißes. Das hat mit Fortpflanzung, nicht mit Liebe zu tun. Im Tierreich bestimmen solche Pheromone Rangordnung, Angst oder sexuelle Bereitschaft. Viele Labors suchen nach Duftstoffen, die uns Menschen füreinander attraktiv erscheinen lassen sollen. Das ist so schwierig, weil letztlich der Gefallen, den jemand an einem Duft findet, durch persönliche Erfahrung geprägt ist und generelle Aussagen nicht zulässt.[7] Es ist auch im Sinn der Evolution, dass wir sie nicht mit solchermaßen manipulierter Attraktivität austricksen können.

So sehen wir überhaupt die Attraktivität, die uns ja anzieht, als Gleichklang sich begegnender Wellen beim Schauen, Hören, Fühlen, Schmecken und Riechen; dieser Gleichklang löst im Zusammenspiel unserer Sinnesorgane mit dem Gehirn dort dieses dann wieder im ganzen Körper empfundene Wohlgefühl aus.

Attraktivität ist aus Sicht dieser Betrachtung das Zauberwort für alle evolutionären Prozesse. Diese steuern auf die Ausgewogenheit in der scheinbar toten Welt von chemischen und physikalischen Vorgängen – wie die Bildung von Elementen, etwa von Wasserstoff, Kohlenstoff und Sauerstoff, oder das Klima – hin. Das Gleiche gilt für die lebende Welt, wie das die Nutzung des Lichts für die Biodiversität zeigt. Alles, was wir bisher festgestellt haben, erweist: Die beiden »Welten« von Licht und Artenvielfalt sind durch Attraktivitätsprozesse untrennbar miteinander verwoben, genauso wie »tote« Materie und Leben. So kann unser Planet auch als *ein* intelligentes Wesen beschrieben werden. Der Universalgelehrte James Lovelock tut dies, und er greift für dieses umfassende, sich selbst organisierende Betriebssystem Erde die altgriechisch-mythische Vorstellung der Erdgöttin Gaia auf.[8] Seine Gaia-Theorie kann Augen öffnen für die Stärke wie die Verletzbarkeit unseres Planeten und auch für seine Schönheit (siehe auch »Wie die Erde denkt« im Kapitel II.2.3).

4. ATTRAKTIVITÄT IST SCHÖNHEIT

Schönheit, schwebend Schleier, Schauer, schleichend schön,
durch die Rüstung der Gedanken strömt ins Herz
als leichter Föhn.
Schönheit, lös Trashgekleister von Augen, Haut und Ohren,
spreng auf die Panzer des Vorurteils uns Toren!

Schönheit, lass Dich so empfangen.
Schließ uns auf. Du bist und willst: natürliches Verlangen.
Schönheit, funkelnd Götterschein, wir genießen diese Wonne
geschenkter Zeit mit Dir – unter Sternen und der Sonne.

Eine kleine Annäherung nur. Schönheit will empfangen sein. Über eine Definition ist sie erhaben. Sie ist eine Erscheinung, die sich begrifflicher Einschnürung und physikalischer Messbarkeit entzieht.

Schönheit changiert vielfältig: von objektiver zu subjektiver, von absoluter zu relativer, von überdauernder zu zeitgebundener, von globaler zu regionaler. Offenbar trägt sie »die Launen der Natur« in sich. Sie ist vorgegeben in dieser Natur und auch gestaltbar durch deren Kreation, den Menschen, der Schönheit in der Kunst erstehen lassen kann. So unterscheidet die philosophische Debatte in ihrer Ausprägung der Ästhetik, sprachlich nicht sehr schön, in das »Naturschöne« und das »Kunstschöne«.

4.1. Schönheit als Botschaft

Um Schönheit zu entschlüsseln, sind ganze Bibliotheken entstanden über Symmetrie, Harmonie, Ästhetik, Geschmack, Objektivität und Subjektivität, Funktionalität und Zeitgeist; sie zu definieren würde sie vergewaltigen. Es geht uns mit der Schönheit wie der Physik mit der Materie oder der Philosophie mit dem Geist: Wie immer man sie begrifflich eingrenzt, tappt man in eine Definitionsfalle.

Hier steht also keine Wiederholung, Zusammenfassung oder Neuinterpretation des Begriffs »Schönheit« an, der Versuch ist schon an unzähligen Stellen über die Jahrtausende und besonders in der Gegenwart (warum wohl?) unternommen worden. Umberto Eco drückt sich aus gutem Grund in dem von ihm herausgegebenen bilder- und beispielreichen Kompendium *Die Geschichte der Schönheit*[9] um eine Definition und stellt fest: »Möglicherweise gibt es jenseits der Vorstellungen von Schönheit einige einheitliche Regeln für alle Völker und alle Zeiten, die wir jedoch in diesem Buch nicht um jeden Preis suchen und finden wollen. Uns kommt es vielmehr auf die Unterschiede an. Es wird die Sache des Lesers sein, die Einheit in der Vielfalt aufzuspüren.« Eine Einheit in der Vielfalt vermutet Eco also schon. Und das macht uns der Semiotikprofessor in der Synopse von Bild und Wort recht deutlich.

Natürlich liegt die Schönheit im Auge des Betrachters, aber das ist weniger als die halbe Wahrheit. Es gibt sehr wohl eine in der Natur liegende objektive Tendenz, die aus der Selbstorganisation und Selbstoptimierung aller Kreativität der Natur entspringt, in die wir eingepasst sind, so wie das auch Eco andeutet und wir das beim Kreativitätsprinzip erkannten.

Schönheit und Ästhetik werden als Begriffe meist synonym gebraucht. Vor mehr als einem Jahrhundert suchte der Philosoph Eduard von Hartmann in seiner *Philosophie des Schönen*[10] nach ihrem Geheimnis – auf gut 800 Seiten, die er nach der Aussage in seiner Einleitung aus sechs angedachten Bänden komprimiert hatte. Auch für ihn war der Sitz der Schönheit oder deren Träger nicht das Objekt der Betrachtung für sich – ein »naiv realistischer Irrtum« – und auch nicht das betrachtende »Subjekt«, und er bekennt doch: »Diese (zweite) Auffassung … unterdrückt am Schönen doch ebensosehr das Moment der Objektivität, des Schönseins für alle, wie die (erste) Ansicht das Moment der Subjektivität, des Schönseins nur der subjektiven Erscheinung, übersehen hatte.« Kommt er zu einem eindeutigen Ergebnis, wenn er schließlich feststellt: »Der ästhetische Schein ist keine Illusion, sondern ideale Realität als wirklich vorhandener Bewußtseinsinhalt.«? Bewundernswert jedenfalls, wie er die vielen »Konkretionsstufen des Schönen« vom »sinnlich Angenehmen« bis zum »Individuellen im Verhältnis zum Formalschönen (und die ästhetischen Scheingefühle bei demselben)« hinaufsteigt.

Von einer anderen Seite geht das Problem Kurt Huber an, Philosoph und Musikwissenschaftler, der 1943 mit den Mitgliedern der »Weißen Rose« von den Nazis ermordete Widerstandskämpfer der Münchner Universität. Seine Vorlesungen zum Thema wurden 1954 unter dem Titel *Ästhetik*[11] publiziert. Er fasst wohl am bündigsten und ohne Scheu mit klarer Bewertung die Literatur zum Schönen von der Antike bis in seine Gegenwart zusammen und will sich mit seiner eigenen Position von Formalisten wie Plato, Kant oder Eduard von Hartmann lösen. Hubers Resümee: »Wo die Welt in ihrer Fülle sich ästhetisch uns gegenüberstellt, ist Geist. Wir fragen nicht nach dem Erzeuger der Gestalt, sondern nach dem Geist, der sich in dieser Erscheinung gerade so gestalten muß; wir fragen nach dem ›persönlichen Etwas‹, das gerade in dieser konkreten Form der Anschaulichkeit der Erscheinung ›sich offenbart‹.«

Das kommunikationswissenschaftliche Modell vom Weg der Botschaft des Senders zum Empfänger und der Rückkopplung beim Informationsaustausch funktioniert auch bei der Schönheit. Schönheit ist die Botschaft – die Botschaft des Lebens. Diese vermittelt Wertschätzung und Anziehung und gibt sich alle Mühe mit einer bunten Vielfalt an Formen, Farben, Gerüchen, Klängen, körperlichem Fühlen und Eindrücken. Nicht nur der Magen will gefüttert werden, alle Sinne sehnen sich nach wohltuendem Reiz. Im Genuss der »Augenweide« verbinden sich solche Sinne.

Dieser kurze Problemanriss soll als Einführung, quasi »zur Verunsicherung«, genügen. Es geht nicht darum, das Wesen der Schönheit durch Einkreisung dingfest zu machen, sondern es geht um deren Bedeutung und Funktion in der Entstehung von allem.

Die Schönheit erlaubt es sehr wohl, sich ihr mit Respekt zu nähern. Sie fordert das auch ein. Denn Schönheit ist ein Grundbedürfnis. Schönheit ist auch Genuss und will selbst genossen sein. So changiert sie zwischen subjektivem Empfinden und objektiven Kriterien.

Schönheit bedarf zweier Subjekte, einer Objekt-Subjekt-Beziehung oder auch der von zwei Objekten. Im letzten Fall handelt es sich um die reine Attraktion. Schönheit ist das Dazwischen. Schönheit ist eine Botschaft – eine Botschaft von Bedeutung für unsere Existenz und für alles Existierende, das ein Gegenüber wahrnimmt. Wie jede Botschaft ist sie interpretierbar.

Und die Vernunft der Schönheit im Untertitel dieses Buchs? Wie kann etwas vernünftig sein, das sich nicht einmal definieren lässt?

Über die Schönheit der Vernunft lässt sich auf der Basis großer Vordenker leichter schreiben als über die Vernunft, die in der Schönheit liegt. Dennoch sei dies unternommen. Vielleicht weiß unsere Sprache wieder einmal mehr als wir: Etymologisch lassen sich nämlich die Begriffe *kosmos* und *mundus* auf »Schmuck« und »Ordnung« zurückführen. So ist die Entstehungsgeschichte selbst der Begriffe, die unsere Welt erfassen, mit der von uns betrachteten »Schönheit« aufs Engste verknüpft.

Schönheit ist ein Grundprinzip allen Werdens. Im Wort »Schönheit« steckt auch unser Begriff »scheinen«. So findet sich das Licht als Lebenshauch selbst in unserer Sprache wieder. Fraktale Welt.

Doch »Schönheit« ist aus der Mode der Trendsetter in der Kunstkritik gekommen. Sie wagen davon nicht zu sprechen: So altmodisch und auch so verbraucht – »das Gute, Schöne, Wahre« in den auch vertauscht vorstellbaren Reihenfolgen als Leitspruch auf den klassizistischen Giebeln von Museen, Theatern, Opernhäusern des 19. Jahrhunderts. Kunstkritiker sprechen das Wort »schön« fast nur noch in bürgerlichen Nischen ihres Alltags aus, wenn ihnen etwas gefällt oder gar guttut. Das Wort ist ja nicht totzukriegen, auch wenn es abgewetzt ist.

In der Kunst will sich der Mensch stets mit der Natur auseinandersetzen – mit seiner eigenen, mit seiner sozialen Umgebung, mit der Natur als Schauspiel. Er will sie finden, in sich spiegeln, sie lieben, sich mit ihr konfrontieren, sie überhöhen und durch Kunst und Kult die hinter oder über ihr vermuteten Kräfte verehren: Gott, Götter, Engel, Geister. Oder diese als böse Geister bannen. Kunst will die Natur erweitern und ihr in Bild, Klang, Tanz, Wort und Gestalt, in Tempeln und Domen etwas widmen. In der Kunst will der Mensch auch leben – in der Architektur von Dörfern und Städten und in ihrer Ausstattung mit Parks, Brunnen, Märkten und Türmen. Wenn dabei Schönheit oft »objektiv« misslingt – in der Einrichtung der Wohnung etwa –, mag das der Bewohner dennoch schön finden, wie er es sich so gönnt. Heute liegen im öffentlichen Raum optische Anforderungen im Widerstreit mit vermeintlich finanziellem Aufwand, sodass oft ein diffuses Bild entsteht.

Im Eintritt in Renaissance und Neuzeit sagt uns einer der größten Meister bildender Kunst, Albrecht Dürer: »Die Kunst steckt in der Natur.« Drei Jahrhunderte nach ihm bestätigt Goethe in seinen Gedichten diese Sicht: »Natur und Kunst, sie scheinen sich zu fliehen, und haben sich, eh' man es denkt gefunden. Der Widerwille ist auch mir verschwunden, und beide scheinen gleich mich anzuziehen.« In diesem Sinn ist die begriffliche Scheidung von »Naturschönheit« und »Kunstschönheit« nur eine Unterscheidung des Aspekts, nicht eine des Wegs, auf dem uns die Moderne von Dürers Blick abgebracht hat, um zur prinzipiellen Weggabelung von Kultur und Natur zu führen.

Lautlos gleitet der Einbaum durch die vollkommene Schönheit dieses tropischen Lebensraums. Man kann sogar das Fallen der Blätter hören. Mit rohem Werkzeug aus Stein höhlten die aus Asien ins Amazonasbecken eingewanderten Ureinwohner den Baumstamm zum Kanu aus, ihrem einzigen Fortbewegungsmittel. Das Mädchen, das uns skeptisch, fast traurig, ins Gesicht blickt, gehört dem Stamm der Huaorani-Indios an, die am Oberlauf des Amazonas in Ecuador leben.

Der Menschen Kunst liegt in der Natur des Menschen, wie die Kunst des Spinnennetzes in der Natur der Spinne, die Kunst des Termitenbaus in der Natur der Termiten oder die Kunst des Waldes in dessen Natur liegt und diese alle sich von der Kunst der Architektur oder jeglicher Gestaltung des Menschen dem Grunde nach nicht unterscheiden. Der Gesang der Nachtigall und der der Wale liegt in deren Natur wie der Klang eines Chores in der Natur der Sänger. Große Künstler können in sensiblen Augenblicken sagen, dass ihr Werk einer Empfindung wie von selbst folgt. Mozart soll geäußert haben, es komponiere in ihm. Immer wieder vergessen wir in unserer Überheblichkeit, dass wir nur Anteil haben an dem einen, fantastischen Zusammenklang.

4.2. Die Schönheit der Natur

Es war, als hätt der Himmel
die Erde still geküsst,
dass sie im Blütenschimmer
von ihm nun träumen müsst.
Die Luft ging durch die Felder,
die Ähren wogten sacht,
es rauschten leis die Wälder,
so sternklar war die Nacht.
Und meine Seele spannte
weit ihre Flügel aus,
flog durch die stillen Lande,
als flöge sie nach Haus.

»Mondnacht«: Die Schönheit der Natur verbindet sich in dieser stillen, andachtsvollen Bewunderung mit jener der Kunst – in der Lyrik des Joseph von Eichendorff, in ihrem eigenen Klang und dem der Liedkomposition von Robert Schumann. Natur und Gefühl schwingen im Gleichklang. Diese beiden Kunstwerke entstanden in der Hochzeit der Deutschen Romantik an der Schwelle zum bereits gespürten Industriezeitalter und können uns bis heute stark berühren. Doch kann eine Abstumpfung die Menschen verändern, wenn Genmais-Monotonie die stillen Lande verödet und optisch schreiende Outletcenter den Blick vollends verbauen.

Dort, wo sich nachts vom fast allgegenwärtigen Streulicht abgeschieden der Sternenhimmel über uns wölbt, löst er eine Ahnung von der Unendlichkeit seiner Tiefen aus und relativiert unsere individuelle Existenz. Die leuchtenden Boten des Universums ziehen dahin und wir mit ihnen, ohne es zu merken. Wir wissen es nur und empfinden den Lebenshauch des Alls in seiner beglückenden Schönheit wie kurz erwacht aus einem ewigen Traum. In solchen Augenblicken empfinden wir Dankbarkeit.

Die fantastischen Perspektiven lassen uns über die Tiefen aller Strukturen meditieren und auch über die Entsprechung der kosmischen und der ökologischen Harmonien.

Wenn wir einen Baum als »schön« empfinden, zeigt sich, dass der Baum etwas in uns auslöst. Offenbar strebt auch der Baum nach Schönheit. Um uns zu gefallen? Er will allen gefallen. Er hat uns – wie die Flora generell – das Leben ermöglicht. In deren ökologischem Zusammenspiel kommunizieren die Pflanzen untereinander und auch mit Insekten auf optische, akustische, olfaktorische, chemische sowie elektrische Weise und in einem Maße, wie wir uns das bisher überhaupt nicht vorstellen konnten. Die Forschungen etwa am Max-Planck-Institut für Chemische Ökologie in Jena werden uns noch viele Überraschungen bieten. Allein die Erkenntnis, wie im System Wald Bäume, Sträucher und Pilze sich unterhalten und gegenseitig helfen, sich gegebenenfalls auch bekämpfen und Schädlinge abwehren, muss die Menschen und die Forstwirtschaft demütiger werden lassen. Die Natur will sich entwickeln und schenkt damit auch uns alles, was wir brauchen.

Da kommt als Beispiel ein Untersuchungsergebnis der Cardiff University aus dem Jahr 2015 gerade recht: Bäume und Grün in der

Nachbarschaft senkten die Kriminalitätsrate signifikant. Zudem würde das Gemeinschaftsgefühl deutlich gestärkt. Also: Natur in die Städte! Ihre Attraktivität heilt und versöhnt.

Schönheit und Vernunft

»Trink, o Auge, was die Wimper hält, von dem goldnen Überfluss der Welt.« Etwas nüchterner als Gottfried Keller schreibt Charles Darwin: »Die Blumen werden unter die schönsten Naturprodukte gezählt, aber sie wurden nur deshalb auffallend gebildet, damit sie sich von den grünen Blättern abheben, und infolgedessen sind sie zugleich schön geworden, sodass sie das Insekt leicht bemerkt. Ich kam zu dieser Einsicht, als ich die unwandelbare Regel fand, dass eine Blüte, die durch den Wind befruchtet wird, niemals eine auffallend gefärbte Krone besitzt.«[12]

Damit ist der reine Nützlichkeitsaspekt angesprochen, der dann womöglich den windbestäubten Blüten ihre Schönheit abspricht, weil der Wind keine Augen hat, wie wir annehmen. Es gibt in der Natur ohnehin die überflüssigsten Dinge wie Geweihe oder Pfauenräder oder Froschgequake oder Bärte, bloß um Weibchen zu beeindrucken, die wohl auch ohne solchen Firlefanz die Männchen haben wollen. Und für welche entscheiden sie sich im Konkurrenzkampf? Für die Rausgeputzten. Schönheit hat bei der weiblichen Wahl den Signaleffekt strotzender Gesundheit und guter Gene. Schönheit ist funktional und auch in scheinbar übertriebener Form kein Handicap. Das Pfauenrad beschreiben Biologen als »dichten Puffer« bei Angriffen, und falls der Pfau doch fliehen muss, kann er das prunkvolle Gefieder durch Schreckmauser abstoßen. Das Geweih des Hirsches ist deshalb so verzweigt, dass es den Rivalen nicht zu schwer verletzt. Es soll nur den Stärkeren unter den Schönen erweisen.

Die Natur will sich offenbar selbst als schön erleben. Ernst Haeckel (1834–1919), der vielleicht wichtigste deutsche Evolutionsforscher, Mediziner, allerdings auch »Rassenhygieniker«, betonte immer wieder die Gemeinsamkeit von Kunst und Natur: »Seit frühester Jugend von dem Formenreize der lebendigen Wesen gefesselt und seit einem halben Jahrhundert mit Vorliebe morphologische Studien pflegend war ich nicht nur bemüht, die Gesetze ihrer Gestaltung und Entwicklung zu erkennen, sondern auch zeichnend und malend tiefer in das Geheimnis ihrer Schönheit einzudringen.« Dabei faszinierten ihn besonders die Symmetrien des Mikrokosmos, vor allem im Studium der Diatomeen, der Kieselalgen. Mit eigenen Zeichnungen publizierte er von 1899 bis 1904 *Kunstformen der Natur* in mehreren Heften.

Naturschönheit als Erotik

Maler, Bildhauer, Filmemacher, Literaten aller Genres gestalten die Wirkungen natürlicher Schönheit recht naturnah. Selbst der Akt ist ein Akt der Natur. Naturschönheit ist Inspiration, so für Oskar Maria Graf in seiner Widmung an seine Geliebte:

Dein weißes Fleisch soll so obszön aus diesem Dunkel schrei'n,
dass sich der letzte Nerv entzündet,
und ein äußerstes Erhitzen mein Blut erfüllt,
wenn meine Augen kurz und trunken blitzen
und lüstern rinnen über dieses grenzenlose Köstlichsein.
Die prallen Schenkel, deine volle Brust, die himbeerroten Zitzen,
die steif und spitz und wie bekrönend auf der Wölbung sitzen,
dein lustbereites Lächeln, und wie du jetzt dein schlankes Bein
noch überprüfst;
die hohen Schuhe, die den Schwung betonen
und jede kleine Geste, welcher nur noch die Begierden
innewohnen
– das alles macht dich so unsagbar festlich, so verlockend reich! –
Als hätten wir in voller Brunst erst jetzt als Leib begonnen,
durchströmen uns die immer neuen, unbekannten Wonnen,
und wenn dein süßer, schwerer Körperduft mich sturzbachgleich

in einen bodenlosen Abgrund reißt – das ist so ausgesonnen,
als seist du als ein Lustgebilde einem Liebesgott entronnen,
der jetzt vielleicht in einem Wald, an einem mondbeglänzten
Teich von seinem Werke selig träumt. –
Sehr zärtlich will er uns belohnen, weil er im Fernen fühlt:
Sein ganzes Wesen ist in uns geronnen. –
Und, sinkend in die Wollust, werden wir ihm selber gleich …[13]

Natur pur, so lustvoll.

Schönheit als Heimat

Lebenswille fußt auf dem Genuss des Lebens. Die Natur hat es so eingerichtet, dass sie sich dem Menschen als schön erweist, in Wäldern und Wiesen, in Wüsten und Wassern, in den Farben und Formen, die er wahrnimmt und die ihn prägen. Sie sind ihm vertraut und Heimat. Ist Heimat austauschbar?

Da denke ich an das Erlebnis einer Freundin und begnadeten Malerin, die mit einer kleinen Schar Unternehmungshungriger unter Führung eines Tuareg mehrere Wochen durch die Sahara wanderte. Die Fähigkeiten und Antennen dieses Führers im Erkennen von Gefahren, im Spurenlesen, in der Orientierung in Raum und Zeit waren für Menschen beeindruckend, die so wenig optische Veränderung nicht gewohnt waren, sich diesem visuellen Fasten aber aussetzen wollten. Der Tuareg sah und spürte so vieles, wofür ihre Sinne nicht entwickelt waren. Das Erlebnis von Entbehrung, Licht und Flirren und des Schärfens der Wahrnehmung war für die Gruppe natürlich sensibilisierend »schön«, deshalb setzten sie sich dem auch aus – aber nur für wenige Wochen als für sie grenzwertiger Reiz und Kontrast.

Die Freundin wollte dankbar sein und lud den Wüstensohn in ihr großzügiges Haus am Ufer eines oberbayerischen Sees ein. Dort war er dann so überwältigt, ja geradezu bedrückt von der Buntheit, Vielgestaltigkeit und Sattheit der Landschaft, dass er nach wenigen

Tagen den Flug antrat zurück in »seine« schimmernden, wüsten Weiten. Er empfand tiefes Heimweh danach.

Diesem Fall von Prägung und subjektivem Bezug stehen im Alltag objektivierbare Beispiele ohne Zahl gegenüber. So kommt die in der Schönheit der Natur ruhende evolutionäre Vernunft in einem Messergebnis der University of Pennsylvania zum Ausdruck: Die Mediziner ließen ihre Versuchspersonen jeweils auf einem nur 600 Meter langen Weg an gepflegten Grünanlagen und an vermülltem Brachland entlanggehen. Beim Weg entlang des Parks schlugen die Herzen signifikant langsamer als angesichts des Brachlands. Ähnliches stellte man auch in Krankenhäusern fest bei Zimmern mit Blick ins Grüne, im Gegensatz zu denen auf den Parkplatz.

Die Natur hinterlässt in uns ihre Spuren durchaus differenziert. Ihre Schönheit prägt sich überall als Heimat aus, ist auch als Fremde attraktiv, also objektiv schön, aber subjektiv überwiegt die Prägung der spezifischen Schönheit von Heimat. Ist es nicht vernünftig von der Evolution, dass sich jeder in der Natur wohlfühlt, in die er hineingeboren wurde? In Zeiten der Globalisierung und Migration kann diese persönliche Ontogenese allerdings durchaus eine Beeinträchtigung fürs Gefühl bedeuten.

Auch unser Geschmack, Geruch, Gehör, Gespür und jegliches Empfinden wollen die Natur auskosten, oftmals zu ihrem und unserem Schaden zu sehr. Würden wir uns nicht wohlfühlen durch all unsere Sinne, wäre das Leben nicht, was es uns bedeutet. Wir sind als Teil der Natur und mit ihr geworden und finden das Wunder zu leben schön, so schlecht es uns manchmal auch gehen mag durch Brüche und Umbrüche.

In diesem Sinn ist Schönheit eine vernünftige Einrichtung der Evolution. Wir brauchen sie und überhöhen und kultivieren sie in den Künsten, doch zerstören wir sie als Grundlage unserer Existenz durch eine Zivilisation, die dafür blind wird durch Gewöhnung an Überflüssiges und dies für rational hält. Wer den Wert des Musischen und das Gebot der Ästhetik materiellem Gewinnstreben opfert, den formt auch eine hässliche Umgebung. Die Menschheit baut sich ihre Umgebung und verbaut sich meist den Reiz der Anregung.

Durch die wachsende Zahl der Menschen auf der Welt und ihren Hunger nach Nahrung und Energie drängen wir die gewachsene Natur mit ihrer Biodiversität und ihrem Gestaltreichtum zurück. Mit dem Tourismus, den Migrations- und vor allem den ökonomisch bedingten Mobilitätsbewegungen erodiert die kulturelle ästhetische Vielgestaltigkeit. Die Formensprache verliert ihre Dialekte und Charakteristika und mündet in eine Einheitsdesignsprache – optisch und akustisch. Vielleicht auch ein Trick der Evolution, um den immer mehr von unserer Spezies überall eine neue Heimat anzubieten?

Die neue Heimat erfährt eine Bereicherung vor allem durch die Arbeitskraft der Ankömmlinge und auch durch Speisen, wenn diese dann in exotischen Restaurants angeboten werden. Aber bei den Neuen bleibt noch das heimelige Gefühl der früheren Einbettung in ein gesellschaftlich, sprachlich, kulturell und religiös geprägtes Umfeld, an Traditionen und einen Wertekanon, selbst wenn der sich gegen Menschenrechte wendet. Prägung und Gewöhnung sind wohl die höchste Hürde einer gelingenden Integration in der Fremde – dort, wo die Heimatkulturen aufeinanderprallen und allen Seiten viel an Verständnis und Toleranz abzuverlangen ist.

Schönheit in der Naturwissenschaft

Unsere abendländische Kultur fußt auf den Vorstellungen der Antike, für deren Denken und Gestalten die Schönheit im Mittelpunkt stand. Ein wichtiger Aspekt dabei war die Übereinstimmung der Teile untereinander und deren Harmonie wiederum mit dem Ganzen, wie das Platon im *Phaidon* darstellt. Der spätere Ploton spricht vom »Durchleuchten des ewigen Glanzes des ›Einen‹ durch die materielle Erscheinung«.

Beide Ansätze sieht der Quantenphysiker Werner Heisenberg in den Naturwissenschaften repräsentiert, wenn er feststellt: »Die

Schönheit der Natur spiegelt sich auch in der Naturwissenschaft.« Zahlen und mathematische Gesetze sieht er als Teile im Ganzen der Mathematik, wobei er »die Widerspruchsfreiheit des Axiomensystems« mit dem Zusammenpassen der Teile und der Geschlossenheit und Einfachheit als »einfach schön« bezeichnet. Ausgangspunkt der Verschränkung von Schönheit und Mathematik sei der Zusammenhang vom Klang der Saiteninstrumente und ihres angeschlagenen Längenmaßes der einzelnen Saiten sowie der Töne als Teile des polyphonen Akkords, der schon die Schüler des Pythagoras bewegte. Eine vergleichbare Harmonie könne man bis in die Plasmaphysik verfolgen.

Die andere Wurzel im Verständnis der Schönheit, das »Durchleuchten des ewigen Glanzes des ›Einen‹ durch die materielle Erscheinung«, sieht Heisenberg im plötzlichen Auftauchen der Relativitätstheorie und der Quantentheorie nach so langer Suche. So gibt es für ihn auch eine »Schönheit der unsichtbaren Natur«.[14]

Symmetrien und Goldener Schnitt

Faszinierend und rätselhaft ist das Phänomen von Symmetrie und Goldenem Schnitt in der Pflanzenwelt. Der Goldene Schnitt ist ein ganz bestimmtes Teilungsverhältnis zwischen Strecken oder anderen Größen, bei dem das Verhältnis eines kleinen Teils zum nächstgrößeren und von diesem zum nächstgrößeren gleich ist und so fort, bis schließlich auch der größte Teil zum Ganzen im gleichen Teilungsverhältnis steht. Das geheimnisvolle Proportionenverhältnis wird auch als »Göttliche Teilung« oder »Goldene Zahl« bezeichnet. Das Bild harmonischer Vollkommenheit entsteht also nicht durch die Gleichheit der Teile, sondern durch die Gleichheit der Proportionen – eine Form der Asymmetrie in einer Symmetrie des Ganzen. Wir begegnen somit auch hier wieder dem fraktalen Prinzip.

Von der Antike bis in unsere Tage haben Mathematiker Formeln für den Goldenen Schnitt entwickelt (1 zu 1,618 …), auch Architekten, Bildhauer und Maler haben sich danach gerichtet. Er ist bereits in der Flora vorgegeben: Bei der Anordnung von Blättern und in Blütenständen vieler Pflanzen ist bei kreisförmigem Blätterwachstum der Winkel zweier aufeinanderfolgender Blätter im Verhältnis des Goldenen Schnitts geteilt. Bei Sonnenblumen, Baumzapfen, Ananas, Agaven, Palmen und auch bei Rosen finden sich Muster im Goldenen Schnitt selbst in tieferen Strukturebenen, die dann als selbstähnlich erkannt werden. Die »Streben« des Efeublatts weisen den Goldenen Schnitt genauso auf wie die von Glockenblume, Akelei und Heckenrose, auch Tiere mit fünfzähliger Symmetrie wie Seesterne und viele Kristalle. Eine eindrucksvolle Beobachtung von Symmetrien in Flora, Fauna und Kosmos und deren Wiederfinden in der Natur der Klangwelten, den Zahlenverhältnissen der Tonschwingungen zueinander oder in der geteilten Zeit des Rhythmus, besonders des ungeraden, also 3/4, 6/8 usf., findet sich in *Die Kunst des Teilens. Zeit – Rhythmus – Zahl* des Komponisten und Musikwissenschaftlers Norbert J. Schneider.[15] Schon Leonardo da Vinci, der genaueste Beobachter der Natur, hat für Harmonien, die keinen rationalen Zahlen entsprechen, die Bedürfnisse und Bedingungen der Natur für Wasser, Luft und Licht vermutet. Bis heute aber konnte noch kein Stoff entschlüsselt werden, der solches Wachstum auslöst.

Der Goldene Schnitt erscheint als ein wichtiger Hinweis darauf, wie ästhetisches Empfinden und Gestalten des Menschen aus einem Gestaltungselement der Natur intuitiv übernommen wurde. Beim Pentagramm, dem fünfzackigen Stern, verhält sich die Länge einer außerhalb der Mittelfläche liegenden Sternflanke zur weiterführenden Strecke durch die Mitte bis zur gegenüberliegenden Spitze im Goldenen Schnitt, was dann auch eine Gesamtsymmetrie des Sterns entstehen lässt. Diesem Code aus der Natur spürten viele Forscher nach. Ist es nicht erstaunlich, dass gerade dieser fünfzackige Stern in etwa vierzig Staatsflaggen abgebildet ist?

Im 5. Jahrhundert v. Chr. berichtet der Geschichtsschreiber Herodot, die Ägypter hätten bereits zwei Jahrtausende früher die

Cheopspyramide nach dem Goldenen Schnitt errichtet. Auch sein Zeitgenosse Phidias, Mathematiker und Bildhauer, arbeitete danach. Platon sah in diesem Maßverhältnis den Aufbau des Kosmos. Euklid übertrug das Verhältnis in mathematische Sprache. Mehr als ein Jahrtausend später war es Leonardo von Pisa, genannt Fibonacci, im 13. nachchristlichen Jahrhundert vorbehalten, die Eigenschaften einer nach ihm benannten Zahlenreihe zu entdecken und dabei wesentlich zur Übernahme der arabischen Zahlen im Abendland beizutragen. Leonardo da Vinci verwendete wie viele Künstler der Renaissance den Goldenen Schnitt in seinen Arbeiten, so im »Letzten Abendmahl«, bei seiner »Mona Lisa« und in Körperstudien.

Statt hier den Rätseln des Goldenen Schnitts und der Gesamtsymmetrie weiter im Detail nachzuspüren, sei auf deren Berücksichtigung auch in der Baukunst hingewiesen: Der Goldene Schnitt findet sich bei griechischen Tempeln im Verhältnis von Breite zu Länge und deren Höhe von Firstunterbau mit Giebel zur größeren Höhe von Basis mit Säulen und diese letzte Größe wiederum im Verhältnis zur Gesamthöhe. Er wurde beim Dombau im Mittelalter genauso angewendet wie auf einem Unkener Bergbauernhof im Salzburger Land, wo Hans, der Jungbauer, im Jahr 2015 eine neue Hofkapelle ganz selbstverständlich in den Proportionen des Goldenen Schnitts errichtete, wie er das von seinem Vater erfahren und auch in der Berufsschule für Maurer gehört hat.

In der ästhetischen Bewertung des Weltgeschehens sieht der Philosoph Richard Müller-Freienfels die ganze Welt »aus der Distanz betrachtet« als »ästhetischen Tatbestand«: »Pflanzen- und Tierwelt haben ästhetische Werte, wo sich Organismen ihrem Typus gemäß entfalten können. Wo dagegen äußere Zufälle störend eingreifen, wirkt das als Verunstaltung. Krankheit, Verletzungen, Kümmerformen an Organismen werden zuerst als ›widerästhetisch‹ gewertet … Als ›schön‹ gilt das Regelmäßige, Geordnete, während das Unregelmäßige, Ordnungswidrige, Zufällige ästhetisch meist verworfen wird.« Das Zufällige erscheine als Störenfried und Widersacher.[16]

Sind das aber wirklich Zufälle oder nicht doch Ergebnisse eines Spiels der Natur, die Pflanzen, Tieren, ja auch der Materie Bedingungen aufzwingt und mit Widrigkeiten zum Widerstand herausfordert, oder das kreativ ausprobiert, was funktioniert? Und überhaupt: Ist ein krummer Baum hässlich? Nein. Er ist allenfalls als Weihnachtsbaum weniger geeignet, und dann auch nur wegen seiner besonderen Instrumentalisierung als Kerzenträger.

Schönheit und Norm

Ist »schön« auch »durchschnittlich« im Sinne eines Idealmaßes, eines, das den Typ an sich oder den Archetyp verkörpert? Ein interessanter Versuch mag bei der Klärung helfen: Über viele Jahre hinweg hat der Kunstprofessor Hans Daucher jedes Semester die Gesichter all seiner Studentinnen einzeln nacheinander in gleicher Augenhöhe auf eine einzige Platte mit entsprechend kurzer Belichtungszeit übereinander fotografiert. Das Ergebnis war jedes Mal eine sehr schönes jugendliches Antlitz, etwas weich gezeichnet durch die unterschiedlichen Konturen der übereinander projizierten Gesichter, aber meist so »schön« wie kaum ein einziges von ihnen. Man glaubt sogar Jahrgangsspezifika über Fünfjahresperioden hinweg zu erkennen – vielleicht wegen der Frisuren?

»Es waren halt Gesichter in Normalverteilung«, würde der große Carl Friedrich Gauß vermutlich sagen. Das ausgeprägt Charakteristische der Individuen jedenfalls ging unter und schien doch für die Attraktivität ein Gewinn. Es waren wohl Ebenmäßigkeit und Symmetrie für den Alltagsgeschmack, muss man wohl einschränkend sagen.

Frühere Experimente zur Symmetrie haben schon deutlich gezeigt, dass symmetrisch gespiegelte Gesichtshälften, gleich welcher Seite, sehr viel langweiliger wirken als das Original mit der geringen Asymmetrie. (Das Überblend-Experiment von Hans Daucher hatte übrigens einige Vorläufer, zum Beispiel schon im Jahr 1900 mit über 400 amerikanischen Soldaten, ohne dass sich eine besondere Schönheit im grimmigen, aber eben charakteristischen Durchschnittsbild ergeben hätte.)

Liegt Schönheit also nicht nur im Auge des *einen* Betrachters, sondern aller? Was die Natur in ihrem evolutiven ständigen Selbstorganisationsprozess hervorbringt, hat als Selbstoptimierung objektive Qualität und setzt im Querschnitt ästhetische Maßstäbe. Dabei ist der subjektive Spielraum allerdings weit, was der natürlichen Variation entspricht. Er ist auch deshalb weit, weil das Wesen, etwa einer Person, als innere Schönheit in allen Altersstufen Normabweichungen zu überstrahlen vermag.

Die Tyrannei der Attraktivität

Ich wage hier folgende Hypothese: Vermutlich setzt auch unser Gehirn während der Begegnungen mit anderen Menschen ständig ein Durchschnittsbild zusammen. Gewissermaßen *en passant* lagern sich Eindrücke übereinander im Unterbewusstsein ab, die sich dann zu einem Maßstab formen oder zur Generalisierung des menschlichen Wesens führen. So könnte auch die Schablone für die stark frequentierte Schönheitschirurgie entstehen. Der kleine, leicht asymmetrische Schönheitsfleck auf Gesicht oder Busen soll eine objektivierte Schönheit zur individuellen Erscheinung steigern. Den Chirurgen scheint jedoch der Blick für das kleine Besondere verloren gegangen zu sein, das die Natur immer noch als Mitgift bereithält. Und die einen Jugendlichkeitswahn bedienenden, Nerven tötenden Botoxspritzen sind inzwischen so verbreitet, dass der Viagra-Hersteller Pfizer aus New York – Sex sells – für die Übernahme der irischen Anti-Falten-Firma Allergan 160 Milliarden US-Dollar auf den Tisch legen musste und konnte, in der Größenordnung fast des halben deutschen Bundeshaushalts. (Nach Änderung des US-Steuerrechts 2016 wurde dieser Steuerumgehungsvertrag allerdings sinnlos und wurde rückabgewickelt.)

Die einheitlich schönen Durchschnitts-Jugend-Gesichter der Model- und Filmwelt verbreiten sich massenhaft durch die Hochglanzmedien und die aggressive Kosmetikawerbung über den Erdball. So zwanghaft, wie die Eurobürokraten die schorfigen, aber wohlschmeckenden Äpfel aus den Regalen verbannen, entwickelt sich der Geschmack hin zur Einheitserscheinung der Menschen – eine Verzerrung des Menschenbilds, das schon Teenies Neurosen bereitet.

Attraktivität als Anziehung durch Liebe ist unter »Wenigerschönen« möglicherweise stärker ausgeprägt als unter »Durchschnittsschönen«. Jedenfalls ist denkbar, dass kleinere individuelle Normabweichungen wie Sommersprossen oder Stupsnase, die heute noch Komplexe verursachen, einmal wieder als persönlicher Ausdruck geschätzt werden. Überdies durchstrahlen die Materie des Körpers dessen Geist und Seele. Durch den ganzen Leib scheinen sie, vor allem durch die Fenster der Augen.

4.3. Die Schönheit der Kunst

Schönheit ist vorgegeben in der Natur. Für Immanuel Kant zeigt die Empfindung der Schönheit an, dass sich der Mensch in die Natur einfügt. In seiner *Kritik der Urteilskraft* hält Kant das Interesse am Naturschönen für verwandt mit einer moralischen Einstellung. So empfindet heute auch die grüne Bewegung.

Schönheit ist gestaltbar durch menschliche Kreation, die Schönheit in der Kunst erstehen lassen kann. Die Kunstkritik hat die »Schönheit« geächtet. Heute wird sie mit »anregend«, »aufregend«, »aufwühlend« oder bloß mit »interessant« oder »ansprechend« umschrieben, wenn überhaupt die Emotion noch eine Rolle spielen darf. Selbst der Begriff »ästhetisch« wird scheu vermieden, stammt er doch noch aus Zeiten normativer Schönheit und Symmetrie und dem Rückblick hierauf.

Die philosophische Debatte hat in der Ausprägung der Ästhetik – übrigens ein Begriff, der erst vor 200 Jahren in Deutschland durch den Philosophen Gottlieb Baumgarten zurückblickend bis in die Antike eingeführt wurde – das »Naturschöne« und das »Kunstschöne« unterschieden. Dass der Geist des Naturschönen in die Augen des Betrachters dringt, vermittelt auch die Kunst der Maler bei der Darstellung ihrer Musen. Das riesige Gebiet der Ästhetik als Teil der Philosophie bedarf so eines kurzen Anrisses im Kapitel über die Attraktivität.

Neun Musen zählten die Griechen im 6. Jahrhundert v. Chr., und seit Homer gehörte ihre Anrufung zu Beginn eines Werkes zur Tradition der antiken Dichtkunst. Die Namen dieser Töchter des Zeus standen mit der ranghöchsten, Kalliope, für das Epos, mit Klio für die Geschichtsschreibung, mit Melpomene für die Tragödie, mit Thalia für die Komödie und mit Erato für die Liebesdichtung und den Tanz. Auch Polyhymnia repräsentierte den Tanz, ebenso die Pantomime, Terpsichore verkörperte das Spiel von Lyra und Kithara, Euterpe das der Flöte und schließlich Urania die Astronomie als fließenden Übergang von der Kunst zur Wissenschaft.

Sieben Musen sind dem Klang ergeben, den Schwingungen der Musikinstrumente, der Stimmbänder, ja der Körper. Der Klang des Wortes war wie der von Musik im Rhythmus von der Kunst der Metrik geleitet, der Sprachklang auch in Reim, Alliteration oder Assonanz durchkomponiert. Tetra-, Penta- und Hexameter versetzten die gebannt lauschenden Hörer in Foren und Amphitheatern in Schwingung. Musen – das ist Musik. Keine musische Dimension kann die Menschen so direkt erreichen und bewegen wie sie. Der Ton der Musik dringt, sozusagen am Bewusstsein vorbei, direkt in die Seele und bringt sie in Resonanz. »Energie, Kraft, Erkenntnis, Inspiration und Glück« strömen aus den Klängen der Klassik in unser Gemüt, sagt Kent Nagano, der einfühlsame Dirigent. Und schon vor 40 000 Jahren hat der Klang der Knochenflöte unsere Ahnen bewegt und der Rhythmus der Trommeln wohl vor zwei bis drei Millionen Jahren.

Ursprünglich soll es ja nur drei Musen gewesen sein: Melete für die Gewandtheit oder Fertigkeit, Mnemosyne für das Gedächtnis und Aoide für den Gesang. Wieder nichts mit bildender Kunst.

Heute beanspruchen vor allem die Maler ihre Musen. Warum billigten die Griechen ihnen keine Muse zu bei ihren aussage- und ausdrucksstarken Vasenmalereien und dem Eros an den Wänden, warum nicht ihren meisterhaften Bildhauern und Architekten, die über die Jahrtausende prägend weiterwirken?

Das Maß der Schönheit

Bildende Kunst in den erwähnten Formen und auch im Design des Alltags, in Fotografie und elektronischer Bildbearbeitung, in Film- oder Fernsehgestaltung kann zu Kunstschönheit geraten, so wie auch die Sprache das in jeder Prosaform vermag oder in der Lyrik, wo die Worte wie die Saiten der Lyra in Klang und Rhythmus schwingen. Die Schönheit der Kunst zeigt sich in der Musik der Stimmen und der Instrumente, im körperlichen Ausdruck in Theater und Tanz, in Massenchoreografie, in Happening- und Eventform oder im Tai-Chi genauso wie im Leistungssport.

Punktrichter können vielleicht Haltungsnoten beim Skispringen, Eislaufen oder Turniertanz vergeben. Sie sind aber Neigungen ausgesetzt oder korrumpierbar, anders als Maßband und Stoppuhr. Wo also liegt der Maßstab für die Schönheit?

Für Designer – Leute, die Gebrauchsdinge schön machen sollen – gilt weitgehend immer noch der Grundsatz *form follows function*. Die höchste Stufe der Funktion gipfle auch in der vollkommenen Schönheit, schreibt Antoine de Saint-Exupéry in *Wind, Sand und Sterne*. Er meditiert über sein Flugzeug aus den Dreißigerjahren und erwartet, dass Fluggeräte, wenn sie einmal besonders schnell und windschlüpfrig werden, also funktional optimiert sind, so schöne Formen bekommen sollten, wie sie die Griechen in der Statik ihrer Säulen fanden oder die Natur in der weiblichen Schulter. Schön und funktional, also gut, sind da nahe beieinander.

Und das Orakel von Delphi bestätigt das auch auf die Frage, was Schönheit sei: »Das Richtigste ist das Schönste.«

Die Absicht der Kunst

Kunst will Emotionen hervorrufen, anrühren oder erschüttern. Oder nur einen Funken Freude zünden durch einen Kontrapunkt zum Alltagslauf, ein Lächeln herbeizaubern oder womöglich dem Künstler selbst helfen, erlebte Traumata zu verarbeiten.

Kunst ist ein Element von Mystik und Ritus. Kunst ist für viele ein Faktor des Wohlbefindens, wenn sie zum Genießen einlädt, und auch zum Gestalten durch Ringen und Wachsen daran. Kunst will Denken anregen und so Bewusstsein erweitern. Kunst kann an Verantwortung oder Humanität appellieren, als Karikatur politische Kritik auf den Punkt bringen oder als Cartoon gesellschaftliche Trends aufs Korn ihrer Büchse nehmen und es knallen lassen. Sie kann als Graffito die Trostlosigkeit gebauter Umwelt anprangern oder umgestalten. Kunst kann ein wichtiges Element in Werbung und Propaganda sein. Und nicht zuletzt auch: absichtslos.

Kunst erscheint in allen musischen Formen: Im Element von menschlicher Stimme und Gesang, der auf die Stimmung wirken möchte – die eigene und die der Hörer – oder zusätzlich Inhalte vermittelt; als Volkslied erleichtert sie Gruppenbildung und dadurch auch die Arbeit; in der Musik von Pop bis Klassik, im Tanz zur eigenen oder anderer Freude, in Sprache und Literatur, Schauspiel, Akrobatik und Sport, in Plastik, Malerei, Film, Video oder Architektur macht sie Freude. In all diesen Bereichen hat die Kunst eine soziale, eine gemeinschaftsstiftende Funktion, deutlich erkennbar in übertragener Emotion oder im synchronisierenden Rhythmus von Musik und Tanz, was vielleicht die ursprünglichste Form von Kunst war. Bewegung in Gemeinschaft und in Trance durch Drogen ist, wie Ethnologen berichten, auch Ausdruck einer Sehnsucht nach einer anderen Realität.

Kunst kann eine Brücke sein zu dieser anderen Realität. Denn Kunst kann durch kontemplatives Betrachten des Werkes das

Übersinnliche greifbar werden lassen. Auf diese Weise erhebe sich »der schwache Geist zur Wahrheit durch das Materielle«, schrieb Anfang des 12. Jahrhunderts Abt Suger von Saint-Denis. Solche Betrachtung von Schönheit der Kunst in innerer Versenkung hält sein Zeitgenosse Richard von St. Viktor, der Lehrer der Spiritualität, als *contemplatio* für die höchste Stufe der Erkenntnis vor dem Denken, der *cogitatio,* und dem Wägen der *meditatio.* (Das spätere *cogito ergo sum* von Descartes erscheint diesem Ansatz gegenüber sehr viel enger, weil Descartes dem Denken die wesentliche Rolle der Selbstvergewisserung zuweist.)

Ein Jahrhundert nach Suger und Richard nennt Thomas von Aquin drei Merkmale für die Schönheit von Kunst: *claritas, perfectio, proportio.* Als Anforderung an die Kunst gilt sicher über die Zeiten hinweg: kreativ zu sein, also original, authentisch und neu. Die reine Kopie kann Kunsthandwerk sein, das aber auch hohe Kunstfertigkeit verlangt.

Bei den Bedingungen für Kreativität hatten wir im Kapitel über das Kreativitätsprinzip auch eine gewisse Einschränkung als Stimulans genannt. Als Beispiel dafür wählen wir die Architektur: Der Vater einer Münchner Architektengeneration, Hans Döllgast, war darin ein Meister und gab der Einschränkung Stil. Geld war nicht vorhanden, um die 1944 zerstörte Alte Pinakothek in München wieder »neu« aufzubauen. Döllgast rettete sie mit seiner Philosophie von angemessener Bescheidenheit. Rückblickend sagte er einmal: »So ein Denkmal muss doch seine Geschichte zeigen«,[17] und meinte damit die großflächigen Wunden der Fassade. Er hat sie geschlossen mit gebrannten Vollziegeln, unverputzt, und eingepasst in die königliche Front. Zum Umgang mit Licht und Schatten durch Fensterbänke meinte er: »Blecherl werfen die selben Schatten wie Marmor.« Die neue Fassade überzeugte und hielt allen späteren Vertuschungsbemühungen stand. Aber innen dann: Da schlug Döllgast sich mit seinem großzügig weiten und hohen und dennoch formal streng reduzierten Treppenhaus in die Bresche der Bomben und schenkte dem Bilderschatz und der Pinakothek erhabene Feierlichkeit ohne Pathos. Kunst für die Kunst.

Ein ganz anderes architektonisches Konzept verfolgte der finnische Designer und Architekt Alvar Aalto, der die Wellen der Natur in seine Bauten und Möbel übertrug, immer dem Licht entgegen. So nahm sich auch Frei Otto als »Gestaltsucher« die Natur zum Vorbild seiner effizienten und beeindruckenden Konzeptionen wie dem leichten, beschwingten, transluzenten Zeltdach des Deutschen Pavillons auf der Expo 1967 in Montreal oder als Berater beim Münchner Olympiastadion. Das Gegenkonzept: Mies van der Rohe mit seinen klaren Quadern – das Bauwerk als Kontrapunkt zur Natur. Auch ein Weg, wie der der Wiener Künstlergruppe Coop Himmelb(l)au, die mit dekonstruktivistischer Formensprache, welche in Lufträume und Augen springt, der Welt fast humorvolle Abwechslung schenkt. Eine ganz andere Sprache spricht wiederum der Brite Norman Foster mit seinen Repräsentationsprojekten durch seine Kunst der reduzierten, manchmal auch fröhlichen Feierlichkeit. Bei aller Unterschiedlichkeit ist Bauen ein künstlerisches Zeitgespräch mit wechselseitigen Antworten.

Kunst dreht heute teilweise der Schönheit ihren Rücken zu. In der »Baukunst« können Lieblosigkeit und Unvermögen gar körperlich wehtun, weil man ihnen ständig ausgesetzt ist. Das mag man bei Gemälden noch aushalten. Dabei verfolgt aber der Maler eine Absicht: Kunst will in dieser Art Protesthaltung gekauft werden. Der New Yorker Maler Julian Schnabel, der als Filmemacher durchaus etwas zu bieten hat, bietet zwei bis vier Quadratmeter große Bilder für eine halbe Million Dollar zum Kauf an, auf denen über einer Art verfremdeter Fotomontage mit dickem Pinsel und so viel an weißer Farbe das Wort *shit* hingeschmiert steht, dass die Tropfstreifen willkürlich hinunterlaufen.

Die Absicht der Kunst, Wertanlage zu werden, pointiert der Journalist Thomas Steinfeld: Die Nachfrage nach solchen Werken gelte nicht besonders guter oder besonders interessanter Kunst, sondern nur möglichst teurer Kunst – Werken, die möglichst viel Kapital anziehen und in sich bergen können, deren eigentliche ästhetische Qualität also in ihrem Preis liege.

Auch »schöne« Bilder verlangen nicht unbedingt nach konkreterer Sinndeutung. Abstraktionen können ihre Wirkung für sich entfalten. Bezeichnungen mögen ein Verkaufsargument sein, wenn Gegenstände plötzlich für Erinnerungskultur oder Ideen stehen sollen. Oft aber wünschen sich Künstler gar nicht, dass ihre Werke mit Begriffen oder gar Ideologien aufgeladen werden. Nur manchen Feuilletonisten ist ansprechende Gestaltung oder deren Gegenteil allein oft zu wenig, wie das folgende Beispiel zeigt: Dieter O. Klama, einer der treffendsten Cartoonisten in Deutschland, hat einmal für die *Süddeutsche Zeitung* eine Karikatur gezeichnet, die der Redakteur an prominente Stelle setzte und darunter neben den Namen schrieb: »Ohne Worte«. Dass da einer noch seinen Kommentar absetzen musste, wenn doch alles für sich sprach, ärgerte Klama so, dass er mit der Zeitung aushandelte, eine gleich große Fläche am Wochenende darauf zugesprochen zu bekommen. Er ließ sie leer und schrieb darunter: »Ohne Zeichnung«. Mal was Neues.

Epochale Kunst entsteht dann, wenn ein Werk einen neuen Blick ermöglicht – diese Meinung vertrat Ende des 19. Jahrhunderts der Kulturphilosoph Konrad Fiedler: »Alle Kunst ist Entwicklung von Vorstellungen, wie alles Denken Entwicklung von Begriffen ist.« Er präzisierte für die Kunst, dass sie »die Welt durch eine neue Anschauung bereichert«. Nun wird auf das kreative Moment, auf die Erneuerung abgehoben. Das klassische Ideal der entweder idealisierenden oder wenigstens möglichst wirklichkeitsgetreuen Wiedergabe war nach 2500 Jahren einfach durch.

Der Kunsthistoriker Peter Steiner sieht in Fiedlers zeitgerechter Feststellung und Diagnose die entscheidende Wegmarke. Fiedler erkannte an den Gemälden von Eugène Delacroix und Edouard Manet den Aufbruch in eine neue Epoche, die bestätigt wurde durch die Arbeiten von Vincent van Gogh, Gustave Courbet und die Impressionisten. Fiedlers Definition künstlerischer Qualität 1887: Sie »besteht in der durch die Form vermittelten und zum Ausdruck gebrachten Erkenntnis«.

Farbe und Form haben dementsprechend bei Franz Marc eine ganz andere Funktion als die der Wiedergabe von Realität. Der Tiger mag noch gelb-schwarz sein, aber er hat eine neue Geometrie, die Pferde sind blau und die Kühe rot, und gerade dieser neue Blick spricht uns an, weil diese Bilder überraschen und dabei eine positive Kraft verströmen. Jedoch, die Schönheit hat die Wahrheit verloren, aber nur die äußere, das Wesentliche wirkt stärker. »Es ist die ontologische Funktion des Schönen, den Abgrund zwischen dem Idealen und dem Wirklichen zu schließen«, drückt das der Philosoph Hans-Georg Gadamer in seiner *Aktualität des Schönen* aus, wo er den engen Bezug von Schönheit und Wahrheit herausstellt. So überwinde Kunst auch die Zeit in ihrer »Gleichzeitigkeit von Vergangenem und Gegenwärtigem«.

Dem mag der heutige kurzlebige Kunstbetrieb im Umbruch nicht generell folgen. Doch die archaischen Höhlenmalereien in Europa und Nordafrika wie die heutige Land-Art in den USA oder Erdzeichen – etwa des Künstlers Wilhelm Holderied am Flughafen München und in Mexiko – und alle Kunst zwischen diesen Zeiten erweisen sich als Brücken über sie hinweg. Merkmal der Kunst ist die Überwindung der Zeit. Kunst schöpft aus der Vergangenheit, gestaltet sich in der Gegenwart und kann über die Jahrtausende wirken.

Kunst und Kult

In der archäologischen, der ethnologischen und der bis in die Gegenwart reichenden kunsthistorischen Forschung erkennt man die Kunst nicht nur als Dienerin eines transzendenten Bewusstseins, man findet sie in engster Symbiose mit Kult und Ritus als deren Medium. Die steinzeitliche Venus von Willendorf in der Wachau hat vor bald 30 000 Jahren Fruchtbarkeit idealisiert; die hölzernen Ahnenfiguren in Neuguinea stellen die Beziehung zum Totenreich her und bilden ein kollektives Gedächtnis der Gruppe; Dolmen und Menhire in der Bretagne sind Zeugnisse von Glauben und Mystik des unbekannten Volks vor den Galliern und Kelten; die Pyramiden im Niltal und in Mexiko wollten Gottähnlichkeit symbolisieren; die Tempel der Antike waren dem Pantheismus geweiht wie die figurenreichen Tempel Indiens den launischen Göttern, die Anlagen der Inka vermutlich dem Geist des Kosmos – stets haben sich Kult und Glaube auf allen Erdteilen in der Kunst ihrer Zeit manifestiert.

Im Begriff und gemeinsamen Nenner der »Glaubensästhetik« fasst der Kunsthistoriker Peter B. Steiner kritisch zusammen, was in christlichem Kirchenbau und sakraler Kunst von Vergangenheit und Gegenwart religiöses oder spirituelles Empfinden ausmacht, unterstützt oder verhindert. Ganz im Sinne der oben beschriebenen Funktion der Kunst als Medium und Ausdruck des Glaubens in allen Kulturen rügt er: »Es wäre die Pflicht aller Seelsorger, die ethische Kraft der zeitgenössischen Kunst in ihre Verkündigung einzubeziehen. Weil dies nur so wenige tun, darum meine ich, die Künstler müssten den Bischöfen und Priestern am Aschermittwoch Asche auflegen als Zeichen der Umkehr.« Ohne Kunst könne die Kirche nicht Licht der Welt sein, aber die »Verhübschung«, angeleitet durch die Bestellkataloge für alle Pfarreien, trübten die Erscheinung. Dass aber zeitgemäß asketische Spiritualität in Architekturen, Räumen, Altären, Kelchen, Gewändern und auch im Auftreten möglich ist, dafür findet er doch viele Beispiele. Glaubensästhetik heute müsse nicht hinter derjenigen vergangener Jahrhunderte zurückstehen.[18]

Aber: Laster Reinheit

Er hat als Kirchenmaler und Restaurator (»der muss alles können«) angefangen, das Malen dann an der Akademie studiert und Didaktik der Kunst an der Universität gelehrt, immer dabei zu anderen Disziplinen gastlichen Kontakt gepflegt, zum Beispiel mit seiner berühmten »Freitagssuppe« nach Vorträgen über Gehirn, Wahrnehmung oder Ethnien – Hans Daucher. Unter dem Titel *Laster Reinheit* versammelte er seine Betrachtungen zum Erscheinungsbild der weiten und prägenden Lebenszonen unserer Gegenwart. Es blieb beim Manuskript, das er vor seinem Tod 2013 nicht mehr publizieren konnte, das aber lebenslange Beobachtung der Hässlichkeit besonders von Stadtplanung und Architektur und überhaupt der »Zerstörung von Bildung und Kultur« unter diesen gemeinsamen Nenner »Laster Reinheit« fasste.

Den Grund für die visuelle Verödung sieht Daucher ähnlich wie Theodor W. Adorno in der Bedrohlichkeit des Rationalismus, der sich seit der Aufspaltung der Welt durch Descartes in Natur und Geist und seit Kants reiner Vernunft als umfassendes Gebot in die Köpfe schlich. Das auf Begrifflichkeit reduzierte Denken – im Einleitungskapitel unter I problematisiert –, reduzierte Liebe auf Sexualität, frisch perlendes Wasser auf H_2O oder Salzburger Nockerl auf die Kalorien. Die Vermessung der Realität, die »aus der Wertewelt eine Zahlenwelt« machte und dem Abendland damit einen technisch-ökonomischen Vorsprung verschaffte, habe zu einem Reduktionismus des Denkens geführt und in der Stadtgestaltung »dogmatische Formen« angenommen. So würden menschliche Sehbedürfnisse rigoros puristisch mit entleerten Viereckwüsten abgespeist. Schon die »Bauhausseuche« hätte nur auf »nüchtern«, »klar« und »rein« gesetzt, ein Reinheitsgebot, das letztlich seine Entsprechung in den Rassegesetzen Hitlers und den Verbrechen an der Menschlichkeit seinen Ausdruck fand, und es in »ethnischen Säuberungen« immer noch bewirkt. Der Drang, »alles auf den Begriff« zu bringen, befördere Schreckliches: mit der Sakralisierung der Reinheit eben Intoleranz und Krieg. »Das Gehirn eines gebildeten Rationalisten mag so zu einer spezifischen ästhetischen Wertschätzung für stupide Einförmigkeit neigen.« Nahezu jeder durch unser Schulsystem rationalistisch dressierte Mensch sei davon betroffen. »Der Verstand denkt nach, das Sehen sieht voraus«, schreibt Daucher. Der Weitblick werde in Europa wie in den USA den Kindern aberzogen. Das Ergebnis sei augenfällig.

Die Aufzeichnung der Augenbewegungen der Betrachter zweier nebeneinanderliegender Fotos mit dem Eyemark-Recorder – links eine monotone Fassade, wie sie seit der Nachkriegszeit das Bild unserer Städte prägt, rechts die eines Hauses aus der Gründerzeit – zeigt bei allen Testteilnehmern ein Spazierengehen der Augen im rechten Foto, wie um immer noch etwas zu entdecken, und ein gelegentliches kurzes Abschweifen nach links auf das jeweils nur für Sekundenbruchteile betrachtete Abbild, um anschließend zu dem kurzweiligen, anregenden und länger abgesuchten Bild zurückzukehren.[19] Architekten, die »Linkes« bauen, wohnen aber mehrheitlich in den »rechten« Häusern.

Der Wiener Architekt Adolf Loos war ein extremer Vertreter des Reinheitsgebots. Er verdammte den Jugendstil seiner Zeit und wollte ihn mit seinem weithin bekannten Vortrag *Ornament und Verbrechen* überwinden. Das brachte ihm den Spott des *Simplicissimus*-Zeichners Thomas Theodor Heine mit einer blutrünstigen Karikatur ein, in der ein Architekt aus Dessau sich und seinen Familienmitgliedern die Ohren abschneidet, weil Ornament auszumerzen sei. Unsere Zeit sehnt sich wieder nach Ornament.

Weil Städtebau und Architektur mehr ist als eine Frage der Ästhetik, nämlich eine Frage der Befindlichkeit der Menschen und ihrer Stimmung und Prägung, kann städtebauliche Trostlosigkeit leider auch ein Nährboden für Kriminalität und Vandalismus sein.

Schon Erich Kästner hatte die Entwicklung so gefasst: »In diesem Lande wächst die Freiheit nicht, was sie auch bau'n, es werden nur Kasernen.« Kasernen sind noch wohnliche Bezirke gegen die depressiv stimmenden Schuhschachteln und die inhumanen gigantischen Betonmonster einer angeblichen Moderne mit ihrer abweisenden Glattheit ohne Außenräume, wie sie andererseits gesäumte Plätze bieten mit gestalteten Gebäuden, die gewissermaßen als schützende Hände drum herum urbane Lebendigkeit gewähren oder mit Laubengängen einladen. Neubaugebieten fehlt kreative Individualität, weil Stadtplaner Masterpläne bevorzugen, bei denen großflächig stilistische Kompatibilität mit Uniformität verwechselt wird.

Völlig anders ist Klarheit zu beurteilen, die als Farbe oder Form – auch Bauform – ein Gegengewicht zur vielgestaltigen Natur und zur Reizüberflutung der Zivilisation darstellt. Dem im Wohnungsbau brutalen Architekten Le Corbusier gelang dies leider nur ausnahmsweise in sehr wenigen Werken, etwa der Kapelle in Ronchamp, oder vereinzelt dem Bauhaus mit Walter Gropius bei den Meisterhäusern in Dessau.

Die zum Bauhauskreis zählenden Maler Paul Klee und Wassily Kandinsky gehen einen andern Weg, indem sie mit der Reinheit der Farben und Formen fröhlich spielen und uns so fast humorvoll und surreal ansprechen.

Weil bei der Betrachtung von Schönheit und Kunst die Musik fast immer zu kurz kommt, obwohl Klang alles und alles Klang ist, sei diese Form unter einem besonderen Aspekt hervorgehoben: Der geborene Ungar Béla Bartók, der vor den Nazis nach Amerika fliehen musste, war ein Sammler von Liedern der Völker in Europa und Nordafrika, er schrieb 1942 einen Artikel mit dem provozierenden Titel *Rassenreinheit in der Musik.* Darin berichtet er von dem ständigen Geben und Nehmen von Melodien, von »einem Kreuzen und Wiederkreuzen« seit Jahrhunderten. »Wenn eine Volksmelodie die Sprachgrenze eines Volkes überschreitet, wird sie – früher oder später – gewissen Veränderungen unterworfen werden, die durch die andere Umgebung und insbesondere durch die Sprachunterschiede bedingt sind. Je größer die Unähnlichkeit in bezug auf die Aussprache, den Tonfall, die metrischen Verhältnisse, den Silbenbau usw. zweier Sprachen ist, desto größer sind die Veränderungen, denen die ›emigrierten‹ Melodien glücklicherweise unterworfen sein können. Ich sage ›glücklicherweise‹, denn diese Erscheinung selbst erzeugt und erhöht weiter die Anzahl der Typen und Untertypen.« Wenn die Melodien dann reimportiert würden, klängen sie wieder neu. Es ergebe sich eine »gewaltige

Mannigfaltigkeit und ein riesiger Reichtum an Melodien und Melodientypen«. Und Bartók folgert: »Die ›rassische Unreinheit‹ ist entschieden zuträglich ... Eine vollkommene Absperrung gegen fremde Einflüsse bedeutet Niedergang«, gut assimilierte fremde Anregungen dagegen bedeuten Bereicherung.[20]

Wer denkt bei solchem »Laster Reinheit« nicht an Mutation, welche die Spirale der Kreativität antreibt? Der Nationalsozialismus hat das Volkslied instrumentalisiert und dessen Tradition in Deutschland damit leider gebrochen.

Bartók spricht also von einer Kunstgattung, bei der Harmonie Wohlklang macht und bei der man nach atonalen, besser dissonanten, aber sensibilisierenden Phasen die harmonische Auflösung ersehnt und manchmal auch bekommt, wie bei Richard Strauss. Musik hat sich aus dem Instrument der menschlichen Stimme, aus dem gemeinschaftlichen Singen entwickelt. Schallwellen und Rhythmus sind Ausdruck des Innersten, erreichen die Emotionen der Musizierenden und ihrer Hörer ganz unmittelbar. Die Volksmusik (die echte, nicht die sogenannte volkstümliche!) war auch für viele der großen Komponisten Motiv und Fundus. Sie wurde ja gesungen, weil ihre Melodien als schön empfunden wurden, weil ihre Texte Gefühle vermittelten und weil Gemeinschaft entstand, was selbst die Arbeit leichter werden ließ. Aus diesen alten Volksklängen schöpften Edvard Grieg, Jean Sibelius, Peter Iljitsch Tschaikowsky, Antonín Dvořák, Bedřich Smetana, Franz Schubert, Robert Schumann oder Johannes Brahms – um nur einige besonders der Romantik verpflichtete Komponisten zu nennen.

Aber: Laster Schwulst

Meinte man, die Postmoderne mit ihrem Pseudokolonialstil sei als Antwort auf die bedrückende Uniformität und Langeweile schon Vergangenheit, da kommt jetzt ein Retrokult daher, der sich von dem uniformen Metropolendesign abheben will und sich deshalb historisch gibt, aber historisierend und ohne jegliche Authentizität herumschnörkelt, als Edelkitsch ausschließlich für den Geldadel konzipiert ist und die städtische Gesellschaft sozial weiter spaltet.

Menschlicher Gestaltungswille kann, wenn nicht einfühlsam geführt und entwickelt, schnell in alle Formen des Kitsches entgleiten. Dieser bedient das allgemeine Bedürfnis nach Geborgenheit und Heimeligkeit bei ästhetisch Ungeschulten durch süßes Einlullen. Solche »Lulle« strahlen säulchengeadelte Fassaden ebenso aus wie der röhrende Hirsch vom Wandteppich, das den Wirtshäusern aufgezwungene Brauereidesign, pseudobarockes Schmiedeeisen oder jodelnde Fassaden. Aber es ist immerhin ein Akt des meist stillen Widerstands gegen die Trostlosigkeit, Kälte, Lieblosigkeit, Formenplattheit, Fantasielosigkeit und Inhumanität gebauter Umgebung.

Vergleichbar ist ein anderer Effekt der Wehrhaftigkeit gegen Ödnis: Wenn Wände als Brachflächen wahrgenommen und besprüht werden mit individuellen Zeichen, meist aus Protest, dann ist da ein Wunsch nach Gestaltung spürbar. Auf diese Weise anregend gestaltete Brachflächen werden meistens respektiert. Die trostlose, mehr als hundert Kilometer lange Berliner Mauer zum Beispiel war auf der Westseite individuell bearbeitet worden, als Kunst des Aufbegehrens, als Demonstration von Freiheit.

Der Kitsch hat noch einen Bruder im Geiste, der sich Kunst nennt, sogar als solche vom Zeitgeist hofiert wird, aber dem Wesen der Kunst fremd ist, wie dieses gleich Kandinsky aufzuspüren versucht. Dieser Bruder des Kitsches ist der Krampf, geistige Bedürftigkeit mit dem Schwulst der Worte einzukleiden und den überstrapazierten »Paradigmenwechsel« von der Malerei zur Installation dort in die Leere von Galerien und Museen zu tragen, wo »eine Wiederbesetzung diskursiver Räume« kleinen Beuysens zu Auftritten verhilft, um ihrer Einfallslosigkeit oder handwerklichen Defiziten krude Etiketten »diskursiver Spannungsfelder« aufzuschwatzen. Selbst Gebrauchsgegenstände sind nicht sicher vor Verbalschnörkeln von bedeutungsschwangerer Aufladung, zum Beispiel im Frankfurter Museum für Kommunikation: »In Zeiten kultureller Umbrüche« zum »Kommunikationsmedium«

stilisiert wird etwa – der Büstenhalter! Wo wir doch da naiv und unkorrekt, aber richtig, eher an den Inhalt des BH als Medium, also als ein Mittel zu diversen Zwecken, denken. Was sich in diesem Kommunikationsmedium des »Büstenhalters als Symbol« mehr oder weniger verbirgt, »birgt und sprengt Bedeutungen, Affekte und Vorstellungen des Mütterlichen, des nährenden, des nationalen«, klärt uns endlich ein Flyer zur Ausstellung so geschrieben auf.

Kunst ist.

Kunst ist, was sich als Kunst bezeichnet. Bei der juristischen Interpretation der Kunstfreiheit muss ein denkbar weiter Rahmen angelegt werden. Sonst ergibt ihre Garantie keinen Sinn, sonst wäre Kunst in normativen Schachteln vorsortiert, wie wir das ja aus der Zeitgeschichte von der »Nazikunst«, der von ihr »entarteten Kunst« oder dem »sozialistischen Realismus« kennen. Die Kunst wäre verordnet.

Diese Freiheit der Kunst korreliert mit den Garantien der Persönlichkeitsentfaltung und der Meinungsäußerung. Die Grenzen zwischen Kunst und Pornografie hat schon in der frühen Bundesrepublik der Bundesgerichtshof im Fall von Curzio Malapartes Roman *Die Haut* (1949) in einem wegweisenden Urteil zugunsten der Kunst entschieden. (Übrigens fand ich dieses Buch als Wehrpflichtiger in einem Strohsack im Militärcamp von Munsterlager in der Lüneburger Heide nach einer Übung von britischen Soldaten dort in englischer Sprache und las es als Soldatenlektüre. Die Villa Malaparte auf Capri entdeckte ich bald darauf, und diese war mit dem Malen dort ein Impuls, über »Schönheit« zu reflektieren, wie im Teil I »Auf der Suche« geschildert.) Bei den Grenzen der Kunst geht es heute seltener um Sittliches, öfter um die Güterabwägung zur persönlichen Ehre Betroffener in Literatur, Filmdokumentation oder Abbild, neuerdings zusammen mit der Meinungsfreiheit auch um Abgrenzung zum religiösen Empfinden.

Weil aber alles, was sich zu Kunst erklärt, heute auch als Kunst durchgeht, spitzen diesen Abschied von einer allgemeinen Ästhetik Irenäus Eibl-Eibesfeld, der Verhaltensforscher, und Christa Sütterlin als Kunsthistorikerin in *Weltsprache Kunst – zur Natur- und Kunstgeschichte bildlicher Kommunikation* provokant, aber treffend so zu: »In einer Zeit, in der das Stammeln und Versuchen wieder ein gängiges Ausdrucksmittel geworden ist, erweist sich der Blick in die Anfänge vielleicht als besonders hilf- und aufschlussreich.«[21]

Wenn »Schönheit« also immer weniger mit Kunst verbunden ist als mit einer allgemeinen Empfindung von »Ästhetik«, liegt doch bei aller Verunsicherung dem Kunstbegriff ein Ringen um Form, Sinn und Zweck von Gestaltung zugrunde. Wassily Kandinsky, der als Maler und als Kunsttheoretiker gewissermaßen in seinen beiden Gehirnhälften abwechselnd gut zu Hause war, lässt sein Denken und Fühlen so sprechen: »Dieses innere Schöne ist das Schöne, welches mit Vorsicht auf das gewohnte Schöne aus befehlender innerer Notwendigkeit aufgewendet wird.« In seinem Buch *Über das Geistige in der Kunst* beschreibt er die tiefe Verwandtschaft der Künste – vor allem der Musik, bei der die Töne unmittelbar die Emotion erreichen – mit der Kunstform der Malerei. Beide vermögen »die menschliche Seele in Vibration« zu versetzen. Kandinsky zitiert den Komponisten Arnold Schönberg: »Ich fühl aber bereits heute, dass es auch hier gewisse Bedingungen gibt, von denen es abhängt, ob ich diese oder jene Dissonanz verwende.«[22] Offenbar kann selbst das größte Ausreizen dessen, was Kunst ist, unter dem Primat des Schönen nicht absolut sein. So denkt auch Kandinsky, wenn er sagt, dass selbst »die genialste Kraft« nicht über die »Grenzen der Freiheit zu springen« vermag. »Aber dieses Maß muss jedenfalls erschöpft werden.«

Hat Kandinsky »das Geistige in der Kunst« umgesetzt gesehen, suchte Carl Orff, nachdem die Musik mit dem Expressionismus der Zwölftoner und allen Richtungen vorher quasi »durch« war, den Ursprung, »das Elementare«. Darauf weist der Musikwissenschaftler Michael Kugler hin. »Am Anfang war die Trommel«, diesen Satz eines Ethnologen und Freunds hat Orff in seinem Schaffen bestätigt, den Komponisten, der den Klang und den Rhythmus der Sprachen – von Griechisch, Latein und Altbairisch – im dynamischen Stakkato seiner elementaren Musik zur höchsten Geltung brachte. Sein *Orff'sches Schulwerk* vermittelt in 47 Instituten weltweit ganz elementar den Zugang zur Musik durch stimulierende kreative Percussion in den Formen von Musik, Sprache und Bewegung.

Über eines Impressionisten Kunst sagt Kandinsky, dass der keinen Baum oder Menschen oder Apfel brauche, um diesen darzustellen, sondern »alles wird von Cézanne gebraucht zur Bildung einer innerlich malerisch klingenden Sache, die Bild heißt«. Henri Matisse wiederum suche in seinen Bildern »das Göttliche« wiederzugeben. Und schließlich: »Nie unterliegt dem Schönen der andere große Pariser, der Spanier Pablo Picasso.« Der komme »auf logischem Weg zur Vernichtung des Materiellen … Durch eine Art Zerstückelung … und Zerstreuung dieser Teile auf dem Bild … Matisse – Farbe. Picasso – Form. Zwei große Weisungen auf ein großes Ziel.« Überall lägen die »Keime des Strebens zum Nichtmateriellen, Abstrakten und zu innerer Natur«.[23] Konrad Fiedler nannte es »Erkenntnis«.

Vom Entstehungsprozess her unterscheidet Kandinsky drei Dinge: die Impression, die die äußere Natur ausdrücke, die Improvisation, die plötzlich und unbewusst erfolge, und die Komposition, die langsam von der Vernunft konstruiert werde, jedoch das Gefühl als oberste Instanz gelten zu lassen habe. Er betont dabei »das Prinzip der inneren Notwendigkeit« und das Prinzip der »zweckmäßigen Berührung der menschlichen Seele«.

Jeder Künstler habe zudem »drei mystische Notwendigkeiten zu berücksichtigen«: das Eigene zum Ausdruck zu bringen, dann das seiner Epoche Eigene und schließlich »als Diener der Kunst« das der Kunst im Allgemeinen Eigene als Element »des Rein- und

Ewig-Künstlerischen«. Und dann doch wieder: »Das ist schön, was einer inneren seelischen Notwendigkeit entspricht. Das ist schön, was innerlich schön ist.«[24]

Was hat sich in dem Jahrhundert danach verändert? Im 21. Jahrhundert beobachten wir die bewusste Abkehr vom Zwang zum Schönen in der Kunst von Malerei, Installation, Theater, auch Musik und vor allem der Kritik. Das mag für die Kunst legitim sein und auch ein Auftrag, weil Brüche notwendig sind, um Neues zu finden. Kreativität verlangt das Ausbrechen aus Schemata und Denksystemen. Attraktivität im Sinne der Schönheit vermutlich auch, um auf sie wieder mit neuem Blick zurückzukommen. So ähnlich jedenfalls hat das jede künstlerische Epoche gegenüber ihrer Vorläuferin gemacht.

Umberto Eco bezeichnet dieses Aufbrechen in der Gegenwart in seiner *Geschichte der Schönheit* als »Schönheit der Provokation«, was mit dem Wirken der Avantgarde gleichgesetzt werde, die die Welt mit anderen Augen deuten wolle. Die Schönheit der Provokation möchte die Rückkehr zu archaischen oder exotischen Modellen genießen, Träume, »Phantasien auch von Geisteskranken, drogenindizierte Visionen, die Wiederentdeckung der Materie, die verstörte Neupräsentation von Gebrauchsgegenständen in unwahrscheinlichen Kontexten … die Triebe des Unbewußten«.[25] Lediglich die Strömung der abstrakten Kunst habe auf »eine Auffassung von geometrischer Harmonie« zurückgegriffen, »in Rebellion gegen die Untertänigkeit der Natur wie die des täglichen Lebens«. Sie habe uns »reine Formen vorgestellt, von den Geometrien Mondrians bis zu den großen monochromen Leinwänden Kleins, Rothkos oder Manzonis … Und daher verwirklicht sich auch diese ›neopythagoräische‹ Rückkehr zur Ästhetik der Proportionen und der Zahl im Gegensatz zur gängigen Form der Auffassung zu der Vorstellung, die der gewöhnliche Mensch von Schönheit hat«. Ecos Werk schließt ab mit der Schönheit der Medien und des Konsums, wo sich dann der gewöhnliche Mensch wiederfindet. Doch die

Hinwendung zum Archaischen, zum Ursprünglichen in der Kunst, zum Einfachen, zum Naiven scheine weniger einem handwerklichen Unvermögen der vielen geschuldet als vielmehr einem Grundbedürfnis in einer Welt unsicheren Aufbruchs.

Ursprung und Zeugnisse von Kunst

Es ist mit Sicherheit anzunehmen, dass mit der Menschwerdung auch das ästhetische Bedürfnis präsent war, sich zu schmücken und dem Ich einen besonderen Ausdruck zu verleihen – ob mit einem Blumengebinde, mit Körperbemalung oder Tätowierung –, also bewusst das fortzusetzen, was der übrigen Fauna evolutionär zugewachsen war.

Eine globale Sicht auf das Wesen der Kunst kann uns die Ethnologie, die sich einst als »Völkerkunde« verstand, erlauben. Über hundert Jahre lagen Muschelschalen und Haifischzähne aus Java, von einem Arzt und Anthropologen namens Dubois 1890 am Uferhang eines Flusses geborgen, in einem Archiv herum, bis ein Team um Josephine Jordens von der holländischen Universität Leiden die Stücke näher untersuchte und mit technologischen Methoden das Alter der geometrischen Gravuren darauf bestimmen ließ. Im Jahr 2014 dann das Ergebnis: 500 000 Jahre! Das war ein Volltreffer. Es waren die mit Abstand ältesten gefundenen und bewusst gesetzten Zeichen der Menschheit, und zwar des Frühmenschen *homo erectus*. (Den ältesten überhaupt gefundenen Plastiken wenden wir uns in Teil V unter 2.3 zu.)

Einen Überblick über das Verständnis von Kunst in ihrem zeitlichen Verlauf gewährt uns die Kunstgeschichte. Den Versuch einer Verbindung mit dem ethnologischen Ansatz leisten Irenäus Eibl-Eibesfeld und Christa Sütterlin in ihrem zitierten Werk *Weltsprache Kunst*. Sie meinen, dass die emotionale Grundausstattung, die unser Gefühlsleben bestimmt, angeboren und nicht erst Ergebnis einer kulturellen Evolution sei. Auch in der frühesten Steinzeit hatten »die Völker einen klaren Sinn für das Schöne«. 350 000 bis

250 000 Jahre alt waren die ältesten der gefundenen bildnerischen Spuren – vor der Entdeckung in Leiden. Es sind »planvoll gesetzte Ritzungen auf Knochen«, etwa auf dem Rippenstück des Elefanten *Palaeoloxodon antiquus* von vor 350 000 Jahren, gefunden mitten in Mitteleuropa – in Blitzingsleben in Thüringen. »In der mittleren Steinzeit werden die abstrakten Kringel-, Bogen- und Linienmuster zunehmend differenzierter.« Sie weisen auf Schmuck- und Kultbedürfnisse hin. Jetzt wieder ein spektakulärer Fund: In der Krapina-Höhle im Norden Kroatiens, ein Hals- oder Armschmuck für Neandertaler, aus Seeadlerkrallen, Alter 130 000 Jahre. Auf den Krallen zahlreiche symbolische Muster, für welche die dort fündigen Anthropologen eine komplexe Kommunikation voraussetzen. Auch Totenbestattung wird in dieser Höhle vermutet.

»Man kann wohl annehmen, dass viele der vor- und frühzeitlichen Rituale im Zustand eines veränderten Bewusstseins stattgefunden haben und daher auch die Einnahme von halluzinogenen Substanzen schon früh eine Rolle spielte.«[26] Die Ausdrucksform ist seit je ein abstrakter Symbolismus: Schilder und Wappen in Zentralaustralien bedienten den Mythos der Ahnen und das Wir-Gefühl von Stämmen in ihren Motiven. In Europa zeugen allein in der 400 Meter tiefen Chauvet-Höhle in der Ardèche etwa tausend Abbildungen von Nashörnern, Wildpferden, Bären, Löwen, Rentieren und sogar einem Käuzchen von höchstem künstlerischem Verständnis und einem unbändigen Bedürfnis nach visueller Anregung. Sie wurden vor 36 000 Jahren gemalt, sind also doppelt so alt wie die Bilder von Lascaux. Da die Kopf- und Rückenpartie der Figuren jeweils besonders betont und oft gleichzeitig von beiden Seiten sichtbar wird, gehen die Forscher von einer animistischen Weltsicht der damaligen Menschen aus und lassen auch Raum für die Interpretation des Übergangs vom Leben zum Tod.

Kunstvolle Kartierungen der Heimat kennt man seit 30 000 Jahren, beginnend mit den Ritzungen auf dem Mammutzahn von Pavlov in Tschechien. Etwa ähnlich alt sind die plastischen Darstellungen wie die bereits erwähnte kleine Figur der Venus von Willendorf, wohl ein Fruchtbarkeitssymbol. In diese Zeit fällt auch der Übergang von Zeichen zu symbolhaften Bildern, zum Teil mit der Ausformung der charakteristischsten Linien, etwa von Nacken, Kopfhaltung oder Gehörn – wie auch ein Picasso das schuf. Kunst war nicht nur dem Dekor oder der Schönheit verpflichtet, sie war zugleich eine Funktion von Mystik und Ritus.

Seit alters schmückten sich die Menschen also selbst aufs Kunstvollste, und sie dekorierten ihre Geräte. »Schön« und »gut« waren meist synonym verwendet. So priesen die Himba, Rinderhirten im heutigen Namibia, nicht nur grüne Weiden und junge Mädchen als »schön«, sondern auch ihre Rinder, eben alles, was schön und nützlich zugleich war. Bei den Yanonami-Indios bedeutet das Wort *totihitawe* heute noch sowohl »gut« als auch »schön«, so die Autoren in *Weltsprache Kunst*.

Schönheit war immer Emotion, Sinnlichkeit und Ausdruck von Übersinnlichem, war Verehrung, Freude, Prunk, Überfluss und Reduktion von Unsagbarem. Kunst wollte schon immer Gefühle auslösen, Rührung oder Erschütterung, Wohlgefallen (wie bei Kant) oder Lust.

Der Code der Zeiten

Trotz der überzeugenden Indizien, ja, der Beweise für das allgegenwärtige Verständnis von Schönheit in der Geschichte der Völker ist uns der Leitspruch der Widmungen von Museen und Opernhäusern – »Dem Guten, Wahren, Schönen« – abhandengekommen. Pathos hat diese Trias zusammengehalten, obwohl die Wahrheit nicht immer schön und als Realität oft gar nicht gut und die Schönheit nicht immer wahr ist. Zumindest unterscheidet man im Gegensatz zur Schönheit als Ware von ihr die wahre Schönheit.

Die Gleichsetzung und Adelung des Schönen als gut und wahr suggeriert, was herrschende Meinung der Kunstadministratoren war, nämlich, dass es absolute Maßstäbe für edle Taten, für zutreffende Aussagen und für Werke der bildenden Kunst gebe. Auch die Pilatusfrage »Was ist Wahrheit?« hat die Museumsbeamten nicht verunsichert. Das Dritte Reich hat danach seine Blut-und-Boden-Ideologie in Monumentalarchitektur und Scholle-, Schamhaar-, Schützengraben-Bilder umgesetzt und das kommunistische Imperium sein Arbeiterparadies im sozialistischen Realismus, der sich nicht wesentlich von der Nazikultur unterschied, obwohl der Abschied vom Leitspruch schon vollzogen war. Die chinesische Regierung verlangt heute von der Kunst, sie habe »moralisch zu inspirieren« und »Patriotismus« zu zeigen. Und immer noch ist die Auffassung weitverbreitet, für das Kunstschöne gebe es ewig gültige Normen.

In der Geschichte der Kunst hat jede Epoche, vielleicht mit Ausnahme der gegenwärtigen, die noch darum ringt, einen gemeinsamen Code entwickelt, der eine verwandte Formensprache durch die jeweilige soziokulturelle Prägung hervorbrachte. Das reicht von Gegenständen wie dem Trinkgefäß oder vom Dekor bis zur Architektur.

Die Struktur der Basilika des antiken römischen Gerichtsgebäudes – ein Hauptschiff mit Satteldach und halbrunder Apsis vorne sowie mit niedrigeren, innen durch je eine Säulenreihe vom Hauptschiff abgetrennten Seitenschiffen – hat der Kirchenbau der Romanik für sieben Jahrhunderte übernommen, mit klaren, Ruhe ausstrahlenden Formen, auch die der Tore, Rundbogen, Skulpturen und Brunnen.

Die zum Himmel strebende Gotik hob das Rund zum Spitzbogen an, führte Lichtbündel durch buntes, bilderreiches Glas in ihre hohen Kirchenschiffe und gab den vormals stoisch in sich ruhenden Figuren Leben durch zarte Bewegung und den typischen Faltenwurf. Aus Christus, dem über den Tod triumphierenden König am Kreuz, wurde dornenbekränzt der für die Erlösung der Menschheit Leidende.

Dann, nach knapp 400 Jahren, wieder ein Jahrhundert der Rückbesinnung auf die Antike: Die Renaissance verwirklichte sich in Fürstenpalästen mit kleinen Tempelgiebeln und Kreissegmenten im Wechsel über den Fenstern und in den Kirchen mit weiten Tonnengewölben und Ansätzen von Stuck. Daraus brach wie ein mächtiger Quell der barocke Formenreichtum mit Schwüngen aus Gips, Gold und Marmor und den Putten als strahlendes *gloria domini,* wiederum abgelöst vom die Mauern und die Ausstattung weiter auflösend-schwingenden Rokoko. Aus dem Rund wurde die Ellipse, Deckengemälde jubelten wie die Orgeln.

Und immer tönt auch die Musik im Gleichklang mit der gebauten Umgebung: in Romanik und Gotik von der am menschlichen Atem gemessenen Rhythmik der meditativen Gregorianik – der Taktstrich war noch keine Maßeinheit – über Monteverdi, dann Bach, Händel und Haydn bis zu Mozarts zauberhaften Harmonien und Tongirlanden. Schnellere Wechsel brachten die beiden letzten Jahrhunderte, auch sie in Verschränkung des Denkens, Malens, Komponierens und Bauens, besonders ausgeprägt in der Romantik mit ihrem nostalgischen Blick in Baukunst, Malerei, Musik und Literatur.

Die Zeiten waren jeweils von künstlerischen Codes geprägt als einer sozialen Übereinkunft der Gestalter. Es wird nach unserer Umbruchzeit spannend sein, welche Codes von Sprache, Bild, Musik, Film und gebauter Umwelt die heutigen Computerkids in der digitalen Epoche finden werden.

Schönheit als Qualität

Schönheit wird allgemein zunächst als eine visuelle Empfindung gedacht und beschrieben. Man kann sie aber auch hören in Natur und Musik. Unverdächtig kann sich dem Schönen eine andere Gestaltungsform zuwenden: Wie sind die Kunstformen Text oder die Mischformen der Einheit von Bild, Wort und Ton des Films zu gestalten?

Kunst, so haben wir vernommen, besteht in der durch ihre Form vermittelten und zum Ausdruck gebrachten Erkenntnis. In

Text und audiovisuellem Gestalten wollen wir der Schönheit im Begriff der Qualität nachspüren. Jede Vermittlung solcher Kriterien braucht Maßstäbe. Hierzu lassen sich Regeln finden, die man in die folgenden drei Kategorien einteilen könnte: Struktur, Rhythmus und Redundanz.[27] Dabei dient Struktur der Verständlichkeit, Rhythmus dem Genuss und Redundanz dem Stil und dem Gedächtnis. Das sei kurz erläutert: Qualität dient dem Leser, Hörer, Zuschauer, Quote dem Sender, Einspielung dem Produzenten, Auflage dem Verlag – so könnte man deren Wechselspiel herunterbrechen. Qualität statt Quote, das wäre in dieser Ausschließlichkeit unzulässig. Qualität statt Quote, darauf reimt sich (außer »Zote«) Don Quijote. Also ein aussichtsloser Kampf? Ein naiver Ritter erficht mit der Bildungskeule nichts. Die Qualität ist weiblich, ihre Waffe ist die Erotik. Attraktivität ist der Motor der Evolution, und die Hirnforscher wissen: *The brain runs on fun.*

So gilt auch für die Text- wie die Filmgestaltung: Ein positiver Reiz muss davon ausgehen. Qualität muss eine gewisse Erotik ausstrahlen, einen Reiz, welcher beim Leser, Hörer oder Zuschauer Saiten zum Schwingen bringt, die nicht ausgeleiert sind und nachscheppern. Die vielen Saiten, die schwingen können, die vielen Facetten des Rezipienten, des unbekannten Wesens – um mit Oskar Kolle einen bekannten »Aufklärer« zu zitieren –, müssen ertastet, gefühlt und gefunden werden.

Struktur

Weil alle Mühe des Gestaltens ohne Verständlichkeit nichts nützt, beginnt die handwerkliche Aufbereitung nach der recherchierenden Vorbereitung mit der Struktur des Stoffes, seinem Zerlegen im Sinne eines »teile und herrsche« und der logischen Abfolge. In der Didaktik sind die Grob- und Feinlernziele angesprochen, in der Rhetorik etwa der klassische Lauf von *conciliando – docendo – permovendo* oder die dialektischen Streitpositionen und in jeder Botschaft der logisch gebändigte Gedankenfluss. Hören wir im Aufbau der klassischen Rhetorik nicht auch den klassischen Satzbau der Musik?

Die Verstehbarkeit der Worte verlangt zunächst treffsicheren Umgang mit Sprache. Jedes Milieu hat übrigens seine eigene. Wissenschaftlersprachen zum Beispiel, die sich auch noch deutlich nach ihren Disziplinen unterscheiden, haben mehrere Funktionen: Sie wollen Verständigung unter Insidern fördern, aber offenbar deutlich Exklusivität herstellen. In den USA ist das etwas anders, wo Forschung Publika braucht.

Die Verstehbarkeit verlangt auch den treffsicheren Umgang mit Sprachbildern (Text, Audio) und Bildsprache (Video), die beide Komplexes durch Veranschaulichen auf den Punkt bringen können. Diese Sprachebenen sind eingebettet in die Struktur als das Gerüst, das hilft, das Gebäude aufzurichten und zusammenzuhalten. An ihr erkennt der Verfasser einer Botschaft, ob seine Ausführungen zielführend und logisch sind. Der Rezipient folgt ihm dann auch, zumindest im Erkennen der Aussage, noch nicht in der Anerkenntnis. Die Struktur ist also das *rationale* Element der Botschaft.

Rhythmus

Das Herz gibt unseren Lebensrhythmus vor. Wie Musik ihren Rhythmus hat, so braucht auch eine Botschaft den ihren – Tempiwechsel und Nachdenkpausen. Damit gelangt man zur handwerklichen Ebene der Genießbarkeit. Ein Reiz muss von dem Werk ausgehen, es muss intellektuell und/oder sinnlich, ästhetisch ansprechen, um gern wahrgenommen zu werden.

Selbst für kleinste Details hat dieser Aspekt Bedeutung: Die Medienpsychologin Herta Sturm hat darauf aufmerksam gemacht, wie wichtig die Bruchteilssekundenpause des Sprechers nach einem Satz ist, um ihn erfassen zu können. Das direkte Weiterlesen oder Dranschneiden der nächsten Äußerung verhindert die Wahrnehmung des eben Vorgetragenen.

Der Musikwissenschaftler und Filmkomponist Enjott Schneider weist auf die Bedeutung des ungeraden Takts, also 3/4, 6/8 und so fort – im Gegensatz zur »Preußischen Marschmitte« der 4/4-Einteilung –, hin, wie sie in der Gegenwartsmusik, vor allem in Pop und Discosound, besonders ausgeprägt ist.[28] Gerade für den Filmschnitt sei der schwebende, der ungerade Rhythmus günstig, weil er den Rhythmus des Bildschnitts nicht beeinträchtige und dessen gelegentliche Schwächen überspiele. Die Abgehobenheit des Schwebens unterstütze auch die Gedankenführung. 3/4, das ist eben nicht nur Wiener Walzer. So begleitet eine melancholische Oboe im ¾-Takt Sterben und Seele der Bäuerin in Joseph Vilsmaiers Film *Herbstmilch*.

Rhythmus schlägt sich in der Sprache nieder und im Fluss der Bewegungen – denjenigen vor der Kamera und denjenigen des Objektivs – und in der Folge der Bilder, wie sie in der Postproduktion am Schneidetisch komponiert werden. Und wie man sie auch in Architektur, Plastiken und Bildern findet.

Die klassische Rhythmik im metrisch vorgetragenen Drama hat zusätzlich zur reinen Aussage Hirnbereiche aktiviert, die auf Musikempfang eingestellt sind. Die Rhetorik hat dies als *permovendo* besonders für den Schluss der Rede kultiviert, wie Cicero lehrt. Der Reim als Rhythmus nutzt diese empfindsame Mehrkanalrezeption. Moderne Lyrik verzichtet oft darauf und baut dann allein auf intellektuelle Ästhetik.

Weil Abwechslung erfreut, sind Tempiwechsel nicht nur in der Musik erfrischendes Element, sondern in jeder zeitlichen Abfolge – in der Gestaltung eines Textes, eines Films, sogar im gebauten Werk, das wir mit unseren Augen »abwandern«. So kann eine Gebäudefassade langweilen oder auch beschwingen, ein gutes oder schlechtes Gefühl auslösen. Rhythmus bestimmt unser Leben – vom Schlagen des Herzens bis zum Lebenslauf. Der Rhythmus der Trommeln war sicher die Urmusik, die wir noch durchs Schlagzeug hören. Der Rhythmus ist die *emotionale* Komponente der Botschaft.

Redundanz – rational und emotional

Um etwas verstehen zu können, bedarf es auch eines Wechsels des Standpunkts des Betrachters: Ein Dreieck wird als Dreieck wahrgenommen und erst dann als Pyramide erkannt, wenn sie schräg von der Seite dargestellt ist, wenn der Beobachter seinen Standpunkt verändert, die Kamera zur Seite rückt. Auch diese Perspektive reicht nicht zur Beurteilung, wie viele Seiten die Pyramide hat. Erst der Blick von oben zeigt uns das.

Verallgemeinernd gilt also: Ein Gegenstand will von verschiedenen Seiten betrachtet werden. Nur so wird er plastisch und greifbar. Umso wichtiger ist dieser Wechsel des Blickwinkels deshalb bei abstrakten Gegenständen, um sie anschaulich werden zu lassen. Das sei als notwendige Redundanz, und zwar als deren *rationale* Seite, eingeführt. Sie ist eine Bedingung der Verständlichkeit.

Diese kann übrigens mit der eben angesprochenen Metaphorik gut geleistet werden, da wir dabei vom Denken in Worten zum Denken in Bildern zurückgeführt werden. Bilder tragen diese Redundanz in sich, sagt doch »ein Bild mehr als tausend Worte«. Von der griechischen Wortbedeutung her ist mit Metaphorik das Übertragen, das anderswo Hintragen gemeint – durchaus vergleichbar dem Positionswechsel der Kamera.

Metaphorik kann sich verbal, akustisch und optisch ausdrücken. Sie führt in ihrer Sinnbildhaftigkeit, wenn passgenau, oft präziser zum Verständnis als die direkte verbale Ausführung und hilft, die Expertensprachen aller Disziplinen allgemein verständlich umzusetzen, zu demokratisieren.[29] Zur Erheiterung ein schönes Beispiel, wie ein Sprachbild blumenreich misslingen kann (aus einer alten Sprachlehre): »Der Zahn der Zeit, der alle Tränen trocknet, wird auch über diese Wunde wieder Gras wachsen lassen.« Da hilft auch keine Tetanusimpfung mehr.

Sowohl für Sprachbilder als auch für Bildsprache gilt: Bilder müssen zusammenpassen. Audiovisuelle Metaphorik muss man gerade bei den Themen kultivieren, die arm sind an abfilmbaren Szenen, bei Beiträgen zu komplexen Sachverhalten, zu Abstraktionen, beispielsweise solchen aus den Geisteswissenschaften. Das ist auch ein Grund, warum diese im Fernsehen so unterrepräsentiert sind. Bei Finanz- oder Steuerthemen in den täglichen Nachrichten nur immer Geldscheine regnen zu lassen, unterstützt das Verstehen wenig. Der angemessene Einsatz von Geräuschen, Tönen, Klängen und Musik und von emotionsgeladener Visualisierung ist ein weiteres, ein eigenes Thema für Verstehen und Behalten.

Im Idealfall geht eine Botschaft den Weg von der *Verständlichkeit* zur *Merkbarkeit,* kann also beide Schwellen überschreiten. Die Psychologie der Rezeption ist ein Schlüssel für die Gestaltung von Botschaften. Wenn mit Gefühlen aufgemischt, funktioniert der Eintritt in den Speicher des Gedächtnisses besser – auch dies eine Chance, aber ebenso eine propagandistische Gefahr.

Unterstützt wird die Merkbarkeit auch durch ein besonderes Genussrezept: Die Qualität eines Gemäldes, eines Musikstücks oder eines Gedichts hängt wesentlich davon ab, dass sich bestimmte Muster aufeinander abgestimmt wiederholen, also nicht Beliebiges zusammengewürfelt wird. Das Thema mit Variationen, also diese Form der Redundanz, beherrscht die Sinfonie und gibt ihr das Profil der Unverwechselbarkeit – denken wir an Beethovens Fünfte und das anklopfende Schicksal. Wiederholung und Variierung verleihen jeder Komposition den Ohrwurmeffekt, ganz ähnlich wie beim Volkslied oder dem erfolgreichen Schlager mit seinem Refrain. Techno-Musik ist Redundanz in Potenz, auch ein Ornament ist es. Redundanz meint in diesem Zusammenhang nicht nur Wiederholung desselben, sondern ein Wiederaufgreifen, so wie repetitive Ereignisse ein Wohlgefühl schaffen können, welches auch für kunstgeschichtliche Epochen, ja selbst für das Werk eines einzelnen Künstlers, stilbildend ist.

Wir betrachten hier vor allem die *emotionale* Komponente der Redundanz. Es geht dabei nicht um das Betrachten eines Gegenstands von verschiedenen Seiten wie eben bei der rationalen Komponente der Redundanz. Hier, in der emotionalen Form der Redundanz, sollen sich nämlich in der Gestaltung eines Textes – ähnlich der Lyrik –, eines Hörbilds oder Films gezielt bestimmte formale Elemente wiederholen, damit sich ein Profil herausbilden kann. In jedem Format sollten die Figuren der Wort-, Laut-, Klang-, Bild-, Schnitt- oder Trick-Ebene aufeinander abgestimmt wiederkehren. Solche Redundanz schafft Stil. Das berücksichtigt intuitiv auch ein Maler vor seiner Leinwand beim Einsatz von Farben und Formen, dem Wiederaufnehmen von Motiven, Proportionen, Flächen, Strichen und Tupfern. Formale Schlüssigkeit unterstützt die inhaltliche. Und Beliebigkeit ist der Feind der Beliebtheit. Genießbarkeit bedeutet Entgegenkommen und Mitnehmen – nicht zuletzt mit Charme. Das Geheimnis: emotionale Redundanz.

Eine moderne Ausformung einer so verstandenen Redundanz ist das *Corporate Design* mit dem Effekt der Wiedererkennung – von größter Bedeutung im Konsumbereich von Waren und von virtuellen Inhalten. So hat sich der Jingle der *Tagesschau* nur in der Klangfarbe seiner sechs Töne über die Jahrzehnte verändert, nicht aber in ihrer Abfolge.

Zum Verstehen ist also die rationale Komponente einer klaren Struktur nötig, zum Dranbleiben und Genießen der richtige Rhythmus als emotionale Komponente und zum Erkennen, Gewöhnen und Merken die beschriebene Form von gestalterischer Redundanz, die sich als rational beziehungsweise als emotional erweist. So wird textliches, optisches, musikalisches, audiovisuelles Gestalten Kunst.

Aber, es ist »ver-rückt«, Kunst geht auch ganz anders – bruchstückhaft, sprunghaft, herausfordernd. Es muss jedoch darin formale Größe und Eindringlichkeit sein, wie es für die zeitgenössische Bilderwelt oben anhand des Werkes von Umberto Eco gezeigt wurde. Die Kunst verträgt immer auch einen Querschuss – wer hätte ausgerechnet Robert Schumann die Ironie zugetraut: »Was schön klingt, spottet aller Grammatik, was schön ist, aller Ästhetik.«

Zur Funktion des Hässlichen

In der Ästhetik, die vom Wort her neutral das Wahrgenommene anspricht (*aisthetikos* = wahrnehmbar) hat die Schönheit in der Hässlichkeit eine Schwester. Abstoßung ist ihre Funktion. Als Hegel-Schüler verfasste Karl F. Rosenkranz 1853 die *Ästhetik des Hässlichen* und verweist darin auf die Instabilität des Schönen, das zerstört werden oder verfallen kann. Verwesende Schönheit als für uns giftiges Aas soll uns abstoßen. Für Geier oder grün schillernde Fliegen bietet das Aas allerdings eine Attraktivität, die wiederum der Evolution dient.

»Die Häßlichkeit ist gerade insoweit ästhetisch berechtigt, als sie Vehikel der Konkreszenz« (eigentlich des Zusammenwachsens) »des Schönen ist« und dieses charakterisiert, schreibt Eduard von Hartmann und zeigt in seiner *Philosophie des Schönen* das Hässliche »auf den verschiedenen Konkretionsstufen des Schönen« kapitelweise auf: »Das sinnlich Unangenehme«, »Das mathematisch Mißfällige«, »Das dynamisch Mißfällige«, »Das passiv Zweckwidrige«, »Das zweckwidrige Lebendige«, »Das gattungsmäßig Häßliche«, »Das individuell Häßliche« und dann auch dessen »Überwindung«. Er gibt zudem noch in systematischen Unterteilungen eine bewundernswerte Fülle von Denkanstößen zum Phänomen der Schönheit, von denen wir manch einen mit dem Abstand von mehr als einem Jahrhundert heute kritisch aufnehmen.[30]

Umberto Eco zeichnete auch eine *Geschichte der Häßlichkeit*[31] auf. Das Hässliche sei begrifflich ähnlich schwer zu fassen wie das Schöne, zumal es auf Menschen durchaus eine Form von sehr spezieller Lust ausüben könne, in der Natur wie in der Kunstszene. Hieronymus Bosch wird allgemein in solchem Zusammenhang mit seinen perfekt gemalten, Schauder erregenden Wesen genannt, gotische Wasserspeier sollen vielleicht das Böse von der Kathedrale fernhalten, so wie die grauslichsten holzgeschnitzten Larven in den Alpenländern böse Geister vertreiben wollen. In der Kunstszene könnte die Richtung um den erwähnten Julian Schnabel, der eigentlich auch »schön« malen kann – genau wie Georg Baselitz, der den Anspruch erfüllt, dass Kunst wehtun müsse, einen Trend setzen.

Per aspera ad astra? Die Frage beschäftigt sich nicht mit den Schwierigkeiten auf dem Weg zu den Sternen, sondern mit der Vorstellung einer mühevollen Katharsis für die Kunst. Das Schauerliche der hässlichen Hexe im Märchen oder des bösen Krokodils im Kasperltheater zielt auch auf eine befriedende Auflösung: Das Hässliche in Verbindung von Natur und Gestaltung bietet zum Beispiel ein US-Unterschichten-TV-Format, das Massen vor den Bildschirm lockt mit Szenen vom Schafsaugenessen oder Beworfenwerden mit Innereien – Vorbild auch für RTL mit seiner Dschungelshow.

Hässlichkeit erregt Aufsehen, darum geht es. Für die Tierwelt spricht der Biologe Klaus Richter in *Die Herkunft des Schönen, Grundzüge der evolutionären Ästhetik,*[32] einem mit viel Bildmaterial unterlegten Werk, das »Hassen« von Vögel an: Vögel warnen durch gemeinsames Schreien vor der Katze oder einem anderen Räuber. In dieser Wortbedeutung von »Hassen« zeigt sich eine lebenserhaltende Funktion. Richter weist auf die Beobachtung der Primatenforscherin Jane Goodall hin, wonach sich Schimpansen von durch Krankheit verunstalteten Artgenossen fernhalten, und vergleicht dies mit evolutionärem Fremdenhass, gegen den viel Aufklärungsenergie erforderlich sei, obwohl das Exotische immer schon einen besonderen Reiz ausgeübt habe. Anziehung und Abstoßung sind also Schwestern, in der Physik wie in der Psyche.

5. ATTRAKTIVITÄT IN DER PHILOSOPHIE

Für die hier vertretene Attraktivitätstheorie hält die Philosophie einen unermesslich großen Fundus an Ideen bereit, wie auch die Kunstgeschichte, die Kulturtheorie, die Literaturwissenschaft und die Semiotik. Dieser Fundus kann und soll deshalb gar nicht ausgelotet werden, zumal die Attraktivität – wie am Eingang des Kapitels angedeutet – die beiden letztlich philosophischen Dimensionen in sich birgt: die der Ästhetik und die des Glücks.

Eine »empirische Ästhetik« reift derzeit in einem neu gegründeten Frankfurter Max-Planck-Institut unter diesem Titel heran, wo man Texte, Musikstücke und Bilder (Film) manipuliert und anschließend deren Wirkung auf die Rezipienten misst. Möglicherweise sind später Popkultur und Werbeindustrie die Nutznießer der gewonnenen Erkenntnisse. Aber so ist es eben mit der Wissenschaft und ihrem Januskopf. Die Glücksforschung hat ja auch mit ihren Pillen für den Alltag (auf die wir in Kapitel V näher eingehen werden) nicht nur das reine Glück produziert. Eines wissen wir jedenfalls: Schönheit beglückt.

5.1. Attraktivität als Dynamik

In der vorliegenden Betrachtung geht es um die menschliche Reaktion bei der Begegnung mit der Welt und dabei um die Bedeutung dieser Beziehung für unsere Existenz, aber auch um die Wechselbeziehung von allem, was existiert, was sein Gegenüber wahrnimmt, und nicht um eine Wiederholung, Zusammenfassung oder Neuinterpretation von Schönheit. Zwei Fundamente, die unseren Ansatz untermauern, seien deshalb hier aufgespürt: die dynamische und die ästhetische Komponente.

Wir sind es, und wir sind es nicht

Anklänge an das ständige Zusammenwirken der drei Prinzipien von Kreativität, Polarität und Attraktivität kann man deutlich aus philosophischen Schulen heraushören.

Ständiges Zusammenwirken durch Attraktivität bedeutet, dass nichts zum Stillstand kommt, alles ein einziges Werden und Vergehen ist. »Alles bewegt sich fort, und nichts bleibt«, erweitert Platon den berühmten Satz des Heraklit: *panta rhei*. Heraklit selbst ist nur bruchstückhaft überliefert, aber doch mit seinem Bild des Flusses gegenwärtig: »Wir steigen in denselben Fluss und doch nicht in denselben, wir sind es, und wir sind es nicht.«

Die Kernaussage dieser Metapher ist: Der Fluss nimmt – genau wie wir jeweils andere geworden sind durch Haltung, aktuelle Absicht, Gesundheitszustand, psychische Verfassung, Zellerneuerung oder Alterung – mit immer neuen Wassertropfen und Strudeln und Wellen eine andere Substanz und Form an. Es gibt kein Sein ohne Veränderung. In diesen vielfachen Umgestaltungen bleiben aber doch die Einheiten von »Fluss« und von »Wir« im steten kreativen Prozess erhalten.

5.2. Attraktivität als Ästhetik

Dass wir mit unseren Betrachtungen meistens bei den Griechen anfangen, hat mit den schriftlichen Zeugnissen aus dieser Zeit zu tun und mit unserer abendländischen Tradition. In allen Zeiten und sicher mit Beginn des Menschseins war die Reflexion des Schönen aus Lust und Freude ein Lebenselement. Die 30 000 bis 40 000 Jahre alten steinzeitlichen Malereien, Plastiken und Knochenflöten legen ein beredtes Zeugnis davon ab, auch ohne Sprache. Die 4000 Jahre alte Himmelsscheibe von Nebra, die älteste bekannte Himmelsdarstellung der Welt, vereint Astronomie, Kult, Kunst und Handwerk auf hohem Niveau und ist Ausdruck dafür, wie Menschenwerk zum Wesentlichen vorstoßen kann.

Beim ethnologischen Aspekt sahen wir eben, wie das Denken und die Wertschätzung des Schönen alle Kulturen umfasst. Die Kulturen Polynesiens und Chinas, Indiens, Vorderasiens, Afrikas, Arabiens, Ägyptens wie die des ganzen Mittelmeerraums, ja, wirklich aller Kontinente, sind ohne intensives Nachdenken und Aufspüren eines ästhetischen Sinnes nicht vorstellbar. Der Italiener Mario Perniola zeigt in seiner *Estetica Contemporanea*[33] erstmals umfassend auf, wie heftig Philosophie und Kunsttheorie in den letzten zwei Jahrtausenden auch außerhalb Europas um diese Thematik rangen.

Und dennoch muss immer Platon herhalten mit seiner Interpretation, wonach die absolute Idee des Schönen im Ewigen und Unsterblichen aufgehe. Doch schauen wir genauer hin, ist es mit der »platonischen Liebe« so weit nicht her. Im *Gastmahl* lässt Platon seinem Lehrer Sokrates von einer Seherin namens Diotima berichten, was diese über die Erhebung von der sinnlichen zur philosophischen Liebe und zur Schönheit erzählt: Zuerst solle man die Schönheit in der Liebe zu einem schönen Leib finden »und da schöne Worte zeugen. Sodann muss er bemerken, dass die Schönheit irgendeines Leibes der eines anderen Leibes verschwistert ist; dass es ferner, wenn man verfolgen soll, was dem Wesen nach schön ist, von großem Unverstand zeugen würde, wenn man nicht die Schönheit in allen Leibern für ein und dieselbe hielte. Wenn er dies begriffen hat, wird er sich als Liebhaber aller schönen Leiber zeigen .... Darauf wird er die Schönheit in den Seelen für wertvoller halten als die im Leibe. ... Dadurch wird er gezwungen, auf das Schöne in den Lebenshaltungen und in den Gesetzen zu achten und zu sehen, dass all dies miteinander verwandt ist, sodass er das Schöne, das dem Leibe zukommt, gering achtet. ... Nunmehr in den Dingen der Liebe zum Ziel gelangt, wird er plötzlich etwas Wunderbares und seiner Natur nach Schönes erblicken: eben jenes, Sokrates, um dessentwillen auch alle früheren Anstrengungen gemacht wurden. ... Es heißt, auf rechte Weise ... aufzusteigen: von einem schönen Leib zu zweien und von zweien zu allen, von den schönen Leibern zu den schönen Lebenshaltungen, ... zu den schönen Erkenntnissen, ... schließlich zu jener Erkenntnis, die sich auf nichts anderes bezieht als auf jenes Schöne selber.«[34]

Zwar lässt Platon das alles eine weise Seherin erzählen, doch ist das ja nur ein Kunstgriff.

Also von wegen platonische Liebe. Da sind auch Knaben eine Stufe auf dem Weg zum Ideal. Aber das Ideal ist das Wesenhafte in den Dingen. Platons Eros strebt durch das Körperliche und Leidenschaftliche nach dem Urgrund und zugleich Höchsten des Schönen als generelle Idee. So wie er in seiner Erschütterung über die Hinrichtung des Sokrates auch nach der Uridee der Gerechtigkeit sucht.

Vernunft und Sinnlichkeit

Aber mit Eros und Schönheit ist das für die Philosophen so eine Sache. Sie alle haben Platon gelesen, und jeder hat von ihm gezehrt oder etwas anderes aus seinen Schriften gezogen.

Arthur Schopenhauer hat es nicht so mit dem Leib. Der Mensch ist für ihn ein Leidender, sein innerstes Wesen ist der Wille. Aber seine Sprache der Kunst kann die Ideen verkörpern. Kunst betrachtet »das Wesentliche der Welt, den wahren Gehalt ihrer Erscheinungen, ... das für alle Zeit mit gleicher Wahrheit Erkannte«, meint Schopenhauer in seinem Hauptwerk *Die Welt als Wille und Vorstellung*. In der Architektur werde das Ringen der Ideen von Schwere, Starrheit und Bewegung sichtbar, in der Bildhauerei die Idee des menschlichen Körpers, die Malerei zeige die Vielfalt der Ideen auf wie die Poesie, und die Kunst der Musik schließlich bringe Willen und Wesen der Welt zum Klingen.

Schopenhauer verharrt bei der Schönheit nur in ihrer Idee und sieht sie nicht direkt, sondern eigentlich bloß durch Auge und Ohr der Kunst. Dies könne Leiden lindern, wie es auch durch Mitleiden anderer erleichtert werde. Alle müssten sich von der Urwurzel her verbunden miteinander fühlen. So findet er im Grunde ein Einziges. »Damit werden die täuschenden Schranken der Individualität durchbrochen«, bewertet dies der Philosoph Wilhelm Weischedel.[35] Und so sieht es auch der »Menschenwissenschaftler« (wie er sich selbst nannte) Norbert Elias. Das ist das christliche Gebot der Nächstenliebe, denn der Nächste ist jedermann. Das ist auch die friedensstiftende Koran-Sure »Wer einen Menschen tötet, der tötet die ganze Menschheit«, leider eingebettet in viele intolerante Anweisungen. Die Idee der Einheit liegt eigentlich auch allen Schöpfungsmythen zugrunde.

Hegel wird gelegentlich vorgeworfen, er hätte Platons Schönheitsbegriff verkürzt auf »ein sinnliches Erscheinen einer Idee«, denn er hat neben dem Schönen die Liebe in den Mittelpunkt seiner Betrachtungen gerückt. Auch sie bringt ihn zur Synthese seiner polaren Positionen. Und er entdeckt in der Liebe ein Grundprinzip der Wirklichkeit. In ihr »findet sich das Leben selbst«.

Er hat recht. Wir nennen es Attraktivität, und diese schließt die Seele der Liebe, das Wesen der Schönheit und die Kraft der Physik mit ein. Und sie wirkt überall.

In seinem Ästhetikbegriff geht es Hegel nicht um Nachahmung der sichtbaren Realität. Das Kunstschöne sei dem Naturschönen überlegen, weil es aus dem Geist entstehe. Er verbindet das Schöne mit dem Wahren und kommt dabei paradoxerweise zu einer modernen Auffassung, wenn er sagt: »Die Wahrheit der Kunst darf also keine bloße Richtigkeit sein, worauf sich die sogenannte Nachahmung der Natur beschränkt, sondern das Äußere muss mit einem Inneren zusammenstimmen, das in sich selbst zusammenstimmt und eben dadurch sich als sich selbst im Äußeren offenbaren kann.« So sei Kunst eben die Vermittlerin zwischen Vernunft und Sinnlichkeit.[36]

Im vergangenen Jahrhundert hat die Kunst zahlreiche wissenschaftliche Methoden in sich aufgenommen, aus Soziologie, Biologie, Mathematik, vor allem aber aus der Technologie und der Semiotik. Für Letztere könnte ein Joseph Beuys stehen, wo er Vergänglichkeit fetthaltig-situativ installiert. Theodor W. Adornos Schriften zur Musik oder Ästhetik, *Minima Moralia* oder *Ohne Leitbild,* wie auch Nelson Goodman *Languages of Art* oder Max Benses *Aesthetika* in den verschieden Fassungen stehen für einen Aufbruch mit offenem Ende.

Bense, gelernter Physiker, Informatiker und Philosoph, hat unter dem Titel *Programmierung des Schönen* (1960) der Verschiedenheit physikalischer und ästhetischer Prozesse widersprochen, da die Texttheorie »praktisch einen idealen Text mit den gleichen statistischen Mitteln beschreibt wie die Thermodynamik ein ideales Gas«. Rückkehr zur Objektivierbarkeit von Ästhetik?

Aber wer will schon einen solchermaßen statistisch idealen Text lesen, auch wenn sich die Gemeinsamkeiten der Ästhetik der Natur, ihrer Gesetze und der Kunst anbieten?

Wir ahnen, dass schon alles in allen Stilen mit fast allen Intuitionen gebaut, gemalt, getextet oder anderweitig dargestellt worden ist, aber noch nicht von allen. Und so sind durch die Globalisierung und Ökonomisierung der Kunstszene aus bisher zu wenig beachteten Erdteilen Impulse für einen neuen Blick auf die Welt, für eine neue Ästhetik, zu erwarten.

5.3. Attraktivität als Glück

Schönheit beglückt. Glück ist attraktiv, aber ist Attraktivität auch Glück? Die Antwort liegt nahe – schließlich ist jeder geglückte Evolutionsschritt aus der Attraktivität hervorgegangen, als Verschmelzung von Polaritäten. Wenn sich die Evolution freuen könnte, würde sie das vermutlich jedes Mal tun, genau wie der entdeckende Forscher, der erfindende Konstrukteur oder der gestaltende Künstler dies mit dem Gelingen eines Projekts empfindet. Sie sehen dann ihr Werk im Einklang mit ihrer Erwartung oder sind sogar von dessen Attraktivität überrascht. Das ist Glück.

Glück erleben wir in vielen Formen, zum Beispiel, wenn wir im Rausch der Geschwindigkeit Zeitlosigkeit empfinden – das kann beim Schleudern eines Fahrgeschäfts auf dem Oktoberfest genauso sein wie in der Zeitentrücktheit beim schwerelosen oder unbeschwerten Flow.

Glück ist Erfüllung von Leidenschaft, beim Fußballtor wie beim Orgasmus. Alle Lust strebt nach Glück. Oft geht es um den Augenblick. Doch wenn es eintritt, flieht es oft schon wieder. Zum Glücksempfinden braucht es auch den Gegenpol des Leids oder den Kontrast von Eintönigkeit. Wollen wir Glück festhalten, gelingt es nur über Haltungen oder Fähigkeiten wie die zur Liebe, zur beruflichen Erfüllung, zur eigenen Leistung oder auch zur Askese. So hat Glück mehr mit Tun zu tun als mit Haben und auch mehr mit innerem Frieden als mit Ekstase oder Spaß.

Epikur, der Philosoph von der Insel Samos, der im 3. Jahrhundert v. Chr. in Athen seine Schüler um sich versammelte, lehrte den Weg des individuellen Lebensglücks und auch des Seelenheils, das allerdings, da er ein Jenseits nicht anerkannte, in diesem Leben zur Erfüllung vollendeter Seelenruhe gelangen müsse. Dazu gehört, Unbekanntes verstehbar zu machen, Unerreichbares als unbedeutend zu nehmen und Unvermeidbares zu akzeptieren. So darf der Tod keine andere Bedeutung haben als die, dass das Wissen um die Vergänglichkeit des Lebens eine Quelle der Lust sein soll. Epikurs gelegentlich missverstandene und auf reine Sinnlichkeit reduzierte Glückslehre war also eher eine Lehre der Zufriedenheit – ganz ähnlich wie das auch Horaz mit seinem *carpe diem* vertrat, dem Nützen des Augenblicks.

Als Klassiker des Glücks werden auch Sokrates, Platon und Aristoteles gehandelt. Sokrates stellt die Tugendhaftigkeit, Platon die Gerechtigkeit in den Mittelpunkt eines innerlich vom *daimon* (einem Geistwesen, dem Schutzengel vergleichbar) gut geleiteten Lebens – in der glückhaften »Eudaimonie«, die auch ins Jenseits der »Insel der Seligen« führe.

Bei Aristoteles steht die Vernunft im Mittelpunkt seiner Glücksbestimmung. Ein glückliches Leben sei eines, bei dem der Mensch als vernunftbegabt seine Fähigkeiten und Möglichkeiten ausprägt und anwendet. »Der Geist nämlich ist das Beste in uns, und die Objekte des Geistes sind wieder die besten im ganzen Bereich der Erkenntnis. Sodann ist sie die anhaltendste. Anhaltend denken können wir leichter als irgendetwas anderes anhaltend tun.

Ferner glauben wir, dass der Glückseligkeit Lust beigemischt sein muss. Nun ist aber unter allen tugendgemäßen Tätigkeiten die der Weisheit zugewandte eingestandenermaßen die genussreichste.

Und in der Tat bietet die Philosophie Genüsse von wunderbarer Reinheit und Beständigkeit…«.[37]

Die Kette der Glücksapologeten von der Antike, von Buddhismus, Christentum und Aufklärung bis zur Ratgeberflut unserer Tage ist vielgliedrig und schillernd. Es liegt ja auch in jeder und jedem ein Glücksschatz, der gehoben werden will. Das Leben will, dass es genossen wird.

Glück hat einen großen Strahlenkranz aus Lebensentwürfen, gesellschaftlichen Haltungen wie der Pflege von Freundschaften, es beinhaltet den ethischen Aspekt genauso wie den physiologischen der Hormonausschüttung und der Stärkung des Immunsystems. Dieses kurze Aufscheinen seiner Strahlen hier erweist ebenfalls die Stimmigkeit des Attraktivitätsprinzips als Schlüssel für das Verständnis der Evolution.

6. DIE VERNUNFT DER SCHÖNHEIT

Wie kann etwas vernünftig sein, das sich nicht definieren, höchstens umschreiben lässt?

Die vielleicht weiseste Äußerung zur Annäherung an die »Schönheit« hörte ich von einem einfachen Holzhandwerker, der während seiner Arbeit ganz beiläufig meinte: »Alles Schöne geht letztlich auf die Natur zurück.« Negativ drückt es Gustave Flaubert aus: »Es ist mir unverständlich, wie Menschen leben können, die sich nicht von früh bis spät am Anblick des Schönen erfreuen.«

Das Hässliche dürfen wir bei dieser Betrachtung nicht aussparen. Das Schmutzige, Ausgeschiedene, Verfaulte, Verdorbene, Verwesende erzeugt Ekel. Unsere fünf Sinne sagen uns ziemlich zuverlässig, was wir meiden oder entsorgen müssen. Auch ohne uns beseitigt es die Natur durch Bakterien, die das für uns Hässliche attraktiv finden. Sonst würden sie nicht lustvoll ihre Arbeit tun.

Alles Seiende arrangiert sich mit seiner Umgebung. Das liegt in seiner Natur. Atome haben keine Lust, alleine zu existieren, arrangieren sich untereinander und gruppieren sich zu Elementen oder mit andersartigen Atomen zu Molekülen, die dann neue Ordnungen entstehen lassen. Diese wechselwirken mit ihrem Umfeld, wie Metalle mit Wasser und Lichtphotonen – der Übergang zum Leben.

Alles Lebende arrangiert sich mit seinem Milieu. Der Samen muss die Erde schmackhaft und das Wasser und die Temperatur behaglich finden, dann kann und will er keimen. Wenn der Standort stimmt, entwickelt sich dieser Keim zu einem »Bild von einem Baum«, zu einer Naturschönheit. Diese ist dem Vogel recht, der darin nistet, Schutz findet und seinen Nachwuchs hier flügge bekommt, und dem Wanderer, der bei Regen unter ihm Schutz sucht oder in seinem Schatten lagert. Georg Friedrich Händel inspiriert dieser prachtvolle Baum zu seinem wunderschönen Lied *Ombra mai fu,* das der unvergessene Enrico Caruso traumhaft schön erklingen ließ – im zauberhaften Opernhaus der (damals noch) Urwaldstadt Manaus. So viel Schönes beglückt selbst auf Tonträgern nachhaltig über die Zeiten.

Rückblickend sehen wir, dass sich nur entwickeln konnte, was mit den Bedingungen seiner Existenz im Reinen, also zufrieden war, es gut und schön fand.

Es mag hier gleichgültig sein, wo das ansetzt, was wir »Empfindung« nennen. Tieren bis hinunter zu den Bakterien, Pflanzen bis in die Samen, mindestens aber bis hinein in die Wurzelverästelungen sprechen Biologen inzwischen Empfindungen und Kommunikationsfähigkeit zu. Und wie gesehen Atomforscher auch den Atomen, metaphorisch zumindest.

Millionen von Bakterien finden es in den Gedärmen schön, der Regenwurm im Erdreich und die Bodenmikrobe, so klein, dass wir sie noch nie mit eigenen Augen gesehen haben, findet ihren unscheinbaren Lebensraum so attraktiv, dass sie gemeinsam mit unbeschreibbar vielen Artgenossen für Flora, Fauna und sogar das Wetter sorgt.

Und nun wir. Hätten die frühen Primaten die Bedingungen, die sie vorfanden, nicht als gut empfunden, dann hätten sie sich nicht genetisch weiterentwickelt. Und irgendwie mussten es Lucy und ihr Mann bei aller Alltagssorge als »schön« empfunden haben, ihre Gene mit dem Potenzial einer Optimierung hin zu höherer Vernetzung im Gehirn an ihre Nachkommen weiterzugeben.

Auch wenn das unseren Ahnen vermutlich nicht bewusst war, so war doch für diese Kreativität der Evolution der Nährboden gegeben: die Tiere, die Pflanzen und das Klima in Übereinstimmung mit dem Eiweißbedarf und den sonstigen Bedürfnissen unserer Spezies. Wären diese Bedürfnisse der Weiterentwicklung nicht befriedigt worden, würden Sie diese Reflexionen nicht lesen. Wenn aber Bedürfnisse befriedigt werden können, finden wir das doch schön.

Umgekehrt wird auch ein Schuh daraus: Wir müssen unsere Umgebung mit allen Sinnen akzeptieren, wenn wir existieren wollen. Diese Form von Harmonie ist von existenzieller Bedeutung. So liegt es in der Natur unserer Natur, dass wir die uns umgebende Natur als schön empfinden. Der Mensch kennt in Wechselwirkung mit der ihn einschließenden Umgebung aber auch die Gefahren, die ihm drohen. Selbst dieses Wissen und die gebotene Vorsicht tragen dazu bei, dass er sein Leben genießt.

Es ist nicht den Romantikern vorbehalten, die Natur schön zu finden. Es liegt in der Notwendigkeit und in der Logik unseres Lebens in und mit der Natur, ihre Schönheit zu erkennen und anzuerkennen. Beides ist ein Gebot der Vernunft, nicht eine Form der Gefühlsduselei. Denn die Evolution strebt danach, von all ihren Hervorbringungen als »schön« empfunden zu werden. So ist Schönheit nicht *l'art pour l'art,* sondern Bedingung. Schönheit ist aus dem Blickwinkel der Evolution vernünftig. Das zu erkennen ist der Auftrag an die zur Reflexion fähige Spezies Mensch. Je blinder diese ist, desto mehr verletzt sie das schützende Gewebe, welches die Natur in den vier Milliarden Jahren Erdendasein für sie gewoben hat.

Tröstlich, dass die Natur auch verzeihen und ihre enormen Selbstheilungskräfte mobilisieren kann, wenn wir noch rechtzeitig die Liebe zur Schönheit unseres Planeten entdecken und diese Liebe durch einsichtiges Handeln auch pflegen.

7. DER DREIKLANG DER DREI PRINZIPIEN

Das Zusammenwirken der drei Prinzipien von Kreativität, Polarität und Attraktivität macht also die Evolution aus. Dabei bedingen sich die drei Prinzipien wechselseitig. So lebt die Harmonie, verstanden als Gleichgewicht in der Evolution, von der Attraktivität, der Anziehung durch die Kräfte des Überlebens, ausgelöst durch die Spannung auf der Ebene des Polaritätsprinzips. Die Kreativität bedarf, damit es nicht zu wilden Wucherungen kommt, der schicksalhaften Katharsis, die das Polaritätsprinzip für jedes Atom und jede Verbindung, für jede Art und jedes Individuum vorsieht, um danach die Evolution in der Attraktivität zu stabilisieren. Eine einzige große, prinzipiell nach oben offene Spirale.

Mit jedem vollzogenen Attraktivitätsschritt ist ein neuer kreativer Impuls entstanden, der wieder seinen Gegenpol provoziert, um mit ihm in neuer Attraktivität zu verschmelzen. Jeder dieser kreativen Impulse ist als emergent zu betrachten, denn vor der Vereinigung im Attraktivitätsprinzip hatten dessen polarisierte Teile keineswegs die Eigenschaften, die das neue »Produkt« nun besitzt.

Zu diesem Dreiklang finden wir nun eine Fülle an Symbolik für die unterschiedlichsten Weltbilder. Die Kelten, ohne Schrift, aber mit Zeichen an Wänden und mit Skulpturen, verwendeten die sogenannte Triskele, eine Dreifachspirale, die für »Unendlichkeit« und »Welt« steht. Von uns Heutigen wird die Triskele als Einheit von Körper, Geist und Seele interpretiert, manchmal auch als Sonnenrad oder Sonnenkult gedeutet, so wie sie für Vergangenheit, Gegenwart und Zukunft, Werden und Vergehen, also für Umwandlung und Fluss der Bewegung stehen kann. Solche Trias findet sich in vielen Kulturen, etwa der chinesischen, wenn sich Yin und Yang zur Einheit verschlingen, der hinduistischen oder der jüdischen. Sie ist im Christlichen ohnehin der reine Ausdruck des dreifaltig Göttlichen.

Wir haben Hegel nicht gesucht, aber in dessen dialektischem Dreisprung scheinbar gefunden: Die Kreativität stellt etwas in den Raum wie eine *These,* die Dualität der Gegenpole wirkt *antithetisch*, die Attraktivität kann die *Synthese* bilden. Diese Synthese, die im Attraktivitätsprinzip ruht, setzt die ursprüngliche Wucherungskraft der Kreativität und die Reinigungskraft der Polarität voraus, welche auch stabilisiert, damit die »Partner« in ihrer wechselseitigen Attraktivität zusammenfinden können.

Mit dieser Struktur sind wir aber bei Hegels Modell nur scheinbar angekommen. Auch das allgemeine dialektische Prinzip, von zwei Gegensätzen auszugehen und sie abzuwägen, um der Wahrheit nahezukommen (ein klassisches Instrument schon der antiken Rhetorik), stand keineswegs am Anfang dieser Untersuchung. Der Unterschied der Ansätze wird gleich deutlich.

In Hegels *Enzyklopädie der philosophischen Wissenschaften im Grundrisse* hat das Logische die folgenden drei Kategorien: die abstrakte oder verständige, die dialektische oder negativ-vernünftige, und die spekulative oder positiv-vernünftige. Dabei setzt zunächst der Verstand etwas als seiend voraus, dann kommt das negierende dialektische Moment ins Spiel, indem die Vernunft nun die Einseitigkeit erkennt und das vorher Erkannte verneint. Den entstandenen Widerspruch erkennt wiederum die Vernunft und hebt die beiden Aspekte in einem positiven Ergebnis auf. Das positive Resultat wird aus dem Verwerten der negierten Gegensätze gewonnen. In dieser doppelten Verneinung sieht Hegel das eigentlich Positive und nennt sie »Affirmation«, also Verstärkung.

Von Hegel unterscheidet sich unser Ansatz in zwei wesentlichen Aspekten: Erstens beschreibt Hegel sein dialektisches Prinzip auf der Ebene des Gedachten, also der Thesen, während hier Polarität und Attraktivität Prinzipien der Realität sind. Hegel ahnt zwar auch »ein zusammenhängendes Verschiedenes als tieferliegende, verborgene Wahrheit«, ohne aber von der Denkebene abzurücken. Die Vorstellung, die Gegenthese müsse eine Negation der These sein, ist ein Merkmal seiner Dialektik, allerdings lässt er von diesem

Gedanken, wo er über die Liebe reflektiert. Hier wird die Negation in der Antithesis aufgehoben durch sein Anerkennen, dass im wahren Wesen der Liebe das Bewusstsein seiner selbst aufgegeben sei. Wilhelm Weischedel fasst diesen Gedanken Hegels so zusammen: Die Liebenden würden spüren, »dass es das eine und gleiche Leben ist, das sie durchströmt. Es gibt also im Ursprung eine Einheitlichkeit des Lebens. Aber zugleich wissen sich die Liebenden als getrennte Wesen; sie erfahren den Schmerz der Zerrissenheit. Jenes einheitliche Leben zeigt sich als eine Vielzahl von lebenden Wesen zerstreut. Damit kommt der Zwiespalt in das ursprünglich mit sich einige Leben.«[38] Hegel selbst sagt es dann so: In der Liebe »findet sich das Leben selbst als eine Verdoppelung seiner selbst und Einigkeit desselben«. Hier also eine wechselseitige Bejahung der Pole, so wie das bei unserem Attraktivitätsprinzip durchgängig zu beobachten ist, wo sich diese als positiv wahrgenommenen Gegenpole auf höchst konstruktive Weise verbinden. Das ergibt dann einen neuen kreativen Schritt.

Das evolutionäre Muster – Grundgesetz der Evolution

Wir erkennen also die Kreativität nicht nur in einer Position, der ein Gegenpol erwächst, wobei sich beide durch die in der Attraktivität liegende Anziehung verbinden, sondern wir sehen auch, wie jetzt Kreativität diesen Vorgang umfasst. Denn durch die attraktive Versöhnung der Gegenpole ergibt sich wieder ein – wenn auch noch so kleiner – Kreativitätsschritt in der Evolution. Diesem folgt der nun entgegengesetzte Schritt hin zur Polarität. Daraus entwickelt sich durch das Attraktivitätsprinzip neues Wachstum. Und so fort.

Bei jedem dieser eben betrachteten Kreativitätsschritte bilden die Elemente Kreativität, Polarität und Attraktivität gewissermaßen deren Elementarteilchen. Also erleben wir die Kreativität in jeder der aufeinander aufbauenden Einheiten als deren Teil und als deren Ergebnis:

- Mit jeder vollzogenen Attraktivität ist ein neuer kreativer Impuls entstanden, der wieder seinen Gegenpol provoziert, um mit ihm in neuer Attraktivität zu einem neuen Baustein der Kreativität zu verschmelzen.
- Die Kreativität als Prinzip ist selbst fraktal ausgebildet – genauso wie die Realität, die sie entstehen lässt.
- Durch das Prinzip der Attraktivität stellt sich das Werden und Vergehen als eine einzige große Koevolution dar.

So kann uns also der Versuch einer Definition zu einem konkreten Evolutionsergebnis führen – nämlich zu uns Menschen:

Die Evolution ist der beständige Prozess des Werdens, Vergehens und des neuen Entwickelns im Kleinsten und im Größten und dies im sich selbst organisierenden kosmischen Zusammenspiel von allem. Dem liegt ein dreistufiges Muster zugrunde, nachdem jedem kreativen Entwicklungsschritt ein korrespondierender, gegensätzlich kreativer Schritt der Koevolution folgt; in wechselseitiger Attraktion verschmelzen beide zu einer neuen kreativen Stufe, der wiederum eine Gegenposition erwächst. Das Muster ist ohne Ende zu neuem Anfang hin in sich verschränkt. So steckt das Kleine im Großen und das Große im Kleinen. Dieser Dreischritt bringt auch das menschliche Bewusstsein hervor, das als Prinzip der Reflexion ermöglicht hat, in das evolutionäre dreistufige Muster zu blicken.

V.
DAS REFLEXIONSPRINZIP

oder: Die Anschauung der Welt

1. WAS KÖNNEN WIR SCHON WISSEN?

Das Wissen der Nichtwissenheit
ist das Höchste.
Nicht wissen, was Wissen ist,
ist Leiden.
Nur wenn man unter diesem Leiden leidet,
wird man frei von Leiden.
Dass der Berufene nicht leidet,
kommt daher, dass er an diesem Leiden leidet;
darum leidet er nicht.
Lao-Tse

Wer das Wissen um die Unwissenheit als das Höchste bezeichnet, ist auf der höchsten Stufe des Sinnierens über die Welt und sich selbst angekommen. Im Reflektieren verschmelzen die Polaritäten von Wissen und Nichtwissenheit und die von Leiden und Nichtleiden in der Persönlichkeit des Berufenen. Die Paradoxa lösen sich in der Attraktivität der Weisheit auf.

Wir mögen die Ränder unseres gesicherten Wissens immer weiter hinausschieben, doch je weiter sich das Areal des Gesicherten in diesen Grenzen, in Astro- und Atomphysik und auch in der Durchdringung der weiten Landschaften von Zusammenhängen, ausdehnen mag, desto länger werden die Grenzen zu den Ländern der *Terra incognita,* den Ländern des Noch-nicht-Wissens und denen des Nicht-wissen-Könnens.

Absolutes Wissen ist eine Utopie. Das Erforschbare kommt an kein Ende, auch nicht das uns sich nicht Erschließbare. Und selbst wenn alle Fragen gelöst wären, bliebe immer noch das große WARUM. Wer das anerkennen kann, wird demütig seiner Intuition folgend die Naivität der Weisheit gelten lassen.

Unabhängig davon, ob der menschliche Verstand eine mathematisch ausdrückbare Formel für ALLES, in dem sich Chaos und Ordnung durchwirken, finden kann, ist er auf das jedermann zugedachte Geschenk des Reflektierens angewiesen und zu dessen Gebrauch aufgefordert. Die Anschauung der Welt ist unsere Bestimmung.

»Daß alle unsere Erkenntnis mit der Erfahrung anfange, daran ist gar kein Zweifel; denn wodurch sollte das Erkenntnisvermögen sonst zur Ausübung erweckt werden, geschähe es nicht durch Gegenstände, die unsere Sinne rühren und teils von selbst Vorstellungen bewirken, teils unsere Verstandestätigkeit in Bewegung bringen, diese zu vergleichen, sie zu verknüpfen oder zu trennen, und so den rohen Stoff sinnlicher Eindrücke zu einer Erkenntnis der Gegenstände zu verarbeiten, die Erfahrung heißt? Der Zeit nach geht also keine Erkenntnis in uns vor der Erfahrung vorher, und mit dieser fängt alles an«, schreibt Kant in Kapitel 5 der *Kritik der reinen Vernunft*. Norbert Elias spricht 1988 in der Taschenbuchausgabe von *Über die Zeit* von der »Wendeltreppe des Bewusstseins«, auf der der Mensch in der Lage sei, aufzusteigen und als fünfte Dimension auf die vier Dimensionen unter ihm herunterzublicken. »Wenn von einem vierdimensionalen Universum die Rede ist, dann beziehen die Menschen sich selbst als Beobachtende und Wahrnehmende noch nicht in ihre Beobachtung und Wahrnehmung mit ein. Wenn man auf eine höhere Stufe des Wissens heraufsteigt und die Menschheit als Subjekt des Wissens in sein Wissen mit einbezieht, wird der Symbolcharakter auch der vier Dimensionen erkennbar.«[1]

Mit der Annahme der drei Prinzipien der Evolution, von Kreativität, Polarität und Attraktivität, gewonnen nach der Erfahrung und ihrer Bewertung im Zusammenklang, spiegeln wir wider, was wir als Realität des Werdens – und des Vergehens als neues Werden – erkennen. Die Möglichkeit dieses Reflektierens ist das Resultat eines gewaltigen Sprungs der Evolution. Das Reflektieren als eigenes Prinzip anzuerkennen liegt in der Natur des menschlichen Denkvermögens, welches auf die Evolution in einer Weise einwirkt, die wir nicht vorhersagen können.

Zwar unterliegt auch dieses Phänomen der Kreativität der Menschen, der Polarität der Ansichten und dem Ergebnis aus dem Zusammenwirken dieser Polaritäten. Es ist jedoch durch die Reflexion, durch diesen Spiegel, eine ganz neue, andersartige Kategorie in die Welt gekommen, wenn sich nun die Evolution selbst durch uns als ihr Produkt betrachten und verändern kann. Diesen Spiegel nennen wir »Geist«. Der menschliche Geist repräsentiert jedoch nur einen Teil des Geistes, der in der Welt wirkt. Denn die erkannten Prinzipien oder Grundgesetze sind Geist – was sonst?

Unendlichkeit trifft Ewigkeit

> *Was ist denn schließlich der Mensch in der Natur?*
> *Ein Nichts im Hinblick auf das Unendliche, ein All im Hinblick auf das Nichts, eine Mitte zwischen dem Nichts und dem All, unendlich weit davon entfernt, die Extreme zu begreifen.*
> Blaise Pascal

Wenn wir auch die Extreme nicht greifen können, müssen wir deshalb nicht aufgeben. Es gibt einen immer größer werdenden, zugegeben kleinen Wissensfundus und einen immer noch sehr viel größeren Rest des Wissbaren, dem wir uns in kleinen Schritten nähern können, den wir im Übrigen aber kaum erahnen. Und es gibt das Nichtwissbare.

Ahnen bedeutet nicht zu wissen, aber mit anderen Erkenntnisantennen als denen des logischen Denkens etwas zu spüren, etwa durch die bei C. G. Jung als so wichtig betonte Intuition, welche neben dem Denken, Fühlen und Empfinden ein vierter Weg des (Für-)Wahrnehmens ist.[2] Wir erinnern uns auch an die in Kapitel IV.3 bei der Schönheit der Kunst angeführten Erkenntnisquellen, die Richard von St. Viktor im 12. Jahrhundert in der Reihenfolge ihrer Wertigkeit als *contemplatio*, *cogitatio* und *meditatio* beschreibt. Unser Wahrnehmen, Empfinden, Meinen, Bewerten und Entscheiden dürfte durchaus mehr Neuronen und Synapsen beschäftigen als das logische Denken. Unser Geist hat viele Dimensionen. Er hat Anteil am Geistigen um uns, so wie auch er den Naturgesetzen unterliegt.

Wie aber kommt der Geist in die Welt? Kam er überhaupt, oder war er schon von Anfang an da? Wenn ja, von welchem Anfang? Gab es den überhaupt? Verschlingen sich Anfang und Ende?

Wissen werden wir das nie. Vermuten können wir nur: Wenn wir beim Blick in die Strukturen an kein Ende kommen, weder im Mikro- noch im Makrokosmos, dann könnte es sich mit der »Zeit«, dem, was wir als Verlauf feststellen, ähnlich verhalten. Unendlichkeit trifft Ewigkeit. Die Ewigkeit ist zeitlos, also etwas anderes als eine unendliche Zeit, die es gar nicht geben kann. Denn die Zeit ist an den Raum gebunden, der in sich zusammenfallen wird, wenn seine Zeit gekommen ist.

Und dann die Frage: Welcher Geist? Zunächst jener der atomaren und der kosmischen Gesetze. Ihre Gemeinsamkeit ist das Naturgesetz der Einheit von Kreativität, Polarität und Attraktivität. Aus diesem Geist hat sich der unsere entwickelt, denn das Kleine steckt im Großen. So ist menschliche Metaphysik das Kind der Physis, der Hirn-Physiologie im uns umhüllenden Geist der Natur.

Materie und Energie folgen den kosmischen Gesetzen. Diese Polarität verschmilzt in ihrer wechselseitigen Attraktivität zur Urform der Information oder des Schwingungszustands. Denn Energie ist Masse (mal Beschleunigung). Masse ist auch Energie, die der Masse als ihrer Schwerkraft innewohnt. Beide sind nur ideell, in unserer Reflexion, zu trennen. Energie allein ist die eigentliche Realität.

Lao-Tse schreibt in seinem *Tao Te King*:

Vier Große gibt es im Raume,
und der Mensch ist auch darunter.
Der Mensch richtet sich nach der Erde.
Die Erde richtet sich nach dem Himmel.
Der Himmel richtet sich nach dem SINN.
Der SINN richtet sich nach sich selber.

Was ist bei Lao-Tse der Sinn anderes als das Gesetz der Natur, als ihr Wille? Die alten Chinesen nannten ihn Tao, die Japaner Shinto, die Griechen Logos, die Ägypter Maat.

Die Welt ist ihrem innersten Wesen nach Wille, so auch Schopenhauers Denkvorstellung: »Als Kraft, welche in der Pflanze treibt und vegetiert, ja die Kraft, welche der Kristall anschießt, die, welche den Magneten zum Nordpol wendet, die, deren Schlag aus der Berührung heterogener Metalle entgegenfährt, die, welche in den Wahlverwandtschaften der Stoffe als Fliehen und Suchen, als Trennen und Vereinen erscheint,« – von der Polarität zur Attraktivität – »ja zuletzt sogar die Schwere, welche in aller Materie so gewaltig strebt, den Stein zur Erde und die Erde zur Sonne zieht.« In diesem Urwillen seien auch alle Lebewesen von der Wurzel her verbunden.

Wir erkannten bei der Kreativität, dass dieser Wille schon im Anfang als das Gesetz da war, nach dem alles werden sollte. Der Wille war von großer Macht. Diese Macht war ein Bewegendes, sagt Aristoteles, das die ganze Welt stets durchwirkt, und sie durfte selbst nicht bewegt sein, sonst wäre sie kein erstes Bewegendes. Sie wird in den Religionen »Gott« genannt, ohne dass die Religionen im Einzelnen diese Bezüge herstellen. Für sie ist Gott die Kraft und der in ihr waltende Wille zu Kreativität, Polarität, Attraktivität und zur Reflexion. Es ist ganz offenbar der Wille dieses Willens, auch erkannt zu werden, und zwar durch den menschlichen Geist als »das höchste Naturprodukt«, wie es Schelling formulierte. Ob dieser Geist auf uns beschränkt ist oder auch auf anderen Planeten existiert, bewegt die Menschen im Raumzeitalter.

Da wir Menschen nur aus wenigen Grundmolekülen bestehen, ist die Möglichkeit extraterrestrischen Lebens ohne oder auch mit Bewusstsein nicht auszuschließen, wenn auch die Bedingungen der Kombination höchst extrem sind. Voraussetzung für Leben ist

- ein abgekühlter Planet
- den eine Sonne als Fixstern in Rotation hält und mit genügend Licht aus seiner Kernfusion bestrahlt
- dessen Abstand zur Sonne Temperaturen bewirkt, die Leben ermöglichen
- der auch um sich selbst rotiert, um Wärme- und Kälteausgleich zu gewährleisten
- auf dem es Wasser gibt
- der eine atmosphärische Hülle, schon als Schutz gegen zu viele Meteoriteneinschläge, aufweist
- der in einer der seltenen stabilen Zonen des Alls existiert, und das schon seit Milliarden von Jahren, um einer Evolution Zeit zu geben
- und der am besten auch einen großen Mond als Begleiter um sich hat, damit das flüssige Planeteninnere, auf dem die feste Kruste schwimmt, durch dessen Anziehung in ständiger Rotation gehalten wird, auf dass ein starkes Magnetfeld die lebensbedrohenden Sonnenwinde des Fixsterns abgleiten lässt.

Sollten also trotz aller einschränkenden kosmischen Bedingungen auch die noch komplexeren chemischen Hürden (etwa die des sauerstoffverarbeitenden Enzyms aus 104 unterschiedlich angeordneten Aminosäuren) irgendwo anders im All bis hin zum Bewusstsein überwunden worden sein – wäre dort dann von anderen Arten des Lebens und anderen geistigen Konzepten auszugehen?

Wir suchen nach außerirdischer Intelligenz, aber wir wissen nicht genau, *was* wir da suchen. Wir vermuten, dass die Zeichen der Mathematik in ihrer zwingenden Logik und mit ihrer universellen Sprache ein extraterrestrisches Verständigungsmittel sein müssten und dass die Erde eines Tages entsprechende Antworten erhalten werde, wenn sich irgendwo in der Tiefe des Alls eine vergleichbare Evolution ereignet haben sollte. Jedenfalls gelten die Naturgesetze überall, weil sie aller Evolution zugrunde liegen.

Auf unserem Planeten war die Natur auf unser Erscheinen eingerichtet, als hätte sie uns erwartet. Der Umkehrschluss ist umfassender: Wäre die Natur nicht so, wie sie ist, wären wir nicht da. Eine teleologische Ausrichtung der Evolution lässt sich wissenschaftlich nicht beweisen. Anhänger des Intelligent Design bemühen es dennoch als Wissenschaft, aber dies ist eine Glaubensfrage.

Wissen und Glauben

Mit beidem, dem Wissen und dem Glauben, ist das so eine Sache: Naturwissenschaftliche Erkenntnisse haben hypothetischen Charakter, bis sie wieder einmal falsifiziert werden. Zusätzlich zeigt die Heisenberg'sche Unschärferelation sehr deutlich die Grenzen des Gesicherten auf, indem Ort und Impuls eines »Teilchens« nicht gleichzeitig gemessen und somit atomare Vorgänge allenfalls nach statistischer Wahrscheinlichkeit prognostiziert werden können. Dennoch sind naturwissenschaftliche Methoden innerhalb ihrer naturwissenschaftlichen Untersuchungsobjekte eine logische und ziemlich erfolgversprechende Vorgehensweise.

Auf philosophische oder theologische Fragestellungen sind diese Methoden aber nicht anwendbar. Dazu bedarf es der dort gefundenen Erkenntnispfade, die wiederum für die Physik keinen vernünftigen Weg weisen. Das musste die Kirche bei Kopernikus und Galilei erst lernen, und manchen Naturwissenschaftlern steht dieser Lernprozess erst noch bevor.

Naturwissenschaft und Religiosität schließen sich nicht aus. Die Wissenschaft kann entgegen der Ansicht vieler Wissenschaftler Gott weder experimentell noch logisch ausschließen, genauso wie ein Schöpfer sich wissenschaftlichem Nachweis entzieht. Dieser widerspricht aber der Logik nicht.

Religionen

Für die Zeiten lange vor den Naturwissenschaften gehen Ethnologen und Anthropologen von zigtausend Varianten von Religionen aus. Sie nehmen an, dass alle aus dem Totenkult erwuchsen. Wie zur Bestätigung fanden Archäologen vor Kurzem ein 45 000 Jahre altes Höhlengrab eines Neandertalers in Shanidar im heutigen Irak, wo Grabschmuck durch Pollenfunde verschiedener Blumenarten nachgewiesen wurde.

Die Religionen mündeten in vier große Gruppen der Gegenwart: die Naturreligionen der Urvölker, die chinesischen Formen von Taoismus und Konfuzianismus als ein religiöses Gefühl von Weisheit und mit dem Kult für die Ahnen, die Religionen indischen Ursprungs von Hinduismus und Buddhismus und die monotheistischen Religionen von Judentum, Christentum und Islam.

Der Evolutionsbiologe Edward O. Wilson hält die menschliche Disposition für den Glauben als genetischen Vorteil, weil so das Eigeninteresse zurücktreten und das Individuum mit einem geringen Aufwand die Mitgliedschaft in der Gruppe genießen könne – Gott als praktische menschliche Erfindung. Der amerikanische Mathematiker und Physiker Frank Tipler geht dagegen von einem wirksamen Kräftefeld aus und sagt, Gott sei nichts anderes als die »ursprüngliche, beseelte Kraft des Seins«.

Ist, was die Religionen »Gott« nennen und verehren, nur distanziert als das Naturgesetz oder als der Geist wahrnehmbar? In der fraktal aufgebauten Welt konnten wir nachvollziehen, dass das Kleine jeweils im Großen steckt, in ihm aufgeht und zugleich besteht, und dass ebenso das Große im Kleinen angelegt und vorhanden ist. Das Eisen des Kerns der Erde ist auch in uns. Oder wie es Paul Valéry schon zu Beginn des letzten Jahrhunderts ausdrückt: »Ich bin in einer Welt, die in mir ist.« Genauso wirkt das Naturgesetz, und genauso ist dieser Wille oder der Geist oder Gott – wenn Sie wollen – ganz natürlich in uns. Dann eben als der persönliche Gott. Wir können mit dem Geist, der um und in uns ist, kommunizieren. Er tut es ja mit der Tatsache unseres Lebens, unseres Stoffwechsels und der Möglichkeit zu denken und zu empfinden auch. Da können wir in der unendlichen Weite als kristallisierter Sternenstaub noch so klein sein, das Gesetz der Evolution vollbringt das. Und die wie der findet das schön und hat Lust auf Leben. Das Lied der Christen klingt deshalb: »Alles, was Odem hat, lobe den Herrn.« Den »religiös Unmusikalischen« empfahl der Agnostiker Jürgen Habermas in seiner Dankesrede zum Erhalt des Friedenspreises des deutschen Buchhandels 2001, wenigstens offen zu bleiben »für die normativen Gehalte religiöser Überlieferung«, und spricht schon früher von »jüdischer Gerechtigkeits- und christlicher Liebesethik«.

Der vermeintliche Widerspruch von Wissen und Glauben mit der Vorstellung, Wissen verdränge den Glauben, löst sich durch die Erkenntnis auf, dass paradoxerweise das Wissen mit jedem Fortschritt vor immer mehr zu öffnenden geheimen Kammern steht; so offenbart sich die Unvollständigkeit des Wissens exponentiell.

Schon Heraklit wusste: Vielwisserei lehre nicht, das wahre Verstehen zu besitzen. Das Higgs-Teilchen scheint ihn zu bestätigen: Seit 1964 sagten Peter Higgs und François Englert die Existenz eines besonderen Bosons voraus, eines Elementarteilchens, das aufgrund seines Gewichts Kräfte überträgt. Als fast vier Jahrzehnte später am CERN in Genf der Nachweis der Existenz gelang und beide Forscher 2012 den Nobelpreis erhielten, war für die Kosmologie die Welt plötzlich nicht mehr in Ordnung: Das Vakuum des Universums ist nicht leer, sondern wurde bisher lediglich als der tiefstmögliche Energiezustand angenommen. Nun scheint auf einmal die Annahme, dass es irgendwo im Kosmos noch einen Raum mit noch weniger Energie gibt, manchen Forschern ebenso wahrscheinlich wie unheimlich, weil das die Stabilität des Universums beeinträchtigen und es irgendwann in einen anderen Zustand versetzen würde. Am Tag der Verkündung des Nachweises des Higgs-Teilchens im CERN, am 4. Juli 2012, sagte dessen Generaldirektor Rolf-Dieter Heuer: »Wir haben es«, und nach Ausführungen zu den hier wirkenden physikalischen oder elektromagnetischen Feldern weiter sinngemäß: Aber wir wissen nicht, was es wirklich ist. (2014 glaubte man, das Gewicht des Higgs-Teilchens in Elektronenvolt und seine extreme Kurzlebigkeit zu kennen, bevor es in Paare von Elementarteilchen zerfällt.)

Aufklärung

»Aufklärung ist der Ausgang des Menschen aus seiner selbstverschuldeten Unmündigkeit«, stellt Kant fest. Wissenszugewinn und vor allem Wissensanerkennung bildeten den Schritt des Abendlands in die Aufklärung. Sie ist geprägt von der Durchdringung alles Beobachteten durch die Reinheit der Vernunft, aber auch durch die Trennung von Natur und Kultur, die doch ihr Teil ist, von der Betonung des Subjekts und der »Erfindung der Psyche«, von der Abspaltung der Subjektivität von der Objektivität als Selbstverständlichkeit und von ihrem bedingungslosen Glauben an die Rationalität und die Erkenntnisfähigkeit des Menschen.

Von der Aufklärung führt ein direkter Weg in die Moderne, deren Schattenseiten Max Horkheimer und Theodor W. Adorno in ihrer Schriftensammlung *Dialektik der Aufklärung*[3] beschreiben. Gerade Adorno hat in seinem USA-Exil während des Zweiten Weltkriegs die Aufklärung mitverantwortlich für die Rassengesetzgebung gemacht. Beide Autoren kritisieren den Vernunftbegriff der Aufklärung radikal. Schon zu Beginn der Geschichte der Menschheit habe die Vernunft einen »instrumentellen« Charakter bei der Herrschaft über die bedrohliche Natur angenommen und dabei den Mythen wieder Raum gegeben. Obwohl die Aufklärung sich über eine mythische Betrachtung der Welt hinwegsetzen wollte, sei sie so mit ihrer instrumentellen Vernunft in eine neue Mythologie, etwa der des Dritten Reichs, zu-

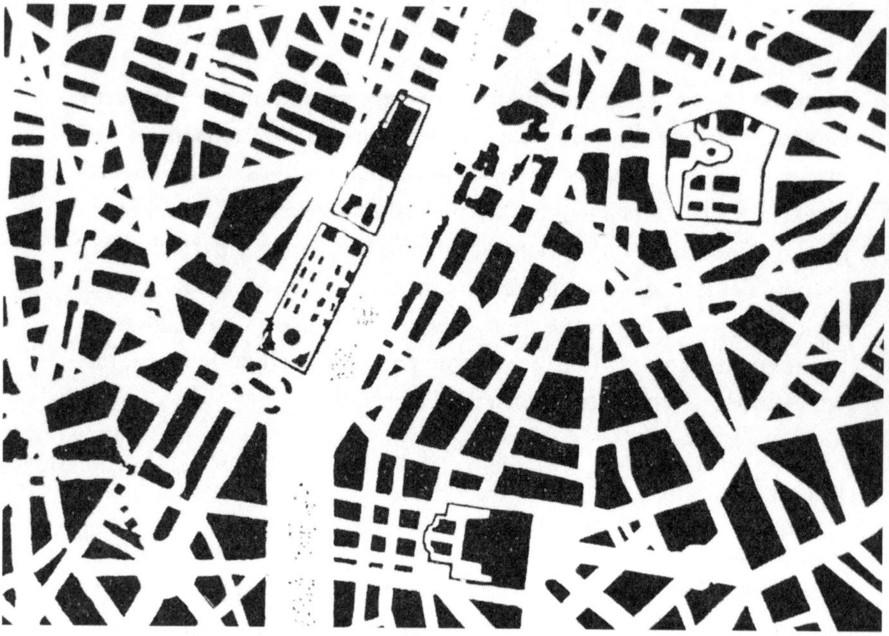

PARIS

RATIONALITÄT DER AUFKLÄRUNG?

Die Gegenüberstellung der beiden reduzierten Stadtpläne hat Kunstprofessor Hans Daucher in seinen bisher unveröffentlichten Aufzeichnungen zur optisch-kulturellen Verödung unter seinem Thema »Laster Reinheit« gezeigt (links). Für unsere Betrachtung kann diese Gegenüberstellung als Sinnbild von Denkstrukturen vor und nach der Aufklärung dienen oder auch als Metapher für die Physiologie natürlich gewachsener Nervenbahnen und Synapsen des Gehirns einerseits, und andererseits für einen Schaltplan dort in binären Zeiten, unterstützt von Algorithmen, künstlicher Intelligenz oder implantierter Elektronik.

NEW YORK

rückgesunken. »Seit je hat Aufklärung im umfassendsten Sinn fortschreitenden Denkens das Ziel verfolgt, von den Menschen die Furcht zu nehmen und sie als Herren einzusetzen. Das Programm der Aufklärung war die Entzauberung der Welt. Sie wollte die Mythen auflösen und Einbildung durch Wissen stürzen«, schreiben Horkheimer und Adorno. Doch Odysseus als eine sinnstiftende abendländische Figur zeige schon den »instrumentellen Geist« im Subjekt. Als listiger und betrügerischer Einzelgänger sei er bereits »der homo oeconomicus, dem einmal alle Vernünftigen gleichen«. So strahle »die vollends aufgeklärte Erde … im Zeichen triumphalen Unheils«.[4] Der Optimismus des Fortschritts der Aufklärung habe keine Grundlage mehr, wie das Faschismus und Monopolkapitalismus als Folgen dieser Vernunft zeigten. Dagegen hält Jürgen Habermas den beiden Autoren, die er immer noch als wichtige Aufklärer bezeichnet, eine »hemmungslose Vernunftskepsis« vor, sie würdigten nicht einmal die Demokratie als Folge der Aufklärung.

Wir haben hier auf die Diskussion zu Aufklärung und Vernunft deshalb kurz einzugehen, weil uns diese Gedanken im Kapitel über »Die Unvernunft der Rationalität« wieder begegnen werden. So hilfreich und notwendig die Aufklärung kulturhistorisch war, hat sie doch in ihren Unterscheidungen und in der Rationalität als Alleinstellungsmerkmal die Sensitivität verdrängt. Insofern die aufgeklärte Moderne Animismus mit Primitivismus gleichsetzt, wird sie aus dem Blickwinkel ehemaliger Kolonialstaaten als kolonialistische Erfindung gesehen.

In den Ausführungen bis hierher konnten wir nachvollziehen, dass das Gesetz von Kreativität, Polarität und Attraktivität in toter und lebendiger Materie wirkt und dass der Geist dahinter eben durch alles weht, aber dafür scheint solch überhebliche Moderne blind. Der Religionsphilosoph Eugen Biser nennt die Moderne »moralisch kopflastig«. Therapie würde deshalb der medizinischen Wissenschaft überlassen. Es gebe aber auch andere Erlebnisse der Heilung, zum Beispiel die Liebe. Die Kirche habe für das Heil der

Seele Angst an die Stelle der Hoffnung gesetzt, was die Hierarchie und die Glaubenskrise zugleich verstärkt hätte. So sei es auch zu einer folgenschweren Trennung von Eros und Caritas gekommen.

Das grundsätzliche Missverständnis: Weil sich das Unbehagen der Menschen am Rationalismus verbreitet, kann sich eine Esoterikszene ausbreiten, in der kein weiter Weg ist von der Unausgegorenheit konkreter Behauptungen über Verführerisches bis hin zu wirtschaftlicher Ausbeutung und Betrug. Auf der Basis von Wissen und Erfahrung dem Fühlen und Empfinden mehr Raum zu geben und das »Gefühlige« zurückzuhalten ist die Herausforderung.

Die Rätsel werden größer und nicht einmal weniger. Was dann bleibt, fasst der weltzugewandte Theologe Karl Rahner mit tiefen Einblicken in die Wissenschaften kurz und bündig zusammen: Der Christ der Zukunft wird ein Mystiker oder gar nicht sein. Vermutlich gilt das auch für jegliche Intelligenzia, sich so zu öffnen. Dafür aber braucht es Mut und vor allem Demut. Das heißt nicht, dass man sein Gehirn nicht mehr benützen muss – ganz im Gegenteil –, aber eben anders, mit weiterem Blickwinkel.

So müssen wir jetzt also unseren Standort klären und versuchen herauszufinden, was die *conditio humana* ausmacht, die es erlaubt, die Evolution und deren Gesetzmäßigkeiten im Homo sapiens zu spiegeln und Schlüsse daraus zu ziehen.

2. DAS BEWUSSTSEIN ALS SPIEGEL

Das Wunder ist, dass das Universum einen Teil seiner selbst erschuf,
um den Rest zu studieren,
und dass dieser Teil beim Selbststudium den Rest des Universums in seinen eigenen natürlichen inneren Realitäten wiederfindet.
John Cunningham Lilly, Neurophysiologe

Da spiegelt sich das Universum in uns als Teil seines Selbst, und dieser Teil, also der Spiegel, findet dann darin sich selbst als Funktion des Universums. Das hat schon manchen ob der generellen Erkenntnisfähigkeiten skeptisch werden lassen. Für den Philosophen Hans Georg Gadamer spiegelt sich jede Erkenntnis am persönlichen Erfahrungshintergrund, sodass es eine objektive Wahrheit nicht gebe. Sein Kollege Wilhelm Weischedel meint, der Skeptizismus des schottischen Aufklärers David Hume (1711–1776) in Bezug auf die Kraft des menschlichen Erkennens sei charakteristisch für das Ende der Aufklärung. Am Anfang sei diese voller Stolz aus dem Dunkel verworrener Vorstellungen ins Licht der Vernunft getreten. »Jetzt aber wird diese Vernunft selber problematisch. Hume betont ausdrücklich, dass wir ›ihren trügerischen Deduktionen‹ nicht mehr trauen können. ›Das Ganze der Welt ist ein Rätsel, ein unerklärliches Mysterium.‹« Hume formulierte es so: »Zweifel, Ungewissheit, Enthaltung des Urteils sind das einzige Ergebnis …« Aber Kant hatte ihn mit dieser Haltung spöttisch auflaufen lassen; man dürfe seiner Erkenntnisfähigkeit wohl mehr zutrauen.[5]

Der große Soziologe Norbert Elias bestreitet in seinem Werk *Über die Zeit* für unser Universum das Vorhandensein von Zeit aus philosophischer Sicht und sieht im Bewusstsein eine weitere Dimension.

Elias bedient sich terminologisch der sozialwissenschaftlichen »Wissenstheorie«, meint damit gleichzeitig auch die »Erkenntnistheorie« der Philosophie, denn es geht ihm um Erkenntnis, die Wissen voraussetzt.

Beim blau leuchtend und glänzend schillernden Schmetterling sagt uns also das Wissen, dass seine Flügel nur farblose Schuppen tragen. Die Erkenntnis: Unscheinbar, wie sie sind, brechen sie das Licht so eindrucksvoll. Und weiter: Es scheint nichts so zu sein, wie es scheint; aber wie es scheint, so ist es doch – das attraktive Spiel des Lichts.

Wahrnehmung und Bewusstsein

Um noch einmal zum Spiegel zurückzukehren: Diese Fähigkeit des grundsätzlichen Nachdenkens über die Welt, über uns und den Sinn der Existenz nennen wir »Bewusstsein«. Auf dem Feld der Verhaltensforschung ist der Spiegel Instrument und Metapher zugleich. Als Werkzeug der Beobachtung wird er bei höheren Tierarten eingesetzt. Wenn sich Säuger wie Schimpansen und Gorillas oder Walarten, aber auch Vögel – etwa Papageien und Raben – im Spiegel erkennen, haben sie ja offenbar eine Vorstellung von sich selbst. Aber diese Art von Ich-Bewusstsein, »Das bin ich«, sagt noch nichts aus über die Fähigkeit zu verstehen. Ein Empfinden von Emotionen in sozialen Beziehungen ist erkennbar ausgeprägt, wenn Affen das Lausen als individuelle Zuwendung empfinden, Katzen von Menschen gestreichelt werden wollen oder der Hund um seinen toten Herrn heult. Das bedeutet nicht unbedingt, dass sie die Möglichkeit haben, über Sinnfragen nachzudenken. Aber Geist ist es dennoch, wenn Tiere auf ihre Umwelt mit angemessenen Problemlösungen reagieren. Dazu müssen sie Ereignisse oder Situationen erkennen, einordnen und entsprechend handeln – zweifellos eine kognitive Leistung. Es ist jedoch kein Denken und Entscheiden im Sinne einer Reflexion vor einem Bewertungshintergrund. Empathie können bestimmte Tierarten allerdings schon entwickeln, wie wir beim Abschnitt über die »Spiegelneuronen« gleich sehen werden.

Wenn auch ein hoch entwickeltes Tier den Tod eines anderen

als Verlust betrauern kann, ist doch kein Fall einer Bestattung bekannt, also eines Bewusstseins um den Tod, der mehr ist als Verlust. Es fehlt den uns ähnlichsten Tieren, den Schimpansen und großen Menschenaffen – obwohl uns nur bis zu 5 Prozent des Erbmaterials trennen – auch die Fähigkeit, in Szenarien zu denken, Ideen und Vorstellungen zu verschränken, Sprachen und Sprachbilder zu gebrauchen.

Der Mensch ist das einzige Wesen in der Natur, dem als Individuum bewusst ist, dass es sterben wird. Auch wenn sich viele Tiere unmittelbar vor ihrem natürlichen Tod zurückziehen, fehlt ihnen doch das Bewusstsein von der Endlichkeit des Lebens. Das Bewusstsein um das Ende verleiht dem Leben den eigentlichen Sinn, der sehr individuell und auch in den Lebensaltern unterschiedlich interpretiert wird, wie wir das schon vom Philosophen des Glücks, Epikur, lasen. Aus diesem persönlichen Reflex auf den Tod folgt die Begegnung des Einzelnen mit der Welt und seine Einwirkung auf diese. Mit solchem Wissen kommt auch das Zeitbewusstsein in die Welt. Schon Schopenhauer erkannte: »Der Tod ist der eigentliche inspirierende Genius.«

Zugang zum wahren Wissen gelinge nicht nur gelehrten Menschen, die über die Zeit und das Geld verfügen, um teure Bücher zu kaufen; das wäre sonst ungerecht eingerichtet, stellt Paulo Coelho fest. Wir haben es eingangs zitiert: Den wahren Weg zur Weisheit erkenne man an drei Dingen – an Agape, an praktischer Anwendbarkeit und an der Möglichkeit für jeden, den Weg zur Weisheit zu gehen. Den Weg der Weisheit beschreiten von alters her die Philosophen, die ihn also nicht als Anliegerstraße exklusiv benützen dürfen. Auf diesem Weg schreiten derzeit die Naturwissenschaften durchaus als Wegbereiter voran.

Was die Hirnforschung über unsere Wahrnehmung herausfindet, darüber haben die Veden in Indien einstens schon reflektiert. Sie benannten auch kleinste Bauteile der Materie, wie später im Abendland Demokrit, der den Begriff der Atome mehr als zwei Jahrtausende vor der Atomphysik einführte.

Archaische Positionen

Seit es die Menschheit gibt, ist es das Bedürfnis des erwachten Geistes, nach Erklärungen für unsere Herkunft zu fragen. Wir werden noch sehen, dass uns die Wissenschaften bei dieser Suche weitgehend allein lassen. Wann und wie trat das Bewusstsein in die Welt? Dass es einen tiefen Fundus an Mythen über die Entstehung gibt, das können unsere Erkenntnisse nicht einfach beiseiteschieben. Wir sollten diesen Schatz bewahren.

Die Veden

Die Veden, übersetzt »Wissen«, die planetarischen Konstellationen und Konzepten gemäß 5000 Jahre alt sein sollen, nach sprachwissenschaftlichen Erkenntnissen in ihrer ältesten Schicht 3500 Jahre, benennen ein Lichtpartikel als winziges Teilchen der Sonne und die Seele als winziges Teilchen von *brahman,* der allgemein wirkenden spirituellen Energie, so wie ein Funke Teil eines Feuers sei.

Die Veden gehen von fünf Bewusstseinsstufen aus. Steinen und Pflanzen ist das »bedeckte« Bewusstsein zugeordnet, Tieren das »beschränkte«, Menschen das »knospende« im Kindesalter, dann das »erblühende« und schließlich das »voll erblühte«, das aber nur die erreichen, die sich im liebenden Dienst Gott hingeben. Diejenigen, die nach den Veden leben, halten die Frage, wie aus Materie Bewusstsein entstehen kann, für sinnlos. Die Spekulationen hierüber seien ohne Nutzen, denn in vedischen Schriften – nach jahrhundertelanger mündlicher und gesungener Tradition so gefasst, insbesondere in der Sankhya, einem philosophischen System, das Betrachtetes in Einzelheiten zerlegt – ist diese Frage in ihr Gegenteil zu verkehren: Wie entsteht aus Bewusstsein oder aus Geist Materie? Bewusstsein sei spirituelle Energie, und deshalb sei die spirituelle Seele eine Erscheinungsform von ihr. Die spirituelle Energie bestehe neben der »materiellen« Energie, etwa der Anziehung. Leben ist in den Veden eine Verbindung beider Energieformen.

Das Rätsel der Bibel

Vielleicht ist der Übergang vom »beschränkten« Bewusstsein der Tiere zum »knospenden« des beginnenden Menschenlebens auch der Übergang in der Evolution zum reflektierenden Selbstbewusstsein des Menschen. Wie ist in der archaischen Botschaft der Bibel die Metapher vom Baum der Erkenntnis mit der Schlange zu deuten? Dass er das Böse vom Guten scheidet? Vielleicht können wir das verlorene Paradies als Dasein ohne Reflektieren, ohne Selbstbewusstsein und damit ohne Verantwortlichkeit verstehen, so wie auch die Entwicklungspsychologie in jeder kindlichen Entwicklung die Evolution des Lebens als nachvollzogen betrachten kann.

Dass der Mensch direkt aus Lehm gemacht ist, glauben nur ein paar verrückte Kreationisten. Dass er aber aus dem Staub der Erde stammt, ist inzwischen Allgemeingut. Wir werden weiter unten im Abschnitt »Beginn des Reflektierens« überraschend Kant als Bibelexeget begegnen und sehen, was er aus der archaischen Botschaft des Alten Testaments für den »mutmaßlichen Anfang der Menschengeschichte« ableitet, lange vor Darwins Evolutionslehre.

2.1. Wissenschaftliche Positionen

Wenn wir die Evolution hin zum Reflexionsprinzip verstehen wollen, haben wir das menschliche Bewusstsein dingfest zu machen, um die Herauslösung des Menschen aus der übrigen Fauna verstehen zu können. Es ist also in einzelnen Schritten zu prüfen: Was macht das Bewusstsein aus? Hat die andere Tierwelt Bewusstsein? Gibt es eventuell eine Grauzone des Übergangs? Dabei müssen wir erkennen, dass es gar nicht so einfach ist, uns unser Bewusstsein bewusst zu machen.

Lernen ohne Bewusstsein

Dass Lernfähigkeit ein Nervensystem nicht voraussetzt, zeigte uns die Evolution schon bei der Betrachtung des Kreativitätsprinzips. Die DNA kann man als das »Langzeitgedächtnis der Evolution« sehen. Dessen Selbstorganisation ist gekennzeichnet vom Austausch von Energie und Materie mit der Umwelt durch Verarbeitung von deren Informationen. Erich Jantsch stellt in seiner umfangreichen naturwissenschaftlich basierten Untersuchung der *Selbstorganisation des Universums*[6] eindrucksvoll dar, wie sich auch der menschliche Geist durch diesen Geist des Universums entwickelte.

Zunächst also wirkt diese genetische Kommunikation in den langen, das Individuum weit übertreffenden Zeiträumen vieler Generationsfolgen und bewirkt eine Koevolution, die in unserem Ansatz als »Polarität« beschrieben ist. Gleichzeitig sorgt die metabolische Kommunikation innerhalb des einzelnen Organismus durch Botenmoleküle, etwa die Hormone, für eine Regelung des Wachstums, das die Umweltbedingungen für dieses Individuum günstig berücksichtigt. Jantsch führt als Beispiel seinen Zimmerfarn an, der zweimal einen Trieb von derselben Stelle in ein lichtarmes Gestrüpp schickte, wo die Sprösslinge verdorrten; in einem dritten Versuch an selber Stelle gelang dann einem neuen Trieb, die ungünstigen Bedingungen elegant zum Licht des Fensters hin und am Gestrüpp vorbei zu umkurven. Wie unvorstellbar intensiv die Pflanzen mit ihrer Umwelt, mit Freunden wie Feinden, über und unter dem Boden kommunizieren, untersucht und berichtet das Max-Planck-Institut für chemische Ökologie in Jena. Duftstoffe spielen für solche Entwicklungs- und Abwehrstrategien eine besondere Rolle. Davor steht ein langer evolutionärer Lernprozess.

Die genetische Kommunikation führte durch ständige evolutionäre Optimierung von den Membranen ausgehend zu den Nervenzellen der Tiere, zu Nervenbahnen und Synapsen. Das Gehirn schließlich erweist sich nach Jantsch als Kommunikationsmechanismus, der von der Selbstorganisation der Information benützt und gesteuert wird. »Geist erscheint in dieser Sicht mithin als Selbstorganisations-Dynamik schlechthin.« Diese Feststellung benennt den Geist nicht als Produkt der Materie von Hirnmasse oder Pflanze. Vielmehr gab in evolutionärer Wechselwirkung der Geist dem Trieb die Richtung und den Hirnzellen den Auftrag.

Was unser Hirn über sich weiß und was nicht

Die Hemisphärentheorie zu den beiden Gehirnhälften ist im Umbruch: Rechts das Künstlerische, Ganzheitliche, Visionäre, links das Analytische, Kontrollierende – das war einmal seit Roger Sperry oder Popper und Eccles,[7] die noch vom Geist-Materie-Dualismus gefangen waren, eine Annahme, die gut vermarktet wurde, zum Beispiel im Managementbereich mit teuren Seminaren. Vision und Kontrolle als Antipoden in der gemeinsamen Instanz des Hirns, das ist noch nicht falsch, aber die beiden Hälften können jeweils mehr, als ihnen vordem zugewiesen wurde.

Im Zuge der Diskussion um künstliche Intelligenz war zunächst der Hochmut angesagt, man könne das Hirn nachbauen. Dazu aber müsste man das Hirn erst einmal verstehen, sozusagen aus einer höheren Warte. Aber, meinte der Computerwissenschaftler Emerson M. Pugh schon vor einigen Jahrzehnten sarkastisch und treffend, »wenn das Gehirn so einfach wäre, dass wir es verstehen könnten, dann wären wir so einfach, dass wir es nicht könnten«.

Der Geist und seine »Module«

Aus der psychologischen Experimentalforschung fasst Jerry Fodor in seinem Essay *Modularity of Mind*[8] die kognitiven Gegebenheiten so zusammen: Im Gehirn gibt es zwei Kategorien. Die eine besteht aus den unbewussten Abläufen des Geistes. Diese Arbeiten erschließen sich dem Bewusstsein nicht. Wir können nur an anderen Organismen erforschen, wie unser Gehirn zu Seh-, Hör-, Riech-,

Geschmacks- oder Fühleindrücken kommt. Um etwa visuelle Muster erkennen zu können, analysieren in separate Schaltkreise gegliederte Gruppierungen von Neuronen jeweils ganz bestimmte Aspekte eines optischen Angebots und speisen die Ergebnisse ihrer Berechnungen in das zugehörige primäre sensorische Rindenfeld ein. Dass wir davon nichts mitbekommen, wie kompliziert unsere Vorarbeiter im Gehirn, die unbewussten Module, dies alles auch noch synchron zur Verarbeitung der anderen vielfältigen Sinneseindrücke managen, ist gut so.

Jetzt erst kommt unser Bewusstsein ins Spiel.

Unser Geist ermöglicht nun den freien Zugriff auf seine zweite Kategorie, unser eigentliches Bewusstsein. Es ist in der Lage, simultan die unterschiedlichen Sinneseindrücke zu registrieren, die Aktivitäten des Körpers zu überwachen, Erinnerungen abzurufen und zu einem stringenten Bewusstseinsstrom zusammenzuführen. Das Bewusstsein ist also blind auf das angewiesen, was es von den Spezialisten aus den Tiefen unseres Geistes als Output erhält. Das veranlasst den kanadischen Kognitionsforscher Merlin Donald zu der flapsigen und zugleich bedenkenswerten Bemerkung: »Das bewusste Selbst kann hin und wieder von Weitem einen flüchtigen Blick auf das Ganze werfen, darf sich aber nie einschalten. Hier klingen in merkwürdiger Weise Vorstellungen von C. G. Jung an, was angesichts der in neurowissenschaftlichen Kreisen weitverbreiteten Geringschätzung für die Psychoanalyse eine Wendung von köstlicher Ironie ist.«[9]

Neurobiologie

Vor zwanzig Jahren war die Euphorie noch groß: Der Hirnforschung wurde höchste Priorität eingeräumt, weil die vorliegenden Ergebnisse so viel versprachen. Heute räumen ihre Pioniere wie etwa Wolf Singer ein: »Wir sind weniger nahe an Lösungen, als wir vor zwei Jahrzehnten glaubten, es zu sein.« Doch es gibt einen Erkenntnisfundus, der sich für unseren Zusammenhang so darstellt:

Die Evolution ist konservativ in dem Sinn, dass sie behält, was sich als positiv erwiesen hat. So ist es auch beim Nervensystem und dem Gehirn. »Beim Menschen gelten die gleichen Prinzipien wie bei Wurm oder Schnecke. Uns unterscheidet davon nur ein Mehr vom Gleichen«, so Singer. Darauf weist er stets mit dem Zusatz hin, dass es dem »Wunderwerk Mensch« nichts von seiner Würde nehme, wenn er feststellen müsse, dass ihn nur der Grad höchster Komplexität ausmache und »nicht eine neue Wesenheit«. Immerhin füge sich die Materie zu einer Struktur, die in der Lage ist, über sich selbst nachzudenken. Allerdings geht Singer auch von der neurobiologischen Erkenntnis aus, dass es für die Vorstellung eines von den physiologischen Gegebenheiten unabhängigen Geistes keinen Raum gebe. Dennoch handle es sich um keine Identität von Physis und Geist, wie das Finden von Begriffen oder Wertsystemen zeige. Und trotzdem: Psychische und denkerische Prozesse hängen von den materiellen Vorgängen ab. Für die Hirntätigkeit gelten die Naturgesetze.

Diese Tätigkeit unterliegt unseren evolutionären Grenzen. Singer weist darauf hin, dass es für das Hirn nur den Evolutionsdruck einer optimalen Anpassung an die Umwelt gab, um zu überleben, also vor dem Tiger davonzurennen. Für das Finden absoluter Wahrheiten habe es aber keinen solchen Druck gegeben. Deshalb hätten wir auch keine Vorstellung von der eigentlichen Welt der Quantenphysik, die wir nur statistisch erfassten, genauso wie es uns mit dem Kosmos gehe. Wir hätten uns also bestenfalls mit einer Feststellung abzufinden, statt eine konkrete Vorstellung entwickeln zu können. So hindere eine neurobiologische Sicht auch keineswegs daran, Glaubenssysteme aufrechtzuerhalten.

Noch etwas weiß das Hirn inzwischen über sich: Die Myriaden von Neuronen mit ihren unvorstellbar vielen Verbindungen müssen bei Wahrnehmungen auf ihren jeweils den Sinnen zugeordneten Bahnen ungeheure Dimensionsreduktionen durchlaufen, um zu einer konkreten Feststellung zu gelangen: Ist das nun ein Tiger oder nicht …? Dabei werden diese Reduktionsprozesse in Millisekunden gewissermaßen in einem geschlossenen System noch einmal vor- und zurückgespult, um ein Vorstellungsmodell, einen Gesamteindruck, ein konsistentes Ergebnis zu erzeugen, zum Beispiel, sich für die Flucht zu entscheiden.

Das Freiheitsproblem

Zur Vorbereitung von Entscheidungen, etwa der Flucht, braucht es also das Wahrnehmen und dessen mindestens reflexhafte denkende Verarbeitung. Denken verlangt nach einem Freiraum für Vorstellungen, etwa, ob es für die Flucht schon zu spät und ein Pfeil geeigneter ist. Je komplexer die Entscheidung, zum Beispiel bei der Berufswahl, desto wichtiger der Freiraum. Ein solcher ist allein schon erforderlich, um ein Buch zu lesen, eine Mail zu beantworten, sich zu setzen oder aufzustehen. Also geht es um Freiheit.

Dennoch gibt es Gründe für die Behauptung, Freiheit gebe es nicht, etwa den, dass die Menschheit immer mehr zum Knecht des Computers wird. Die aktuelle Entwicklung – vom Kühlschrank, der selbstständig Obst, Milch oder Fleisch bestellt, vom Handy, das ohne unsere ausdrücklichen Befehle Kauforders auslöst, bis zum selbstfahrenden Auto – weist wie die Roboterisierung der Produktion letztlich auf eine Ent-Autorisierung des Menschen hin. Freiheit wird preisgegeben für eine Bequemlichkeit, die uns die vermeintliche Rationalität und ein kapitalistischer Markt aufdrängen.

Ein ganz anderes Argument gegen die Willensfreiheit sollte laut Singer sein, dass, kurz bevor unser Gehirn den Befehl zu einer Handlung gibt, so etwas wie ein Vorbefehl feststellbar sei. Wolf Singer hat mit dieser labortechnischen Feststellung die Annahme eines freien Willens erschüttert. Das Unbewusste im limbischen System steuert unser Denken, unsere Absichten und auch unsere Handlungen, meinte auch der Hirnforscher Gerhard Roth.[10] Und nach Singer sollte zwischen bewussten, also gesteuerten Gehirnvorgängen und unbewussten, automatischen kaum ein Unterschied bestehen.[11]

Das hat eine heftige Debatte über den freien oder gebundenen Willen, über Schuld und Unschuld in vielen wissenschaftlichen Fächern ausgelöst. Da haben dann Juristen auf Zweifel an der Schuldfrage des Verbrechens generell gesetzt. Dürfen wir uns da für die Verifizierung oder Falsifizierung von so weitreichenden Antworten angesichts ihrer Bedeutung den anderen Erkenntniswegen verweigern? Einem Gegencheck der Erfahrung oder der Intuition etwa? Der Tübinger klinische Psychologe Niels Birbaumer meint dazu sinngemäß: Wir können alles Mögliche messen, aber nicht den Willen. Und Singer räumt ein: »Offen bleibt, nach welchen Kriterien unser Gehirn seine internen Zustände, in denen sich die Ergebnisse von Datenerfassung und logischen Schlüssen letztlich manifestiert, kohärent und stimmig beurteilt.« Noch im Jahr 2004 gab es dann eine als »Manifest über Gegenwart und Zukunft der Hirnforschung« bezeichnete Stellungnahme, in der unter anderem auch Roth und Singer aufzeigten, wo die Forschung Erfolge erzielte, nämlich beim Wahrnehmen und Erkennen, bei wichtigen physiologischen Interaktionen, bei der Lokalisierung von Gehirnarealen und deren Funktionen. Es gebe aber eben keine Erkenntnisse zur Verschmelzung von Erfahrung und Wahrnehmung oder zur Planung von Aktionen. Man wisse nicht einmal, wie man das erforschen könne.

Wolf Singer sagt in einem TV-Interview von 2016, »fast versehentlich« habe er seinerzeit den Diskurs angestoßen. Die Diskussion sei dann zugespitzt geführt worden. Er sehe es so: Wir begründen unser Verhalten im Nachhinein, aber uns ist nur ein Teil der Gründe bewusst. Viele Gründe heben sich nicht ins Bewusstsein, so wie sich uns eigentlich bekannte Namen oft nicht heben lassen wollen. Auf diese Weise werden Entscheidungen durch neuronale Prozesse vorbereitet, denen teils bewusste, teils unbewusste Motive zugrunde liegen. Die geäußerte oder bewusste Begründung der Entscheidung muss also nicht die »richtige« sein im Sinn der gesamten Motivation. Jedenfalls gehe das neuronale Geschehen allem voran. Und es gebe deutliche Prädispositionen für ein bestimmtes

Verhalten. Singer betont besonders: Die Hirnforschung sage nicht, dass die handelnde Person für ihr Tun nicht verantwortlich gemacht werden dürfe. Die Einschränkung gelte nur bei schweren Störungen wie einer »Unterbrechung der Wertefindung von der steuernden Handlung«, zum Beispiel bei Tumoren. Vielleicht werde man in einigen Jahren auch deutliche Entwicklungsdefizite ähnlich lokalisieren können.

Heisenberg soll das Willensproblem einmal so ausgedrückt haben: »Ich kann wollen, was ich tue, aber nicht wollen, was ich will.« Kant schon hat gemeint, dass sich an der Frage nach der Freiheit zeige, dass man ebenso gute Gründe dafür finden könne, dass der Mensch frei ist, wie die, wonach er es nicht ist. Diese Begrenztheit liege eben im Wesen der menschlichen Vernunft, dass sie nicht hinter die sichtbare Wirklichkeit oder gar auf ihren Grund schauen könne. Diese »Kritik der reinen Vernunft« gelte auch für die Fragen des höchsten menschlichen Interesses, denen nach Unsterblichkeit und Gott.

Um zur Neurowissenschaft zurückzukehren: Bahnungen im Gehirn, sogenannte Verschaltungen, legen uns schon ziemlich fest, sie können aber von der Gesellschaft als Vorschaltmuster mit geformt werden, etwa bei der Erziehung, die natürlich auch wieder Folge der Prägung früherer Generationen ist.

Wäre allerdings die Freiheit völlig determiniert durch das dynamische Gefüge des zeitlich vorhergehenden Geschehens, wie die Deterministen meinen, oder durch vom Individuum unbeeinflussbare Abläufe im Gehirn, wie in der Hirnforschung ansatzweise gefolgert wurde, so gäbe es nicht die eigenständige Persönlichkeit mit allem, was ihren Wert ausmacht. Dann gäbe es auch nicht die gelegentlich mit Qualen verbundene Entscheidungsphase zwischen unterschiedlichen Möglichkeiten. Wer jedoch glaubt, hierbei alle rationalen Gesichtspunkte berücksichtigen zu können, überschätzt sein Reflexionspotenzial ebenso, wie er die Eingebundenheit der Entscheidung in nicht überschaubare Zusammenhänge unterschätzt. Er bemüht zur Verkürzung des Entscheidungswegs seine angeborenen und erworbenen Wertmaßstäbe, die ihn in gewisser Weise wieder determinieren, aber ihm bleibt doch ein Entscheidungsspielraum, weil sich die verschiedenen Einflüsse auf die Entscheidung widersprechen und gewogen werden müssen. Doch selbst wenn Entscheidungen vorherbestimmt seien, wofür für den Mediziner Johannes Huber und den Physiker Walter Thirring einiges sprechen könnte, dann sei das Gewissen die Instanz und Korrektur für nachfolgende Entscheidungen. Handlungen würden rückwirkend auf ihre Richtigkeit abgetastet, was stets zur Kalibrierung von Bewusstseinsinhalten führe. Damit bestehe Freiheit zumindest »in einem tieferen Konnex«.[12] Auch insofern ist Zukunft offen, wie Karl Popper lehrt und klärt, und eben nicht determiniert, wie sie es sein müsste, wenn die Deterministen recht hätten.[13]

Es stimmt schon: Wir täuschen uns über unsere Verstandesleistungen und verkleiden damit doch oft nur unsere Triebe, Emotionen oder auch Weltbilder und Vorurteile. Willensfreiheit und freie Meinungsbildung sind jedoch die Voraussetzungen aller kommunikativen Freiheiten wie jener der Meinungsäußerungs-, der Medien- und der der Kunstfreiheit.

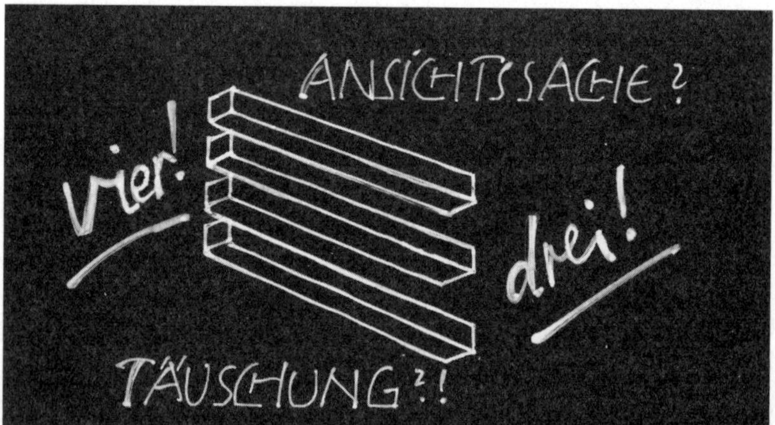

Diese Freiheiten unterliegen äußeren Schranken, zum Beispiel der Persönlichkeitsrechte. Auch die innere Freiheit des Denkens und des Wollens, nicht nur des Tuns, findet ihre Basis in der persönlichen Erbausstattung und in sozialer, kultureller, auch geografischer Umweltprägung des Einzelnen. Denn das Hirn ist plastisch und kann lebenslang seine neuronale Struktur durch seine Nutzung verändern bei der Bildung neuer Neuronen und neuer Bahnungen. Das macht uns doch Mut. Eine forcierte Hirnforschung sieht in den bildgebenden Verfahren anhand der Sauerstoffverarbeitung auch, wo etwas besonders deutlich stattfindet, während das Gehirn überall aktiv mitspielt, und kann deshalb auf die Art von Wahrnehmung und Tätigkeit des Beobachteten schließen und eine äußerst genaue Verortung und Kartierung vornehmen.

Mut macht aber auch, dass die intensivste Hirnforschung Entscheidendes nicht weiß: nämlich, was wir denken und empfinden. Diese Inhalte bleiben verborgen. Der Kulturwissenschaftler Matthias Eckoldt erklärt dazu: »Unser inneres Erleben – unsere Wahrnehmungen und Empfindungen und Gedanken, unser Bewusstseinsstrom – bleibt auf absehbare Zeit ein von den Wissenschaften unantastbares Privateigentum.«[14]

Spiegelneuronen

Das Bewusstsein als Spiegel enthält noch einen besonderen internen Reflektor. Das Forscherteam um Giacomo Rizzolatti hat 1996 an der Universität in Parma untersucht, welche Hirnregionen bei Affen aktiv werden, wenn sie nach einer Nuss greifen. Das Erstaunliche war dabei, was sich tat, als jemand aus dem Team nach der Nuss griff: Die Nervenzellen der Schimpansen funkten beim Zusehen genauso wie beim eigenen Greifen nach der Frucht. Das Zugucken der Affen ließ die Zellen in gleicher Weise reagieren. Das war für die Hirnphysiologen eine Sensation und für sie die »Geburtsstunde der Spiegelneuronen«. Dass wir mit einem so gearteten System von Geburt an gut ausgestattet sind, legten die Alltagsbeobachtungen ohnehin nahe: Mütter haben das schon immer geahnt, wenn sie dem Baby mit ihrem Lächeln ein bisschen Glück vermitteln wollten. Die Pornoproduzenten machten daraus ein Geschäftsmodell: Ein weitverzweigtes System von speziellen Nervenzellen wird beim Beobachten aktiviert und ruft bei den passiv Miterlebenden nahezu dieselben Gefühle und Körperzustände hervor wie bei den tatsächlich aktiv Betroffenen. Es sind also nicht nur psychologische Effekte, sondern neurobiologische, die dieses Resonanzverhalten erzeugen. Und sie wirken sich dann auch physiologisch durch Verschaltungen der Nervenzellen aus. Ein Effekt, der für die Prägung im Kindes- und Jugendalter biologisch noch nicht untersucht ist, auch wenn es viele psychologische Studien zum Thema Medienkonsum und Nachahmung, Abstumpfung und Realitätsflucht gibt. Das Erzeugen von Emotionen ist das Geschäft des Films, der uns flennen lässt, des Fernsehens mit seinen schockierenden oder Empathie auslösenden Bildern oder der Computerspiele, wenn Leidenschaften oder Aggressionen auf den Spieler »übertragen« werden. Voyeure können offenbar Ähnliches erleben wie ein beobachtetes Paar. Konzertbesucher hören nicht nur, sie fühlen mit den Musikern mit. Bei Schlaganfallpatienten hat die Therapie schon länger erprobt, wie sich Lähmungen durch Neulernen bis zu einem gewissen Grad lösen können, wenn bestimmte Bewegungen vorgemacht und genau beobachtet werden. Das ist auch ein Element der Sportpsychologie. Wir erleben es, dass wir gähnen oder lachen, wenn es andere ebenfalls tun.

Dass es empathische Reaktionen gibt, wusste man; wie sie zustande kommen, zeigten erst Versuche mit tieferen Einblicken ins tätige Gehirn: Weil die Nervenzellen kaum unterscheiden zwischen Erleben und Beobachten, demonstrierten uns also die Spiegelneuronen in unserem Gehirn, dass wir gar nicht so ethisch ausgeprägt sein müssen, wenn wir mit einer leidenden Person mitleiden. Unser Gehirn ist offenbar wie das manch anderer Tiere auf Gemeinschaft ausgerichtet. Der Evolutionsforscher Ernst Haeckel hat schon vor mehr als einem Jahrhundert Mitleid und Sympathie als edelste Gehirnfunktionen und wichtigste Bedingung des Zusammenlebens von Menschen und höheren Tieren charakterisiert. Dabei handelt es sich nicht um Reflexion im Sinne einer Bewertung vor dem Hintergrund eines moralischen Kodex, sondern schlicht um eine biologische Funktion der Empathie, wie wir sie gerade bei Hunden, Katzen oder Pferden oft erleben oder dies über Bonoboaffen oder andere Säuger beschrieben wird.

Anderer Ansicht ist mit einer Vermenschlichung der Tierwelt Frans de Waal in *Der Mensch, der Bonobo und die Zehn Gebote,*[15] im deutlichen Gegensatz aber zu nahezu allen Primatenforscherinnen und -forschern.

Ist also die Entdeckung der Spiegelneuronen wirklich so sensationell? Wir spiegeln doch die ganze Welt in uns, auch Gefühle, und nennen das hier Reflexionsprinzip. Die Spiegelneuronen, die ihre Arbeit gewissermaßen automatisch verrichten, sind in diesem Prozess nur eine Spezialität.

Was ist nun das Bewusstsein?

Was sagt uns aktuell die Psychologie zum Bewusstsein, das ein zentrales Forschungsthema wurde, seit sich diese Disziplin Mitte des 19. Jahrhunderts zu einer empirischen Forschungsrichtung entwickelte? Um es vorwegzunehmen: Die Antworten sind ebenso wenig befriedigend wie die aus der Philosophie hierzu. Das stellt heute ein Vertreter der klinischen Psychologie fest, der das Bewusstsein von dessen Abweichungen her versucht einzukreisen. In *Veränderte Bewusstseinszustände, Grundlagen – Techniken – Phänomenologie*[16] umstellt Dieter Vaitl das Bewusstsein mit diesen drei großen Gruppen der Beeinträchtigungen:

1. die pathologischen Veränderungen des Bewusstseins – neurologisch betrachtet durch organische Veränderungen, etwa Hirnerkrankungen wie Epilepsie, Schlaganfall, Hirnentzündung, Störungen wie Somnolenz, Schläfrigkeit, Sopor (tiefe

Schläfrigkeit) und Koma sowie durch psychische Veränderungen wie bei Schizophrenie, Halluzinationen oder dissoziativen Störungen;

2. die spontan auftretenden Veränderungen wie Traum, Nahtoderfahrungen, außerkörperliche und mystische Erfahrungen, und
3. die induzierten Bewusstseinsveränderungen, wozu pharmakologische Methoden gehören, auch Schamanismus, Hypnose, autogenes Training, Meditation oder Flowzustände. Veränderte Bewusstseinszustände – ein Terminus technicus, eingeführt von Arnold M. Ludwig 1966 – sind also durchaus angestrebt, eher »ent-rückt« als »ver-rückt«.

Referenzpunkt fürs Bewusstsein

Um Abweichungen von einem Normalzustand des Bewusstseins feststellen zu können, bedarf es eines Referenzpunkts. Wenn der so klar bestimmbar wäre! Vaitl wird nach der Darstellung neurologischer Zusammenhänge im Gehirn bei dem Hirnforscher Antonio Damasio und dessen »Statusmodell« vom Körper im Gehirn fündig, ferner bei einem Netzwerk, das der Neurophysiologe Markus Raichle und Mitarbeiter als *default network* beschreiben, und auch bei sogenannten kognitiven Modellen, welche die Leistung der Informationsverarbeitung zum Maßstab nehmen. Der Referenzpunkt für Abweichungen ist also ein individuell zu erhebender, und auch dieser ist nach unterschiedlichen Theorien feststellbar. Hier ist aktuell in der Forschung vieles an empirischer Erkenntnis und Interpretation im Fluss.

So verweist Vaitl zur positiven Bestimmung des Bewusstseins auf Charles Tart, der vor fünfzig Jahren eine Annäherung an den Begriff in zehn Subsystemen unternahm. Ohne hier die Fachbegriffe anzuführen, seien diese zehn Kategorien angesprochen, die unser Reflexionsvermögen ausmachen und die natürlich jeweils durch »veränderte Bewusstseinszustände« beeinträchtigt oder forciert sein können. Demnach umfasst die Landkarte des Bewusstseins folgende Gebiete:

Die *Sensorik,* die uns Kommunikation erlaubt; die hierfür aus dem Körperinneren stammenden *Informationen;* die *Informationsverarbeitung;* das *Gedächtnis;* der *Identitätssinn,* welcher den Standort der Person in seiner Umgebung markiert; das *Beurteilen und Entscheiden;* die *Emotionen;* das *Raum-Zeit-Empfinden;* das *motorische Verhalten;* und schließlich das *Unterbewusstsein,* das hier als Letztes genannt wird, weil es, als Teil des Bewusstseins benannt, der Erläuterung bedarf. Unbewusste Prozesse beeinflussen in erheblichem Maß unser Verhalten und Erleben. Sie erweisen sich in Hypnose, autogenem Training oder während der Meditation.

Gerade auch am Beispiel der Meditation zeigt Vaitl auf, wie »wissenschaftliche Beschäftigung mit dieser Methode« und vor allem mit den »dem Buddhismus entstammenden Meditationsweisen« dazu beigetragen hat, die Einbettung der meditativen Verfahren »in Konzepte der modernen Psychologie und Hirnforschung« zu nutzen. Eine »wechselseitige Befruchtung von Kontemplation und wissenschaftlichem Diskurs« sei nicht nur möglich, sondern wünschenswert.

Die Ärztin Marie-Elisabeth Faymonville aus Lüttich erforscht den veränderten Bewusstseinszustand der Hypnose seit Langem und hat in 25 Jahren erfolgreich Schmerzen therapiert, auch die chemische Narkose häufig durch Hypnose ersetzt und gibt ihre Erkenntnisse und Erfahrung einer aufgeschlossenen Ärztegeneration weiter.

Das Unbewusste und das Unterbewusstsein

Den Kontakt zu den Tiefenschichten des Unbewussten, des genetisch oder ontogenetisch Gespeicherten, zu finden, bemüht sich die Psychoanalyse, wie sie Sigmund Freud entwickelte, die Analytische Psychologie, wie sie Carl Gustav Jung begründete, und die Individualpsychologie eines Alfred Adler. Diese Richtungen werden seit Eugen Bleuler unter dem Begriff der »Tiefenpsychologie« zusammengefasst. Wie wir sahen, gibt es auch viele andere Zugangswege zum Unbewussten, etwa Meditation, Hypnose oder Traum. Die Tiefenpsychologie schreibt dem Unbewussten die wesentlichen Motive, Triebe und Steuerungen zu, wie sie sich dann im Verhalten ausdrücken. In seine Ideenwelt der Analytischen Psychologie bezieht Jung die menschliche Evolution intensiv mit ein und nennt das archaische Erbe, das wir alle in uns tragen, das »kollektive Unbewusste« (im Gegensatz zu dem persönlich erworbenen Unbewussten). Da waren ihm Religionen, Mythen, Märchen und die Sitten der Völker ein wichtiger Impuls für seine Forschung. »So wie bewusste Inhalte in das Unbewusste verschwinden können, so können auch Inhalte aus dem Unbewussten aufsteigen. Neben einer Mehrzahl von bloßen Erinnerungen können auch wirklich neue Gedanken und schöpferische Ideen zum Vorschein kommen, die nie zuvor bewusst waren. Sie wachsen aus den dunklen Tiefen wie ein Lotus und bilden einen wichtigen Teil der subliminalen Psyche.«[17]

Anthropologische Studien von 1973 durch Erika Bourguignon erbrachten das für die Psychologie erstaunliche Ergebnis, dass in 488 von ihr untersuchten Ethnien verschiedener Kontinente 90 Prozent »bestimmte Techniken der Bewusstseinsveränderung nach strengen Regeln und Ritualen« praktizieren. Das unterstellt der Verhaltensforscher Irenäus Eibl-Eibesfeld schon den prähistorischen Gesellschaften mit ihren rauschhaften Riten. Der Tiefenschicht des Bewusstseins kann man heute mit bildgebenden Verfahren empirisch auf den Leib, respektive das Gehirn, rücken, in dem sich der Körper-Geist-Dualismus (den es vermutlich überhaupt nicht gibt) aufhebt. Man kann sehen, wie das Fühlen der geheimnisvolle Führer des Bewusstseins wird. Dass Emotionen auch bewusst zur Ratio transformiert werden, ist uns ja geläufig.

Statement aus Hirnforschung und Philosophie im Dialog

Das Ich und das Bewusstsein verknüpft auch Wolf Singer eng, allerdings, indem er beide im sozialen Raum verortet und eben nicht im Individuum. Gehirne müsse man sich als Knoten vorstellen, die mit den Knoten der anderen Gehirne verknüpft zusammenwirken. Bei dem hohen Komplexitätsgrad, der das menschliche Gehirn von dem der nichtmenschlichen Primaten klar unterscheidet –

sonst durch nichts –, entstehe durch dieses »kulturelle Netz« das Bewusstsein als eine »soziale Realität«, als »etwas, was nicht verortbar ist, aber trotzdem existiert, was wirkmächtig, aber nicht zu fassen ist«.[18]

Im unmittelbaren Dialog widerspricht der Innsbrucker Philosoph Joseph Quitterer, das Ich könne nicht nur ein soziales Konstrukt sein. Er sympathisiert mit der Ansicht des Neurobiologen Antonio Damasio, der als Grundlage für die Herausbildung eines Selbst den »Organisations- oder Funktionsplan unseres Organismus und dessen mehrstufige Repräsentation im Gehirn« betrachte. Und dann zieht der christliche Philosoph wie eine Trumpfkarte die Seele. Diese erkannte schon Aristoteles als »das Prinzip (Archä) der Lebewesen«. Quitterer sieht die Seele als Lebensprinzip eines organischen Körpers und als die Ursache für dessen Verhaltensweisen, allerdings die Seele zusammen mit dem Lebewesen als Ganzem. So sitze das Ich zwar nicht im Gehirn, allerdings in einem individuellen funktionierenden Organismus, der mit seiner Umwelt interagiere.[19]

Und weil es wirklich spannend ist, ob es ein körperunabhängiges Bewusstsein gibt, kommen wir bei der Untersuchung von Fernwirkungen hierauf zurück – gleich nach dem nächsten gedanklichen Schritt und unserem Zwischenergebnis.

Doping für den Alltag

Die Frage nach dem Ich und dem Identitätssinn stellt sich neu, wenn Pharmaka den Ort des Bewusstseins gezielt verändern. Immerhin können solche Medikamente nicht nur Kranken helfen, sondern auch Gesunden ein Hirndoping verabreichen. Methylphenidat oder Amphetamin war zunächst den Zappelphilipp-Kindern gegen ihr ADHS-Syndrom verabreicht worden. Nun sind Mittel, die in die Botenstoffe der Gehirnzellen eingreifen, eine Wunderdroge geworden, die Aufmerksamkeit, Konzentration, Verbindung logischer Zusammenhänge zu Schlussfolgerungen und die Merkfähigkeit erheblich steigern können. In den USA boomen Ritalin und Concerta – so heißen die Pillen, die sich Musiker, Banker, Journalisten und inzwischen auch Studenten einwerfen. In das Riesenthema Doping im Sport wollen wir hier nicht einsteigen, allerdings auf die Kriegführung unter Drogen verweisen, etwa mit Pervitin für deutsche Soldaten im Frankreichfeldzug, mit Drogen für US-GIs in Vietnam oder für die IS-Selbstmordattentäter. Crystal Meth – vor allem aus tschechischen Garküchen oft verunreinigt – macht in Deutschland unrühmliche Karriere.

Zur Frage nach dem Ich: Das Individuum formt sich um die Bruchstücke der gespeicherten Lebensgeschichte. Die eingeworfene Chemie bestimmt nun das Wechselspiel von Erleben, Behalten und Vergessen, nicht mehr die angelegte Physis. Solche Chemie macht abhängig. Dasselbe gilt für psychische Aufheller. Aus dem verführerischen Sog entsteht ein Druck, um bessere Chancen zu erreichen, mehr Dynamik bei älteren Arbeitnehmern, anderes Auftreten bei Vorgesetzten. Die Leistungsgesellschaft giert danach, ohne Rücksicht auf ein tradiertes Menschenbild. Und Mediziner berichten: Große Sprünge machen die Mittelmäßigen, nur kleine die Überdurchschnittlichen. Der Ehemann einer Ritalinsüchtigen erzählt: »Schlau war sie als Geschäftsfrau schon immer, aber plötzlich ist sie misstrauisch und psychisch verändert. Sie ist nicht mehr die Frau, die ich geheiratet habe.«[20]

Sucht ist ankonditioniert, ist gelernt. Dieser Lernstoff ist mühsam zu löschen. Die Kehrseite der Medaille: Ein unangenehmer Faktor ist die Wahrnehmung von Schmerz. Die Forschung weiß, dass seelischer Schmerz und körperlicher in Erscheinung und Wirkung gleich sind. »Tango statt Fango« bringt der Schmerzforscher Walter Zieglgänsberger die Ersttherapie auf den Punkt. Die pharmakologisch bei seelischem und körperlichem Schmerz vergleichbare Behandlung sollte in diesem Fall allerdings früh einsetzen, damit sich die Schmerzen nicht als Phantomschmerzen einlagern. Und sie ist rechtzeitig wieder zu streichen, sonst »lernt« der Organismus die Chemie und sucht diese als Sucht.

All diese Eingriffe bewirken Veränderungen. Das provoziert die Frage nach der Normalität, auch die nach der Richtigkeit der Erkenntnis, denn das Bewusstsein kann sehr selektiv und damit einseitig wahrnehmen oder sich auch täuschen lassen. Da hilft Hirndoping nicht.

Zwischenstopp

Das Bewusstsein zu verstehen rangiert nach einer Umfrage der Zeitschrift *Science* unter weltweit führenden Wissenschaftlern nach der Dringlichkeit von 125 Forschungsthemen gleich hinter den Fragen zum Universum an zweiter Stelle. Aber das scheint wohl, wie Matthias Eckoldt in einer Hörfunksendung meinte, »eine offene Wunde am Leib der Hirnforschung« zu bleiben.

So müssen wir auf der Basis der Denkansätze und des aktuellen Wissens (und vermutlich auch des künftigen) feststellen: Das Bewusstsein ist kein begrenzter Gegenstand, es wabert in und um uns, es ist oft durch veränderte Bewusstseinszustände eingegrenzt oder erweitert, aber eben nicht streng definitorisch eingrenzbar, allerdings annäherungsweise beschreibbar, wie es hier angerissen ist, und nur dem Menschen eigen.

Damit rundet sich, was zum Bewusstsein als Kern des Reflexionsprinzips zu erkennen war.

Geist und »Geister«

Außerhalb dieser Annäherung bleibt ein Phänomen des Reflexionsprinzips, das Beachtung verdient, obwohl und weil es unser Bewusstsein übersteigt, also unerklärlich scheint: Gibt es eine Art von körperunabhängigem Bewusstsein? Gerade nach den bisherigen Differenzierungen kann uns dieses Thema verunsichern. Es taucht aber auf bei den Fragen eines Bewusstseins nach dem Tod, bei Telepathie, bei Tele- oder Psychokinese, bei Spukformen, bei Präkognition, dem Weissagen oder auch bei der Frage nach Wundern. Was sagt dazu die Wissenschaft, nicht die Religion, schon gar nicht die Esoterik, die diesen Themenkreis ausbeutet?

In der Physik kennt man eine mögliche Analogie hierzu in den Fernwirkungen, die als »Quantenverschränkung« untersucht werden. Dabei gibt es keinen Informationstransfer, jedoch verändert sich ein Teilchen (in Versuchen zum Beispiel ein Photon oder Elektron) in offenbar jeder beliebigen Entfernung, wenn ein anderes, mit ihm vorher verschränktes, manipuliert wird. Misst man den Spin als Quanteneigenschaft – quantentheoretisch eine »innere Drehung« – von Teilchen A als positiv, so ändert sich gleichzeitig (angeblich gemessen als mindestens zehntausendfache Lichtgeschwindigkeit) das Teilchen B in jeder Entfernung ins Negative. Hier spricht man auch von »Synchronizität«. Einstein hat dies zweifelnd als »spukhafte Fernwirkung« bezeichnet, doch die Quantenphysik hat das Phänomen bestätigt. Die Teilchen werden dann nicht mehr als getrennt bezeichnet, sondern als »korrelierendes System«. Als Spezialist für das Phänomen von Quantenverschränkung und Fernwirkung gilt Anton Zeilinger. Von ihm stammt auch das Buch *Einsteins Spuk – Teleportation und weitere Mysterien der Quantenphysik* (2005).

Physikalische Fernwirkungen in Gleichzeitigkeit scheinen also kein generelles Problem zu sein. So ist auch für die Biologie nachgewiesen, dass sich bei den Pflanzen eine über den gesamten Körper reichende stabile Verschränkung von Photonen ereignet, um die Lichtenergie effizient zu nutzen.

Möglicherweise waren solche allgemeineren Erfahrungen, wie sie später durch den Wiener Quantenphysiker Anton Zeilinger über große Entfernungen gemessen und bestätigt wurden, Anlass für Werner Heisenberg, sich mit Phänomenen intensiv zu befassen, welche die Grenzen der Physik überschreiten, aber tatsächlich erfahren werden. Allerdings war Heisenberg vorsichtig und warnte auch diejenigen, mit denen er sich hierüber austauschte, ihr Ruf könnte bei solch ungeschützter Beschäftigung in der Wissenschaftler-Community Schaden nehmen. Scherzhaft meinte er einmal zu einem Kollegen: »Passen Sie auf, dass Sie nicht als Ketzer wie Giordano Bruno enden!«

Anton Zeilinger beschreibt das Phänomen der Quantenverschränkung so: »Eine Entwicklungsrichtung besagt, wichtiger als die Konzepte Raum und Zeit sei das Konzept der Information, und Information ist offenbar unabhängig von Raum und Zeit. Das heißt, die Information liegt vor, dass die beiden Systeme gleich sein müssen, auch wenn sie vor der Beobachtung noch keine vordefinierten Eigenschaften besitzen und obwohl sie keine Verbindung haben. Für mich deutet das in die Richtung, dass Information fundamentaler ist als alle anderen Konzepte. Schon das Johannes-Evangelium beginnt mit ›Am Anfang war das Wort‹. Das kann ich auch mit Information übersetzen.«[21]

So ist die Quantenverschränkung ein Anlass, auf die parapsychologische Problematik, das sogenannte Psi-Phänomen, noch kurz einzugehen. Dafür gibt es auch zwei tiefere Gründe: Das Nachsinnen über paranormale Phänomene ist ein urmenschliches Bedürfnis; es drückt sich schon in den ältesten Kultformen aus und blüht im Reflektieren schillernd auf und keineswegs nur in voraufklärerischer Zeit. Zum anderen widerspricht dieses Phänomen der materialistischen Auffassung, wonach alles Geistige außerhalb der menschlichen Kognition nicht existieren und allenfalls als eine in die Materie quasi eingeschriebene Funktion gelten könne.

In seinem Buch über *Experimentelle Parapsychologie*[22] zählt Stefan Schmidt vom Freiburger Uniklinikum die folgenden Kategorien als Untersuchungsgegenstände auf: Präkognition, also das Wissen um künftige Ereignisse, Telepathie als Übertragung von Gedanken, das Hellsehen, das sich auch auf Wissen über ferne Orte bezieht, und die Psychokinese, bei der menschliche mentale Anstrengungen Einflüsse auf die materielle Umwelt haben.

Hierzu lassen sich am Freiburger »Institut für Grenzgebiete der Psychologie und Psychohygiene« (gegründet von Hans Bender) Informationen über das »Global Consciousness Project« finden, an dem es beteiligt ist. Roger D. Nelson beschreibt und bestätigt in seinem Werk *Evidence for Psi* unerklärbare Fernwirkungen in der Untersuchungszeit von 1998 bis 2013 so: »The composite result shows significant evidence of anomalous correlations, implying that a subtle but remarkable change occurs in the physical world when people are drawn into a community of common attention or emotion.« (»Das Gesamtergebnis zeigt einen auffallenden Beleg abnormer Korrelationen von subtiler, aber doch beachtenswerter Veränderung, die in der physikalischen Welt erfolgt, wenn Menschen durch Aufmerksamkeit und Gefühlsregung in eine (Schicksals-) Gemeinschaft hineingezogen werden.«)[23]

Was steckt dahinter? Das weltweite Projekt wurde zunächst durch die Beobachtung veranlasst, dass eine Auseinandersetzung von Piloten in einer Flugzeugkanzel Auswirkungen auf technische Systeme hatte, ohne dass auf diese physisch zugegriffen worden wäre. Die daraufhin erstellte Experimentanordnung wurde auf über sechzig Stellen in Amerika, Europa und Australien verteilt, wo Zufallsgeneratoren ohne Unterbrechung Nullen und Einsen ausspuckten – und das mit der auch genau erwarteten 50-Prozent-Verteilung. Wenn aber globale Geschehnisse mit starken mentalen oder emotionalen Reaktionen der Menschheit auftraten – einschließlich solchen zu Tragödien wie zu großen Festen, zu geplanten oder spontanen Ansammlungen von großen Menschenmassen, zu Katastrophen natürlichen oder menschlichen Ursprungs, wie etwa das Twin-Towers-Attentat oder Prinzessin Dianas Tod im Tunnel und etwa dreißig andere schicksalshafte Ereignisse pro Jahr, dann wirkten sich diese auf den Output der Zufallsgeneratoren gering, aber doch signifikant aus: Es kam zu Ungleichgewichten in der Verteilung von Nullen und Einsen.

Die Forscher wissen nicht, was wirkt, aber sie erkennen, *dass* etwas wirkt. So etwas Ähnliches wie diese »Spannung in der Luft« spürte auch schon der durchaus kritisch zu sehende Gustave le Bon 1895 bei der Annahme einer Seele der Masse in besonders intensiven Momenten in seiner *Psychologie des Foules*.

»Remote Viewing«, Hellsehen mit Beschreiben eines fernen unbekannten Orts durch besonders sensible Personen, ist jahrzehntelang durch NASA, Army und Geheimdienste in den USA finanziert worden und wird von der Statistikerin Jessica Utts bewertet: »It is clear to this author that anomalous cognition is possible and has been demonstrated. This conclusion is not based on belief, but rather on commonly accepted scientific criteria.« (»Für diesen Autor ist erwiesen, dass unnormale Wahrnehmung möglich ist und auch aufgezeigt wurde. Diese Schlussfolgerung basiert nicht auf Glaube, sondern auf allgemein akzeptierten wissenschaftlichen Kriterien.«) Das berichtet Stefan Schmidt[24] unter Darlegung eindrucksvoller anderer Beispiele. So hätten die USA einen telepathischen »Seher« eine militärische russische Anlage zeichnen lassen, die sich später durch Satellitenaufklärung als weitgehend zutreffend erwies.

Nun zu einem Spuk, den die Fachliteratur zu den weltweit am besten dokumentierten zählt:

In Rosenheim ereignete sich 1967 in einer Anwaltskanzlei Sonderbares. Hängelampen schwangen bis zur Decke, es knallte frei in der Luft, Glühbirnen platzten auch ohne Strom, Bilder drehten sich, ein schwerer Schrank bewegte sich … Zuerst prüften die Elektrizitätswerke und die Polizei – ohne Befund. Dann bat man nach drei Wochen die Wissenschaft. Der Physiker Friedbert Karger vom Max-Planck-Institut für Plasmaphysik und sein Kollege Gerhard Zicha vom Forschungsreaktor der Technischen Hochschule München in Garching bauten aufwendige Anordnungen und untersuchten neun Wochen lang akribisch die Phänomene. An den Spannungs- und Stromschreibern stellten sie immer wieder anomale Ausschläge fest, die schließlich eine nicht identifizierbare »mechanische Federführung« von außen nahelegten.

Natürlich gab es auch Zweifel, die Manipulation unterstellten; solche aber schlossen die Forscher und die akribisch arbeitende Kriminalpolizei aus, ebenso wie alle, die an der Untersuchung unmittelbar beteiligt waren. Das Forscherteam stellte nach einiger Zeit fest, dass die unerklärlichen Geschehnisse nur auftraten, wenn eine bestimmte Büroangestellte (unter Kontrolle) anwesend war, die sich jedoch für ganz normal hielt und ihrerseits diese Dinge nicht erklären konnte.

Im ausführlichen Bericht der Wissenschaftler heißt es: »Im Moment kann der Physiker über die beobachteten seltsamen Kräfte noch nicht viel sagen. Sie sind zwar mit den Mitteln der experimentellen Physik festgestellt worden, lassen sich aber mit den vorhandenen Mitteln der theoretischen Physik nicht erklären … [Es ist] nicht möglich, etwas über die Energiequelle zu sagen, bzw. ob die Energieerhaltung in diesen Fällen gewährleistet blieb … Die Ausführung dieser Bewegungen scheint von intelligent gesteuerten Kräften herzurühren …, die die Tendenz zu haben scheinen, sich der Untersuchung zu entziehen … Der Weg zu einem ›gewissen Verständnis‹ der paranormalen Phänomene ist gewiss noch weit. Wir können aber sicher sein, dass eine Klärung der Phänomene auch wiederum Rückwirkungen auf unsere Kenntnis vom Wesen des Menschen selbst haben wird.« Der Fall ist in zahlreichen Grafiken, physikalischen Kurven, Zeugenaussagen, Protokollen der Stadtwerke und dem Bericht der angesehenen Forscher, die um ihren Ruf in der Fachwelt bedacht waren, ausführlich dokumentiert. Bis heute gibt es keine Erklärung.

Diesen »Spuk von Rosenheim« nahm ich in das TV-Wissenschaftsmagzin *Aus Forschung und Lehre* auf und moderierte zur paradoxen Situation: »Mit Paraphysik haben sich die berühmtesten Physiker befasst, aber alle immer nur sozusagen inoffiziell und aus Angst, nicht ernst genommen zu werden. So auch Karger, der seine Forschungen neben seiner Plasmaphysik betreibt. Das Entscheidende scheint mir zu sein, dass hier einer nicht sagt: ›Ich bin Naturwissenschaftler, so was gibt's nicht, lasst den Quatsch‹, sondern dass er die Möglichkeit solcher Phänomene, ja, die Gegenwärtigkeit des Transzendenten anerkennt, zu dem man übrigens relativ leicht Zugang findet, dass er aber vor solchem Zugang warnt, weil wir nicht wissen, was in unserer Psyche und im feinstofflichen Bereich gestört wird, und weil wir nicht gegen die natürliche Selbstbestimmung handeln sollen. So kann schon jeder Eingriff in der Hypnose gefährliche Konsequenzen haben.«[25] Karger, ein Freund Heisenbergs und in diesem paraphysischen Bereich mit ihm vertraut, sagte es so: »Ein Ernstnehmen gerade des auffindbaren Teiles der Realität erlaubt eine Verbindung von Religion und Wissenschaft und damit den Zugang zu der Beschreibung einer einzigen Wirklichkeit.«

Natürlich sind fast alle kursierenden Spukgeschichten der Fantasie oder dem Erwerbssinn entsprungen. Dieser Fall, wie auch die lange Reihe weltweiter Anlässe, führen jedoch, wie eingangs angedeutet, zu der wissenschaftlich empirisch begründeten Annahme, dass es so etwas wie ein körperunabhängiges Bewusstsein geben kann.

Denken und Reflektieren

Zum Denken und Reflektieren bedarf es natürlich der Fähigkeiten des Gehirns, dessen Größe und Kapazität von der Anthropologie bis zur modernen Hirnforschung erkundet werden. Die Gesetzmäßigkeiten von menschlichem Geist und Bewusstsein sind »mit den Naturgesetzen kompatibel, ohne auf sie reduzierbar zu sein«, meint der Hirnforscher Gerhard Roth. Und was ist Denken überhaupt? Der Physiker Gerd Binnig sagt es so: »Wirkungseinheiten gruppieren sich zu einem fraktalen Wechselwirkungsnetz, das Mutationen-Auslese-Zyklen durchläuft.«[26] Allerdings blitzschnell, in Selbstorganisation ohne hierarchische Struktur.

Denken stellt sich als konzentrierter und gerichteter Strom des Bewusstseins dar, dennoch bleibt für die Hirnforschung unklar, wie dies ohne ein Zentrum gelingen kann, »in dem alle Informationen zusammengefasst werden, wo Entscheidungen fallen, wo Bewusstsein entsteht und das agierende, bewertende, entscheidende Ich sich konstituiert« – so formuliert es Wolf Singer. Auch bei der Betrachtung der Organisationsprinzipien finde man einen solchen

Ort nicht. Wie aus dem Chaos neuronalen Funkens Ordnung entsteht, das bleibt wohl das Geheimnis der Selbstorganisation, die Erich Jantsch auf den »Geist« schlechthin zurückführt.

Reflektieren ist mehr als Denken; indem es dieses übergreift, ist Reflektieren die Symbiose aller Wahrnehmungsmöglichkeiten in Verknüpfung mit dem Gedächtnis, um Schlüsse ziehen zu können. Ganz so, wie das Kant mit seinen drei berühmten Fragen umreißt: der Frage aus der Erkenntnistheorie »Was kann ich wissen?«, der aus der Praktischen und Moral-Philosophie »Was soll ich tun?« und der aus Vergangenheit und Aufklärung »Was darf ich hoffen?«. Die Summe aller Wahrnehmungskanäle mit Erfahrung und Gewissen zu verbinden, das ist auch ein Reflektieren, wie es der Soziologe Ulrich Beck wohl versteht, wenn er den Begriff von einer »reflexiven Moderne« prägt, die ein Umsteuern angesichts drohender globaler Risiken notwendig macht. Umsteuern aber setzt einen globalen Bewusstseinsprozess voraus mit der Bereitschaft, unbequeme Entscheidungen zu treffen.

Einfluss auf die Wirklichkeit?

Das Denken und Reflektieren lässt sich, wenn auch schwer, lenken, und damit das Handeln der Menschen, das Einwirken auf die Wirklichkeit. Mit Denken allein geht das zumindest dann nicht, wenn es sich um unbeeinflussbare Gegebenheiten handelt, wie die Existenz von Erde und Sonne. Eine Binsenweisheit? Von wegen. Da seien die Konstruktivisten der Postmoderne »vor«, die behaupten, der Mensch schaffe die Realität durch sein Denken und Sprechen; was wirklich ist, lasse sich deshalb nicht feststellen. Dieser kulturwissenschaftlich heftige Pendelausschlag findet gerade die Gegenbewegung in einer Denkweise, die sich selbst »Neuer Realismus« nennt. Da ist dann die Realität wieder real, aber nur ein bisschen. Der Vertreter dieser Richtung, der als Philosophie-Jungstar geltende Markus Gabriel, negiert in seinem Buch *Warum es die*

Welt nicht gibt die Existenz dieser Welt und hält nur ihre Eigenschaften für real. Auch die Vorstellung der Eigenschaften sei real, die Welt allerdings nicht. Ist das philosophisches Hochseil oder nur abgehoben? In seiner Philosophie formuliert sollen das Ontologische, das Seiende einerseits und andererseits das Gedachte und Referierte getrennt werden. Das leuchtet ein. Dann allerdings gäbe es doch wohl das Seiende. Doch so auch wieder nicht, denn alles existiere nur in den »Sinnfeldern«.[27]

In der philosophischen Betrachtung unserer Wahrnehmung dominiert seit Langem eine Repräsentationstheorie, nach der wir die Sachen und die Sachverhalte nur durch Repräsentanten oder Zwischenposten erkennen. Damit will der alte, weise John R. Searle, Philosoph und Linguist in Berkeley, aufräumen mit seinem programmatischen Titel *A Theory of Perception. Seeing Things as They Are.*[28] Die Anschauung der Welt bleibt unverstellt.

Logik oder der trügerische Boden der Tatsachen

Reflektieren heißt auch Ziehen von Schlüssen. So liegt die Logik im Zentrum des Denkens, um aus erkannten Tatsachen durch Vergleich neue Fakten abzuleiten. Aus Herausforderungen des Denkens hat sich die Philosophie entwickelt, die dann die Mathematik hervorbrachte. Besonders reizvoll und eine konstruktive Provokation waren dabei schon in der Antike Paradoxien: Was ist, wenn ein Kreter sagt, dass alle Kreter lügen? Als Kreter lügt der Sprecher logischerweise. Dann lügen die anderen Kreter nicht. Und wenn er als Kreter nicht lügt, lügen ja nicht alle Kreter. Oder der Barbier, der alle Barbiere rasiert, die sich nicht rasieren. Was tut er? Gehörte er zu denen, die sich nicht selbst rasieren, müsste er sich doch den Bart abnehmen.

Durch solche Paradoxie fühlt sich die Mathematik herausgefordert. Der Wiener Kurt Gödel musste gegen die bis dahin herrschende Meinung der Arithmetiker feststellen, dass es auch in der Mathematik Sätze gibt, die sich weder beweisen noch widerlegen lassen. Der Niederländer Maurits Cornelis Escher hat dies in seinen staunenswerten Grafiken, zum Beispiel in der scheinbar nach oben führenden Treppe, die unten ankommt, optisch erfasst.

Aus dem Umstand, dass es Sätze gibt, die man als zutreffend anerkennt und dennoch nicht beweisen kann, zog die Mathematik den logischen Schluss, dass man von der Vorstellung einer in sich kausalen Geschlossenheit, also vom Zirkelschluss, ausgehen muss. Solche Erkenntnis führt Mathematik und Naturwissenschaft zu einem neuen Weltbild und zwingt zur Bescheidenheit, lässt Träume von der Weltformel platzen und fordert auch den Raum für intuitives Erfassen ein, verlangt uns logischerweise diesen ab.

In der Logik liegt Schönheit. Es ist die Schönheit einer stimmigen Formel genauso wie die der folgerichtigen Darlegung. Schönheit der Logik strahlt in der Kunst, augenfällig in der Architektur von Pyramiden, antiken Tempeln, mittelalterlichen Kirchen, in Brückenbauwerken, in der Statik von Fachwerk und manch modernen Stadien und Gebäuden, in der »Kunst der Fuge« wie in der Improvisation des Jazz. Überhaupt besticht die Klangwelt durch die in den Schwingungen ruhende Welt der Zahl, wie auch der Rhythmus logisch geteilte Zeit ist.[29] Der Goldene Schnitt ist ästhetische Logik, genau wie Lyrik sie durch Poesie und Klang sein kann. Der Tanz, der Sport sind statische Logik bis an die Grenze der Schwerkraft. Logik ist schön.

In der Logik liegt Macht. Sie überredet nicht, sie überzeugt. Sie beherrscht die Argumentation im sozialen Diskurs und das wissenschaftliche Vorrücken der Erkenntnisgrenze. Sie liegt der Informatik zugrunde und sorgt mit ihrer Steuerung für unsere gewohnten alltäglichen Abläufe in der Küche, im Auto, im Lift, im Beruf und in unserer Kommunikation. Dennoch ist Vorsicht geboten: Der Computer wirft nur als Ergebnis aus, was an Daten vorher zur Verarbeitung eingegeben wurde, gleichgültig, wie viele Stellen hinter dem Komma Richtigkeit suggerieren. Logik haben wir in die Technik des Computers gesteckt, aber Logik steht immer auch vor jeder Eingabe. Es kommt also auf unseren Input an, auf das, was wir mit den uns zu Gebote stehenden Mitteln herausfinden wollen. Für Entscheidendes brauchen wir uns selbst als Instrument.

Doch Logik ist nicht alles, was uns erkenntnispraktisch weiterbringt. Im Kapitel I ist dem rein verstandesmäßigen Denken das Musische der Imagination als notwendige Ergänzung hinzugefügt. Auf vergleichbarer Ebene unterscheidet Werner Heisenberg zwischen experimenteller und theoretischer Physik, zwischen Empiriker und Theoretiker: »Die reine mathematische Spekulation [also die theoretische, d.V.] wird unfruchtbar, weil sie aus einem Spiel mit der Fülle der möglichen Formen nicht mehr zurückfindet zu den ganz wenigen Formen, nach denen die Natur wirklich gebildet ist. Und die reine Empirie wird unfruchtbar, weil sie schließlich in endlosen Tabellen ohne inneren Zusammenhang erstickt. Nur aus der Spannung, aus dem Spiel der Fülle der Tatsachen und den vielleicht dazu passenden mathematischen Formen können die entscheidenden Fortschritte kommen.«[30] Für unser Denkmodell kompakt zusammengefasst, könnte man sagen: Die spielerische Verbindung der Polarität von Konkretheit des Beobachtens und Abstraktheit des adäquaten Reduzierens führt die Reflexion zu Ergebnissen, die der Natur entsprechen.

Der Astronom Johannes Kepler, beeindruckt von der Schönheit der Harmonie der Planetenbahnen, ging in seiner *Kosmischen Harmonie*[31] einen Schritt weiter: »Erkennen heißt, das sinnlich Wahrnehmbare außen mit den Urbildern innen vergleichen und es damit als übereinstimmend zu beurteilen.« Diese »Urformbeziehungen des Harmonischen … wohnen denen inne, die zu ihrer Erfassung fähig sind«, sie entstammen einer »gleichsam triebhaften reinen Größenanschauung und sind diesen Individuen eingeboren, wie dem Formprinzip der Pflanzen etwa die Zahl ihrer Blütenblätter, oder die Zahl der Fruchtkammern dem Apfel eingeboren ist«.

So denkt auch Heisenberg, der Kepler aus dessen *Kosmischer Harmonie* zitiert und auch den Züricher Atomphysiker Wolfgang

Pauli, welcher wiederum mit dem Psychologen C. G. Jung eng befreundet war. Pauli schreibt (nach Heisenberg): »Der Vorgang des Verstehens in der Natur so wie auch die Beglückung, die der Mensch beim Verstehen, das heißt beim Bewußtwerden einer neuen Erkenntnis empfindet, scheinen demnach auf einer Entsprechung, einem Zur-Deckung-Kommen von präexistenten inneren Bildern der menschlichen Psyche mit äußeren Objekten und ihrem Verhalten zu beruhen.« Heisenberg spricht hier von der »vorbewussten archaischen Stufe der Erkenntnis«; die inneren Bilder stehen also vor den Begriffen.[32] Auch C. G. Jung habe, wie Pauli, jedes Verstehen als langwierigen Prozess, »lange vor der rationalen Formulierbarkeit des Bewusstseinsinhalts«, gedeutet, begleitet und vorbereitet durch Prozesse im Unbewussten – starke Argumente für die Forderung und Förderung des musischen Denkens neben dem begrifflichen, wie es auch dem Bildungssystem abzuverlangen ist.

Algorithmus für tiefere Einblicke?

Da glauben wir heute, durch den Umgang mit dem Computer schnelle Erkenntnisse zu gewinnen. Zumindest den schnellen Überblick über große Stoffmengen und die gezielte Suche erlaubt diese Technik. Wer die »Strg«-Taste und das »F« drückt, findet sofort die Stelle in seinem eigenen Text, an der er noch etwas einfügen möchte. Bei großen Stoffmengen leistet hier die Digitalisierung unter Einbeziehung der Algorithmen allen Fachrichtungen größte Dienste bei der Suche und Bewältigung von Anfragen in Blitzesschnelle, großen Dateien in der staatlichen Verwaltung, in der Wirtschaft wie auch bei den Geheimdiensten. Nicht immer ist solche Transparenz eine erwünschte Folge, wie wir gleich in Teil VI sehen werden. Der Evolutionsbiologe Armand M. Leroi fordert die Einbeziehung dieser mathematisch-naturwissenschaftlichen Techniken für alle Geisteswissenschaften, weil sich so Texte wie »Raupen zu Schmetterlingen« entwickeln könnten. Kann denn richtig sein, was der Biologe als gesichert behauptet: »Die Theorie wird sich nicht in Wörtern, sondern in Gleichungen ausdrücken.«[33]? Auch hier ist Vorsicht angeraten.

Digitale Methoden werden von Subjekten angewandt, die die Fragen stellen. Und auch das: Die Quantifizierung und Vermessung in den Geistes-, Kultur- und Sozialwissenschaften erlaubt die Feststellung von Ist-Zuständen, Trends und Wirkungen. Aber die Soziologie etwa ist dabei, vor lauter messender Empirie die denkende Analyse, die Philosophie in den Sozialwissenschaften zu marginalisieren, wie sie Max Weber, die Frankfurter Schule, Oswald von Nell-Breuning, Jürgen Habermas oder Ulrich Beck verkörpern – um nur einige unterschiedliche denkanregende Positionen zu nennen. Die kritische Analyse durch Beobachten und Reflektieren ist schließlich die wissenschaftliche Basis für den Einsatz der digitalen Instrumente.

2.2. Wer also sind wir?

Was hat uns zu dem gemacht, was wir sind? Dass Körper, Geist und Seele eine untrennbare Einheit bilden, ist Stand der Erkenntnis, soweit die Seele nicht ausgeblendet wird. Dazu haben wir im Kapitel des Kreativitätsprinzips unter II.3.1 vier »Dimensionen« einer Persönlichkeitsentwicklung definiert, die wir als »Kreativität nach innen« beschreiben und die allen drei Elementen von Körper, Geist und Seele gemeinsam, doch mit unterschiedlichen Schwerpunkten, zuzuweisen sind:

– die *körperliche Dimension* für eine gesunde Lebensführung, für Widerstandskraft, für die Bewältigung der Alltags- oder Berufsarbeit, für die Ausprägung praktischer Fertigkeiten, zur Abhärtung, zum sportlichen Vergleich, zur Steigerung des Naturgenusses und Erlebens, zur Lust am uns geschenkten Leben, auch als Sexualität;

- die *kognitive Dimension* mit Lernen, Erkennen, Bewerten, Verknüpfen, Entscheiden und auch der Entwicklung von sozialer Intelligenz;
- die *musische Dimension* der Ästhetik, der Wahrnehmung mit allen Sinnen, des Sehens von Formen, Farben und Tiefe, des Hörens aller Klänge, der Gestaltung, des Geschmacks der Köstlichkeiten und des Geruchs, des Fühlens und des Empfindens;
- und die *spirituelle Dimension* als Domäne der Seele, die der Pflege und Entwicklung von Sensibilität bedarf und eigentlich überall dabei war, wie auch Körper und Geist sich verschränken, und welche mit dem Geist die Frage nach der Ethik und dem Sinn unserer Existenz stellt.

Die Frage, wie diese Kreativität nach innen entsteht, könnte die Entwicklungspsychologie beantworten. Der Psychologe Rolf Oerter etwa tut dies mit seinen »drei Säulen des menschlichen Daseins«. Diese sind die Evolution, die Kultur und die Ontogenese.[34] Damit unterscheidet er die Stammesgeschichte des Menschen mit seinem genetischen Erbe und seiner natürlichen Umgebung von der sozial ihn prägenden Kultur und der persönlichen organischen Entwicklung.

Nach dem in der vorliegenden Betrachtung gefundenen Evolutionsverständnis ist die Zivilisation und damit die Fülle der Kulturen wie auch das Werden des Individuums ein einziger evolutionärer Prozess. Während wir diesen Prozess mit dem hier verwendeten Modell einer nicht endenden Abfolge von Kreativität, Polarität und Attraktivität gewissermaßen im Längsschnitt strukturell analysieren, geschieht dies bei Oerter bezogen auf den Menschen durch Aufdröseln der Stränge, die ihn ausmachen, einem Querschnitt vergleichbar. Diese Betrachtungsweise des Psychologen trägt wesentlich zum Verständnis der Prägung des Menschen und zur Selbsterkenntnis bei, weil sie die genetischen Voraussetzungen, die sozialen Bedingungen und die subjektive Entwicklung als »Ort der

Bewusstseinserlebnisse« aufzeigt, denen jeder ausgesetzt ist. Als Ergebnis entsteht im Menschen ein Weltbild, das sein Denken, Entscheiden und Handeln veranlasst.

Wissen und Gewissen

Denken, Entscheiden und Handeln folgen den erworbenen Maßstäben. Man nennt diese »Gewissen«. Es ist sprachlich eine Sonderform des Wissens, und zwar eines Wissens um die folgenden drei Aspekte: Den *Identitätssinn* haben wir schon oben, beim Versuch, das Bewusstsein zu fassen, insoweit als eine wichtige Dimension erkannt, als sich die Person ihrer *Eigenheit,* ihres Standorts in ihrer Umgebung bewusst ist. Dazu kommt das Wissen um die Umstände einer *Situation, die ein Verhalten auslöst.* Und schließlich geht es um die Verinnerlichung des Empfindens von Richtig oder Falsch oder von Gut oder Böse als *Wertmaßstab.*

Das Gewissen enthält einen Appell ans Individuum und macht dadurch wesentlich die Persönlichkeit aus. Bei Kant ist das Gewissen im kategorischen Imperativ begrifflich ein Befehl. Luther hatte mit seiner Berufung auf die Freiheit des Gewissens das Nachdenken hierüber in der Neuzeit entfacht, dem sich dann, wenn auch spät, die katholische Kirche trotz ihres Unfehlbarkeitsdogmas nicht entziehen konnte, indem sie das Gewissen als letzte Entscheidungsinstanz privilegierte, wie das Thomas von Aquin schon gefordert hatte. Der Jurist Johannes Steiner (jr.) zitiert in *Christ sein löst Rätsel*[35] Joseph Ratzinger aus dem Jahr 1968, als er noch nicht ins höchste Amt der Kirche berufen war, mit einem Ergebnis des II. Vatikanischen Konzils: »Über dem Papst als Ausdruck für den bindenden Anspruch der kirchlichen Autorität steht noch das eigene Gewissen, dem zuallererst zu gehorchen ist, notfalls auch gegen die Forderung der kirchlichen Autorität.« J. Steiner folgert aus der Gewissensfreiheit, was schon die Aufklärung gebietet: »Auf lange Sicht führt der Weg vom Gehorsamsglauben zum Verstehensglauben.«

Was nun im Einzelnen richtig oder falsch ist, mag je nach Weltanschauung, sozialer oder beruflicher Position unterschiedlich interpretierbar sein. Der Soziologe Niklas Luhmann würde sagen, das Verhalten müsse funktional in Bezug auf die Erfordernisse einer gesellschaftlichen Situation sein. Aber auch hierfür bedarf es einer wertenden Zielsetzung. Im Kommunismus hat das Gewissen sozusagen plastisch zu sein, denn wo der Materialismus als einzig existent anerkannt ist, hat auch das Individuum seine eigenen Maßstäbe den unterschiedlichen Anforderungen von Produktionsbedingungen und Plänen anzupassen. So sollte durch rigorose Umerziehung der neue Mensch entstehen.

Joseph Ratzinger hat als Papst Benedikt XVI. die Vernunft immer wieder als entscheidende Instanz benannt, so auch in seiner »Regensburger Rede« von 2006: »... nicht vernunftgemäß ... zu handeln, ist dem Wesen Gottes zuwider.« Der kritische Theologe Vito Mancuso leitet daraus ab, dass sich dieses Prinzip nicht nur gegen den Djihad wendet, sondern ebenso gegen Aussagen des Christentums, auch bezüglich einiger Dogmen (ewige Verdammnis, Auferstehung der Leiber, Erbsünde, Entstehung der Seele).[36]

Das Gewissen als eine Instanz des Bewusstseins bleibt abhängig von ethischen und sittlich-moralischen Gründen, die der Mensch verinnerlicht hat. Teils sind sie angeboren, wie die Ethik einfordernde überpersonale Vernunft, teils durch Prägung erworben. Da können dann intolerante Ideologien, seien sie religiös, rassistisch, politisch oder sonst durch Indoktrination veranlasst, prägend auf die Instanz des Gewissens einwirken und ein natürliches Gewissen blenden.

Die Beispiele der Geschichte holen uns in der Gegenwart in Fundamentalismus und Fanatismus wieder ein und bedrohen das friedliche Zusammenleben überall, solange die Aufklärung die Gewissen der Menschen nicht erreicht. Heute sind es fanatisierte Islamisten nicht nur bei Al Qaida, dem »Islamischen Staat« oder Boko Haram, sondern leider auch weit in die islamischen Gesellschaften hinein. Dabei dürfen wir nie vergessen, dass es in der Geschichte auch das Christentum und noch vor rund einem halben Jahrhundert eine Mehrheit der Deutschen und Österreicher war, die massenhaft und systematisch Verbrechen duldeten und begingen, dass heute wieder große Strömungen in Europa, den USA und Russland sich von nationalistischen Gedanken verführen lassen und dass der Kern dieser Bewegungen zum Morden bereit ist. Weil Religiöses das Innerste des Menschen anspricht, wird die Beziehung zum Göttlichen instrumentalisiert für Politik, Ideologien oder anachronistische Haltungen wie den Machismo oder die Blutrache. Gott wird missbraucht, um das Gewissen zu besetzen. So ist auch Hitlers pseudoreligiöses Auftreten zu erklären.

Lässt sich das Gewissen gegen Fanatisierung immunisieren? Es geht wohl nur durch liebevolle Erziehung, Wahrheitssuche und das Gedankengut liberaler Aufklärung. Ein Weg dazu ist in der modernen Welt das Projekt »Weltethos«: Es ist der Versuch, mit dem kleinsten gemeinsam anzuerkennenden Nenner Religionen und Staatsformen zu übergreifen und einzubinden. 1993 stellten in Chicago Vertreter vieler verschiedener Religionen eine Erklärung zum Weltethos zusammen, welche die Menschenrechtserklärung von 1948 ethisch abstützen und ergänzen sollte. Hans Küng war einer der Vordenker des Projekts[37] und hat in Publikationen und Vorträgen die folgenden beiden Minimalforderungen benannt: humane Behandlung eines jeden Menschen – unabhängig von Rasse, Geschlecht, Alter und sozialem Stand – sowie das Verbot, jemandem etwas zuzufügen, das man an sich selbst auch nicht wünscht. Aus dieser Basis ergeben sich vier Hauptforderungen: *Ehrfurcht vor dem Leben* mit einer Kultur der Gewaltlosigkeit; *gerechtes und faires Handeln* als Kultur der Solidarität und rücksichtsvoller Wirtschaftsordnung; *Wahrhaftigkeit* auch als eine Kultur der Ehrlichkeit und Toleranz; *Achtung und Liebe* als Kultur auch der Gleichberechtigung von Mann und Frau.

Der Rechtsphilosoph Axel Montenbruck sieht hierin eine Art Zivilreligion und eine Form vernünftigen Schwarmverhaltens. Andere, wie der Philosoph Robert Spaemann, kritisieren, das Projekt verwische das Trennende. Johannes Steiner (jr.) schreibt: »Eine solche Religionen umfassende Synthese enthält die Gefahr, dass es keine letzte Identität und damit kein Lebensrecht des Religiösen mehr gibt. Denn jede Religion steht und fällt mit ihrem Gottesbild und ihrer Gottesbeziehung. In diesem Sinn darf das Projekt Weltethos nicht als Religionsersatz angesehen werden, sondern als Versuch, friedensstiftende Gemeinsamkeiten herauszuschälen. Der Versuch, die Menschheit auf ein gemeinsames Weltethos einzuschwören, will keinen Gott leugnen«, sondern wolle auf kleinstem gemeinsamem Nenner das alle Menschen Verbindende aufzeigen und einfordern.[38] Er erweitert diesen Kanon noch mit der Einbeziehung von Konrad Lorenz, der durch das Aufzeigen der *Acht Todsünden der zivilisierten Menschheit*[39] einen Gewissensappell an uns richtet, wenngleich hier eine Steuerung durch Politik im Vordergrund steht:[40]

1. Die Übervölkerung der Erde (und damit ein Überangebot sozialer Kontakte); 2. Die Verwüstung des natürlichen Lebensraums (mit Verlust der Ehrfurcht vor der Schöpfung); 3. Der Wettlauf der Menschheit mit sich selbst (Technologie macht blind für wahre Werte); 4. Der Schwund aller starken Gefühle und Affekte (durch Verweichlichung); 5. Der genetische Verfall (fehlender Selektionsdruck lässt soziale Verhaltensnormen verfallen); 6. Das Abreißen der Tradition (zwischen den Generationen, bewirkt auch durch mangelnden Kontakt zwischen Eltern und Kindern); 7. Die Zunahme der Indoktrinierbarkeit der Menschheit (wobei die suggestive Wirkung mit der Zahl der Anhänger einer Meinung überproportional wächst); 8. Die Kernwaffen. J. Steiner ergänzt noch als 9. Todsünde den übermäßigen Energieverbrauch (mit seiner Auswirkung auf Atmosphäre und Klima), und als 10. bezieht er Carl Amery[41] mit ein: Das Kapital als unser Götze (womit er die alle immer stärker beherrschenden Strategien der Weltwirtschaft meint).

Zu diesem Katalog kann man auch die *Minima Moralia – Reflexionen aus dem beschädigten Leben* hinzudenken, eine im amerikanischen Exil geschriebene, unsystematische Aphorismensammlung von Theodor W. Adorno, in der er den Verhältnissen in privaten Beziehungen ebenso nachspürt wie den Gefährdungen durch Kapitalismus und Faschismus.

Das Wissen und das Reflektieren über weltweit geltende ethische Mindestanforderungen und über das zur Gefahrenabwehr Erforderliche für das, was uns die Evolution geschenkt und worin sie uns eingebettet hat, setzt Wertmaßstäbe für die Gewissensentscheidungen jedes Einzelnen im Rahmen der Gesellschaft, an der er mitwirkt. Letztlich können nur Hoffnung und Zuversicht dazu motivieren, der Glaube ans Gelingen.

Bewusstsein, Seele, Menschenbild

Bei den Gewissensentscheidungen überschneiden sich die Sphären von Bewusstsein und Seele. In der überkommenen Vorstellung standen Körper, Geist und Seele nebeneinander. Sie sind jedoch, da ineinander verschränkt, eine untrennbare Einheit und formen das Bild vom Menschen. Viele Humanwissenschaften malen daran.

Das frei vagabundierende Denken des Menschen in die Landschaften des Warum, Woher und Wohin der Philosophie kann also unter gezielten Blickrichtungen der Einzeldisziplinen erfolgen – wie dem der Anthropologie und der Psychologie –, aber auch Biologie, Pädagogik, Recht, Soziologie oder Theologie gestalten mit an diesem Menschenbild.

Wenn sich Platon, Aristoteles und Hippokrates mit Problemen der Vererbung des Menschen beschäftigen oder Herodot mit den kulturellen, aber vor allem körperlichen Unterschieden der Völker und Rassen, so ordnen wir das heute der biologischen Anthropologie zu. In seiner Logik hat Immanuel Kant den subjektiven Bezug der Anthropologie formuliert. Die Frage nach dem Wesen des Menschen spaltete er auf in die drei eben genannten Fragen, aus denen dann eine vierte erwuchs: »Was ist der Mensch?«

Statements der Anthropologie

Seit René Descartes zwischen der Materie als bloßer körperlicher Erscheinung *(res extensa)* und der Seele als reinem Geist *(res cogitans)* unterschied, wie eingangs unter I.3 dargestellt, geistert diese dualistische Trennung immer noch als Geist-Materie- oder als Natur- und Geist-Problem durch die Wissenschaften. Im Bemühen, den Leib-Seele-Dualismus zu überwinden, tritt nun in der Anthropologie an die Stelle der Leitbilder des Menschen als Gottesgeschöpf, als Vernunftwesen oder einfach als Lebewesen das Leitbild »Kulturwesen«.

Als Begründer der philosophischen Anthropologie im engeren Sinn gilt Max Scheler. 1928 schrieb er *Die Stellung des Menschen im Kosmos.* Beherrschend ist dabei, wie auch bei Helmuth Plessners Werk *Die Stufen des Organischen und der Mensch,* das Mensch-Tier-Verhältnis, wobei der Mensch-Gott-Bezug zurücktritt. Dabei interessiert Scheler weniger die biologisch graduell abgehobene Stufe zur sonstigen Tierwelt, sondern der »dem Leben entgegengesetzte Geist«. Dieser verschaffe dem Menschen seine Sonderstellung im Kosmos. Der Geist ermögliche die Unterscheidung und den Abstand zur artspezifischen Umwelt. Diese »Weltoffenheit« lasse die Erkenntnis der Dinge zu, die Befreiung von den Zwängen der animalischen Triebe, und mache so den Menschen zur Person. An die Stelle des Leib-Seele-Dualismus, den er mit dem Begriff des Lebens überwindet, setzt Scheler also die Polarität von Leben und Geist. In unserem Zusammenhang ist dies in deren attraktiver Verschmelzung die Fähigkeit der Reflexion – neurophysiologisch und spirituell.

Einen besonders interessanten Beitrag zur Wesensfrage des Menschen leistete der Zoologe Adolf Portmann mit seiner Unterscheidung des Menschen von den anderen Säugern. Stammesgeschichtlich sei der Mensch ein »Nestflüchter«, biologisch jedoch ein »sekundärer Nesthocker«, denn er sei physiologisch eine Frühgeburt. Erst nach dem ersten Lebensjahr erreiche er den Entwicklungsstand, den ein Säugetier schon zu seiner Geburt mitbringt.

Die Sonderstellung des Menschen entstehe durch das »extrauterine Frühjahr« mit seinen mannigfaltigen Außenreizen und sozialen und kulturellen Einflüssen, die ihn prägen und herausheben.[42]

Die Verhaltensforschung setzt an dieser Stelle an und fließt in das Bemühen um eine ganzheitliche Wissenschaft vom Menschen ein, wie sie der Anthropologe Arnold Gehlen in Angriff nahm. Hat Johann Gottfried Herder den Menschen als »Mängelwesen« bezeichnet, weil er aufgrund seiner Instinktreduktion und mangelnden Spezialisierung seiner Organe weniger als das Tier an die Umwelt angepasst sei, so hebt Gehlen auf die Umarbeitung der Natur zur Kultur ab. Heute allerdings erkennen wir dieses Übermaß der Umgestaltung der Natur durch eine raffgierige Zivilisation als Bedrohung.

Die theologische Anthropologie geht im Judentum und im Christentum nach dem 1. Buch Moses I,26 vom Menschen als Gottes Ebenbild aus, denn der Mensch sei zur Erkenntnis der Wahrheit und zur Wahrnehmung der Verantwortung befähigt. Mit dem Begriff der Verantwortung kommt der Handlungsaspekt in den Vordergrund. Er spielt in der Ethik die entscheidende Rolle.

Erkenntnis und Verantwortung bedeuten in der Rechtswissenschaft Freiheit und Pflicht, Anerkennung und Schutz, Wahrung vor allem der Menschenrechte zur Entfaltung seines Seins und zur Selbstbeschränkung aus Rücksicht auf die Reziprozität dieses Anspruchs. Das Ergebnis ist eine funktionierende Sozialordnung. Alle Erkenntnis der Anthropologie fließt in diese Entfaltungsmöglichkeit, in die Menschenwürde und die Anerkennung der Gleichheit aller vor dem Gesetz letztlich ein und auch die der Offenheit der Wesensbestimmung des Menschen in einer sich immer rascher wandelnden Welt. Für die abendländisch geprägte Rechtswissenschaft, wie sie die gerechte Ordnung in den Rechtsstaatsmerkmalen definiert, bleibt aber ein unveräußerlicher Kern, der mit dem Begriff der »Würde« umschrieben ist. Also darf es nach dieser Festlegung auch keine Offenheit im Sinne einer zeitgemäßen Beliebigkeit geben.

Ebenso wollte Hans-Georg Gadamer in einer »neuen Anthropologie« die biologische, die Sozial- und die Kultur-Anthropologie zusammenführen. Doch die gültige Wesensbestimmung des Menschen ist diesem Ansatz bei aller Erkenntnis noch versagt, so wie dies schon vorher Jean-Paul Sartre in dessen Existenzphilosophie nicht gelang, wonach der Mensch nichts anderes sei als das, wozu er sich mache. Seine Existenz gehe also seinem Sein voran. So kristallisiert sich in der Anthropologie die Auffassung heraus, dass der Mensch, indem er sich ständig seiner Existenz vergewissern, also fragen, kritisieren und neu bestimmen müsse, kein festgelegtes Wesen besitze.

Statement der Psychologie

Nach der Loslösung der Psychologie aus der Philosophie war über die Stufen von Psychoanalyse, Behaviorismus mit konditionierenden Verhaltensänderungen und eine empirische und experimentelle Psychologie, die sich dann naturwissenschaftlicher Technologien bediente, die alte Leib-Seele-Trennung obsolet geworden. Denn man fand die Seele im Körper und als dessen Funktion, so wie wir auch den Geist als eine Funktion des Körpers und metaphysisch gedacht den Körper als eine Funktion des Geistes erkannten.

Die moderne Psychologie habe noch kein Menschenbild im Sinne einer Verständigung über das Wesen des Menschen entwickelt, beklagt der klinische Psychologe Dieter Vaitl, im Gegenteil: Die Teildisziplinen entwickelten sich auseinander und ergäben ein polymorphes Bild. Aktuell habe das Körperliche Konjunktur, die *fully functioning person,* während »das Wissen um das Humane« sich vor allem um Hirnareale und die Unterscheidung von den Primaten drehe. Allerdings ließen sich hieraus entscheidende Schlüsse für die Bildung von Sprache, Imaginationsfähigkeit und Intelligenz ziehen, auch zur Inhibition – einer Verhaltenssteuerung zum Zurückhalten unmittelbarer Bedürfnisbefriedigung. Des Weiteren sei das Verstehen der Gefühle und der Absichten der anderen – die sogenannte *theory of mind* als soziale Intelligenz und auch die Fähigkeit zu täuschen – mit eine Konsequenz der Weiterentwicklung des Gehirns. Das Böse im Menschen sei wesentlich situativ veranlasst, wie die Menschen quälenden Gehorsamsexperimente zeigten (zum Beispiel das klassische Milgram-Experiment mit den wirkungslosen Stromschlägen gegen Schauspieler, die Leid simulierten, durch Versuchspersonen, die von der Wirksamkeit ausgingen). Da bedürfe es noch »starker Domestizierungskräfte, um das fragile psychische Gerüst des Menschen abzustützen«. So kommt Vaitl zu dem Ergebnis, dass im Mittelpunkt eines zu entwickelnden Menschenbilds die *compassio* stehen müsste, wie das Hans Jonas mit seinem *Prinzip Verantwortung* (1979) forderte. Diese *compassio* müsse als »Ankerpunkt eines psychologischen Menschenbilds« ständig geschult, im sozialen Kontext erworben und in den Katalog von Adornos *Minima Moralia* übernommen werden.[43] Vaitl übersetzt den Begriff *compassio* offenbar bewusst nicht, um Deutungsmöglichkeiten zu belassen. Ohne Absicht einer Einschränkung nennen wir hier »Mitgefühl« als Kompass.

Dieser Gedanke möge mit der Einbeziehung von Wissen, Gewissen und den Anforderungen an die Mitmenschlichkeit die Betrachtung des Menschenbilds abrunden, dessen Entstehung im Dunkeln liegt.

2.3. Menschwerdung: Der Beginn des Reflektierens

Seit wann sind wir Menschen?

Nachdem wir nun schon einige Ausflüge ins weite Feld moderner Bewusstseinserkundung im Rahmen des Reflexionsprinzips unternommen haben, ist von besonderem Reiz zu erfahren, was seinerzeit Immanuel Kant über den »mutmaßlichen Anfang der Menschengeschichte« in seinem gewaltigen philosophischen Werk für seine Zeitgenossen und für uns ebenso unterhaltsam wie präzise niedergelegt hat – vor allem, wenn man sich vergegenwärtigt, dass Kant schon fünf Jahre vor Lamarcks erster Evolutionstheorie und 34 Jahre vor jener von Charles Darwin gestorben war. Hier also Zitate Kants, herausgelöst in größeren Sprüngen (Hervorhebungen vom Autor):[44]

»Im Fortgange einer Geschichte Mutmaßungen einzustreuen, um Lücken in den Nachrichten auszufüllen, ist wohl erlaubt: weil das Vorhergehende, als entfernte Ursache, und das Nachfolgende als Wirkung, eine ziemlich sichere Leitung zur Entdeckung der Mittelursachen abgeben kann, um den Übergang begreiflich zu machen. Allein, eine Geschichte ganz und gar aus Mutmaßungen entstehen zu lassen, scheint nicht viel besser, als den Entwurf zu einem Roman zu machen … Da ich hier eine bloße Lustreise wage, darf ich mir wohl die Gunst versprechen, daß es mir erlaubt sei, mich einer heiligen Urkunde dazu als Karte zu bedienen … (1., Mose Kap. II–VI).« Kant macht seine »Lustreise« also mit der Bibel, geht dann von »einem einzigen Paare« aus und betont den Wert einer Entwicklung in der Familie.

»Der erste Mensch konnte also gehen; er konnte sprechen (1., Mose Kap. II, V.20), ja reden, d. i. nach zusammenhängenden Begriffen sprechen (V. 23), mithin denken. Lauter Geschicklichkeiten, die er alle selbst erwerben mußte. … Der *Instinkt,* diese Stimme Gottes, der alle Tiere gehorchen, mußte den Neuling anfänglich allein leiten.« Kant nennt besonders die Unterscheidung gesunder und giftiger Nahrung. »Solange der unerfahrene Mensch diesem Rufe der Natur gehorchte, so befand er sich gut dabei. Allein die Vernunft fing bald an, sich zu regen, und sucht durch Vergleichung des Genossenen mit dem, was ihm ein anderer Sinn, als der, woran der Instinkt gebunden war, etwa der Sinn des Gesichts, als dem sonst Genossenen ähnlich vorstellete, seine Kenntnis der Nahrungsmittel über die Schranken des Instinkts zu erweitern. … Allein, es ist eine Eigenschaft der Vernunft, daß sie Begierden mit Beihülfe der Einbildungskraft, nicht allein ohne einen darauf gerichteten Naturtrieb, sondern sogar wider denselben, erkünsteln kann, welche im Anfange den Namen der Lüsternheit bekommen, wodurch aber nach und nach ein ganzer Schwarm entbehrlicher, ja sogar naturwidriger Neigungen, unter der Benennung Üppigkeit, ausgeheckt wird.« Das sagt der Asket und folgert: »Die Veranlassung, von dem Naturtriebe abtrünnig zu werden, durfte nur eine Kleinigkeit sein; allein der Erfolg des ersten Versuchs, nämlich sich seiner Vernunft als seines Vermögens bewußt zu werden, das sich über die Schranken, worin alle Tiere gehalten werden, erweitern kann, war sehr wichtig und für die Lebensart entscheidend … aus diesem einmal gekosteten Stande der *Freiheit* war es ihm gleichwohl jetzt unmöglich in den der Dienstbarkeit (unter der Herrschaft des Instinkts) wieder zurück zu kehren.«

Kant erweitert den Reiz der Nahrung auf den des Geschlechts, der beim Menschen nicht periodisch, wie in der Tierwelt, ausgeprägt sei, und er spricht zur Verhütung des »Überdrusses« von einer Entziehung für die Sinne: »Das Feigenblatt war also das Produkt einer weit größeren Äußerung der Vernunft über Antriebe … Weigerung war das Kunststück, um von bloß empfundenen zu idealistischen Reizen, von der bloß tierischen Begierde allmählich zur Liebe, und mit dieser vom Gefühl des bloß Angenehmen zum Geschmack für *Schönheit,* anfänglich nur für Menschen, dann aber auch an der *Natur,* überzuführen.«

»Der dritte Schritt der Vernunft … war die überlegte Erwartung des Künftigen … Die kommende, oft sehr entfernte *Zeit* sich gegenwärtig zu machen, ist das entscheidendste Kennzeichen des menschlichen Vorzugs, um seiner Bestimmung gemäß zu entfernten Zwecken sich vorzubereiten.« Kant spricht dabei das Bewusstsein des Menschen um das Wohlergehen seiner Nächsten und auch um den Tod an, das den Tieren fehle.

»Der vierte und letzte Schritt, den die den Menschen über die Gesellschaft mit Tieren gänzlich erhebende Vernunft tat, war: daß er (wiewohl nur dunkel) begriff, er sei eigentlich der *Zweck der Natur* … Das erstemal, daß er zum Schafe sagte: der Pelz, den du trägst, hat dir die Natur nicht für dich, sondern für mich gegeben.« Gleichzeitig vermittle dem Menschen die Vernunft auch (noch dunkel), dass er so etwas nie dem Menschen sagen dürfe. Hieraus habe sich die Vorstellung und das Postulat von der *»Gleichheit mit allen vernünftigen Wesen«* entwickelt. »Dieser Schritt ist daher zugleich mit Entlassung [des Menschen, d.V.] aus dem Mutterschoße der Natur verbunden …« Wohl Metapher für die Vertreibung aus dem Paradies.

In dieser letzten Schlussfolgerung Kants liegt das große, aus Tradition der damals wenigen auf Erden mitgeschleppte Missverständnis von der Erhebung des Menschen über die – sonstige – Natur, ein Missverständnis, dem wir im letzten Kapitel von der Unvernunft der Rationalität eindringlich begegnen werden.

Weiß uns die heutige Forschung so sehr viel mehr oder anderes als gewisse Akzentuierungen über das Heraustreten des Menschen aus der ihn umgebenden sonstigen Welt zu berichten als Kant? Die Frage kann einen schon umtreiben, was der archaisch-biblische Baum der Erkenntnis bedeutet, von dem Adam und Eva nicht essen sollten. Vielleicht ist damit der Beginn der Reflexion, also der Eintritt ins Bewusstsein angedeutet, das nun den neuen Wesen Verantwortung für ihr Handeln überträgt. Ist mit dem Essen des Apfels als Frucht des Erkenntnisbaums der Gewinn des Reflexionsvermögens und das Ende der paradiesischen Periode eines Lebens ohne verantwortliche Entscheidung von richtig oder falsch – schwieriger: von gut oder böse – gemeint, wie schon vorher vermutet?

Spurensuche

All diese Fragen kreisen um die Stellung des Menschen in der belebten Natur und im Kosmos. Die Wurzeln der aus Strängen unterschiedlicher wissenschaftlicher Disziplinen zusammengeflochtenen Anthropologie reichen etwa 300 Jahre zurück. Zu dieser Lehre vom Menschen haben jedoch, seit es menschliches Bewusstsein gibt, unzählbare Denkansätze beigetragen. Dass uns aus der Vergangenheit erst die Philosophie der Antike mit ihren Vorstellungen erreicht, mag mit der Manifestationsform der Schrift zusammenhängen, während andere Äußerungen und materiale Objektivierungen des Geistes und damit der Technik des Weitergebens viele Hunderttausende Jahre vorauseilen.

Unser geistiger oder spiritueller Fundus beginnt nicht erst mit der schriftlichen Tradierung. Archäologie und Anthropologie zeigen uns mit planvoll gesetzten Ritzungen auf Knochen vor 500 000 Jahren in Java, auf dem Rippenstück des Elefanten *Palaeoloxodon antiquus* von vor 350 000 Jahren in Bilzingsleben in Thüringen, mit der Venus von Willenberg vor 25 000 bis 30 000 Jahren in der fruchtbaren Wachau, mit den Ritzzeichnungen in Felsen, den Steinkreisen von Stonehenge oder den Menhirreihen in der Bretagne, mit den Höhlenmalereien von Lascaux, mit der Megalithkultur Polynesiens oder mit der bronzezeitlichen Himmelsscheibe von Nebra, dass sich die Menschheit anderer Datenträger bediente. Der Wissensfundus wurde jeweils durch Enkulturation, das unmerkliche Hineinwachsen in die umgebende Kultur, begründet und dann durch mündliche, rituelle, zeichenhafte, aber zu interpretierende oder vielleicht sogar durch eine Art genetischer Übertragung weitergegeben. So »weiß« auch die Sprache mehr als der, der sich ihrer gerade bedient. Denn sie ist von alters her aufgeladen mit vielen Hintergründen der Bedeutung.

Auf der Schwäbischen Alb entdeckte der Urgeschichtler Nicholas J. Conard von der Uni Tübingen mit seinem Team die ältesten bisher gefundenen Plastiken der Welt: das Mischwesen Löwenmensch, Mammuts, ein Wildpferd, die »Venus vom Hohle Fels« und die ältesten Musikinstrumente der Welt, nämlich noch bespielbare Flöten ähnlich heutiger Blockflöten, nur aus Knochen von Vögeln statt aus Holz. Alter: zwischen 42 000 und 38 000 Jahre. Die kleinen Figuren strahlen höchste künstlerische Eindringlichkeit aus, obwohl sie nur mit einem Stein, einer Feuersteinklinge, aus Mammut-

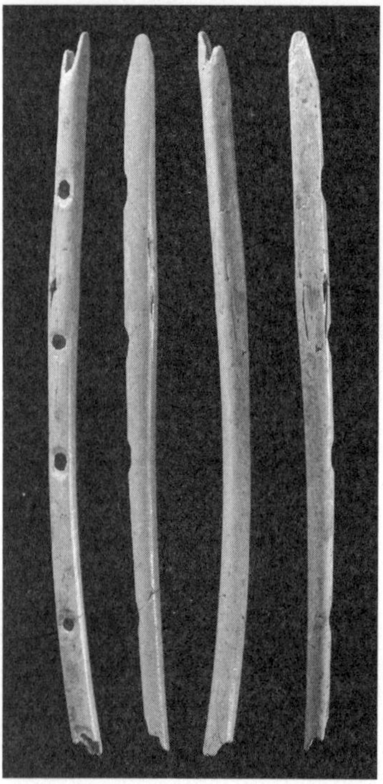

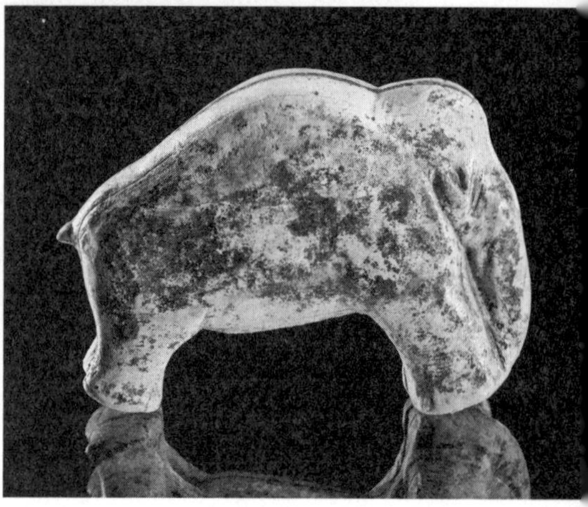

Kunst hat immer schon nach dem Eigentlichen, dem Wesen des Dargestellten gesucht und es gestaltet; so auch vor 40 000 Jahren in diesen weltweit ältesten gefundenen Plastiken aus den Eiszeithöhlen der Schwäbischen Alb. Geschnitzt aus Mammutelfenbein mit einfachstem Steinwerkzeug: Wildpferd, Vogelknochenflöte, Mammut, Löwenmensch.

Den Löwenmenschen (rechts) interpretieren die Forscher als eine religiöse Reflexion von Transzendenz.

elfenbein geschnitzt werden konnten. Ein Mammut in seiner vollkommenen Reduziertheit drückt Massigkeit, Kraft, Wildheit, auch Bedrohlichkeit aus. Solche Urform müsste auch ein Rodin erst hinbekommen. Und das kleine Wildpferd, aus deutlichen Nüstern schnaubend mit gesenktem Kopf, kraftvoller Schenkel-Schulterpartie und einer ausgeprägt konvexen Halskrümmung, die in den konkaven Rücken und wieder in die Rundung des Hinterteils übergeht. Da ist das Wesen und die Schönheit in Reliefskulptur und in einer Linie gefasst, wie das auf der Fläche nur einem Picasso gelingt. Aus diesen Funden erschließt sich ein neuer kultureller Kosmos des Bewusstseins, der Emotionen und der handwerklich-technischen Fähigkeiten.

Die drei Löwenmenschen in unterschiedlichen Größen werden als religiöses Symbol interpretiert, als Umwandlung in einer Wiedergeburt, als sei das Jenseits den Menschen gegenwärtig gewesen. Die Flöten ergeben heute noch Klänge, die uns zutiefst berühren können. Musik verbindet und hat damals die Gruppen mangels medialer Ablenkung sicher sehr gestärkt. Wir neigen dazu, Kultur vor der Schrift oder vor der Antike zu unterschätzen und vor allem auch deren zeitliche Dimensionen gar nicht zu realisieren.

Wenn die Menschen von der Kapazität ihres Bewusstseins her vor 40 000 Jahren, zwanzig Mal weiter zurückreichend als die Antike, uns schon so ähnlich waren – wie weit können wir dann ohne solche Funde in der Annahme ähnlicher intellektueller Leistungen zurückgehen? Wir müssen den Anlauf in Hunderttausenden, ja in Millionen von Jahren messen.

Ein zeitlich nicht fixierbarer, aber essenzieller Maßstab ist dabei das Empfinden von Zeit als mit konstituierend für jegliches Bewusstsein. Indem ein Wesen diese Vorstellung erreicht, gewinnt es als Mensch einen Begriff davon, was sich in der Erinnerung verankert hat, was gegenwärtiges Erleben und auch, was wohl noch offen ist. Erinnertes und Antizipiertes, also Vergangenheit, Gegenwart und Zukunft – diese auch mit der Erwartung der Endlichkeit des persönlichen Lebens –, begründen die Ich-Identität als Schlüssel zum menschlichen Bewusstsein.

Zeitforscher wie der Psychologe Marc Wittmann können wohl differenzierte Aussagen machen, etwa zur Wahrnehmung von schneller verlaufender oder von gedehnter Zeit in besonderen Lebenssituationen, finden aber keinen Anhaltspunkt für den evolutionären Beginn des Zeitbewusstseins. Die Vorstellung von Gegenwart, die schon vergangen ist, wenn wir sie nur fassen wollen, und die von Zukunft, die unser Verhalten und Planen in der flüchtigen Gegenwart veranlasst, ist exklusiv menschlich. Für Hans-Georg Gadamer ist das »beständige Schreiten durch die Gleichzeitigkeit von Vergangenheit und Zukunft« und mit diesem »Horizont offener Zukunft und unwiederholbarer Vergangenheit« das »Wesen dessen, was wir ›Geist‹ nennen«.[45] Die Vorstellung von Zeit durch Vergangenheit und Zukunft hat man oder hat man nicht; ein langsames Gewinnen solchen Bewusstseins ist schwer vorstellbar, es muss ein emergenter Sprung gewesen sein.

Das »psychologische Jetzt« der Gegenwart benennt der klinische Psychologe Ernst Pöppel den Zeitraum von etwa drei Sekunden – das ist die Zeitspanne, die wir brauchen, um die bekannten Vexierbilder umspringen zu lassen, etwa den Necker'schen Würfel mit seinen wechselnden Vorderseiten oder die beiden einander zugewandten Gesichter in Schwarz, die eine weiße Vase in der Mitte der Abbildung entstehen lassen.[46] Wir deuten also um, gewinnen eine andere Vorstellung von der Darstellung. Welches Bild gerade auftaucht, hängt davon ab, welche Erwartungen unmittelbar zuvor im Gehirn generiert worden sind, sagt Wolf Singer zu dem Phänomen. Da erinnern wir uns an die Diskussion über die Freiheit von Entscheidungen.

Wann aber trat mit dem Zeitbewusstsein das Reflexionsvermögen auf?

Zum Beitrag der Archäo- oder Paläobiologie

Immer wieder, wenn Paläobiologen irgendwo alte Schädel oder Knochen, Knöchelchen oder die im Erdreich besser erhalten gebliebenen Zähne finden, ist die Paläontologie in Aufruhr. Es könnte ja sein, dass wieder alles anders war. Da soll neben dem Neandertaler und dem modernen Menschen noch eine weitere Art vor 30 000 Jahren im Altaigebirge gelebt haben. Der menschliche Stammbaum gliche dann eher einem Strauch oder Busch. Aber was sind schon 30 000 oder 40 000 Jahre, wenn man davon spricht, dass die Wurzeln der Menschheit sieben Millionen Jahre zurückreichen?

Da ist der 3,5 Millimeter kleine Backenzahn, den Paläontologen kürzlich im Westen des Amazonasbeckens fanden. Neuer Forschungsstand: Er gehörte einem Exemplar einer nur 100 Gramm leichten Art von Äffchen, die vor 36 Millionen Jahren als die Urahnen heutiger Affen auf dem amerikanischen Subkontinent lebten. Da sie Fossilien nordafrikanischer Affen ähneln, ist die Vermutung, dass sie aus ihrem Ursprungskontinent Afrika mit Treibholz die Passage über den Atlantik nahmen.

Nun ein großer Sprung aus der warmen Periode des Eozäns mit seiner starken Entwicklungsphase der Säuger zur Reihe unserer Vorfahren: der Sahelanthropus aus dem Tschad vor sieben, der Ardipithecus aus Äthiopien und Kenia vor sechs und fünf Millionen Jahren, dem sogenannten Miozän, der Australopithecus in Kenia, Äthiopien und Tansania und bald auf ganz Afrika verteilt vor vier und drei Millionen Jahren mit dem berühmten Skelett der Lucy im Pliozän. Hier irgendwo müssen wir den Beginn der Menschheit verorten, spätestens mit der Gruppe, die als »Moderner Mensch« bezeichnet wird, mit dem Homo habilis in der Sahara vor zweieinhalb und dem Homo erectus in Afrika und Asien vor zwei Millionen Jahren im Pleistozän und innerhalb der jüngsten Million Jahre, uns schon ganz nahe, der Homo heidelbergensis, der Neandertaler in Europa und Asien neben dem Homo floresiensis in Indonesien, und dem sogenannten Homo sapiens in der ganzen Welt bis in unsere Zeit, dem nacheiszeitlichen Holozän. Wo in dieser langen Reihe beginnen wir genau?

Mit den Schimpansen werden wir uns wohl gemeinsame Vorfahren teilen, weil deren Genom mit dem unseren zu mehr als 95 Prozent übereinstimmt. Der aufrechte Gang, die Veränderung des Schädels mit Abflachung des Gesichts und Vergrößerung des Hirnvolumens erscheinen als die Grundbedingungen der Entwicklung des Menschen. Das weist der Sahelanthropus als Vorläufer des Australopithecus bereits auf, wobei die Fortbewegung in den lichten Wäldern Afrikas auch noch im Klettern bestand.

Während die meisten der ältesten Funde von Knochen in Mittelost- und Süd-Afrika auftauchen, fand man das 3,2 Millionen alte, vollständige Skelett der Lucy in Äthiopien. Diese geheimnisvolle Frau war etwa 25 Jahre alt, 1,05 Meter groß und wog zwischen 30 und 40 Kilo. Ihre männlichen Gefährten dürften mit 1,30 bis 1,40 Metern Körpergröße die Schimpansen überragt haben.

Die fest gewölbte Konstruktion eines 3,5 Millionen Jahre alten Mittelfußknochens aus der Afar-Senke in Äthiopien, wo auch Lucy gefunden wurde, erweist, dass der Australopithecus afarensis hauptsächlich auf zwei Beinen lief; Affen dagegen haben einen flexiblen Fuß, der für das Klettern auf Bäumen optimiert ist.

Mit dem Gehen kommt nun den Händen mehr Freiraum und eine neue Bedeutung zu. Aus der Greifhand wird ein Organ des »Be-Greifens«. Es könnte mit einem Klimawandel zusammenhängen, dass aus Urwäldern Savannen wurden und der aufrechte Gang eine Form der Anpassung war.

Einig sind sich Hirnforscher, Entwicklungspsychologen, Kulturwissenschaftler, Musikwissenschaftler wie Pädagogen sowohl unter dem Blickwinkel der Evolution wie der Entwicklungspsychologie in der Bedeutung der Hände für die Ausprägung des Gehirns. Ist die Betätigung der Hände für die Verschaltungen im Gehirn für jede heute heranwachsende Generation eine Entwicklungsbedingung, so gilt das erst recht für unsere Vorläufer, als sie ihre ersten Werkzeuge herstellten. Der Archäologe und Prähistoriker Hermann Parzinger beschreibt dies so: »Aus der Greifhand wurde ein Organ des Verstehens, indem sich das sprichwörtliche Fingerspitzengefühl entwickelte. Diese enge Verbindung von Hand und Verstand wird noch heute in unserem Alltag durch die unwillkürliche Gestik, die häufig das Sprechen begleitet, erkennbar.«[47]

Mit Gesten und Zeichen wurde die Verständigung verfeinert, und das unterstützte sicher auch die Sprachentwicklung. Aber hatte Lucy schon menschliches Bewusstsein? Zwar bezieht Parzinger den Einleitungssatz zu seiner umfassenden globalen Bestandsaufnahme auf die vorhandenen kulturellen Artefakte und Skelette der vergangenen 40 000 Jahre, von denen sein Buch im Wesentlichen berichten kann, doch könnte er auch für Lucy und ihre Freunde stehen: »Wir sind es, die die Geschichten, die sie erzählen, nicht mehr verstehen und das Wissen, das sie bewahrt und transportiert haben, nicht mehr entschlüsseln können.«[48]

Die ältesten uns bekannten Steinwerkzeuge fanden sich bis vor Kurzem in der Olduvai-Schlucht in Ostafrika. Sie sind 2,7 Millionen Jahre alt, sodass man diese Periode frühester materieller Kultur als »Oldowan« bezeichnet. Gleich darauf wieder ein Fund, und zwar in der äthiopischen Afar-Senke: ein Unterkiefer nur, aber 2,8 Millionen Jahre alt und von der Wissenschaft als Bindeglied zwischen dem Australopithecus afarensis und dem Homo habilis geortet. Der Homo habilis jedenfalls, der befähigte oder geschickte Mensch, der aus dem Australopithecus hervorging, wird von den Anthropologen als zum Gebrauch von Werkzeugen geeignet bezeichnet.

In der Afar-Senke hat man auch immer wieder 2,5 bis 3 Millionen alte Steinwerkzeuge gefunden. Und nun, im Jahr 2015, entdeckt man 3,3 Millionen Jahre alte Feuersteine, Faustkeile und Ambosse am Westufer des Lake Turkana in Kenia. Das überraschte aufgrund der hohen Qualität der späteren Oldowan-Werkzeuge die Forscher nicht so sehr wie der riesige Sprung von 500 000 Jahren zurück. So alt wäre das »Handwerk« und die Menschheit also einzuschätzen. Zurzeit.

Einer eigenen Menschenart glaubt man 15 kürzlich nördlich von Johannesburg gefundene vollständige Skelette zuordnen zu müssen: Homo nadeli, nach dem Fundort in der regionalen Sprache benannt, bedeutet »Stern«. 1,50 Meter groß, 45 Kilogramm schwer, grazil, 560 Kubikzentimeter Gehirn, dem Homo habilis ähnlich, doch Füße, die keinerlei Unterschied zum modernen Menschen erkennen lassen. Weil diese mehr als 1500 Knochen alle in einer eigenen Höhlenkammer neben der Haupthöhle gefunden wurden, kann man von einem bewussten Umgang mit dem Tod ausgehen. Die weichen Sedimentschichten geben noch keine genaueren Hinweise auf das Alter, die Annahmen für diese Parallelentwicklung zu anderen Menschenarten schwanken zwischen ein und zwei Millionen Jahren.

Für die erste Migration, das Aufbrechen aus dem menschlichen Ur-Kontinent in Richtung Norden nach Europa, nach Eurasien im Nordosten und in Richtung Osten nach Südostasien gilt allgemein der Zeitraum vor zwei bis 1,7 Millionen Jahren. Dazu jedenfalls bedurfte es schon ausgeprägter Fähigkeiten, wie der Herstellung von Fellbekleidung und einfachen Waffen sowie dem Gebrauch des Feuers, obwohl all dies erst später nachweisbar ist. In diesen Zeitraum fällt auch das Auftauchen des Homo ergaster (»der Arbeitende«) und des eng mit ihm verwandten Homo erectus (»der Aufgerichtete«). Überhaupt das Feuer: Alle Wesen fliehen vor ihm, nur der Mensch beherrscht und nutzt es. Damit war die Umstellung der Ernährung möglich, vielleicht der wichtigste kulturelle Sprung.

Die Methoden der Artenzuordnung oder auch die Röntgenscan-Methode bei Schädeln erlauben heute die Bestimmung des Erbguts, wenn sich dieses noch nicht zersetzt hat. Eine Altersbestimmung nach der C14-Methode ist wegen der Radioisotopen in den Knochen nur bis zu einem Alter von 40 000 Jahren möglich. Was älter ist, bedarf der indirekten Methoden der Vermessung der Fund- und Lagerstätten, zum Beispiel bei Ablagerungen von Vulkanasche und von Sedimentschichten als Zeitgeber.

Vor zwei Millionen Jahren betrug das Gehirnvolumen etwa die Hälfte von demjenigen des heutigen Menschen, wobei wir wissen, dass die Größe des Gehirns kein unbedingter Maßstab für die Leistungsfähigkeit ist. Von einem menschlichen Bewusstsein auszugehen scheint nach den hier berichteten Recherchen, was Bewusstsein ausmacht, zwingend, wenn man nicht deutlich früher ansetzen muss, was das Alter der Werkzeuge nahelegt. Funde überraschen uns in schnellem Rhythmus und werden neue Abgleichungen provozieren. Allerdings verengt sich ja die Population im Blick zurück. Und dann auf wie viele? Auf eine Urfamilie? Kann die Molekularbiologie helfen?

Die molekulare Uhr

Große Hoffnungen auf nähere Kenntnis über den Beginn unserer Spezies macht uns derzeit ein von einer Doppelmembran eingehülltes Zellorganell mit eigener Erbsubstanz: das Mitochondrium. Es wird jeweils von Müttern auf ihre Kinder weitergegeben, aber ausschließlich über die Töchter weitervererbt. Bei der Verschmelzung von Ei und Samenzelle vereinigen sich nur die Zellkerne; das Mitochondrium der Eizelle bleibt rein, wie es von der Mutter kommt. So kann ausschließlich die mütterliche Linie zurückverfolgt werden.

Die Archäogenetik sucht auf diesem Weg die mitochondriale Eva; aus ihrem Mitochondrium ist die mitochondriale DNA (mtDNA) aller heute lebenden Menschen durch eine direkte Linie hervorgegangen. Aber die Frauen, die nur Söhne hatten, verschwanden aus diesem kollektiven Gedächtnis der mitochondrialen DNA.

Damit war die mitochondriale Eva weder die erste Frau noch die einzige Frau zu einem bestimmten Zeitpunkt der Vergangenheit.

Diese Eva hatte viele Zeitgenossinnen; die mitochondrialen Erblinien der anderen Frauen starben aber aus, während die unserer Eva überlebte. Lebenszeit und -ort dieser Vorfahrin lassen sich mithilfe der Analyse der mtDNA einer repräsentativen Anzahl heute lebender Individuen recht genau eingrenzen.

Über Fische, Vögel und einige Säuger gibt es seit Ende des vorigen Jahrhunderts Daten, die nun zur Kalibrierung der menschlichen molekularen Uhr verwendet werden. Danach hat unsere mitochondriale Urmutter vor nur etwa 200 000 Jahren gelebt. Die wahre Eva muss aber gelebt haben, bevor die Vorfahren der Neandertaler und der modernen Menschen aus Afrika fortzogen. Der Homo erectus hat das große Abenteuer der Menschheit ja vor bald zwei Millionen Jahren unternommen. Ergebnis also noch offen, wie weit wir zurückgehen dürfen in der Annahme des Menschseins?

Der Beitrag der Linguistik

»Es ist schwer, die ersten Worte zu finden« – ein sinniges Wortspiel von Hubert Filser am Beginn einer Wissenschaftsreportage über den Ursprung der Sprache.[49] Dieser Suche haben sich schon viele Sprachforscher hingegeben. Wie lange dauert es, bis sich 7000 Sprachen entwickeln? Wann waren die anatomischen Bedingungen zum Sprechen in Atmung, Kehlkopf, Gaumen, Zungenbein, Zunge und Hörbereich gegeben? Wann war das Gehirn zur entsprechenden Verdrahtung geeignet? Viele dieser Fragesteller nehmen etwa 50 000 bis 100 000 Jahre als Alter der Sprache an.

Dass schon die gemeinsamen Vorfahren von »Mensch« und Neandertaler vor mindestens 500 000 Jahren sprechen konnten, glauben nun die Psycholinguisten des Max-Planck-Instituts in Nimwegen, Dan Dediu und Stephen Levinson, aufgrund vieler Indizien. Die gründliche Auswertung bisheriger Studien, die archäologischen, anatomischen und genetischen Befunde und ebenso die Entwicklung der Sprachenvielfalt wiesen jetzt darauf hin. Heute hätten alle Menschen das physiologische Rüstzeug für jede Sprache. Das für die Sprache wichtige Gen FOXP2, das, wie wir gleich sehen werden, bei den Schimpansen noch verändert ist, könne nicht nachgewiesen werden. Aber aus den Funden könne auf die Anatomie und die ausgeprägte Feinmotorik, die es fürs Sprechen braucht, schon im Übergang vom Homo erectus zum Homo heidelbergensis, aus dem der Neandertaler hervorging, geschlossen werden.

Der Leipziger Entwicklungspsychologe Michael Tomasello greift noch weiter zurück, da sich Sprache mit sozialem Bewusstsein und Austausch zusammen mit den Gesten entwickelt habe. Ein dickes Argument fänden die Forscher in der für die Sprache wichtigen Atmungskontrolle, die den Affen fehle. 1,8 Millionen alte fossile Wirbelkörper von Frühmenschen wiesen dicke Kanäle für die entsprechenden Nervenstränge auf. 1,5 bis zwei Millionen Jahre Sprache sind offenbar nicht auszuschließen.

Auch Parzinger hält es für ausgeschlossen, dass der Homo erectus damals nicht sprechen konnte, zu vollendet sei die Herstellungstechnik seiner Steingeräte. Nicht Nachahmung, sondern Wissenstransfer und Unterweisung in Materialkenntnis und Herstellungstechnik sprächen fürs Sprechen.

Vergleichen wir die frühesten Artefakte und Zeichen, wie sie uns schon im Kapitel über das Attraktivitätsprinzip begegneten, und sehen wir das noch viel frühere Gehirnwachstum, das ja einen Ausdruck sucht, dann dürfen wir wohl auch unseren frühen Ahnen das Sprechen zutrauen. Wir neigen gern dazu, den Schatz an Wissen und Fähigkeiten auf die letzten Jahrtausende zu projizieren und bauen zu Recht um die gut 5000 Jahre alte Mumie des Manns aus dem Eis mit seiner Kleidung und Ausrüstung ein halbes Museum. Wie groß aber muss der Schatz an Wissen und praktischen wie kommunikativen Fähigkeiten der fast zwei Millionen Jahre alten Menschheit gewesen sein, als sie begann, Afrika Richtung Asien zu verlassen, sich in Verbänden zu organisieren, sich zu orientieren, Flüsse, Meerengen und weite Landstrecken zu überwinden, sich zu ernähren und den Gefahren zu trotzen?

Wann und wie kam also das Bewusstsein in die Welt?

Obwohl dieser Zeitpunkt für unser Menschengeschlecht konstituierend ist, nehmen viele Forscher einen extrem langen Zeitraum des Übergangs und des Heraustretens des Menschen aus der übrigen Fauna an. Auf diese Position bezieht sich Parzinger als Kulturwissenschaftler, weil sukzessive immer bedeutendere Artefakte parallel zur Entwicklung des Gehirns in Erscheinung treten. Sicher ist, dass die soziale Komponente den Evolutionssprung beschleunigt hat. Die Verfeinerung der Verständigung mittels der Sprache muss am Beginn der Entwicklung gestanden haben. Mit der Sprache hat sich der menschliche Verstand weiterentwickelt, also im direkten sozialen Verbund.

Psychologen wie Rolf Oerter halten so etwas wie einen zweiten Big Bang für möglich, weil das Phänomen der Emergenz diese entscheidende qualitative Änderung der Gehirnleistung als Sprung vollziehen sollte. Das Argument eines solchen plötzlichen Funkens zwischen den Neuronen und Synapsen des Cortex überzeugt; das Bewusstsein scheint nach allem, was wir über die Emergenz im Rahmen des Kreativitätsprinzips erfahren, einem Heureka gleich in die Welt gekommen zu sein. Weil dabei das ausgeprägte Ich-Bewusstsein eine zentrale Rolle spielt, muss diese Erkenntnis im gemeinschaftlichen Erleben des anderen und mit diesem entstanden sein. Die Reflexion war also eine wechselseitige.

Es scheint auch bei der weiteren Bedingung des Bewusstseins, dem Empfinden von Zeit, Vergänglichkeit und Endlichkeit des Lebens, ein langsamer und kontinuierlicher Übergang nur schwer vorstellbar. Wenn auch der Weg zum aufrechten Gang ein langsames Voranschreiten gewesen sein mag, so ist die Wahrscheinlichkeit einer Emergenz, eines plötzlichen Qualitätssprungs von der Schalterstellung »aus« zu »ein« des Bewusstseins die überzeugende Vermutung, weil das Wissen um das Dasein und den Tod von so eminenter Bedeutung ist. Da kann es nur ein Ja oder Nein geben.

Ebenso könnte auch die ästhetische Dimension für den Menschen konstituierend sein. Kant hatte sie noch vor dem Zeitempfinden eingeordnet. Die des Bewusstseins nicht mächtige Tierwelt hat sich evolutionär mit prächtigen Formen, Häuten, Fellen und Federkleidern geschmückt. Sich nun bewusst zu schmücken, eine Blume ins Haar zu stecken, den Körper zu bemalen oder ihn zu tätowieren gehört zu den ersten Ausprägungen des Ich-Erlebens. Der zusätzlich hergestellte Schmuck unterstützt dieses ästhetische Urbedürfnis. Heute sehen wir das in der Mode wie im Tattoo, auch in Ethnien wie erlebt: Als Jäger vom Stamm der Mynki im Amazonasbecken ein Tapir und zwei Affen in ihr Langhaus brachten, färbten sich einige Frauen von Kopf bis Fuß mit roter Pflanzenfarbe ein, sie legten zur Feier quasi ihr »kleines Rotes« an. Wir filmten diese Zeremonie.[50]

Zum Zeitpunkt der Menschwerdung reichen die Spekulationen von »vor 40 000 Jahren«, also zeitlich in der Nähe der zahlreichen Werkzeuge und Kultgegenstände, bis zu »mehrere Millionen Jahre«. Man sollte wohl sehr weit zurückgreifen. In dieser Frühzeit waren die Freiräume vielleicht weiter, die Chancen des Überlebens aber überschaubar eng. Den Beginn der Menschheit können wir zeitlich nicht festmachen, aber mit dem Einsetzen des hier so benannten Reflexionsprinzips vor mehr als 2,5 bis 3,3 Millionen Jahren als gegeben annehmen.

Haben Tiere Bewusstsein?

Zu intelligenten Leistungen im Sinne einer anspruchsvollen Problemlösung sind Tiere, ja auch Pflanzen in bestaunenswerter Weise durchaus fähig. Galt früher die Benutzung von Werkzeugen vielen Forschern als menschliches Merkmal, sind nun viele Beispiele aus der restlichen Tierwelt bekannt, nicht zuletzt aus Versuchen mit Schimpansen, Ratten und mit Raben. Wir müssen bei der Bestimmung des Menschseins deshalb anders ansetzen.

Von einer 4000 Jahre alten »Schimpansenwerkstatt« berichtet

das Leipziger Max-Planck-Institut für Evolutionäre Anthropologie, da im Tai-Nationalpark im Staat Elfenbeinküste Steine entdeckt wurden, die eindeutig von Schimpansen benutzt worden seien, um Nüsse aufzuschlagen. Wie schnell gewöhnliche Aaskrähen lernen und das Gelernte auch anwenden können, berichtet ein Team um Anna Smirnova von der Lomonossow-Universität in Moskau. Zwar sind von Krähen die erstaunlichsten Einfälle im Umgang mit einfachen Instrumenten zur Lösung von Problemen bekannt, doch so viel Intelligenz war überraschend. Die Versuchsanordnung: drei Becher, abgedeckt mit Karten, die Kreise, Dreiecke und Quadrate zeigen, erst schwarz, danach farbig zur Erschwernis. In einem der äußeren Becher zwei Würmer als Belohnung dann, wenn eine Krähe die Karte aufdeckte, deren Symbole denjenigen über dem mittleren Becher entsprachen. Nach wenigen Augenblicken hatten die Krähen die auch für Menschen schwierige Zuordnung richtig gedeutet und den Dreh raus, wie an die Leckerbissen zu kommen war.

Dass Tiere Wahrnehmungsorgane haben, die in Spezialbereichen die unseren bei Weitem übertreffen, ist uns vom Adlerauge, dem Echolot der Fledermäuse oder dem Orientierungssinn der Lachse, um nur einige anzusprechen, durchaus bekannt. Es gibt aber auch prognostische Talente, über die wir nur staunen können: Da flog eine Gruppe von Goldflügel-Waldsängern, einer Sperlingsart, im Frühling 2014 wie jedes Jahr in ihr Brutquartier in den Appalachen, der östlichen der nordamerikanischen Gebirgsketten. Kaum angekommen, brachen sie wieder auf, um fünf anstrengende Tage 1500 Kilometer weiter zu fliegen. Danach wütete ein heftiger Tornado in ihrem alten Brutgebiet. Als die ersten meteorologischen Warnungen in den Medien verbreitet wurden, waren die Vögel schon unterwegs in Sicherheit. Ornithologen aus Berkeley wollten eigentlich nur wissen, ob diese leichten Geschöpfe überhaupt Peilsender zu tragen in der Lage waren. So kam es zu dieser Zufallsentdeckung. Die Vögel schienen übrigens den Weg des Sturms besser vorherzusehen als die Meteorologen.

Ein weiteres Beispiel für die besondere Wahrnehmungsfähigkeit bestimmter Tiere sind die Welse. Früher hielten in Japan Menschen diese Fische für die Ursache von Seebeben, denn Welse spielen verrückt, kurz bevor die Erde bebt.

Bei der Sonnenfinsternis 1999 war in den Salzburger Alpen eine Kuhherde zu beobachten, die sich mittags niederlegte, schon bevor sich der Mond vor die Sonne schob. Auch die Vögel verstummten, obwohl es noch nicht dunkler war als bei starker Bewölkung.

Besonders eindrucksvoll war Berichten zufolge die hohe Nervosität der Wasserbüffel deutlich vor dem großen Tsunami in Indonesien 2004, sodass man deren Verhaltensmuster nun messen will.

Das besondere Verhalten bestimmter Tiere fordert unsere Erfinder bei der Sensortechnologie heraus, weil wir neidlos den Vorsprung der Evolution bei diesen Geschöpfen anerkennen müssen. Manches weist darauf hin, dass wir schon viel von der Sensibilität verloren haben, die unseren steinzeitlichen Vorfahren noch eignete und die zum Teil bei manchen Ethnien wie Aborigines, Indios oder auch Tuaregs noch vorhanden ist.

Keine Mensch-Tier-Grauschattierung?

Macht uns unser Gehirn zum Menschen? Natürlich, würden wir antworten, wenn wir einmal die Seele, das unbekannte Wesen, beiseitelassen. Die Hardware unseres Gehirns, seine physiologische Struktur, unterscheidet sich nicht dramatisch von den Gehirnen der uns in der Tierwelt am nächsten verwandten Arten. Was macht den Unterschied aus?

Die interessierte Welt wartet mit Sehnsucht und Spannung auf jedes Hinausschieben naturwissenschaftlicher Erkenntnisgrenzen, leider aber oft, weil sie sich davon sofort umsetzbaren Nutzen ohne gründliche Folgenabwägung verspricht. Forschergeist muss aber, weil wir von der Evolution darauf programmiert sind, herausfinden, was »dahinter« liegt: in unserem Thema der Reflexionsfähigkeit etwa, wie unser Gehirn, das ja aus Proteinen aufgebaut ist, die höchstens ein paar Tage überdauern, Erinnerungen über ein Jahrhundert hinweg lebendig halten kann.

Wie ist das menschliche Gehirn zu Vergleichen und zu Wertungen in der Lage? Und: Kann sich dieses Wunderwerk genauso kontinuierlich aus den Einzellern entwickelt haben wie unser restlicher Körper? Jede neue Art bedeutet einen kleinen evolutionären Sprung mit anschließender Stabilisierung durch Bewährung im Gesamtsystem. Die Reflexionsfähigkeit des Menschen, dessen Gehirn anderen Primaten so stark ähnelt, aber ist ein Sprung in eine neue Dimension.

Die Lernfähigkeit der Schimpansen ist bekannt. Für ihre Kommunikation untereinander geht man am Leipziger Primaten-Forschungszentrum des Max-Planck-Instituts für Evolutionäre Anthropologie von dreißig Gesten aus, mit denen sich Schimpansen in Gefangenschaft verständigen können. Aber der große Unterschied zum Menschen sei der sehr begrenzte Mitteilungsumfang und die fehlende Sprechfähigkeit. Wenn auch die Anatomie zum Sprechen ausreichen könnte, sei doch ein genetischer Unterschied auf dem sogenannten FOXP2-Gen dafür verantwortlich.

Die Göttinger Verhaltensbiologin Julia Fischer, die ihre langjährigen Studien in ihrem 2012 erschienenen Buch *Affengesellschaft* zusammengefasst hat, bestärkt uns in der hier vertretenen Anschauung eines Emergenzsprungs hin zum Reflexionsvermögen, denn sie bestreitet jegliche Übergangsstadien zum Bewusstsein. Sie warnt vor einer Vermenschlichung der Tierwelt ebenso wie vor einer rein naturalistischen Betrachtung des Menschlichen. Paviane könnten wohl lernen, zum Beispiel durch Dressur mit Futterreizen, sie könnten aber nicht verstehen. Affen hätten zwar eine hohe soziale Intelligenz und auch eine gewisse Erwartung an zeitliche Abfolgen oder Mengenvorstellungen, Werkzeuge wie Äste oder Steine könnten sie benützen, aber ihnen fehle bei ihrer sozialen Kommunikation jede Symbol- oder Zeichensprache. Die Primatenforscherin konnte keine Hinweise finden, dass sich bestimmte Körperhaltungen auf Objekte in der Umgebung der Tiere beziehen.

Auch der kanadische Psychologe Merlin Donald lässt die reine Biologie als Grundlage der evolutionären Entwicklung des Gehirns nicht zu. In seinem Werk *A Mind so rare* spricht er dem Geist »Hybridcharakter« zu. Ähnlich wie viele – von Gustave Le Bon über Teilhard de Chardin, Norbert Elias bis Rupert Sheldrake – sieht er das Individuum aufs Engste verkoppelt mit seiner Art, wobei beim Menschen, anders als bei anderen Spezies, Kultur und Zivilisation (das können also auch Kriege sein) verbindende Elemente sind. »Der menschliche Geist ist somit ein ›Hybridprodukt‹ aus Biologie und Kultur«, schreibt Donald in dem zitierten Buch. »Ich möchte betonen, dass ich den Geist selbst und nicht bestimmte Erfahrungen meine. Er kann sich nicht aus sich selbst heraus entfalten. Da er mit einem kollektiven Prozess verkettet ist, sind die Quellen, aus denen seine Erfahrung fließt, bereits durch die jeweilige Kultur gefiltert.«

Aber wie kommen Kulturen in die Welt? Es ist die Synergie vieler Gehirne, die zusammenwirken. Dabei ging nach Donald die Kultur mit ihren beiden wichtigsten Ästen, der Sprache und dem Symbolgebrauch, aus einem »radikalen Umbruch im Wesen des Bewusstseins« hervor, einem Bewusstsein in einem weiten Sinn, nicht nur als Sinneswahrnehmung und Verwertung oder nur an die Sprache gebunden, sondern als multidisziplinäre Fähigkeit zur bewussten Verarbeitung von Informationen aller Art. »Der Grund für unsere Einzigartigkeit liegt nicht in unserem Gehirn, dessen Grundstruktur sich auch bei anderen Lebewesen findet. Er ist vielmehr darin zu suchen, dass wir eine existentielle Abhängigkeit von unseren kollektiven Speichersystemen entwickelt haben. Sie enthalten den Schlüssel zum Selbstaufbau des Geistes.«[51]

Wenn es in der Forschung die Annahme der klaren Mensch-Tier-Scheidung gibt, kann man dann davon ausgehen, dass der Übergang von den anderen Tieren zum Menschen ein Jahrmillionen dauerndes Stadium war, was viele wohl annehmen? Manches mag ja dafür sprechen, aber sollten dann all diese Übergangswesen ausgestorben sein? Die einen haben sich weiterentwickelt und die anderen nicht? Ist das auf breiter Front so vorstellbar? Eher vorstellbar ist der Funke, der die Emergenz zündete. Es bleibt eine der spannendsten Fragen der Evolution, wie das Bewusstsein in die Welt kam und mit ihm das Reflexionsprinzip. Einem zweiten Urknall gleich scheint das Bewusstsein auf die Welt gekommen zu sein, das uns nach drei Millionen Jahren nun mit unserer Zivilisation ins Anthropozän geführt hat, in die vom Menschen umgestaltete Erde. Sie wird uns in Teil VI begegnen.

Wie geht es weiter?

Unser Verstand ist für den nächsten Evolutionssprung, den wir mit der Digitalisierung erleben, nicht ausgelegt, in dem die Dematerialisierung die Kommunikation beherrschen wird. Der Brief von der Hand in die Hand, vom Schreiber als Persönlichkeitsausdruck fixiert, mutiert zur schnellen Mailbotschaft, welche unsere Sprachen eindampft, aber den Geschäftsverkehr dynamisiert und Geschäfte ermöglicht, denen der Verstand hinterherhinkt. Der Zeitgewinn wird zu Zeitverlust im Leben, obwohl die Verzögerung gegen null geht. Die Begegnungen in Chatrooms gaukeln persönliche Kontakte vor, herunterladbare Videos können gewalttätig sein und die Hemmschwelle senken, Fanatiker können sich zu großen Netzwerken verbinden, staatliche und private Netze alle unsere Daten sammeln. Wer unseren Datenschatten besitzt, hat uns selbst in der Hand.

Dabei entwickeln sich viele Zeitgenossen bereits zu Selbstkontrollfreaks in der »Quantified-Self«-Bewegung, wo mit Smartphones und Datenchips zum Runterschlucken auch noch die innersten Regungen, Blutwerte, Schlafrhythmen, Menstruationszyklen, Nahrungsaufnahme, Kalorienverbrauch und Darmaktivität registriert und einer Community Gleichgesinnter vermittelt werden im Wettstreit der Selbstoptimierung! Da soll dann etwa Konditionierung durch Feedback-Verstärkung à la Skinners Verhaltenspsychologie schlank machen. Schon kommen Versicherungen auf die Idee, solche Messungen für allgemein verbindlich erklären zu lassen. Jedenfalls gehören zu den Krankheiten unserer Zeit der Autismus der Handyglotzer und der Narzissmus, der sich im Display spiegelt; und wo das eigene Spiegelbild nicht so viel hergibt, spiegeln sich die Massen in gekürten A- oder B-Prom(i)s.

Was wir heute wissen, weil wir es am eigenen Leib erleben, ist, dass uns die allgegenwärtige Vernetzung gefangen hält, und zwar bezüglich unserer zeitlichen Beweglichkeit – je mobiler und je schneller, desto länger – und damit auch hinsichtlich unseres geistigen Freiraums. Wir können weder alle Eindrücke verarbeiten noch unseren »Gesprächspartnern« gerecht werden. Quantität in »sozialen« Netzwerken statt Qualität menschlicher Beziehungen. Es bleibt offen, ob sich das nun überall herumschwirrende Wissen zu Oberflächlichkeit der Nutzer und flüchtigen Entscheidungen oder zu Verwirrung durch die in den Medien durch Effekthascherei wirkende Schreispirale[52] oder aber zu einer übergeordneten Schwarmintelligenz entwickelt, wie wir sie bei Fischen, Vögeln und Insekten in Augenblicken der Gefahr und genauso in der Gestaltung eines sozialen Körpers beobachten.

Unterschiedlichste Konsequenzen aus der Digitalisierung muss ein antizipierender und präventionsfähiger Verstand in seinen Lernprozess einbeziehen. Dieser Verstand muss sich darauf einstellen, dass die Berufswelt immer schnelleren und gewaltigeren Umbrüchen ausgesetzt sein wird, mit weitreichenden Konsequenzen für alle, die noch arbeiten oder wegrationalisiert wurden. Er muss sich darauf einstellen, dass er eine Anpassung an das sich zwangsläufig verändernde Menschenbild zu leisten und dabei doch inhumane Herrschaftsstrukturen zu verhindern hat. Das Bewusstsein muss Schlüsse aus Erkenntnissen ziehen. Daraus können sich auch Perspektiven und Szenarien entwickeln: So stellt sich der Jesuitenpater Pierre Teilhard de Chardin, lange übrigens vor dem Evolutionsschritt zum Internet, in seiner Vision *Der Mensch im Kosmos* (1940/1955) vor, wie sich das menschliche Bewusstsein nach dem

Erkennen einer Zielrichtung der Evolution entwickelt: Die Kulturgeschichte wird in einer »organischen Bewegung des Lebens« bis zu ihrem Ende, dem Punkt Omega, geführt. Dort vereinigt sich das durch die »Noogenese« – die Weiterentwicklung des menschlichen Geistes – frei gewordene Bewusstsein aller zu einem kollektiven, planetarischen Gedächtnis. In diesem »Überpersönlichen« vollenden sich die Persönlichkeiten, ohne ihre Individualität zu verlieren. Die »Noosphäre« steht mit Omega als Endpunkt außerhalb von Raum und Zeit. Diese Vorstellungen greift heute die amerikanische »Cyber-Culture« auf, die den Beginn der von Teilhard de Chardin prognostizierten Phase schon gekommen sieht.

Die Explosion des Cyberspace wird vermessen. Die weltweit ausgetauschte Informationsmenge wächst seit Mitte der Achtzigerjahre exponentiell. Christopher Schrader zitiert unter Vorlage von eindrucksvollem Zahlenmaterial von Forschern aus Los Angeles und Santiago de Chile diese mit den Worten: »Wenn 50 japanische Meister der Abakus-Rechenmaschine auch nur eine Sekunde der (weltweiten) Computerleistung abarbeiten wollten, würden sie so viele Jahre brauchen, wie das Universum alt ist.«[53] Bei Dreharbeiten in China war 1986 noch regelmäßig an der Hotelrezeption zu beobachten, wie das vom Computer ausgespuckte Ergebnis auf der Rechnung noch mal am Abakus kontrolliert wurde.

Einer der besten Kenner der Chancen und Gefahren des Internets, der Whistleblower Edward Snowden, sagt es so: »Für viele junge Leute ist das Internet ein Mittel der Selbstverwirklichung. Es ermöglicht ihnen herauszufinden, wer sie sind und wer sie sein wollen, aber das geht nur, wenn wir uns dort anonym und auf einer Basis der Vertraulichkeit bewegen können – und Fehler machen, ohne dass sie uns ewig nachhängen. Meine große Sorge ist, dass unsere Generation die letzte sein wird, die in den Genuss dieser Freiheit kommt.«[54]

Zu Beginn, als die Massen das Internet entdeckten, schien es der Durchbruch zur demokratischen Teilhabe aller am Kommunikationsprozess und politischen Diskurs zu sein. Dieses Netz wird aber von staatlicher und privater Seite mehr und mehr als Datenschleppnetz missbraucht und sogar als Werkzeug ökonomischer Manipulation und hoheitlicher Unterdrückung eingesetzt, wie es das Schlusskapitel bei VI.5 zeigt.

Die Weisheit der Masse gilt als größtes Versprechen des Web und seiner kommerziellen Betreiber. Skeptisch hat der revolutionär gestimmte Friedrich Schiller schon Massenklugheit gesehen, »wo Mehrheit siegt, und Unverstand entscheidet«. Nun ist es eine unendliche Menge an Bits und Bytes, die unseren Planeten in Kabeln und Satelliten überspannt, sozusagen als das schlummernde »Weltunterbewusstsein«.[55] Damit sich dieses Chaos zu Bewusstsein und Weltwissen – von Weisheit nicht zu reden – strukturiert, ist Bewertung erforderlich. Das ist die Rückkopplung des Individuums ans kollektive Unterbewusstsein. Und es ist auch die Aufgabe der Journalisten, als Navigatoren die Gesellschaft durch die neue Unübersichtlichkeit zu lotsen.

Weisheit allerdings ist nur individuell zu haben. Sie entsteht durch persönliches Verbinden von Neuem mit Wissen und Erfahrungen und der Bereitschaft zu Querverbindungen. So kommt es auch zu den großen Entdeckungen. Vor der »Illumination« arbeitet das Faktenwissen im Forscher bewusst und dann eben auch unbewusst weiter, bis sich die zündende Idee einstellt und sich das Wissen zu einer höheren Ebene der Erkenntnis formiert. Dieses kann ins Weltwissen einfließen.

Visionen zur digitalen Welt schießen überall ins Kraut. Ein Auswuchs ist die Idee von Martine Rothblatt, der superreichen amerikanischen Besitzerin von »United Therapeutics«, einem sektenartigen Unternehmen, das ein unendliches Leben in der Cloud durch digitales Klonen verspricht – nach der »transhumanistischen« Verschmelzung von Mensch und Maschine.

Weniger verrückt, aber aktuell viel gefährlicher ist die »Optimierungsabsicht« der Humaningenieure. Deren »Genome Editing« oder »Genomic Engeneering« ermöglicht jetzt Eingriffe ins

Erbgut auch der Menschen. Die beiden internationalen Wissenschaftsmagazine *Science* und *Nature* rivalisieren dabei seit 2015 um die beste Themenpositionierung bei der Frage, ob damit die Menschheit ihre eigene Evolution steuert.

Einer der Vorkämpfer der Genomtechniken, Fydor Urnov, hat unter der Prämisse, Krankheiten wie Aids und Krebs auszuschalten, in *Nature* im Interesse von mehreren Hundert Life-Science-Unternehmen, von Laboren und auch bestimmten Patientenorganisationen für die Freiheit der Manipulationsmethoden argumentieren können. Doch wird damit das Recht künftiger Generationen auf ihr unmanipuliertes Genom unterlaufen. Deshalb fordern viele Forscher jetzt selbst ein Moratorium. Das Bewusstsein über uns selbst wird auf die Probe gestellt.

Und unser Reflexionsvermögen steht vor einer weiteren Aufgabe: Es geht um die Einbeziehung eines neuen Weltbilds, sollten sich Physiker wie Heisenberg und Dürr durchsetzen, die statt der starren Materie lediglich eine »Schwingungsfigur« erkennen, wie das die Quantenphysik vorbereitet hat und wie wir es gleich unten bei V.3.2 genauer betrachten werden. Diese Ahnung steckt auch schon im *panta rhei* von Heraklit, wonach nichts Bestand hat und alles (in) Bewegung ist. Dürr sieht, wie Norbert Elias, auch nicht den Teil, sondern das Ganze im Schwingungszusammenhang. »Es gibt kein Außen oder Innen«, so Elias. »Ist der Blick innen oder außen? Und das Gehör, ist es außen oder innen?«[56] Das entspricht wiederum der von Platon übermittelten Betrachtung der Welt durch Heraklit: Die Einheit in der Vielheit und Vielheit in der Einheit sind der Raum des unaufhörlichen Fließens.

Das ist im Letzten und Grundsätzlichsten Kommunikation. Führt auch dieses Weltbild zu einem kollektiven planetarischen Gedächtnis, zur Noosphäre?

3. DAS WELTBILD IM SPIEGEL

Was unser Denken begreifen kann, ist kaum ein Punkt,
fast gar nichts im Verhältnis zu dem, was es nicht begreifen kann.
John Locke

Im Flugzeug von Manaus nach São Paulo im November 2007 schrieb ich in meinen Notizblock:

Wie kann der Raum gekrümmt sein? Warum treffen sich Parallelen im Unendlichen? Sind Grenzen der Vorstellungskraft auch Grenzen des Bewusstseins? Wohl nein, die naturwissenschaftliche Erkenntnis greift über die Vorstellungskraft hinaus. Liegt unsere Fantasie außerhalb des Reichs der Logik? Nur mit Fantasie gelangen wir jedenfalls zu Verknüpfungen verschiedener logischer Folgerungen und sind so zur intellektuellen Kreativität fähig. Das bedeutet einen Erkenntnisakt durch Springen von einer Kausalkette zur anderen – gleichermaßen leistbar durch geistige Elastizität und durch Kraft, erworben durch Erfahrung, gespeichertes Wissen und stetige Übung.

Unsere Sprache nennt das »Originalität«. Der lateinische Begriff origo, der »Ur-Sprung«, handelt von zweierlei: davon, dass sich etwas als ein Beginn darstellt. Das kann eine neue Erkenntnis sein oder die Lösung für eine soziale oder persönliche Situation. Und dann »springt« da etwas, ein Gedanke überwindet ein Hindernis. Springen ist ein plötzlicher Energieschub für die träge Masse, er bedeutet Verlassen des Bodens und Ankommen an anderer Stelle … Musik hilft beim Abheben.

Rhythmus und Musik in diesem Land, auf das ich eben hinunterblicke, sind wie bei allen naturverbundenen Völkern ein Kanal zum fühlenden Denken und zur Spiritualität.

3.1. Formen des Spiegels

Das Bewusstsein drückt sich in unterschiedlichen Formen aus: Wir denken zunächst immer ans Denken, ohne das auch ein Buch nicht geschrieben werden könnte. Es käme dazu nicht ohne das Imaginieren, das Entwickeln von Szenarien in Kopf und Körper, von Vorstellungen, von also irgendwie gearteten Bildern.

Andere Wahrnehmungsarten, die möglicherweise dem Denken und Imaginieren vorgelagert sein können, sind die erwähnten des sinnengebundenen Fühlens, des seelisch gebundenen Empfindens und der Intuition, wie wir dies mehrfach anklingen ließen. Diese Skalierung wird hier einfach einmal so behauptet, Fachdisziplinen mögen das bewerten oder einordnen. Sicher wird der Spiegel der Erkenntnis nicht immer ganz plan sein.

Als Gemeinschaftstier bestimmt den Menschen die soziale Kommunikation durch Zeichen, Gebärden und Sprache. Dabei ist gerade der Zusammenhang zwischen Denken und Sprechen für die Wissenschaft ein strittiges Feld. Denken Menschen in Wörtern oder in Bildern oder in Gefühlen?[57] Lem Semjonowitsch Wygotsky hat es in seinem Klassiker *Denken und Sprechen* vor acht Jahrzehnten so gesehen: »Der Gedanke drückt sich im Wort nicht aus, sondern vollzieht sich im Wort.« Ein kluger Gedanke. Einen ebenso bedenkenswerten Beitrag benennt Schiller in einem Brief an Goethe (1799): »Auch ist nicht zu leugnen, daß die Empfindung der meisten Menschen richtiger ist als ihr Räsonnement. Erst mit der Reflektion fängt der Irrtum an.«

Man muss hier ja nicht jeden wissenschaftlichen Streit schlichten. Unstrittig dürfte aber wohl die Feststellung des Kunstdidaktikers Hans Daucher sein, die in Teil I »Auf der Suche« schon anklang – dass nämlich das Denken in Bildern im Bildungsprozess vernachlässigt wird zugunsten einer rein rationalisierten Denkschule. Denken dürfe nicht nur als inneres Sprechen geschult werden.

In der Tat ist selbst für so rationale Fächer wie Mathematik ein Vorstellungsvermögen für Größen, Ordnungen und Räume nötig. Die Fähigkeit, rückwärts zu laufen, fördert das Rückwärtsrechnen, weil der Raum hierfür geschaffen wird. Umso mehr ist das Denken in Bildern und Szenarien für die eigene Lebensgestaltung Voraussetzung, für das Erkennen von Möglichkeiten, für Alternativen und Entscheidungen, die eben nicht rein denkerisch vollzogen werden – eine wichtige antizipierende Eigenschaft, die gerade auch in Politik und Wirtschaft dringend benötigt wird. Das Notensystem unseres Bildungswesens gibt hierzu kaum Hilfestellung.

3.2. Ein neues Weltbild

Mit Empirie, Imagination und Intuition kommt es zum Paradigmenwechsel in der Physik: Hans-Peter Dürr denkt ähnlich wie sein großer Lehrer Werner Heisenberg, allerdings findet er konsequent zum Ende: »Ich habe 50 Jahre – mein ganzes Forscherleben – damit verbracht, zu fragen, was hinter der Materie steckt. Das Endergebnis ist ganz einfach: Es gibt keine Materie!« Auf dieser Spur war auch Max Planck, der Energie und Materie als Erscheinungsformen der Information deutet. Der Physiker Gerd Binnig sagt: »Ich schaue ins Kleine und immer Kleinere und komme an kein Ende.« Wo ist da Raum für ein Kleinstes? Was also ist begreifbar, wenn es nichts Greifbares gibt? Solche Überlegungen führen direkt zum Hinterfragen von Realität und Rationalität, wie wir das im Schlussteil unternehmen werden.

An dieser Stelle könnte die Kritik derer unter den Philosophen einsetzen, die sagen, es reiche nicht, die Wirklichkeit zu bewerten, wenn man selbst Teil dieser Wirklichkeit sei. Richtig sei es, sagen andere, sich selbst als Betrachtende zu spiegeln und damit die Realität nur in der eigenen Wahrnehmung zu vermuten. Die wirkliche Wirklichkeit gebe es nicht.

Da kommt nun der Philosophieprofessor Markus Gabriel aus Bonn daher, gibt beiden Seiten irgendwie recht und provoziert deshalb mit seinem Ergebnis, dass es »viele kleine Welten, aber nicht die eine Welt gibt, zu der sie alle gehören«. Das seien eben »Sinnfelder«, und »dass alles mit allem zusammenhängt, ist einfach falsch«.[58] Das mag ein interessanter Denkansatz sein, der sich auch noch das Etikett »Neuer Realismus« verpasst, aber er scheint doch sophistisch überdreht zu sein. Man kann sich auch als Teil der Welt einordnen in seine Betrachterrolle und, wissend um die eigene Voreingenommenheit, zusammen mit den anderen Betrachtern Fortschritte der Erkenntnis gewinnen über das Phänomen der Welt, in der alles mit allem schon über das fraktale Prinzip der Selbstähnlichkeit verbunden ist. Man muss ja nicht so weit gehen wie Stephen Hawking, der in seinem Buch *Der große Entwurf – Eine neue Erklärung des Universums* die Fragen nach dem Sein der Philosophie zuweist, um dann festzustellen: »Die Philosophie ist tot«, weil sie mit den Naturwissenschaften nicht Schritt halten konnte. Ein paar Seiten weiter philosophiert er: »Obwohl wir nach kosmischen Maßstäben winzig und unbedeutend sind, werden wir dadurch in gewissem Sinne zu den Herren der Schöpfung.« Dennoch seien wir von einer vereinheitlichten Theorie noch weiter entfernt als vor Jahrzehnten erhofft.[59]

Also brauchen wir sie doch – die Liebe zur Weisheit.

Hans-Peter Dürr vertritt ein neues quantenphysikalisch-holistisches Weltbild, nach dem die Wirklichkeit eine Potenzialität darstellt. In der gesamtheitlichen Betrachtung hätten die Verflechtungen und Beziehungen Vorrang vor der äußerlichen Gestalt. »Die Wirklichkeit beruht auf einem reinen Beziehungsgefüge«, so Dürr. Dieses sei eben nur als in Bewegung befindlich real. Statt der Frage »Was ist?« stelle sich die Frage »Was geschieht?«. Da wir uns aus der Natur herausgehoben fühlen und nicht in deren Lauf denken, »identifizieren wir uns mit dem Schöpfergott. Wir führen sein Werk weiter, und davon kommt unsere Überheblichkeit.«[60]

Dieses neue Weltbild stößt das Tor zur Transzendenz auf. Den Suchenden, seien sie Gläubige aller Religionen oder Agnostiker, bieten sich Antworten eigenen Erspürens oder aus dem archaischen Fundus dessen, was ins Gedächtnis der Menschheit vorgedrungen ist. Die Naturwissenschaften stabilisieren sich bei allen unterschiedlichen Ansätzen und Ergebnissen zwar in der Erkenntnis der Evolutionsphasen, die letzten Antworten aber liefern sie nicht. Denn bei der Suche werden die Übergänge zum Geistigen immer deutlicher. Was offen bleibt und mit den uns zu Gebote stehenden Mitteln ungelöst bleiben wird, sind Antworten auf die Fragen: Was ist Leben eigentlich? Sind so viele »Zufälle« als Weichenstellungen möglich, wie sie für unsere Existenz nötig sind?

Auf eine Eins mit 1230 Nullen kommt der englische Evolutionsforscher Roger Penrose bei der Anzahl der Weggabelungen, und hätte die Evolution nur einmal einen anderen Weg genommen, gäbe es kein Leben, geschweige denn Bewusstsein.

Was war vor dem Urknall, was hat ihn ausgelöst? Was ist die Zeit innerhalb der Ewigkeit, oder hat sich, was wir »Zeit« nennen, darin längst aufgegeben?

Zwar entspricht dem ständigen Werden, dem Wachsen der Pflanzen, dem Weitergeben des Lebens über die Generationen auch ein Untergehen der konkretisierten Materie, dies aber ist ein Übergehen in einer Verstoffwechselung bei Erhalt der Energie. Das ständige Neuentstehen hat das Bewusstsein der Menschen herausgefordert. Es fragt nach der Ursache, dem Sinn des Lebens. *Ur-Sache* – wie viel Sprache doch weiß!

Die Naturwissenschaft verliert bei diesen Fragen ihre Poleposition. Sie kann ja nicht einmal mehr sagen, was ist, sondern, wie gesehen, allenfalls fragen, was wechselwirkt, was geschieht, wenn sie von der Starrheit der Materie ablässt und übergeht zur Schwingungsfigur.

Angesichts der Unergründbarkeit dieser Geheimnisse verbietet sich jeder Justament-Standpunkt. Also muss jeder »Ismus« Luft aus seiner Aufgeblasenheit ablassen. Es reicht völlig, zu staunen.

Einstein: »Wer nicht mehr staunen kann, ist sozusagen tot.« Karl Jaspers sah im Staunen die »Gucklöcher der Metaphysik«, ähnlich wie seine fachlichen Ahnen Plato und Aristoteles. Staunen ist Bewundern. Und Bewundern ist eine Bezeigung der Ehre.

3.3. Der ungreifbare Gott

Dem Bewundern folgt Achtung und Vertrauen. Das spürten schon die ersten Menschen: Bestattungen, Todesrituale, Kulte, soweit Archäologie und Ethnologie zurückreichen und uns davon Kunde geben. Das macht das Reflexionsprinzip, welches sich als Sprung aus dem sonstigen Tierreich erweist – der entscheidende Sprung, der uns loslöst aus der übrigen Fauna, ohne uns sonst zu lösen. Aber gerade dieser Evolutionssprung kreiert unsere Verantwortung in einem ständigen Prozess der Aufklärung. Aufklärung verlangt Bildung des Wissens und des Gemüts, verlangt Eintreten und Toleranz.

Das Bewusstsein oder die Gesamtheit von Denken, Empfinden und Imaginieren hat dieses Grundgesetz herauskristallisiert: die Vorstellung von Kreativität, Polarität und Attraktivität, die sich zu neuer Kreativität verschlingen und dem Prozess der Evolution fortwährend seinen Schwung verleihen. Man kann das Modell des Attraktivitätsprinzips und eines Grundgesetzes der Evolution, das als umfassender Geist die Evolution durchschwingt, als »Ungläubiger« – ob toleranter Agnostiker oder kämpferischer Atheist – genauso verstehen wie als Gläubiger – ob Christ, Muslim, Jude, Buddhist, Hindu, Anhänger des Konfuzius oder Animist. Dieser Geist um alles und in allem fordert unsere Achtsamkeit ein. Die Vernunft der Zuwendung verbindet alles Trennende. Die Kraft hinter dem Werden können wir mit dem Verstand nicht greifen, aber mit Vernunft, die mehr ist als rein logische Ableitung, ahnen.

Nach allem bisher Gesagten können wir reflektieren, dass es ein Urgesetz gibt, dem die Evolution folgt. Dieses Urgesetz trägt im Kern auch die eigene Weiterentwicklung durch Ausdifferenzierung, durchaus dem Programm des Gens in der ersten Zelle vergleichbar. Darin liegt das Programm für die Individuen in allen Arten des Lebens und ihre Organe. Zur Reflexion des Urgesetzes der Evolution gehört, dass man eine Art von Vertrauen in dessen Existenz und beständiges Wirken gewinnen kann. Es ist nicht nur ein Vertrauen in Abläufe, es ist auch ein Vertrauen in etwas Beständiges, das logisch – nicht zeitlich – vor dem Urknall da war, als mächtig spürbar ist und nach uns sein wird. Es ist ein Urvertrauen, das es seit der Menschwerdung gibt, das unterstützt im Tun, indem es die Seele stärkt und mehr ist als ein »frommer Wunsch« und mehr als ein Placebo. Wenn auch dort gilt: »Dein Glaube hat dir geholfen«, so gibt es Vernunftgründe, die das Urgesetz bestätigen. Dies zu erkennen, folgt einem herausdifferenzierten Gesetz aus dem Urgesetz, das sich mit dem Reflexionsprinzip gebildet hat, und zwar für jeden Menschen.

Das Urgesetz erscheint unpersönlich, es ist ein uns überwölbendes und uns einbeziehendes Sein. Dieses lässt in uns ein Vertrauen zu diesem Sein oder Sinn entstehen, den wir »Gott« nennen und persönlich ansprechen können als Urgesetz und Gewissheit. Die Vorstellung davon entsteht reflektierend in unseren Köpfen. Das heißt aber gerade nicht, das Urgesetz würde nur in unseren beschränkten Köpfen existieren. Es gilt ja überall. Es ist logisch vor der Physik zu orten. »Es« verdichtet sich zu »ihm« oder »ihr«, der Gottheit, ist von göttlicher Natur. Gedanklich mag das eine erforderliche Entpersonalisierung Gottes sein, aber nach dem fraktalen Selbstähnlichkeitsprinzip, wie im Kapitel I »Auf der Suche« erörtert, sind wir dessen mindestens genauso teilhaftig wie dem Sternenstaub in uns.

Die Gegenposition, herausgegriffen aus vielen wissenschaftlich positivistischen Äußerungen, lautet zum Beispiel so: »Die Erscheinungen und Entwicklungen des Universums sind so erstaunlich und letztlich unerklärlich, dass wir einen Akteur als Erklärung eingeführt haben, einen ›Handwerkergott‹, der all das geschaffen hat.

Aber damit verlagern wir nur das Problem der Kreativität, nämlich in ein Wesen, das uns ähnlich ist und ähnlich wie wir kreativ agiert. Nein, selbst wenn wir religiös sind, müssen wir die Kreativität in die Materie und Energie und in die Information, die in ihnen steckt, verlagern. Das Weltall selbst ist kreativ, es hat sich erschaffen, es hat Leben hervorgebracht und schließlich denkende Wesen, die das ganze Werk erkennen und bewundern.«[61] Dieser Position entsprechend wird das Vorhandensein von Geist nur innerhalb des menschlichen Bewusstseins anerkannt und außerhalb der Materie geleugnet: »Geist existiert außerhalb des menschlichen Bewusstseins vor allem oder vielleicht ausschließlich in Form von geordneter Materie. Die Annahme von etwas materielosem Geistigen in der Welt außerhalb unseres Bewusstseins ist überflüssig.« Die Trennung zwischen Materie und Geist gebe es »nur im abendländischen Denken«. Dass »in vielen Kulturen alle Dinge beseelt« sind, soll ein Argument gegen den Geist als solchen sein.[62] Das erscheint als willkürlich so hingesetzt und ist in diesem reichhaltigen, fundierten wissenschaftlichen Werk des Autors, der auch ethnologische Erfahrungen aus allen Kontinenten einbringen kann, keine erweisbare Feststellung. Eine solche Auffassung ist jedoch in wissenschaftspositivistischen, naturalistischen, auch sich selbst »humanistisch« nennenden Kreisen weit verbreitet. Solcher Position ist doch deutlich zu widersprechen: Erstens sind Nichtexistenzbehauptungen, wie hier von »Geist« außerhalb des Menschen oder von »Gott«, ohnehin nicht beweisbar, wie auch Gott Glaubenssache ist. Zweitens ist Geist weder Materie noch Energie, also ein Drittes, vergleichbar weltlichen Normen, die nicht die Gesellschaft selbst sind, sondern diese binden. Drittens würde Max Planck widersprechen, der über Johannes Kepler gesagt hat: »Was ihn bei all dem aufrecht erhielt und arbeitsfähig machte, war ... sein Glaube an das Walten vernünftiger Gesetze im Weltall. Das sieht man besonders deutlich an einem Vergleich mit seinem Meister und Vorgesetzten Tycho de Brahe. Dieser war im Besitz derselben wissenschaftlichen Kenntnisse ..., aber ihm fehlte der Glaube an die großen ewigen Gesetze.

Deshalb blieb Tycho de Brahe einer unter mehreren verdienten Forschern, Kepler aber wurde der Schöpfer der neueren Astronomie.«[63] Viertens erinnern wir uns an einen Denker fern des Abendlands, der im Kapitel II schon zu uns sprach und der das Gegenteil behauptet, Lao-Tse: »Es gibt etwas, das ist unterschiedslos vollendet. Bevor der Himmel und die Erde waren, ist es schon da, so still, so einsam. Allein steht es und ändert sich nicht. Im Kreise läuft es und gefährdet sich nicht. Man kann es nennen die Mutter der Welt. Ich weiß nicht seinen Namen. Ich bezeichne es als Sinn.«

Auch die fast 4000 Jahre alten Veden Indiens raten ausdrücklich dazu, anstelle der Frage, wie aus Materie Geist werden konnte, zu fragen, wie Materie aus dem Geist entstand. C. G. Jung sagt es so: »Natural mind ist Geist, welcher der Natur entstammt und nichts mit Büchern zu tun hat. Er entspringt der Natur des Menschen wie ein Quell der Erde und spricht die eigentümliche Weisheit der Natur aus. Er sagt die Dinge unbekümmert und ruchlos.«[64]

Von Geist auch außerhalb des Menschen gehen die meisten großen Naturwissenschaftler aus, wenn sie die Naturgesetze betrachten. Max Planck soll es so gesagt haben, berichtet Heisenberg: Nur jene würden zu Atheisten, die nicht zu Ende denken und die schöpferische Kraft in den wunderbaren Beziehungen zwischen den universellen Gesetzen nicht erkennen. Wörtlich überliefert ist von Max Planck: »Als Physiker, der sein ganzes Leben der nüchternen Wissenschaft, der Erforschung der Materie widmete, bin ich sicher von dem Verdacht frei, für einen Schwarmgeist gehalten zu werden. Und so sage ich nach meinen Erforschungen des Atoms dieses: Es gibt keine Materie an sich. Alle Materie entsteht und besteht nur durch eine Kraft, welche die Atomteilchen in Schwingung bringt und sie zum winzigsten Sonnensystem des Alls zusammenhält. Da es im ganzen Weltall aber weder eine intelligente Kraft noch eine ewige Kraft gibt – es ist der Menschheit nicht gelungen, das heißersehnte Perpetuum mobile zu erfinden –, so müssen wir hinter dieser Kraft einen bewußten intelligenten Geist annehmen. Dieser Geist ist der Urgrund aller Materie. Nicht die sichtbare, aber vergängliche Materie ist das Reale, Wahre, Wirkliche – denn die Materie bestünde ohne den Geist überhaupt nicht –, sondern der unsichtbare, unsterbliche Geist ist das Wahre! Da es aber Geist an sich ebenfalls nicht geben kann, sondern jeder Geist einem Wesen zugehört, müssen wir zwingend Geistwesen annehmen. Da aber auch Geistwesen nicht aus sich selber sein können, sondern geschaffen werden müssen, so scheue ich mich nicht, diesen geheimnisvollen Schöpfer ebenso zu benennen, wie ihn alle Kulturvölker der Erde früherer Jahrtausende genannt haben: Gott! Damit kommt der Physiker, der sich mit der Materie zu befassen hat, vom Reiche des Stoffes in das Reich des Geistes. Und damit ist unsere Aufgabe zu Ende, und wir müssen unser Forschen weitergeben in die Hände der Philosophie.«[65]

Heute belächeln viele aufgeklärte Menschen den Glauben oder gar das Gebet, die Anrufung einer höheren Macht, als Relikt voraufklärerischer Zeit. Vermutlich gilt auch hier die Unterscheidung von Rationalität und Vernunft.

Bei den meisten Philosophen sahen und sehen wir die Annahme des Geistigen als etwas Übergeordnetes und Allumfassendes, von der Antike über Hegel bis in Moderne und Nachmoderne. Müller-Freienfels ordnet das Religiöse unter dem Leitgedanken »empirische Perspektiven auf das Transzendente« der Logik zu und spricht von der »Einsicht, dass trotz aller rationalen Erkenntnis, ja sogar auf Grund ihrer, ein logischer Raum für das Religiöse besteht, nicht in einem erdfernen Utopien, sondern überall in der Welt und auch im Menschenleben«.[66] Dieses »Religiöse« verwendet er als Synonym für einen »logischen Raum für Überrationales, unser empirisches Erkennen Transzendierendes«.

Für C. G. Jung ist das individuelle Bewusstsein ohnehin subjektiver Ausdruck eines kollektiven Unbewussten. Wir erinnern uns an die Aussage des Quantenphysikers Anton Zeilinger zum Thema der Quantenverschränkung: »Für mich deutet das in die Richtung, dass Information fundamentaler ist als alle anderen Konzepte.

Schon das Johannes-Evangelium beginnt mit ›Am Anfang war das Wort‹. Das kann ich auch mit Information übersetzen … Ich glaube, dass es ein Leben außerhalb der materiellen Welt gibt. Es gibt eine geistige Welt außerhalb der materiellen Existenz. Aber mit Physik hat das nichts zu tun, sondern das ist nur meine persönliche Ansicht.«[67]

Kann man Wunder wahr-nehmen?

Wer dieser »Anschauung der Welt« bis hierher gefolgt ist, mag die Erwartung hegen, dass der Autor, wie der Quantenphysiker eben, seinen ganz persönlichen Blick, seine »Weltanschauung« kurz aufzeigt, auch wenn für das hier vermittelte Modell der Evolution ein »Glaube« keine Bedingung oder Voraussetzung ist.

Ich bin in den Kulturraum des Christentums hineingeboren. Trotz Dummheiten in der Glaubensverkündung, Verfehlungen oder Eitelkeiten von kirchlichen Amtsträgern ließ ich mir die Substanz meines Glaubens nicht auslöschen. Dabei kenne ich so viele, die aufgrund der Fehler der Kirchen und ihres eigenen intellektuellen Wegs »das Kind mit dem Bade ausschütteten«, zu Gleichgültigen oder zu Hassern wurden. Sie kommen mir vor wie aufmüpfige Kinder, die denken: »Gerade recht geschieht meinem Vater, dass ich so an den Fingern friere, warum kauft er mir keine Handschuhe?«

Kirche ist so gut und so schlecht wie die Menschen auch. Ich erlebte die Theologie in Südamerika, wo die Franziskanerpatres etwa um Erzbischof Dom Helder (den wir als Helder Camara kennen) im armen Nordosten bei den Ärmsten waren und sie mündig machten gegen die Landräuber der Konzerne. Ich erlebte christliche Theologie im Nahen Osten im fruchtbaren Dialog mit dem Islam.

Was war prägend? Wir sprachen vom unmerklichen Hineinwachsen in eine Kultur, von Enkulturation: In meiner christlichen Jugendgruppe – wir waren zwischen 10 und 14 Jahre alt – war unser Gruppenführer Mittelstürmer der ersten Mannschaft des TSV 1860 München, Hans-Michael Baumgartner, der später Philosophieprofessor wurde; er machte mit uns weite Radtouren und war ein jugendliches Idol.

Ich mache keinen Hehl daraus, dass ich Christ bin. Oft ärgere ich mich über meine Kirche, aber die Botschaft der Liebe ist nichts anderes als Ausfluss der Versöhnung untereinander und mit der Natur, als unser Gebot der Vernunft. Wäre ich in einem anderen Kulturkreis aufgewachsen, würde ich vermutlich in dessen Religion Gott suchen und ihn in diesem allumfassenden Geist finden, der das Grundgesetz der Natur ist.

Vielleicht habe ich auch deshalb einen Anker gegen den Sog der Zeit, weil ich durch meine Eltern zu zwei Wirbeln von Strömungen geführt wurde: Diktatur und Widerstand einerseits, und »Realität« und Mystik andererseits. Mein Vater war der junge Verlagsleiter der katholischen und kämpferischen Widerstandszeitung *Der Gerade Weg* gegen den aufkommenden Nationalsozialismus. Die Redaktion wurde gleich nach der Machtergreifung am 9. März 1933 von der SA gestürmt. Deren Chefredakteur, Herausgeber und geistige Kopf, Dr. Fritz Gerlich, wurde geschlagen und blutend ins Polizeigefängnis in der Münchner Ettstraße abgeführt, 16 Monate eingesperrt, da auch gefoltert und bei seiner Einlieferung am 30. Juni 1934 (!) im KZ Dachau erschossen – ein christlicher und journalistischer Märtyrer, dessen Waffe allein das Wort war. Er hatte Hitlers Sprüche und *Mein Kampf* analysiert und alle grässlichen Folgen der Nazi-Ideologie damals im *Geraden Weg* schon genau vorhergesagt.[68] Die kritische Haltung gegenüber autoritären Systemen, die sich über einen allumfassenden Geist erheben, ist mir vermittelt worden. Im anderen Wirbel von Strömungen treffen Realitätssinn und Mystisches aufeinander. Was mir daraus blieb, ist bei aller Nachdenklichkeit und Prüfung eine ganz ursprüngliche, ja naive Haltung gegenüber Unerklärlichem.

Extrem Unwahrscheinliches ist möglich in der Natur, in der Technik, in der Geschichte, im weiten Feld des Magischen und Mystischen, das uns anzieht und abstößt. Ja, es gibt Gedankenübertragung, Telepathie, Gleichzeitigkeit von zeitlich Ungleichem, Erscheinungen, Unerklärbares. So lernte ich mit etwa zehn Jahren in Konnersreuth in der bayerischen Oberpfalz die einfache, aber weise Bauerstochter Therese Neumann kennen. Sie hatte zwei Jahrzehnte vorher Hitler als große Gefahr erkannt und verband Gleichgesinnte untereinander gegen den aufkommenden Nationalsozialismus. Sie trug die Stigmen und Wundmale Christi am Körper und hat dessen Leiden nach Heilung von einer Krankheit lebenslang körperlich miterlebt. In ihren Visionen sprach sie gelegentlich aramäisch. Meine Vorbehalte gegen diese »heiligmäßige Frau« verflogen beim ersten Besuch, als sie mich in den Stall zu ihrem Pferd Lotti führte und mir die Vögel in ihrer Voliere zeigte. Die Handstigmen hatte sie in fingerlosen Handschuhen verborgen. Auch später traf ich sie immer wieder, auch in ihren Leiden. Selbst wenn heftigste Kritiker diese Erscheinungen auf Hysterie zurückführen mögen, ändert es nichts an der Erscheinung selbst. Für mich gilt: So etwas gibt es halt. Nachdem ich es erlebte. Vielleicht ist das eine Form von Inspiration, von Synchronisierung von Zeit oder Relativierung von Raum ähnlich der Telepathie, von körperlosem Bewusstsein, das sich so ausdrückt. Wir werden es nicht erfahren. Das Phänomen wird (noch) nicht erkannten Naturgesetzen wohl nicht widersprechen.

Mystik ist als eine besondere Ebene der Erfahrung nicht nur einer bestimmten Religion vorbehalten. Fernöstliche Religionen wollen sich mystische Wahrnehmung erarbeiten, manchen Menschen kommt sie einfach so zu.

Übrigens hat der vorher zitierte Historiker und Chefredakteur der *Münchner Neuesten Nachrichten* (heute *Süddeutsche Zeitung*), Fritz Gerlich, nach dem Erscheinen eines Artikels von Erwein von Aretin über Therese Neumann in seiner Zeitung den Redakteur kritisiert und geäußert: »Den Schwindel werde ich entlarven.« Er fuhr nach Konnersreuth, um zu recherchieren. Danach war seine politische und seine religiöse Haltung verändert. Er ließ sich als ehemaliger Calvinist mit dem Zusatznamen »Michael« die Firmung spenden und war zum Bekenntnis bis in den Tod bereit.

Gibt es Vorfälle außerhalb der Naturgesetze, kann es Wunder geben?

Seit zwei Jahrzehnten verbringe ich im jährlichen Rhythmus mit einigen Freunden unterschiedlichen Glaubens, oder auch bar eines solchen, einige Tage in einem Kloster der Benediktiner. Es ist eine Zeit des Ausklinkens, des Rhythmuswechsels, der Disziplin, des Wanderns durch Moor und Wald im Morgengrauen und des Nachdenkens allein, und es sind vor kurzen Nächten die langen Gespräche beim Wein. Dabei Pater Remigius, agil, jetzt an die neunzig, der immer noch weite Pilgerwanderungen führt und in Afrika »missionierte«, indem er Krankenstationen und Schulen aufbaute. Verständigt hat er sich wie selbstverständlich »mit Kisuaheli, Englisch und Latein«, bringt Schwung, Lebensweisheit und Güte ein. Pater Otto, Mitte fünfzig, Amerikaner, ehemaliger Straßenmusikant, vier Jahre Eremit und ebenso lange Student am C.G. Jung-Institut in Zürich, lässt flexibel die Gedanken springen. Pater Claudius, siebzig, lange Zeit als Prior Klostermanager, weise, ist bedrückt und gestärkt zugleich von seiner Arbeit mit verwaisten Eltern. Manchmal sind Mönche aus Afrika oder Asien dabei, gelegentlich Abtprimas Notker Wolf aus Rom, Manager für die Benediktiner weltweit.

Im Nachtgespräch thematisiert man auch allzu Menschliches im Umgang mit den kirchlichen Ämtern, klagt über Dogmatismus und setzt sich über diesen durch Uminterpretation hinweg. Eines Abends kommen wir auf Heiligsprechung und die hierfür nötigen Wunder zu sprechen. Mein Einwurf: Wenn die Naturgesetze göttlichen Ursprungs sind und sich der ganze Kosmos innerhalb dieser Gesetzmäßigkeit abspielt, warum sollte dann ein Gott Wunder brauchen? Es gibt Dinge und Geschehnisse außerhalb von Wahrscheinlichkeiten und erst recht außerhalb unserer Wahrnehmungsfähigkeit oder der Möglichkeit unserer Zuordnung, aber sie liegen nicht außerhalb einer Schöpfung, welche Agnostiker ohnehin nur als irgendwie entstandene Naturgesetzlichkeit akzeptieren können. Wunder? »Es kann sie eigentlich doch gar nicht geben.« Es erhebt sich kein Widerspruch.

Auch extrem Unwahrscheinliches ist möglich. Aber eben nicht alles. Um dies an einem Beispiel aufzuzeigen, ist ein kleiner Exkurs erforderlich: Die großen Mythen der antiken und aktuellen Religionen sind Überhöhungen, allenfalls »Übertragungen« (die Übersetzung des Begriffs »Metaphern«), aber keine Beschreibungen von Tatsachen. So ein Mythos war und ist teilweise in den Religionen des Ostens, Ägyptens und Griechenlands die »Jungfrauengeburt«. Im Alten Testament wurde seit dem 7. vorchristlichen Jahrhundert durch den Propheten Jesaja der Erlöser angekündigt, geboren von einer *alma*. Das hebräische Wort bedeutet »Jungfrau« und »junge Frau«. Nachdem Griechisch seit Alexanders Weltreich auch Weltsprache geworden war, übertrugen 72 Gelehrte in Alexandria etwa zwei Jahrhunderte v. Chr. die Thora ins Griechische (»Septuaginta« nennt man diese Übersetzung). Vermutlich wollten die Weisen das Judentum nicht gegenüber den damaligen Religionen hintanstellen, jedenfalls übersetzten sie das Wort *alma* als *parthenos,* also Jungfrau. Doch der Mutter Jesu wird nicht die geringste Ehrerbietung genommen, wenn ihr Sohn den Naturgesetzen entsprechend von Joseph, ihrem Mann, gezeugt wurde. Schließlich kommen alle Kinder vom Geist, der hinter den Geschehnissen waltet. Wir alle. So nur kann Jesus ganz Mensch sein und kein halber, und für die Christen ein ganzer Sohn Gottes und kein Halbgott. Selbst Joseph Ratzinger soll so argumentiert haben, bevor er Papst wurde, man dürfe diese Frage nicht biologisch betrachten. Mythen außerhalb der Naturgesetzlichkeit haben als Metaphern eine andere Funktion als Glaubenssätze.

Ein weise gewordener Prälat sekundiert nüchtern: »Je älter ich werde, desto weniger glaube ich, das aber umso fester.«

3.4. Reflexionen der Kulturen

So wie in dieser Abhandlung die Welt und ihre Entwicklung mit den vier Prinzipien betrachtet wird, sind diese weder abhängig von einer religiösen noch von einer areligiösen Fundierung. Wohl aber ist für die vier hier gefundenen Prinzipien eine eigene geistige oder informationelle Dimension angenommen, die in der Naturgesetzlichkeit liegt. Diese können Wissenschaft und Religion unterschiedlich deuten. Bei der Wissenschaft handelt es sich um Empirie, um ontologisch Erfahrbares und dessen systematische Zusammenführung, beim Glauben um zu Erschließendes, jedoch letztlich nicht Wissbares. Von Ansatz, Methode und Grundsatz her unterscheiden sich Wissenschaft und Glaube, aber sie können sich im Grundsätzlichen nicht widersprechen. Sie können sich nicht wechselseitig widerlegen.

Dennoch sind nicht auflösbare Widersprüche das tägliche Brot des Nachdenklichen. Permanides, klassischer Philosoph, hat es in seinem bekannten Paradoxon so formuliert: Es gibt nur das Seiende. Das Nichtseiende gibt es nicht. Wenn es nichts gibt als das Seiende, kann dieses nicht verändert werden. Veränderungen sind also blanker Schein. Wenn dem aber nicht so ist, dann muss etwas sein, was darauf einwirkt. Das Nichtseiende. Deshalb folgert Platon: Es gibt ein den Sinnen zugängliches Sein und ein rein ideelles Sein, das nur durch geistige Akte, also nicht direkt durch die Sinne erfahrbar ist. Dieses Sein ist kein Produkt des Denkens, sondern dieses Sein bringt erst die wahrnehmbare Welt und das Denken hervor. In diesem Sinn meint auch Heisenberg, man solle dem Denken nicht alles zutrauen, und nennt dieses Erfassen der Ideen hinter den Dingen ein »künstlerisches Schauen, ein halb bewusstes Ahnen«, eben mehr als ein verstandesmäßiges Erkennen.

Das gilt also für diese letzte Idee hinter den wahrnehmbaren Dingen. Sein oder Nichtsein dieser letzten Idee hat auch zwei große Kulturen hervorgebracht, die eines Glaubens und die eines Nichtglaubens, wobei beide in vielen Subkulturen erscheinen.

Religiös fundiert

Blicken wir also kurz in der Reihenfolge ihrer Entstehung auf die Glaubensinhalte der Religionen.

Hinduismus

Der Hinduismus hat sich seit etwa 2000 v. Chr. entwickelt, kennt viele Gottheiten, vertritt die Reinkarnation und basiert auf den uralten Veden und den Upanishaden:

> *Die eine Gottheit verbirgt sich in jedem Lebewesen, dennoch durchdringt Er alles und ist das innerste Wesen in Allem. Er vollbringt jede Arbeit und hat seinen Wohnsitz in Allem. Er ist das Zeugnis ablegende Bewusstsein, formlos und unsterblich.*
>
> *Brahman, die universale Essenz, ist das Allem innewohnende Selbst. Es ist wahrlich die Wirklichkeit von Leben und Erleuchtung. Wenn der Mensch Brahman erkennt, wird er erleuchtet. Es gibt keinen Weiseren als den, der die innere Göttlichkeit erkannt hat. Er verrichtet alle täglichen Arbeiten als Ausdruck seines göttlichen Selbst, und seine Freude ist von Universeller Liebe durchdrungen.*

Judentum und Christentum

Das Judentum reicht 4000 Jahre zurück. Moses (im 13. Jahrhundert v. Chr.) gilt mit seinen fünf Büchern als der eigentliche Begründer dieser ersten monotheistischen Religion. Die Schriften auch anderer Propheten bilden die Thora. Dieses Alte Testament ist die Basis des Christentums, dessen Glaube – vor allem durch das Neue Testament der vier Evangelisten – Christus als Gottes Sohn und vom jüdischen Glauben erwarteter Erlöser erkennt.

Der für beide Religionen gemeinsame Psalm 104 des Alten Testaments lautet in der christlichen Einheitsübersetzung:

Lobe den Herrn, meine Seele! Herr, mein Gott, wie groß bist du! Du bist mit Hoheit und Pracht bekleidet.
Du hüllst dich in Licht wie in ein Kleid, du spannst den Himmel aus wie ein Zelt.
Du verankerst die Balken deiner Wohnung im Wasser. Du nimmst dir die Wolken zum Wagen, du fährst einher auf den Flügeln des Sturmes.
Du machst dir die Winde zu Boten und lodernde Feuer zu deinen Dienern. …
Du hast den Mond gemacht als Maß für die Zeiten, die Sonne weiß, wann sie untergeht.
Du sendest Finsternis und es wird Nacht, dann regen sich alle Tiere des Waldes.
Die jungen Löwen brüllen nach Beute, sie verlangen von Gott ihre Nahrung.
Strahlt die Sonne dann auf, so schleichen sie heim und lagern sich in ihren Verstecken.
Nun geht der Mensch hinaus an sein Tagwerk, an seine Arbeit bis zum Abend.
Herr, wie zahlreich sind deine Werke! Mit Weisheit hast du sie alle gemacht, die Erde ist voll von deinen Geschöpfen. …
Sie alle warten auf dich, dass du ihnen Speise gibst zur rechten Zeit.
Gibst du ihnen, dann sammeln sie ein; öffnest du deine Hand, werden sie satt an Gutem.
Verbirgst du dein Gesicht, sind sie verstört; nimmst du ihnen den Atem, so schwinden sie hin und kehren zurück zum Staub der Erde.
Sendest du deinen Geist aus, so werden sie alle erschaffen und du erneuerst das Antlitz der Erde …
Ewig währe die Herrlichkeit des Herrn; der Herr freue sich seiner Werke …
Lobe den Herrn, meine Seele! Halleluja!

Das »Wessobrunner Gebet« aus dem Jahr 814 endet mit dem Satz: »Enti cot heilac – Gott ist heilig.« Nach sprachwissenschaftlicher Forschung bedeutet dies nicht nur »Heil bringend«, sondern »heilig« und schließt das angelsächsische *whole* ein: Gott als Fülle des unfassbar Ganzen, wie es auch der Psalm sehr bildlich ausdrückt.

Chinesische Weisheitslehre

Die chinesische Mystik basiert auf dem Ahnenkult. Während Konfuzius um 500 v. Chr. vor allem Regeln für die Harmonie der Gesellschaft formulierte, fasste Lao-Tse etwa ein halbes Jahrhundert früher die Philosophie des Tao in seine poetische, paradox anmutende Sprachform, deren Polaritäten zur Harmonie verschmelzen:

> *Der Weise tritt zurück und gerade deshalb ist er so weit voraus.*
> *Er gibt sein Selbst auf, und gerade deshalb bleibt es erhalten.*
> *Weil er sein Selbst vergisst, kann er sein Selbst behalten.*
>
> *Weil sie nicht um ihrer selbst willen leben, deshalb können Himmel und Erde immer leben.*
>
> *Gewinn entsteht durch das, was ist, erst durch das, was nicht da ist.*

Ohne das Nichts der Radnabe könnte man das Rad nicht benützen; so auch beim Haus mit seinem Nichts der Fenster- und Türöffnungen; ohne das Nichts der Leere innen hätte der Krug keine Bedeutung.

Abschließend erinnern wir uns an die Eigenständigkeit des Sinns:

> *Der Mensch richtet sich nach der Erde.*
> *Die Erde richtet sich nach dem Himmel.*
> *Der Himmel richtet sich nach dem SINN.*
> *Der SINN richtet sich nach sich selber.*

Buddhismus
Obwohl Buddha (eigentlich Siddhartha Gautama, um 500 v. Chr.) kein Gott ist, sondern der Begründer seiner Religion (nicht Kirche), wird er gottähnlich verehrt. Buddhismus ist ein Weg zur Vertiefung der Spiritualität, insoweit dem Christentum nicht fremd. Buddha wird dieses Gebet zugeschrieben:

Mögen alle Wesen glücklich sein.
Mögen alle Wesen frei sein von Leiden.
Mögen alle Wesen wahre Freude kultivieren.
Mögen alle Wesen Gleichmut üben und in tiefem Frieden verweilen.

Zu Langmut und Achtsamkeit mahnen demgegenüber die fünf Gewissheiten des 1926 geborenen buddhistischen Mönchs Thich Nhat Hanh (gekürzt):

Es gibt keinen Weg, dem Altwerden zu entgehen.
Es gibt keinen Weg, dem Krankwerden zu entgehen.
Es gibt keinen Weg, dem Sterben zu entgehen.
Es gibt keinen Weg, dem Getrenntwerden zu entgehen.
Meine Handlungen mit Körper, Rede und Geist
Sind mein einzig wirkliches Erbe.
Den Folgen meiner Handlungen kann ich nicht entgehen.
Meine Handlungen sind der Boden, auf dem ich stehe.

Islam
Um 600 n. Chr. gründete Mohammed den Islam, der heute vor allem in der sunnitischen und der schiitischen Ausprägung auftritt. Aus dem Koran, als Präambel aller Kulthandlungen:

Im Namen Allahs, des Gnädigen, des Barmherzigen!
Preis sei Allah, dem Herrn der Welten, dem Gnädigen, dem Barmherzigen, dem Herrscher am Tage des Gerichts.

Dir alleine dienen wir und zu Dir allein flehen wir um Beistand. Führe uns auf den rechten Weg, den Weg derer, denen Du Deinen Segen gewährt hast, die nicht Missfallen erregt haben und die nicht irregegangen sind …
Alles Lob gebührt Gott, der Himmel und Erde erschaffen und die Finsternisse und das Licht gemacht hat; doch setzen jene, die da ungläubig sind, ihrem Herrn anderes gleich. (6,1)

Das Schlusswort zu den »Reflexionen der Kulturen«, soweit sie religiös fundiert sind, soll Johannes Kepler mit seinem bewundernden Blick in den Sternenhimmel haben, der hier in der »Anschauung der Welt« die Attraktivität als Code des Universums vielleicht bestätigen könnte: »Dir sage ich Dank Herrgott Schöpfer, dass Du mich die Schönheit schauen lässt in Deinem Schöpferwerk.«

Areligiöse Haltungen

Die Grenze zwischen Gläubigen und Ungläubigen verwischt sich immer mehr. Eine Grenze zwischen bewussten Säkularisten, Gleichgültigen, Nichttheisten, Humanisten, Agnostikern und spirituellen Personen ist weder untereinander noch zu den verschiedenen Arten und Stufen des Glaubens zu ziehen. Auch ist die Spannweite unter den als »Atheisten« Bezeichneten groß. Sie reichen von der Annahme des Daseins ohne Gott, den Agnostikern, die sich teilweise nicht als Atheisten sehen, bis zu einem aggressiv auftretenden Antitheismus, wie ihn etwa Richard Dawkins und andere vertreten.

Als »Atheisten« wurden in früheren Zeiten Personen diffamiert, die von der herrschenden Lehre als sogenannte Ketzer abwichen, obwohl sie an Gott glaubten. So erging es etwa Giordano Bruno, der 1600 auf dem Scheiterhaufen in Rom sein Leben ließ, was erst unter Johannes Paul II. kirchenoffiziell als schweres Unrecht festgestellt wurde.

Ein Positivismus, der sich aus dem Materialismus speist, kann dann nicht als Atheismus gesehen werden, wenn er nur die Nichtbeweisbarkeit Gottes annimmt, aber das Ergebnis offen lässt. Anders ist es, wenn der Positivismus Gott auf ein reines Hirnprodukt zurückführt und das wissenschaftlich begründen möchte. Eine »wissenschaftliche Weltanschauung« von hegemonialer Weltbedeutung lag im Marxismus-Leninismus begründet, der ideologisch ebenfalls die Existenz Gottes ausschloss, um mit dem Einsatz von Propaganda und auch von Gewalt einen neuen Menschentypus zu formen.

Von ihrem Glauben Abgekehrte haben oft eine jenseitige Verbindung nicht ganz ausschließen wollen, vor allem vor ihrem Tod. Einem solchen Freund waren diese Worte am Grab gewidmet:

Großer Kosmos, in dir war ich ein Funken.
Du hast mich glühen lassen, nun – ich bin gesunken.
Tiefes All, lass mein Glüh'n noch Wärme spenden
und auch Licht,
das Zeichen ist und denen leuchtet, die suchen, lieben –
lösch es nicht!

Kulturen und Moral

Religionen haben neben dem Gottesbezug auch einen normativen, oft ethisch hochstehenden Kodex. Solche Normierung kann aber vom Konsens der allgemeinen Menschenrechte abweichen. Der blutrauschgetränkte Islamismus (nicht der Islam!) mag höchstens formal einer Religion zugeordnet werden, steht aber als Zivilisationskrankheit außerhalb jeder menschlichen Kultur. Jegliche Instrumentalisierung jeglicher Religion für machtpolitische Zwecke oder neurotische Antriebe ist mit dem religiösen Grundgedanken, dem Gottesbezug, unvereinbar.

Auch ohne Rückbeziehung auf Gott entsprechen moralische Prinzipien der evolutionären Einsichtsfähigkeit des Menschen, also der Vernunft. Das postuliert nicht nur Kant, viele aus seiner Zunft tun das. Solche ethischen Grundsätze des Handelns sind aus der menschlichen Natur abzuleiten, in die jedes Kind mit gleichen Rechten hineingeboren wird.

3.5. Ziel der Reflexion

Ob man den vielen Hinweisen der Evolution zum Glauben hin folgt oder nicht, so vermag das menschliche Reflektieren doch alle gemeinsam zu einer höheren Erkenntnis zu führen, die wir als »Vernunft« bezeichnen. Dieses Reflexionsergebnis stellt sich als Einsicht in Zusammenhänge und Rücksicht hierauf, als Empathie, als Moral, Sittengesetz und Verantwortung oder schlicht als Funktionalität dar.

Wenn wir also vernünftig sind, müssen wir uns eingestehen, dass wir im Alltag unsere Erkenntnisfähigkeit doch zu unserem engeren Nutzen in den Dienst einer Rationalität stellen, die tief in uns sitzende Begierden intellektuell rechtfertigt und durchsetzt. Doch wir sind mit oder ohne Glauben als reflexionsfähige Spezies dem Attraktivitätsprinzip verpflichtet, das die Evolution durch seine Bindekräfte und seine Schönheit durchwirkt und gestaltet. Dieses Gebot der Einordnung in die Natur erscheint uns bei aller Erkenntnis von Zusammenhängen am Ende der vier Artikel des Grundgesetzes der Evolution umso deutlicher, wenn wir uns ins Bewusstsein rufen, was der Mystiker Johannes vom Kreuz feststellt: »Alles Gesagte ist so viel kleiner als das, was wirklich ist.«

VI.

DIE UNVERNUNFT DER RATIONALITÄT

oder: Die Brechung des Attraktivitätsprinzips

1. DIE RATIONALITÄT ALS MISSRATENE TOCHTER DER VERNUNFT

Die Rationalität frisst ihre Kinder.
frei nach Pierre Victurnien Vergniaud: »Die Revolution frisst ihre eigenen Kinder« – vor seiner Hinrichtung

Die Unvernunft dessen, was wir für Rationalität halten oder dafür ausgeben, reicht als sehr weites Feld von Alltagsentscheidungen bis zu global wirkender Ökonomie und Politik. Deshalb mögen uns einige zentrale Thesen darauf einstimmen, wie wir mit den erkannten Prinzipien der Evolution umgehen und dabei deren Attraktivität brechen.

1. These: Rationalität war Fortschritt.
Die Rationalität des Denkens und Handelns in der westlichen Welt nach dem Muster einer klar kalkulierenden Mittel-Zweck-Relation – was wirkt wie wozu? – hat dieser Hemisphäre wissenschaftliche, technische und ökonomische Erfolge in geradezu ungeheurem Ausmaß ermöglicht. Vorläufig sind wir die Nutznießer dieser Rationalität und wollen damit auch noch weitere Siege über wirtschaftliche Konkurrenten, Kulturen und Denkweisen, aber auch über die Natur erringen. Der Status der Rationalität scheint unerschütterlich. Weltweit wird diese Maxime des Denkens und Handelns übernommen – und bereits begonnen in der Konditionierung junger Menschen in Erziehungsweise und Bildungssystem.

Jedoch: Die Rationalität stößt an ihre Grenzen. Sie ist dabei, unsere Existenzgrundlagen zu vernichten. Die Rationalität frisst ihre Kinder.

2. These: Unsere vermeintliche Rationalität bricht das Attraktivitätsprinzip der Evolution.

Unsere Erde ist nur so lange für uns attraktiv, wie die Erde *uns* attraktiv findet. Wir werden sehen, dass das menschliche Handeln Entscheidungen veranlasst – als Sieg bequemer und gieriger Kalkulationen, die sich als Rationalität kostümieren. Gemäß ihrer Natur wird diese sich zu Gegenreaktionen entschließen. Das verlangt den Menschen ein Abschätzen, ein Ahnen von Folgen und dann ein Entscheiden im Sinn der Verträglichkeit, der Nachhaltigkeit oder der Tragfähigkeit ab. Andernfalls kommt es zu den befürchteten ökologischen Konsequenzen und sozialen Verwerfungen.

Die Rationalität menschlichen Handelns greift ein in die Homöostase, in das Gleichgewicht der Natur, das sich in der Selbstorganisation dynamisch durch Attraktivität stabilisiert hat. Unser Verständnis von Rationalität aber befördert die Entropie, die Einfalt statt der attraktiven Vielfalt.

3. These: Wir leben am spannendsten Punkt der Exponentialkurve der Evolution, doch unser Denken ist noch nicht so weit.

Unsere Generation steht auf der Exponentialkurve der Human-Evolution genau an der Stelle, wo der Rückspiegel uns den relativ flachen, langen unteren Teil mit Spracherwerb, Feuer, Werkzeugen, dann Maschinen und Computern zeigt und wo die Kurve aus der Krümmung steil nach oben weist: vor uns Dematerialisierung durch Digitalisierung, globale Speicher- und Abrufmöglichkeiten, ein kollektives Überbewusstsein, ein neues Bild vom transparenten, gern vernetzten, aber dabei doch verstrickten Menschen, und mit all diesem menschliche Kommunikation, Organisation, Arbeits- und Lebensweise auf dem hinaufschießenden Pfeil im dramatischen Wandel. Dauernd wird es allerdings gemäß dieser mathematischen Metapher nicht so weitergehen. Das im Wechselspiel mit seiner Umwelt entwickelte Denken des Homo habilis, des Homo sapiens und endlich auch des Homo faber kann nicht mithalten mit den Datenmengen und der Drittel-Lichtgeschwindigkeit seiner derzeitigen Kommunikation und entspricht nicht den einfachsten Erkenntnissen der Quantenphysik.

4. These: Unser Denken widerspricht dem notwendigen Teamwork im Raumschiff Erde.
Der Keil im Spalt zwischen Reich und Arm dringt weltweit immer tiefer und gefährdet den Zusammenhalt der Menschheit. Ein unbeherrschtes Finanzunwesen, ökonomische Ausbeutung, Kriege, Klimawandel – so viele Gründe treiben die Menschen auseinander und auch damit die größte Völkerwanderung der Geschichte vor sich her. Die Herausforderung der Migration von derzeit 60 Millionen Menschen stellt auch Europa vor die Entscheidung, gemeinsame Wege zu seinem Erhalt oder getrennte Wege in den Zerfall zu gehen und die historische Chance seiner starken Einheit mit ihren überzeugenden Werten zu verspielen. Ein Denken und Handeln in komplexen Systemen (im Kapitel über die Kreativität als »Führerschein für Politiker« apostrophiert) rutscht ab in die scheinbar rationalen schnellen Vereinfachungen und Verkürzungen, hin zu Populismus und Nationalismus in Politik und öffentlicher Stimmung. Auch die Medien drehen an dem Rad, das von der öffentlichen Meinung zur öffentlichen Stimmung läuft, wie wir das gegen Ende dieses Kapitels bei VI.7.2 beobachten werden. Die Scheuklappen gegenüber der Komplexität der Globalisierung führen nicht nur in Europa, sondern auch bei den anderen Weltmächten zur öffentlichen Verdummung. Nationale Egoismen und Globalisierung vertragen sich nicht. Machtgewinn und Machterhalt, auch auf der Basis vernunftresistenter Stimmungen, das ist die Rationalität der Politik – ebenfalls gegen das schon physikalisch gebotene ganzheitliche Betrachten und vernünftige Ziehen der Schlüsse.

5. These: Mit der Aufklärung tritt der Mensch aus seinem Schatten, mit der Big-Data-Technologie tritt der Schatten aus seinem Menschen.
Die Aufklärung bezeichnet Kant als den »Ausgang (des Menschen) aus seiner selbstverschuldeten Unmündigkeit«. Der Mensch tritt

ins grelle Licht der Vernunft. Heute verselbstständigt sich das Abbild der Menschen in Gestalt ihrer Datenschatten. Aufgeklärte Menschen wollen ihre Schatten einfangen – vergebens. Was bleibt zurück? Der seiner Daten, der Intimität seines Denkens, Wählens und Handelns und seines Grundrechts auf informationelle Selbstbestimmung beraubte Mensch ist der ökonomischen Manipulation preisgegeben und – in autoritären Systemen – auch der politischen. Diese Tendenz setzt der freiheitlichen Gesellschaft mehr und mehr zu. Ein grassierender Narzissmus erleichtert den Datensammlern das Geschäft, seien es die neurotischen Geheimdienste, seien es die Goldschürfer sozialer Netzwerke. Da sind dann Milliarden an Spenden einzelner Nutznießer – so hilfreich diese Gelder im Einzelfall sein mögen – Sand in den Augen der User und ein großer Werbegag für die willige Duldung und den Verzicht auf den Aufstand. Das Sammeln fremder Daten schafft hohe Werte auf Kosten derer, die sie erbracht haben. Totale Transparenz des Privaten ist merkantiler Totalitarismus, der den Rechtsstaat aushebelt.

War einst die heimliche Wanze der Stasi der Wegweiser ins DDR-Gefängnis, so tragen die Konsumenten die TV-Geräte der neuen Generation mit den zur Spracherkennung eingebauten Mikrofonen heute freiwillig in ihre Büros, Wohn- und Schlafzimmer. Alle Gespräche und Geräusche vor dem laufenden Gerät werden übermittelt, steht ganz klein in den Begleitpapieren. Algorithmen managen dann auch solche Daten. Dies hier nur als ein erstes Beispiel dafür, wie unter der Fahne der Freiheit die Freiheit weniger Nutznießer alle anderen ihrer Freiheit berauben kann.

Und eine zweite Gefahr: Es entspricht dem Verständnis von technischer Rationalität, dass in zu optimierenden sogenannten *Cyber-Physical-Systems* alle Ereignisse gesellschaftlicher, ökonomischer, technischer, wissenschaftlicher oder politischer Art und auch die privaten Entscheidungen eines jeden länderübergreifend erfasst, zusammengeführt und für eine Rückkopplung aufbereitet werden sollen. Dann gibt es im weltweiten Gemeinwesen keine Immunität einzelner Organismen mehr. Durch eine Cyberattacke kann eine globale Seuche ausgelöst werden. Von der Vernunft der Natur zu lernen bedeutet deshalb auch Abgrenzung des Individuums, geschlossene Netze, notfalls zurück zu Analog und Offline.

Wir werden es sehen: Die rational algorithmische Vermessung der Weltbewohner ist eine Gegenwelt ohne Empathie. Schon deshalb repräsentiert sie die »Unvernunft der Rationalität«.

Vernunft und Verstand

Die Vorbemerkungen in Form einiger unsere Zeit charakterisierenden Thesen sollten nachdenklich stimmen: Fortschritt durch Rationalität, Brechung der Attraktivität, beschränkte Denkfähigkeit, Verlust der Freiheit – es klingt bedenkenswert und ist doch selbstverständlich. Jetzt steckt auch noch der »Verstand« im »Selbst-Verständlichen«. Verstand und Vernunft müssen wir uns also ansehen, wenn wir die »Unvernunft der Rationalität« als Schlagwort einführen.

Die Vernunft hat eine eher objektive, jedenfalls überpersonale Ausrichtung, während der Verstand subjektbezogen, intrapersonal zu lokalisieren ist. Bildhaft nähert sich auch der Aphorismus des Journalisten Ludwig Börne vor zwei Jahrhunderten dieser Unterscheidung an: »Vernunft verhält sich zum Verstande wie ein Kochbuch zur Pastete.«

Man kann das Verhältnis aber auch ohne Kulinarik und anspruchsvoller erklären, zum Beispiel wie es der Universalgelehrte Nikolaus von Kues (Cusanus) unternimmt: Der Verstand ordne die Sinneseindrücke durch Differenzierung, grenze ab, gewichte und bestimme, da er stets auf etwas Relatives gerichtet sei. Er versage, wo es keinen Vergleich gibt. Da er sich aber doch so etwas wie die Unendlichkeit vorstellen könne, gebe es also die Vernunft, die weit über dem Verstand stehe.

Nikolaus von Kues hat das noch sehr viel weiter aufgefächert. Als origineller Denker waren ihm Gegensätze eine Herausforderung. Mithilfe der Vernunft könnten Paradoxa in der »Koinzidenz«, dem geistigen Zusammenfallen, aufgelöst werden: Die unendliche Einheit könne als Dreieck auf einer unendlichen Gerade betrachtet werden, bei dem die Höhe unendlich klein sei und der 180-Grad-Winkel mit dem Winkel 0 zusammenfalle. Auch der Gegensatz, die trennende Mauer zwischen Gott und dem Gottsuchenden, könne vernunftgemäß entfallen. In der »Einfachheit Gottes« würden alle Gegensätze aufgelöst. Das brachte ihm Feinde ein, die ihn der Häresie beschuldigten, und Bewunderer wie Giordano Bruno, der diese Idee zum Pantheismus weiterentwickelte.

Soweit sich die überpersonale Vernunft im Individuum äußert, baut sie auf dessen Intelligenz, Verstand, Bewusstheit und Verantwortung, also auf Begriffe, die nicht nur im Reich des Denkens zu Hause sind.

Bedeutungen und Deutungen

Auf unserem Weg, ein Grundgesetz der Evolution aufzuspüren, sahen wir, dass wir Erkenntnisse und Methoden einschlägiger wissenschaftlicher Disziplinen ebenso sinnvoll heranzuziehen haben wie die unterschiedlichen »natürlichen« menschlichen Erkenntniswege des Recherchierens, des Nachdenkens und Bewertens, der Strukturierung, des Gefühls und der Intuition, wie sie jeder Entdecker beschreiten muss. Wir brauchen diese Wege auch deshalb, weil das reine Denken und Kommunizieren in Sprache uns zum Gebrauch von Begriffen zwingt, die einerseits den ganzen Sachverhalt nicht abdecken, andererseits zu viel an Unreinheit in das Gemeinte einbringen können. Demgegenüber könnten strenge Definitionen Fallen sein. Begriffe müssen aber zumindest in eine klare Richtung des Gemeinten weisen. So viel Rationalität muss sein.

Als geschulter Historiker, Kommunikationswissenschaftler und Mediziner verwies Otto B. Roegele bei der Schwierigkeit von Begriffsbestimmungen der »öffentlichen Meinung« und der Kommunikation auf die seit Jahrtausenden etablierte Medizin, der es nicht gelungen sei, »Gesundheit« zu definieren; der Rechtswissenschaft ginge es mit der »Gerechtigkeit« genauso, ebenso den Naturwissenschaften mit der »Natur« und den Geisteswissenschaften mit dem »Geist«. Wie wir sahen, geht es auch Psychologie und Neurologie mit der »Seele« und dem »Bewusstsein« so. Diese Schwierigkeiten mit dem Streit der Schulen und der Disziplinen, den Definitionsfallen und der doch zur Verständigung notwendigen Zuweisung von Bedeutungen für Begriffe haben wir schon bei den Prinzipien der Kreativität, der Polarität, der Attraktivität und der Reflexion angesprochen oder erfahren. Das aber war kein Hindernis, die begrifflichen Werkzeuge der Verständigung deutlich zu umschreiben.

So auch hier bei Vernunft und Rationalität:
Umgangssprachlich halten wir »Vernunft« und »Rationalität« für Synonyme. In Wirklichkeit ist die Rationalität aber eine missratene Tochter der Vernunft. Während die Vernunft eine »relativ absolute« Größe darstellt, ist es bei der Rationalität umgekehrt: Sie ist eine »absolut relative« Größe. Diese Sprachspielerei ist unserem Verhältnis zur Rationalität durchaus angepasst. In unserem Verständnis von Rationalität schwingt nämlich immer viel Unbestimmtes, aber Beabsichtigtes, oft gar nicht Ausgewiesenes mit: ein Ziel, ein Ergebnis, ein Vorteil, ein Zweck. Wir gebrauchen den Begriff in einem utilitaristischen Zusammenhang. Dabei kommt der Zeitfaktor als wesentliche Größe ins Spiel: Vernunft ist zeitlos, Rationalität ist zeitgebunden. Wir wollen ein günstiges, oft merkantiles Ziel in einer bestimmten, und zwar der kürzest möglichen Zeit mit möglichst geringem Aufwand erreichen. Wir alle. Dazu schwärmen auch Kolonnen schwarz gewandeter »Berater« mit ihren angelernten Theorien und bunten Grafiken direkt von den BWL-Seminaren in die Unternehmen. Intuitives Erfassen ist solchem Vorgehen fremd.

Der Intuitionsforscher Gerd Gigerenzer vom Berliner Max-Planck-Institut für Bildungsforschung kommentiert diese Entwicklung so: »Die Überbewertung von analytischen Fakten, das heißt von Entscheidungen, die alleine auf nachvollziehbaren Gründen beruhen, führt dazu, dass viele Menschen sich immer mehr in einem Käfig von Angst und Befürchtung befinden. Intuition kann man nicht begründen. Das führt dazu, dass wir versuchen, Entscheidungen von außen absichern zu lassen, etwa durch Beratungsfirmen oder durch komplizierte Computerprogramme. Die Auswirkung dieser defensiven Haltung gegenüber der Intuition spürt die gesamte Gesellschaft: Riesige Kosten, viele Fehlentscheidungen und Aufschub der Probleme sind die Folgen.«[1]

Philosophische Positionen

In seiner *Theorie des kommunikativen Handelns* kommt Jürgen Habermas zu der Feststellung, dass Wissen unzuverlässig sein kann und dass »die enge Beziehung zwischen Wissen und Rationalität vermuten lässt, dass die Rationalität … von der Zuverlässigkeit des in ihr verkörperten Wissens abhängt«. Wissen ist ja meistens unvollständig, wie im Kapitel zum Reflexionsprinzip aufgezeigt. Bezüglich des abendländischen, des »okzidentalen Rationalismus« bezieht sich Habermas auf Max Weber und das von diesem so benannte »universalgeschichtliche Problem«, um dessen Aufklärung sich Weber ein Leben lang bemüht habe: um die Frage nämlich, warum außerhalb Europas »weder die wissenschaftliche noch die künstlerische, noch die staatliche, noch die wirtschaftliche Entwicklung in diejenigen Bahnen der Rationalisierung ein(lenken), welche dem Okzident eigen sind«. Als Gründe hierfür sieht Habermas vor nun mehr als einer Generation die moderne Naturwissenschaft, die theoretisches Wissen in mathematische Form bringt, den systematischen Fachbetrieb und die Marktorientiertheit der Literatur. Selbst Kunst, Rechtslehre und Staatsverwaltung seien durchrationalisiert, wie auch die gewinnorientierten kapitalistischen Unternehmen.[2]

Fünfzig Jahre vor Habermas hat schon Martin Heidegger den »abendländischen Rationalismus« als Gefahr benannt, so in seinem Vortrag »Zeit des Weltbildes« (1938). Sein Biograf Rüdiger Safranski fasst die so von Heidegger kritisierte Haltung des Westens als »seinsvergessenes Denken« zusammen, »das sich nur berechnend auf die Gegenstände wirft und aus ihnen etwas herausholen will – bis hin zu einer ... Ausbeutung der Natur«. Heidegger beantwortet bereits in seinem für ihn und viele Philosophen grundlegenden Werk *Sein und Zeit*[3] die Frage nach solchem Verhalten und nach dem Gestaltungs- und Beherrschungswillen des Menschen mit dessen unterschwelligem Gefühl, dass die Zeit sein großer Widerpart sei.

Nach unserem Verständnis ist auch solch »abendländischer Rationalismus«, so treffend diese Umschreibung ist, wieder als ein »Ismus« in Schubladen ablegbar. Demgegenüber ist das Infragestellen, ja der Angriff auf die Rationalität und ihre Unvernunft radikaler und kann auch das Bewusstsein all derjenigen erreichen, die sich für rational denkend halten.

Rationalität hat dem Okzident einen Vorsprung verschafft, den andere Kulturkreise im Osten und Süden Asiens oder in Teilen Afrikas und Südamerikas nun aufholen. Jetzt aber spüren wir immer mehr die negativen Wirkungen des zivilisatorischen Fortschritts. Denn Rationalität hat nur eine innere Logik. Rationalität bedeutet die Determiniertheit eines Vorhabens aus dem Interessensaspekt. Je einfacher, billiger, direkter, schneller, desto rationeller. Rationalität hat im Gegensatz zur Ratio als Vernunft diesen Drall des einfachen Erfolgs.

Im Blick auf die Evolution gebietet uns die Vernunft nachhaltiges Handeln, verantwortbaren Umgang mit all dem, woraus wir kommen. Die unfassbare Verflochtenheit der Fasern der Naturgeschichte, die wir nicht rational entwirren und erklären können, hat uns hervorgebracht und will noch viele Generationen gebären.

Rationalität ist instrumentalisierte Vernunft

Max Horkheimer spricht mit Theodor W. Adorno in ihrer beider *Dialektik der Aufklärung* von »instrumenteller Vernunft«. Wir können und müssen wohl die Rationalität des Homo oeconomicus eher noch als »instrumentalisierte Vernunft« verstehen. Da kommt es dann auch schnell zu einer Werteverschiebung: Schönheit, Glück, Zufriedenheit, soziale Rücksichtnahme, Nähe, Ressourcenschonung, Naturerhaltung und Nachhaltigkeit bleiben auf der Strecke, wenn die Rationalität innerhalb eines bestimmten Bezugssystems aus Interessen und Zeit Vorrang vor der zeitlosen Vernunft genießt. Der Maßstab für rationale Entscheidungen, die sich als rationelle erweisen, wird also jeweils aus einer sehr menschlichen Situation gewonnen: der Lebenszeit einer Generation, der Wahlperiode eines Parlaments, der Halbjahresbilanz eines Unternehmens, den Boni der Manager, dem Bedürfnis nach materiellen Genüssen – möglichst sofort. Der Zeitrahmen für Entscheidungen wird unter einem Rationalitätsdruck, der von der Konkurrenz auf den Märkten kommt und von der elektronischen Kommunikation forciert wird, so eng, dass man um die Ergebnisse bangen muss. Die ständige Verfügbarkeit der abhängig Arbeitenden schlägt sich schon in den Krankenstatistiken nieder, weil nicht nur dem Denken, sondern auch der Freiheit Fesseln angelegt werden.

Rationalität ist per se zweckgebunden und lässt sich quasi mathematisiert so darstellen:

Rationalität entspricht einem Minimum an Einsatz beziehungsweise Energie mal einem Minimum an Zeit:

R = min.E × min.t

Vernunft dagegen verlangt nach angemessenem Einsatz bei dafür benötigter Zeit. Das entspräche der Evolution und ihrer Attraktivität, ohne dass der menschlichen Kreativität dabei besonders straffe Zügel angelegt werden müssten. Die Rationalität aber ist ein trojanisches Pferd, denn sie verbirgt den zerstörerischen Inhalt des Rationellen in ihrem Leib.

Hat sich das vermeintliche Paradoxon von der Unvernunft der Rationalität bei Ihnen, verehrte Leserinnen und Leser, schon aufgelöst? Jedenfalls seien in diesem Schlusskapitel verkürzt, teilweise plakativ, schlaglichtartig und zugespitzt viele Beispiele bündelweise angeführt, damit die Streu- und Wirkungsbreite der instrumentalisierten Vernunft aufscheint, die unsere Zivilisation determiniert. Diese Aufzählung kann vermutlich jede und jeder durch die Erfahrungen des eigenen Lebenskreises beliebig erweitern.

Verlust der Sinnlichkeit

Im Mittelpunkt unserer Betrachtung der Evolution steht die Attraktivität als Anziehung und als Schönheit. Der Zusammenhang von Schönheit und Rationalität lässt sich drastisch und bildhaft ausdrücken: Den vielen Schönheiten der Welt lauern Agenten auf. Es sind die gedungenen Vergewaltiger und Mörder von der Rationalitäts-AG. Deren Aktionäre nehmen für bessere Börsenkurse und satte Dividenden Entehrung, Siechtum und Tötung billigend in Kauf. »Das ganze Programm einer hemmungslosen Unterwerfung unter die Imperative des Marktes muss auf den Prüfstand«, fordert Habermas ein. Und er fragt in seiner bereits weiter vorne zitierten Rede zum Friedenspreis des Deutschen Buchhandels von 2001, »ob sich das normative Selbstverständnis einer neoliberal okkupierten, auf verbesserte Technologien und beschleunigte Kapitalflüsse zusammenschrumpfende Moderne noch aus eigenen Beständen regenerieren kann«. Er plädiert für ein nachmetaphysisches Denken angesichts der »entgleisenden Modernisierung«, genährt von wissenschaftsgläubigem Naturalismus.

Ein Opfer solcher Rationalität ist die Sinnlichkeit. Ihr Verlust ist auch den Denkpositionen des Rationalismus mit seiner schon sichtbaren Verödung geschuldet, wie wir das beim Attraktivitätsprinzip erörterten. Der Verlust der Sinnlichkeit ist eine Ursache dafür, dass unsere Welt ästhetisch und emotional verarmt in Ansicht und Handeln. Die binäre Reduktion mit ihrer Dematerialisierung eröffnet große Räume einer erweiterten Evolution, schafft aber in unserer kurzen Lebensspanne jetzt blitzschnell eine übergroße Distanz zur bisher immerhin in vielen Hunderttausend Jahren gelebten Beziehung der Menschheit zur konkreten Umwelt und zu sich selbst.

Welche Werte können wir für diesen schnellen Aufbruch in die digitale Illusion noch einpacken, welche hindern uns?

Die Vernunft der Irrationalität

Läge in unserem Verhalten nicht auch ein Schuss bewusster Irrationalität, das Leben wäre langweilig. Ein Schuss, das ist eine kleine Zutat, wie ein scharfes Gewürz zur Verfeinerung. Wäre dieses Clowneske nicht, wir würden den Kontrast gar nicht erkennen. Es darf nicht die Norm sein, wie das die Unvernunft der Rationalität geworden ist; doch die Prise Pfeffer muss uns selbst überraschen. Sie muss uns reizen, Unvernunft deutlich machen, Pointe sein im Leben – zur Freude darin. Und ist nicht Zweckfreiheit ein Wert für sich? Einfach einmal sein. Sich einlassen. Muße. Nichts.

2. UNVERNUNFT IN WISSENSCHAFT UND DEREN ANWENDUNG

Die Janusköpfigkeit der Wissenschaft ist spätestens mit der Erfindung des Dynamits, der Tunnelbau wie Vernichtung erleichtert, offenbar geworden. In diesem Kapitel soll es jedoch nicht um den Missbrauch der Wissenschaft für destruktive Zwecke gehen, sondern um ihre Anwendung für vermeintlich positive rationale Ziele.

Wissenschaftler sind in moralischer Hinsicht Durchschnittscharaktere; deshalb gibt es unter ihnen auch solche, die käuflich sind. Eine starke ökonomische Lobby stört sich zwangsläufig an Forschungsergebnissen, die notwendigerweise die Einschränkung der Nutzung ihrer Produkte nahelegen, zum Beispiel der fossilen Brennstoffe Erdöl, Erdgas und Kohle, weil die Erderwärmung eingebremst werden muss. Sie stört sich daran, dass es begründete Zweifel an Glyphosat auf den Feldern gibt, weil dieser Stoff als karzinogen gelten kann und jedenfalls die Bodenkultur vernichtet.

Sie stört sich an Warnungen vor manipulierten Genen, die nicht mehr zurückzuholen sind aus dem Kreislauf der Natur.

Diese Interessengruppierungen mit den dahinterstehenden, rationell kalkulierenden Konzernen finden schnell Gutachter, die anhand zweifelhafter Experimente und durch medienwirksames Auftreten seriöse Ergebnisse diskriminieren und mit ihnen deren Erforscher, indem sie ein Szenario angeblicher Kontroversen entwerfen. Über die »orchestrierten Attacken auf die Wissenschaft« klagte der Klimatologe Michael E. Mann aus Pennsylvania, als Präsident George W. Bush »wissenschaftliche« Berater um sich scharte, um die Arbeit des Weltklimarats zu desavouieren. So hatte die Energiewirtschaft das politische Feld wieder einmal »erfolgreich« beackert.

In vergleichbaren Situationen setzen selbst manch ernsthafte Wissenschaftler die Schere im eigenen Kopf an: Um nicht als Feuerköpfe oder Alarmisten regelrecht verfolgt zu werden, werden sie leiser oder relativieren sogar gefundene Ergebnisse. Wenn dann auch noch wissenschaftlicher Nachwuchs solch verminte Gebiete meidet, behindert das die Weiterentwicklung der Forschung, die aus Sicht der Allgemeinheit und der Nachhaltigkeit dringend notwendig wäre. Wer will sich schon dem aussetzen, dass die Nutznießer dieser für ihre Zwecke uminstrumentalisierten Vernunft für gewöhnlich ihre Kritiker als »Nestbeschmutzer«, vornehmer als »Kulturpessimisten«, launiger als »Spielverderber« oder ausmusternd als »Außenseiter« abwatschen?

Die Herausforderung: Beispiel Weltbild

Auf einer noch viel grundsätzlicheren Ebene steht die Rationalität wissenschaftlichen Denkens und Vorgehens zur Disposition. Denn die Quantenphysik zeigt uns ein völlig neues Bild von der Welt im Spiegel unserer Reflexion.

Das Allergrundsätzlichste für unser Handeln, nämlich das Denken, führt uns leicht in die Irre: Wir sehen immer nur die Teile und nicht das Ganze. Bei der Sicht der Welt als einer Einheit und der dann doch notwendigen Abtrennung von Teilen zur Betrachtung kann sich der Physiker Hans-Peter Dürr eine solche Herauslösung nur »näherungsweise« vorstellen. Außerdem sei unser Denken beschränkt. »Mit dem bisherigen Denken können wir nicht einmal erklären, was passiert, wenn wir einen Computer einschalten«, schreibt Dürr in seinem Buch *Warum es ums Ganze geht.* »Das lässt sich in der alten Sprache nicht mehr benennen.« Die Hauptfehler unseres alten Denkens sind nach Dürrs treffender Meinung die Überschätzung der Möglichkeiten vernunftgemäßen Denkens und Handelns und die Unterschätzung der Vielzahl möglicher Lösungen.

Solch altes Denken taugt nichts für die Herausforderungen des 21. Jahrhunderts, stammt es doch noch aus einer Zeit des Analogen und des Maschinenhaften. »Wenn wir nämlich Teil dieser Maschine sind, dann nützt uns das gar nichts. Denn alles, was wir verändern, ist wieder nur Teil der Maschine. Aus dieser Problematik heraus haben wir den Menschen aus der Natur herausgehoben, und auch den Schöpfer haben wir aus der Schöpfung herausgenommen. Seither identifizieren wir uns mit dem Schöpfergott. Wir führen sein Werk weiter, und davon kommt unsere Überheblichkeit. Wir fühlen uns als Herren der Schöpfung und vergessen, dass wir selbst irgendwie eingebettet sind in den Rest.«[4]

Hans-Peter Dürr, der sich als Naturwissenschaftler vielfach in soziale Verantwortung einbrachte, zum Beispiel mit seiner Initiative des Global Challenges Network, versucht uns das materialistisch-mechanistische Denken auszutreiben, indem er einerseits den Menschen wieder einordnet in seinen natürlichen Zusammenhang und andererseits ein neues quantenphysikalisch-holistisches Weltbild vertritt. Nach diesem stellt die Wirklichkeit eine Potenzialität dar und ist keine Realität. In der gesamtheitlichen Betrachtung haben also die Verflechtungen und Beziehungen Vorrang vor der äußeren Gestalt. »Die Wirklichkeit beruht auf einem reinen Beziehungsgefüge«, so Dürr, sodass die Frage, was ist, unwesentlich wird gegenüber den Fragen: Was ereignet sich? Und was wird bewirkt?

Wir müssen uns immer erinnern, dass alles im Fluss ist und nichts einfach nur ist, auch wenn wir uns daran schwer gewöhnen können. Dürr sagte in seinen Vorträgen gelegentlich, dass »Teilchen« eigentlich »Passierchen« oder besser noch »Wirks« seien. Konsequent spricht er von der Notwendigkeit des Ahnens anstelle des Begreifens, weil es ja an der Griffigkeit fehlt. Materie ist nicht Materie, wie wir sie uns vorstellten, sondern eine Welle-Teilchen-Dualität, die Dürr »Wellikel« nennt und die eine Masse hat, während Energie, ohne Masse, ebenfalls aus solchen »Wellikeln« aufgebaut ist.[5]

Dürrs Revolution des Bildes der Welt in unserem Reflexionsspiegel, vorbereitet von Max Planck und Werner Heisenberg, ist der radikale Paradigmenwechsel von starrer Materie zum Impuls und vom Stillstand zur Bewegung. Ein neues Denken muss also dem erkannten geistig-lebendigen Kosmos entsprechen, Weisheit inbegriffen. »Rationalität« bisherigen Denkens wird durch diese Sicht ad absurdum geführt.

Neues Denken bedeutet, die Erkenntnisse der Quantenphysik zu nutzen. Unser gewohntes Denken ist demgegenüber flach, oberflächlich. Es kennt logische Beziehungen auf derselben Ebene. Schon der in der ersten Hälfte des 20. Jahrhunderts in München lehrende Philosoph Alexander Pfänder sprach von der »mehrbödigen Logik«, zu der Frauen fähig seien. Diese Hälfte der Menschheit bringt die andere damit ja oft zur Verzweiflung, wenn sie beliebig die Argumentationsebenen wechselt und so den trickreichen Igel spielt, der den Hasen durch die Ackerfurchen hetzt. Es ist ja auch Igels Frau am anderen Ende.

Was uns die Quantenphysik lehrt, ist, dass alles anders ist, als es sich unseren Augen oder dem Tastsinn offenbart. Dass nämlich die Tiefe der Dinge, etwa der Materie, ohne Ende ist. Dass sich Schwingung verkörpert. Dass Geist damit letztlich alles ist. Dass also Vernunft weit mehr ist als Logik auf einer Denkebene. Dass letztlich nur Respekt vor dieser Gestalt der Natur, ihrer Schönheit und ihren Gesetzen vernünftig ist.

Alle Kulturen und Religionen müssen sich ihrer eigenen Widersprüche annehmen. Das Christentum hat den Bibelsatz »Macht Euch die Erde untertan« (1. Mose 1 und Genesis 1,28) und die christliche Askese ihres Religionsstifters in Einklang zu bringen, so wie ein guter Herrscher das Wohl seiner Untertanen zu pflegen hat und wie das im Judentum alttestamentlicher Zeit mit diesem Zitat nämlich gedacht war, aber praktischerweise überall missverstanden wird.

Buddhisten sprechen von »Achtsamkeit«, ohne dass sie quantenphysikalische Kenntnisse hätten. Sich für Ahnungen zu öffnen, lautet die Herausforderung, wie es der Tiefenpsychologe Jung meint, wie es die Physiker Planck, Heisenberg und Dürr oder die Theologen und Philosophen de Chardin und Biser, auch der Soziologe Ulrich Beck und viele Vordenker empfinden: Es ist der ewige Geist, den archaische Kulturen spürten und in der Spirale symbolisierten, wie etwa vielfach verschlungen auf der Bronzescheibe als Grabbeigabe des keltischen Mädchens von Egtved vor 3400 Jahren oder wie er sich in die Doppelhelix unserer Zellen eingeschrieben hält und die Information weiterträgt, auch wenn sich alle Körperzellen erneuern. Der Energie- oder Geisterhaltungssatz gilt im Leben, warum nicht auch in der Transformation im Tod? Wir tragen Informationen in uns, von denen wir nichts wissen und denen sich vermutlich künftige, stärker sensibilisierte Generationen aufgrund anderer Anforderungen zur Lebensbewältigung nähern, vielleicht mit den beim Reflexionsprinzip beschriebenen Methoden von Meditation oder umsichtiger Hypnose als veränderten Bewusstseinszuständen.

Von solch notwendigen Denkansätzen ist unsere Wissenschaft und mit ihr das Bildungswesen noch meilenweit entfernt. Deshalb diskriminiert sie Abweichler vom Mainstream wie seinerzeit die Kirche ihre Ketzer. Nur für Fundamentalisten gibt es letzte Gewissheiten. Eine rationalistisch aufgeklärte Wissenschaft aber hat die eigentliche Aufklärung noch vor sich.

Mal ehrlich: Beispiel Sozialwissenschaften

Hier sei ein authentisches Beispiel als Beleg berichtet: Es war 1976, als der Autor im Wissenschaftsmagazin des Bayerischen Fernsehens den Sonderforschungsbereich zum Wandel der Berufe, angesiedelt am Institut für Soziologie der Universität München unter Leitung des Sprechers Karl Martin Bolte, mit Hypothesen und ersten Ergebnissen vorstellen wollte. War es zunächst Wunsch der Assistenten, man möge doch die Bände gesammelter Aufsätze erst einmal komplett lesen, so war es der Wunsch des Autors, Berufsbeispiele für den Wandel genannt zu bekommen. Da wurde offenbar, dass sich die drei Gesprächspartner des Filmemachers so leicht nicht über die Fälle verständigen konnten, die zur Demonstration der gefundenen Thesen taugten. Man musste sich zweimal vertagen, bis die Soziologen schließlich beim gemeinsamen Bier mit dem Autor vier Beispiele gefunden hatten, mit denen sie untereinander harmonierten. Der Filmbeitrag konnte dann die Forschung instruktiv vermitteln.

Da war nun der Vorschlag des Fernsehmachers, diese sich im Vorfeld ergebenden Schwierigkeiten und Problemstellungen gewissermaßen als Metaebene in einem Studiogespräch zwischen den Filmen deutlich werden zu lassen, um wissenschaftliches Arbeiten transparent zu vermitteln. Die universitären Partner waren zunächst begeistert von der Idee, eierten aber dann im Studio um den heißen Brei herum. Der Autor brach als Moderator die Aufzeichnung ab und bat seine Gäste vor die Studiotür, wo er darauf hinwieß, dann müsse eben er selbst von den Schwierigkeiten berichten, was doch unglücklich, weil nicht authentisch sei.

Da gab der eine Gast sich und dem anderen einen Ruck, und im Studio ging es los: Wissenschaft stehe unter der »doppelten Zweckstruktur, Ergebnisse zu finden und die berufliche Karriere zu sichern«. Wissenschaftler müssten bei einem Forschungsvorhaben mit einer Förderung von drei Jahren vor Fristablauf erste spannende bis spekulative Ergebnisse vorweisen, die deutlich werden lassen, dass es sich lohne, den Auftrag um drei weitere Jahre zu verlängern, selbst wenn das Wesentliche schon geschafft sei. So lange brauche man eben neben der Uni-Routine und der Arbeit mit den Studenten für die Habilitationsschrift. In der Zwischenzeit müsse man viel publizieren, dabei komme man nicht umhin, in den Aufsätzen um denselben Stoff zu kreisen und dabei »wichtige Leute so oft zu zitieren, bis diese auf einen aufmerksam« würden. Natürlich müsse man auch bei Selbstverständlichkeiten die gehobene Fachsprache in Fremdwörtern zelebrieren, um sich als Insider auszuweisen.

Das war der erste Fernsehauftritt des heute weltweit gerühmten und in dieser Abhandlung schon wegen seiner klaren Analysen herangezogenen Soziologen Ulrich Beck, der mit seinem Kollegen Michael Brater so vom Leder zog. In den Aussagen lag auch eine Erklärung dafür, dass die Aufsätze in den Bänden friedlich nebeneinander abgedruckt standen, aber erst der Zwang zur exemplarischen Verdichtung und Spiegelung des ganzen Forschungsansatzes in einem anderen, dem audiovisuellen Medium, die unterschiedlichen Herangehensweisen, Gewichtungen und Bewertungen der Forscher verdeutlichte.

Diesen Studiogästen war ihre Zivilcourage hoch anzurechnen, das empfanden sicher auch die Zuschauer so, doch nicht Beschwerdeführer im Rundfunkrat. In dieser Weise dürfe man Wissenschaft nicht darstellen. Die Turbulenzen glätteten schließlich drei Worte des Vertreters der Universitäten in diesem Gremium: »So ist es.« Er war kein Sozialwissenschaftler und hat also kein negatives Alleinstellungsmerkmal für diese Disziplin bestätigt. Es gibt auch Beispiele prominenter Naturwissenschaftler, die solch »rationalem« Wissenschaftsbetrieb den Rücken kehren.

Heute haben sich die Kriterien in Richtung der Präsenz in internationalen Fachzeitschriften und einer Dominanz quantitativer Methoden gegenüber exkludierender Sprache verschoben, der Aspekt des dominierenden und ausschließenden Mainstreams jedoch hat sich eher verstärkt. Dazu das nächste Beispiel.

Kuhhandel: Beispiel Wirtschaftswissenschaften

Heute, einige Jahrzehnte später, gibt es in den Wirtschaftswissenschaften mit genau diesen Argumenten einen Aufschrei von 93 Professoren »für eine Erneuerung der Ökonomie«.[6] Im Fach werde angesichts einer um sich greifenden Ökonomisierung im Sinne eines Marktradikalismus eine distanziertere Beobachtung »durch die sich gegenwärtig festgesetzten Karrieremuster verhindert«. Bedeutsame Forschungsarbeiten würden von jungen Wissenschaftlern unterlassen, weil sie »wissenschaftlich keine Rendite« einbrächten. Schon gar nicht würden sie von der herrschenden Lehre abweichende Positionen publizieren wollen. Der Wissenschaftsrat solle Sorge tragen für eine »paradigmatische Pluralität von Sichtweisen«.

Diese Problematik eines sich verfestigenden Common Sense der *science community* beherrscht letztlich alle Wissenschaften. Der Effekt wird dadurch verstärkt, dass sich Wissenschaft gerade auch in den nicht streng naturwissenschaftlichen Fächern immerfort aus Literatur speist, die vor allem in jungen Forscherjahren massenhaft zum Karriereaufbau entstehen muss. Da sind dann große Emsigkeit, Bemühen um formale Perfektion und Anpassung an Mainstreams oder Positionen bestimmter Schulen eher bestimmend als eine gewisse Gelassenheit durch Unabhängigkeit und kritische Distanz des Überblicks. Eine solch notwendig kritisch prüfende Haltung und eine Synopse von Erfahrungen mit dem beobachteten Objekt ist aber nicht meinungsprägend in den Fächern. Denn rationell scheint der andere, der gängige Weg zu sein.

Den Anfang einer Revolution in seinem Fach sieht der US-amerikanische Ökonom und Gesellschaftskritiker Jeremy Rifkin, der in seinen Publikationen Visionen eines sich radikal verändernden Kapitalismus entwickelt. So deutlich, wie er vor der Verharmlosung der Gentechnik warnt, so drastisch sieht er den durch die Digitalisierung hervorgerufenen Umsturz kapitalistischer Strukturen, obwohl ein radikaler Kapitalismus derzeit auch noch die letzten Bastionen stürmt: Russland, China, Kuba, afrikanische Staaten. Dennoch erwartet Rifkin den Paradigmenwechsel vom Diktat des Eigentums hin zu einer Organisation des Teilens. Digitalisierung erlaubt nahezu kostenfreie globale Kommunikation, was ökonomisch auch die Industrialisierung, die Logistik, die Verbreitung dezentraler 3-D-Druckerproduktion und weitere Bereiche erfassen wird. Weil der Trend von der Zentralisierung und von vertikalen Strukturen wegführt, kommt es zur breiten Kollaboration und Vernetzung, wo kleine Teams in einem offenen, transparenten System weltweit agieren. Private Energieeinspeisung ist ein Beginn solchen Teilens, und wie die traditionellen Industrien, so wird auch der Einzelhandel Federn lassen. Rifkin glaubt an eine Politisierung der Gesellschaften, weil sich Milliarden Menschen nicht mehr bieten lassen würden, dass wenige ihre Arbeit und ihre Daten abschöpfen und für sich vergolden. Wir müssen aber konstatieren, dass dies derzeit Ergebnis rationellen Wirtschaftens ist, einer Rationalität »im Sog der Technokratie«, wie es Habermas ausdrückte.

Dennoch wird es darauf ankommen, dem Individuum und dem Eigentum mit seinem Anreiz für ökonomisches Handeln in einer von Globalisierung und Internet geprägten Welt seinen Stellenwert zu belassen beziehungsweise ein neues Verständnis hierfür zu entwickeln. Jedenfalls sind den entfesselten Egoismen wieder Fesseln anzulegen, die Marktverzerrungen vermeiden helfen.

Der Geruch des Geldes: Beispiel Forschung

Der Trend, Wissenschaft durch die Industrie zu finanzieren, ist auch für unabhängige Forschungsinstitute wie staatliche Universitäten verlockend. Diese Finanzierung deckt unter der Bezeichnung »Drittmittelforschung« einen immer größeren Bereich der Welterkundung ab. Die Deutsche Forschungsgemeinschaft (DFG) publiziert regelmäßig wie ein Ranking die Universitäten und ihre Drittmittelakquisitionen. Dabei gilt es, staatliche Mittel, Geld aus

Stiftungen und aus der Industrie zu unterscheiden und damit auch zwischen der ergebnisunabhängigen Finanzierung von Projekten und einer reinen Auftragsforschung. Bei dieser hat der Geldgeber oft ein unmittelbares Interesse am Ergebnis.

Die Drittmittelförderung kann generell die Gefahr der Verzerrung zugunsten der Fächer bergen, die für die Finanziers interessanter sind. Eine noch größere Bedrohung könnte die Verzerrung der Forschungsergebnisse darstellen, wenn weltweit die Abhängigkeit der Institute und ihres Personals von den Finanzquellen wächst und damit unabhängige Forschungsprojekte mit »industriefeindlichen« Ergebnissen Nachteile erdulden müssen.

Im Pressetext zu seiner filmischen Dokumentation *Gekaufte Wahrheit – Gentechnik im Magnetfeld des Geldes* beschreibt der engagierte Regisseur Bertram Verhaag eine solche Entwicklung:

»Árpád Pusztai und Ignacio Chapela haben zwei Dinge gemeinsam: Sie sind bedeutende Wissenschaftler, und ihre Karrieren sind ruiniert. Beide Wissenschaftler arbeiten im Bereich der Gentechnik. Beide machten wichtige Entdeckungen. Beide sind gefährdet, weil sie die Mächtigen in Forschung und Industrie kritisieren, die dadurch ihre Investitionen bedroht sehen. Aussagen von Wissenschaftlern selbst belegen, dass 95% der Forscher im Bereich Gentechnik von der Industrie bezahlt werden. Nur 5% der Forscher sind unabhängig. Die große Gefahr für Meinungsfreiheit und Demokratie ist offensichtlich. Kann die Öffentlichkeit – können wir alle – den Wissenschaftlern noch trauen?«

Das mag extrem und plakativ und mit diesen Zahlen so behauptet sein, doch ist eine Entwicklung, wonach ökonomische Rationalität als zweckgebundene, instrumentalisierte Vernunft den Wissenserwerb konditionieren kann, eine insgesamt bedenkliche Tendenz nicht nur für die Erkenntnis, sondern auch für wirtschaftspolitische Entscheidungen und evolutionäre Konsequenzen.

Doktorspiele: Beispiel Medizin

Ungeachtet der Risiken und Nebenwirkungen hat die Rationalität der Forschung die Pharmakologie und die Medizin zu großen Erfolgen geführt. In Gesundheitspolitik und Wissenschaftsbetrieb zeitigt solche Rationalität aber seltsame Triebe.

Die Medizin dürfte das Feld mit den meisten Expertisen sein. In den fünf Jahren von 1996 bis 2001 zählte einer der schärfsten Kritiker des medizinischen Publikations(be)triebs, John Joannidis von der Stanford University, 25 Millionen Fachartikel, die insgesamt einen sehr mäßigen Beitrag zur fachlichen Weiterentwicklung ergeben, allerdings den Karrieren nutzten. Diese würden sich dann auf der Mittelmäßigkeit aufbauen, jedoch Forschungsrichtungen lenken und bestimmen. Mit den klinischen Studien sei es nicht besser, denn 85 Prozent gehörten in die Tonne. Dieser Output hätte sich auch über die Jahre nicht verbessert. Die Teilnehmerzahlen der Studien seien meist zu niedrig, die Methoden der Erhebungen unzureichend, die Vergleiche schief. Als Ursache könne man – neben Karriereinteressen – eigentlich nur Industrienähe vermuten. Die Vernunft bleibe auf der Strecke eines rationellen Wissenschaftsbetriebs. Und die Verantwortung.

Das zeigt sich auch im Kongresszirkus, wo man fachlich formal Punkte sammelt, wenn sich bis zu 55 000 (!) Zahnmediziner in den USA treffen, um weitgehend von der Industrie gesponserte und steuersubventionierte Tagungen abzuhalten. Vergleichbares grassiert in Europa unter den Fachärzten. Aber auch in anderen Berufsgruppen kursieren Ratgeber nach dem Motto »Wie weit kann ich gehen«.

So, wie das Prinzip »publish or perish« die Wissenschaft nicht weiterbringt, gelingt das erst recht nicht im Bereich der ärztlichen Kunst. Der Medizinhistoriker Gerhard Pfohl meint dazu: »Man kann … die Welt aus kardiologischer Sicht sehen, aber wenn man all die Metaphern von Herz nicht schaut, sieht man alles falsch.« Es bedürfte durchaus philosophischer Gesinnung, um Naturwissenschaftliches zu vergeistigen und damit zu verstehen.[7]

Blinde Justitia: Beispiel Recht

Ob in Bauprozessen, Familienrechtsstreitigkeiten, Schadensereignissen oder Strafprozessen – in allen Sach- und Fachfragen, deren Antworten nicht auf der Hand liegen, ziehen Gerichte Gutachter zurate. Dem Rat wird dann meist auch gefolgt. Es bedeutet jedoch eine Verlagerung der Entscheidung, wenn Richter ihre Verantwortung delegieren, ohne selbst »nach dem Rechten« zu sehen. Nicht erst seit dem Fall der Einweisung von Gustl Mollath und dessen jahrelanger Verwahrung in der Psychiatrie ist das Vertrauen in das gerichtliche Gutachterwesen erschüttert. Für den Gerichtsbetrieb ist es ein rationelles Vorgehen, die Gutachten anzufordern und eins zu eins umzusetzen. Noch rationeller ist es für Gutachter, ihre Erkenntnisse gleich ohne Ansehen der Person, ohne sie also wirklich *anzusehen,* vom Schreibtisch aus in gestanztem Fachjargon abzufassen. Je eindeutiger, desto rationellere Vorarbeit für die Justiz und desto öfter auch eine lukrative Beauftragung. Das verschafft den Gutachtern Deutungshoheit durch gewonnene Macht.

Im Bereich der forensischen Psychiatrie ist dies besonders ausgeprägt und wirft Schatten auch auf jene Gutachter, die genau hinschauen und um ihre Einschätzung ringen. Die Schattenwerfer beschreibt der Strafverteidiger Gerhard Strate als »von sich und ihrer Profession derart eingenommen …, dass sie sich eigentlich selbst das Gefangensein in einem geschlossenen Wahnsystem diagnostizieren müssten«, was einer der gängigen Formeln entspricht.

Für einen zu Unrecht für schuldfähig Erklärten – es ist der Fall des Ulvi K., der verdächtigt wurde, ein Mädchen ermordet zu haben – setzten sich sogar die Angehörigen des Opfers ein. Das zusätzliche Problem: Der Richter kann im Normalfall weder die Qualität des Gutachters noch die seiner Arbeit beurteilen. Das Gericht scheitert oft schon bei der Auswahl des Gutachters bei komplexen Sachverhalten. So schreibt oft indirekt der Gutachter das Urteil.

Von einem Missbrauch der Wissenschaft ist zu sprechen, wenn man bereits weiß, welche Gutachter man für eine bestimmte erwünschte politische, ökologische, technische oder ökonomische Aussage beauftragen kann. So untersagte ein in Tierschutzfragen von der Tierhalterindustrie und Gerichten gut beschäftigter Gutachter als Professor einer Doktorandin, das Wort »Käfig« in Bezug auf Kleintierhaltung (bei eng in Drahtgehäusen eingepferchten Hühnern) zu gebrauchen, und wies sie an, stattdessen das Wort »Gehege« zu benützen, was für ein Gesetzgebungsverfahren bedeutsam war.

Immer wieder kommt es in Spezialbereichen vor, dass man von einem Verbrauch der Spezialisten als neutrale Gutachter bei Gericht ausgehen muss, weil sich die wenigen Renommierten für die eine oder andere Seite schon festgelegt haben. So war es auch beim Streit um die Strahlung der Handymasten. Die Elektrosmogwirkung wird aber immer wieder prozessrelevant.

Tunnelblick: Beispiel Bildungspolitik

Durch die Bildungspolitik zieht sich wie ein roter Faden eine rationelle Ökonomisierung im Umfeld wie in den Inhalten. Kinderbetreuung, Schule, Berufsausbildung und Bildung überhaupt sind davon durchwirkt.

Kinderspiel

Angesichts der Verstädterung überall auf der Welt ist die behütete Käfighaltung und Sterilisierung des Kinderreichs Folge einer ökonomischen Rationalisierung pur. Kinder, also die nächsten Erwachsenen, brauchen ein Stück Wildnis, damit sie sich natürlich entwickeln können. Kinder, die nicht rückwärts laufen können, können auch kaum rückwärts rechnen. Das Gehirn braucht Vorstellungsräume. Rennen, Klettern, Purzelbaumschlagen statt der obligatorischen Blechrutsche im Wohn-Schlaf-Getto. Stadtplanung nur im Blick auf Wohnbedarf ist blind gegenüber den elementarsten menschlichen Ansprüchen. Der Aufteilungsschlüssel für Bauen und Natur in der Stadt darf nicht weiter so von Rentabilität und Gier gefeilt werden. Gerade beim Einsinken der Kinder in die virtuelle Welt, mit ausgelöst durch ein ärmliches Umweltangebot in reichen Zeiten, ist der Gelegenheit zum Austoben in Naturinseln ökonomisch, sozial und kulturell allerhöchste Priorität einzuräumen, wenn wir weiter bestehen wollen.

Rationalität in der Schule

Der Pisa-Test zeigt angeblich, wo wir stehen. Wirklich? So wertvoll solches Messen ist, muss nach den Ursachen für unterschiedliche Ergebnisse geforscht werden. Für einen Vergleichstest müssten die Bedingungen gleich sein. Das bedeutet für die Bildung über Länder und Kontinente hinweg Normierung des zu Wissenden, Testbarkeit als inhaltliche Bildungsvorgabe, Ausrichtung der Schulen auf Wettbewerb, Ökonomisierung und Nützlichkeitsaspekt im Vordergrund. Aber hat Bildung nicht noch andere Werte?

Als Georg Picht 1964 den »Bildungsnotstand« ausrief, war nur von Zahlen die Rede, nicht von Inhalten. Das ist im Wesentlichen so geblieben. Mehr als die Hälfte eines Abiturjahrgangs studiert. Der in Deutschland einst so erfolgreichen dualen Berufsausbildung mit der Verbindung von Theorie und Praxis und folglich dem Arbeitsmarkt gehen jetzt die jungen Menschen aus.

Die Kürzung von neun auf acht gymnasiale Schuljahre war eine Riesenchance – eine vertane! Die Straffung hätte einen pädagogischen Paradigmenwechsel gebraucht von viel zu breiter Oberflächlichkeit des Wissens hin zu ausgewählter, beispielhafter Tiefe und von Frontalunterricht – immer noch die Norm – zu entdeckendem Lernen in Gruppen. Schuldidaktik sollte die in jungen Menschen angelegte Neugier wecken, denn die allein motiviert. So aber wird weiter auf Prüfungen gepaukt, um das Reproduzierte alsbald in den Papierkorb des Vergessens zu versenken.

Wenn aber Kombinationsfähigkeit, als »Kompetenzorientierung« bezeichnet, abgeprüft wird, rügen Fachleute inzwischen die Aufgabenstellung, in denen Lösungen oft schon vorskizziert seien. So stiegen innerhalb weniger Jahre die Menge der Abiturnoten mit einer 1 vor dem Komma in Nordrhein-Westfalen auf ein Viertel aller Schüler und in Thüringen auf fast 40 Prozent. Lehrerverbände warnen inzwischen vor dem schleichenden Niveauverlust. Es erschien wohl rational, die Schulzeit zu verkürzen, das Musische weiter zurückzuschneiden und gleichzeitig der Ministerialbürokratie und dem Lehrerkollegium keine großen Bauchaufschwünge zuzumuten. So kann jeder nur unzufrieden sein.

Der Numerus clausus

Da fällt ein Interview aus dem Jahr 2015 mit Wadim Vodovozov auf, einem mit Note 0,7 bewerteten Abiturienten, der Beste seines Jahrgangs in Baden-Württemberg, der vom Medizinstudium in Heidelberg auch nach drei verlorenen Gerichtsinstanzen ausgeschlossen wurde. Er sagt: »Das Abitur ist leichter geworden. Man kann über stures Auswendiglernen sehr viel erreichen. Um in den Lostopf zu kommen, brauchte man nur einen Schnitt von 13,7 Punkten [von 15, d.V.]. Es kann doch nicht sein, dass so wertvolle Studienplätze verlost werden. Das Bildungssystem orientiert sich an Kriterien, die rational sind, aber nicht vernünftig. Das Ergebnis ist schein-objektiv.«[8] Bravo, der junge Mann hat zu Recht ein gutes Abitur, denn er hat den Unterschied von Vernunft und Rationalität erkannt und benannt.

Lebensläufe wie dieser erweisen immer wieder, wie unsicher Auswahlkriterien wie der Numerus clausus sind und was an Kreativität verloren geht, wenn gegen ausgeprägte Neigungen starres Zahlenwerk entscheidet.

Die europäische Hochschulreform

Im Jahr 2002 begann die sogenannte Bolognareform in Europa zu greifen. Die Absicht der Bildungspolitiker war, angesichts der Globalisierung und internationalen Vernetzung dieses zu erreichen: zügigere Studien, weniger Abbrecher, die Vergleichbarkeit der Studienabschlüsse und mehr an Mobilität durch wechselseitige Anerkennung der Studienleistungen im Ausland schon während des Studiums.

Die Absicht war gut, wenn man von der Trennung zwischen Ausbildung (beim Bachelor) und Forschungsorientiertheit (beim Master) absieht. Gut ist für die Studierenden, dass alle Studiengänge von unabhängigen Gutachtergremien auf die wesentlichen Inhalte, auf die personellen Ressourcen und auf die räumliche, technische und bibliothekarische Ausstattung geprüft werden müssen, um akkreditiert werden zu können. Denn bei den Akkreditierungsverfahren sind oft enorme Defizite zu beseitigen, gerade wenn neue und modische Studiengänge angeboten werden und die Hochschulen mit zum Teil hohlen Versprechen Studierende akquirieren wollen.

Schlecht ist aber, dass bei der Bolognareform zum Zweck der »Harmonisierung« und Egalisierung die berufliche Verwendbarkeit so in den Fokus gerückt ist, dass die Ausbildung der Bildung auf den Leib rückt. Gerade in einer sich immer schneller wandelnden Welt kommt es auf einen Mutterboden an, aus dem sich die unterschiedlichsten Ernten gewinnen lassen. Diese Basis kommt jedoch viel zu kurz. Das Bachelorstudium verengt den Blick im Tunnel von abzuprüfenden Modulen in schneller Folge.

Eine Konsequenz dieser Art von Verschulung ist auch gegenüber einer wesentlichen Absicht kontraproduktiv: Die internationale Mobilität ist so gerade *nicht* gefördert worden, im Gegenteil: Die Hochschulen und die Gutachter müssen strengen Vorgaben, auch zur Bewertung des »Workload«, in einem Punktekorsett folgen, bei dem dreißig Arbeitsstunden am Stoff einen von insgesamt 180 Punkten des Bachelorabschlusses ergeben sollen. Sehr viel Aufwand an Bürokratie und Kosten entsteht durch solche Durchrationalisierung. Die Freiheit von Forschung und Lehre schon im prägsamen Wissenschaftleralter wird nicht eingeatmet, das Humboldt'sche Prinzip der Verbindung wird allenfalls in den Masterstudiengang verlagert, den viele wegen der ersten – gewollten – Berufsqualifikation des Bachelor nicht mehr machen sollen. Dieser Abschluss reicht aber für viele Berufe gar nicht aus.

Was es also dringend bräuchte, wären sehr viel mehr Freiräume für individuelle Präferenzen und ein Propädeutikum, das vor dem Fachstudium steht und dabei ein Aufzeigen von Weltbildern, die mit den Studienrichtungen korrelieren, damit die eigenen Interessen und Fähigkeiten und auch der eigene Platz in der sozialen, ökonomischen und geistigen Welt gespürt werden können.

Von wegen: Weltwissen

Die These von der Verdoppelung des Weltwissens in immer kürzeren Abständen macht fortschrittsgläubig und ist doch wohl eher eine ungesicherte Hypothese, denn das Wissensfundament wird brüchig.

Gerade in den Entwicklungsländern, in Schwellenländern und auch bei uns in Europa ist noch ein riesiger, teils ungehobener Schatz an altem, in der Praxis bewährtem Wissen auf allen Gebieten des Lebens und Arbeitens vorhanden und teilweise noch lebendig. Es könnte sein, dass in unseren Tagen in der Gesamtbetrachtung mehr an tradiertem und in Jahrtausenden angesammeltem Weltwissen untergeht, als neues hinzugewonnen wird, vergleichbar dem Sterben der Sprachen und der Arten – allen Verheißungen neuer Erkenntnisse zum Trotz.[9]

Wir sind dabei, einen zentralen Auftrag unserer Generation zu übersehen: Die Menschheit lebt jetzt an einer Schnittstelle der Zeiten. Mit der Rationalität von Mobilisierung, Ökonomisierung, Digitalisierung und Globalisierung setzt die Evolution zu einem Sprung an. Die weltweite Konkurrenz von Waren und Dienstleistungen bewirkt den Ablösungsprozesses unserer Zivilisation von den regionalen Traditionen des Lebens und Arbeitens. Und so nehmen wir in unserer vorwärtsgewandten Hektik den schleichenden Untergang einer jahrtausendealten Berufskultur, die ganze Gesellschaften und Landschaften prägte, kaum wahr. Diese Erfahrungen und Werte waren regional standardisiert, wurden so über ungezählte Generationen tradiert und bildeten in ihrer relativen Stabilität eine Grundlage des individuellen und des sozialen Überlebens – und auch das Fundament für Hochkulturen.

Was heute an »praktischem Wissen« überall auf der Welt angesammelt ist, macht unser differenziertes immaterielles Kulturerbe aus und damit auch die Basis unseres Wirtschaftens, das Wurzelwerk unserer Zivilisation. Diese vor Nivellierung und Eintönigkeit zu bewahren, den Reichtum, der in der überkommenen Vielgestaltigkeit liegt, für die Zukunft zu sichern und dies in wichtigen Kulturregionen einigermaßen systematisch festzuhalten, ist eine Chance für uns in der kurzen Gegenwart unserer Zeitschnittstelle.

Für den mitteleuropäischen Raum hat die 1991 konzipierte und bis 2008 fortgeführte Dokumentationsreihe *Der Letzte seines Standes?* aus diesem Bewusstsein eine Grundlage des Erinnerns und einen kleinen, jedoch relevanten Erfahrungsspeicher für Gegenwart und Zukunft geschaffen. Die Reihe dokumentiert je einen überkommenen Beruf, indem sie jeweils einen Protagonisten in dessen authentischer Umgebung und in der Einheit der folgenden drei Kriterien porträtiert: Sie zeigt beim Arbeitsprozess die einzelnen Entstehungsschritte, die Kniffe, Tricks und Werkstattgeheimnisse, also das alte Wissen, auch um es für die Zukunft zu bewahren. Sie porträtiert die Meister oder Meisterinnen mit ihren Vorstellungen und Werten so, wie sie geworden sind in ihrem Werk. Und sie ordnet das Produkt »auf dem Markt von damals« ein, um auch technische und soziale Zusammenhänge und das Lebensgefühl vergangener Tage zu vermitteln.[10] Wissen und Werte dieser Berufskultur brauchen wir als Bezugspunkt des Fortschritts, aber auch, um Erfahrungen nicht auszulöschen und um im Einzelfall aufwendige Umwege zu vermeiden. Umso wichtiger ist jetzt jede Anstrengung zur Dokumentation dieser Wurzeln. Denn bald ist diese Chance vorbei.

Das Bewusstsein um die Wurzeln der eigenen Zivilisation schafft überdies Selbstbewusstsein. Deshalb wäre es auch eine zentrale Aufgabe von Entwicklungspolitik, zu diesem Selbstbewusstsein beizutragen und gerade den Regionen und Ländern von ihrer Ehre und ihrem Stolz zurückzugeben, die in Geschichte und Gegenwart unter unserem Einfluss davon vieles verloren haben und heute unter besonderem wirtschaftlichem Anpassungsdruck leben.

Im Rahmen der genannten Dokureihe entstand eine Art Pilotproduktion im Iran für das Anliegen dieses weltweiten Festhaltens: die Dokumentation *Der Windturmbauer von Yasd.*[11] Heute hängen auch in dieser Stadt verrostende Klimaanlagen außen an den Fassaden und fressen Strom, weil man die einfache und wirksame Kühltechnik und auch die Ästhetik der Turmarchitektur gering schätzt.

Ein ganz naheliegendes Beispiel zu unserem Baustoff Holz findet sich im Film über den *Weißbinder vom Unkental*. So nennt man in den Alpen den Fassbinder, der aus hellem Holz, meist Fichte oder Esche, Gebinde für die Milchwirtschaft herstellt, die zwei bis drei Generationen lang ohne Metall oder Leim dicht und gebrauchsfähig sind, zum Beispiel Fässer zum Buttern. Da sah man nun im Detail, welches Holz sich für Spaltung mit der Hand »der Faser nach« eignet. Es ist das mit seinen Fasern links drehende, von dem schon immer die Schindeln gespalten wurden. Genau das aber ist für die Säge mit Hand oder Maschine ungeeignet, welche ja auf den Verlauf der Maserung keine Rücksicht nimmt. Die Erfahrung zeigt jedoch, dass bei Balken links drehendes Holz stets reißt, auch wenn gut getrocknet. Da war die Reaktion des Zimmermanns, der im selben Dorf einen renommierten Betrieb führt, gegenüber einem Holzhauskunden: »Wenn wir das noch gewusst hätten, wären bei deiner Hütte die Drahm (Tragbalken) nicht so gerissen, obwohl die trocken waren.« Die Zimmerleute im Mittelalter dagegen wussten sehr wohl noch, was sie zu Balken sägen konnten, wie sich jedem sofort erschließt, der je im Dachstuhl einer gotischen Kathedrale herumkletterte.

Überrascht war der Autor auch schon in den Siebzigerjahren bei Indios im Amazonasgebiet über deren medizinische Heilkunst und die Verwendung von Contraceptiva und lokal anästhesierenden Kräutersäften, die uns bei Filmarbeiten über unsere Verstauchungen besser als mitgebrachte Medizin hinweghalfen. Der Stamm der Iranjes allerdings hatte damals schon all sein Wissen verachtet, weil eine Straße an ihrem Gebiet vorbei gebaut wurde und sie wie ein Blitz traf: Frauen prostituierten sich nun für die LKW-Fahrer der Holztransporter, Männer hingen apathisch und kiffend in ihren Hängematten herum. So schnell kann alles verloren sein. Ihre Pillen kamen jetzt aus den USA oder aus Deutschland.

Viele Stämme zusammen gründeten in Cuiaba 1990 die erste Indianeruniversität, um ihr altes Wissen und ihre Kultur zu bewahren. Wir dokumentierten dies damals[12] und sollten eigentlich heute nachsehen. Dass im Regenwald wichtigste Quellen für die Forschung durch die Vernichtung des größten biologischen Reichtums untergehen, ist der Rationalität der Zivilisation geschuldet.

Nachhaltige Erfahrungen und Begegnungen in den Jahrzehnten als Journalist in unterschiedlichsten Kulturen sind ein Stimulans zum Suchen, Vergleichen und Bewerten.

So war bei einem längeren Aufenthalt für Studien und Dreharbeiten in China in den Achtzigerjahren die Erfahrung zu machen, dass die jüngere, vor allem großstädtische Generation durch die Kulturrevolution von der Geschichte, der Kultur, der traditionellen Medizin und der Philosophie des alten China fast völlig abgeschnitten war. Diese Werte finden zum Teil erst aus der Ferne wieder zur Anerkennung ins eigene Land zurück.

Ganz generell wäre die Wirkung von Wertschätzung und Bewahrung für eine tolerante Zukunft enorm, wenn die geistigen, kulturellen und technischen Traditionen vom Handwerk bis zur Heilkunst und zu Lehre und Spiritualität in den Heimatregionen und in der Welt durch Sympathieträger der alten Erfahrungsschätze authentisch lebendig und nicht retrospektiv archivarisch in die Öffentlichkeit getragen werden könnte. Aus Geringschätzung entstünde Achtung; »Entwicklungsländer« erhielten wieder ihr Selbstwertgefühl. Dazu würde eine einigermaßen systematische filmische und digitalisierte Dokumentierung der dort gerade noch vorhandenen, jedoch rasant erodierenden Berufskultur und des untergehenden Wissens einen wesentlichen Beitrag leisten: Es könnte unser wirksamer Beitrag zum besseren Verständnis in mehrfacher Hinsicht sein. Und es wäre die notwendige Manifestierung eines Kulturerbes, das die Welt in der erwartbaren sozialen, ökonomischen und kulturellen Entropie, der Vermischung und Einebnung, dringend benötigt. Aus solcher Dokumentierung ergäbe sich auch ein kultureller Austausch mit nachhaltiger und gleichwertiger Wechselwirkung.

Und noch ein Gesichtspunkt ist in diesem Zusammenhang des audiovisuellen Mediums als Dokumentationsspeicher der Geschichte erwägenswert: Hochmütig halten wir uns für klüger als unsere Ahnen. Doch das ist ein Irrtum. Die alten Römer zum Beispiel benutzten eine Art von Zement, der das Pantheon, obwohl oben offen, seit zwei Jahrtausenden unbeschadet stehen lässt. Erst seit Kurzem weiß man: Stabilität wie auch Elastizität erreichten die Baumeister mit zarten Grasbündeln zur Armierung, die erforderliche Leichtigkeit des großen Gewölbes durch gemahlene Tonscherben statt Stein. Die kristalline Struktur des Zements gibt jedoch weiterhin Rätsel auf. Ein heute errichtetes Betonbauwerk, sogar mit Stahl armiert, muss oft schon nach einigen Jahrzehnten aufwendig saniert werden.

In Bezug auf Handwerk, Organisation und Wissenschaft kam es in unserer Geschichte nach zivilisatorischen Höhepunkten immer wieder zu Zusammenbrüchen, zu Phasen des Vergessens, auch durch Katastrophen wie den Brand der Bibliothek von Alexandria. Inwieweit Hochkulturen am Ende von außen zerstört wurden, wie die mittel- und südamerikanischen mit ihren weitreichenden mathematisch-naturwissenschaftlichen und in Kulte, Bauwerke und Gegenstände umgesetzten Kenntnissen, ob sie in sich zusammenbrachen wie diejenigen des Zweistromlands oder der ägyptischen und arabischen Welt oder ob sie sich einfach überlebten wie die griechische und die römische Hochkultur, gewissermaßen als Auslaufmodelle ihrer Zeit, mag dahingestellt bleiben.

Das ausgeprägte Erfahrungswissen vieler Ethnien ging auch mangels geeigneter überlebensfähiger Datenträger verloren, wenn etwa anstelle der Schrift Schamanen, die Druiden der Kelten oder weise Männer und Frauen das Althergebrachte mündlich tradierten.

So wie im Eiskeller Spitzbergens jetzt die biologische Artenvielfalt als Erbe der Evolution in Form des Saatguts für die Zukunft aufbewahrt wird, so muss sich die Menschheit bemühen, das in der Evolution ihrer Spezies entwickelte und bis in unsere Tage tradierte Weltwissen, wenn schon nicht lebendig zu halten, so doch in lebendiger Form zu konservieren. Vieles davon könnten unsere Kinder und Kindeskinder wieder benötigen, wenn sich die digitale technologische Evolution auf ihrem Weg der Verselbstständigung immer weiter von unserer angeborenen analogen Wahrnehmungs- und Erkenntnisweise entfernt. So ist dieses dokumentarische Festhalten nicht nur ein kultureller Auftrag ersten Ranges, sondern auch ein zivilisatorischer. Die zivilisatorisch-technologische Entwicklung verliert nämlich nicht nur den Bezug zur Vergangenheit, sondern könnte in einer überschaubaren Zukunft sogar implodieren: Die Digitalisierung aller Arbeits- und Kommunikationsbereiche kann in ihren inneren, hochkomplexen Prozessen nicht mehr mit vollzogen werden mit unserem physiologisch begrenzten Verstehen des Geschehens. Auch wenn Spezialisten über Spezialwissen verfügen, so führt höhere Komplexität doch zu mangelnder Beherrschbarkeit. Goethes Metapher vom Zauberlehrling ist nicht nur Lyrik.

Parallel zur Verselbstständigung der Technik wächst nämlich durch die Globalisierung der Bedeutungsverlust des Ortes und der Region für ein Werk. Auch insoweit schwindet die Authentizität des Handelns und wächst die Gefahr weltweit wirkender Fehlentscheidungen bei Ausfall regionaler, multilokaler und individueller Korrekturmöglichkeiten, wie sie genossenschaftliche Organisierung, Versorgungsnähe oder dezentrale Energiewirtschaft bieten. Der Grad der Rationalisierung verstärkt Monopolisierung, Abhängigkeit und damit den Verlust von Verantwortungsbewusstsein. In diese umfassende zivilisatorische Gefahr sind wir längst geschlittert, ohne es zu realisieren.

Wir müssen also in der Zukunft auf das eben untergehende, in den letzten Tausenden von Jahren gewachsene und angewandte Weltwissen zurückgreifen können, zu dem auch das Handeln in überschaubaren Strukturen gehört. Die Werkzeuge und Mittel dazu haben wir in der Hand. Die UNESCO zeigt keine Tatkraft.

Vernunft gebietet, das Wissen zu erhalten, bevor es versinkt, und damit auch die Kontinuität zu sichern beim Fortschreiten auf sicherem Boden. Rationalität fegt darüber hinweg.

3. DAS »ANTHROPOZÄN«

Die Welt ist vollkommen. Sie kann nicht verbessert werden. Wer sie verändern will, verdirbt sie. Wer sie besitzen will, verliert sie.

Vor 2600 Jahren sagte dies so oder ähnlich Lao-Tse im *Tao te king*. Jedenfalls eine aktuelle Aussage vor so langer Zeit. Lange? Da war das Universum fast 14 Milliarden und die Erde vier Milliarden Jahre alt.

Würden wir unsere Körpergröße mit dem Lebensalter unserer Erde vergleichen, dann wäre bei drei Millionen Jahren Menschheit und einer angenommenen Körpergröße von 1,80 Metern unsere Existenz mit weniger als einem Millimeter anzusetzen. Somit ist sie nicht einmal ein Hühnerauge stark. Nimmt man jetzt nur die letzten hundert Jahre, in denen wir dem Planeten so hart zugesetzt haben wie zuvor alle Generationen zusammen nicht – mit Bevölkerungsexplosion und Energieverbrauch, dem Zerstörungspotenzial von Kriegen, mit Teer, Beton und Stahl, mit dem Zurückdrängen der gewachsenen Natur, mit Pestiziden, Folien aus Plastik und Aluminium und Eingriffen in die Atmosphäre –, dann ist das erdgeschichtlich betrachtet nicht einmal ein Tausendstel einer Hautschuppe unseres Scheitels.

Anthropozän – so nennen unsere Epoche immer mehr Wissenschaftler, die stets Namen erfanden für Schritte von großen Zeitspannen und sich dabei von erdgeschichtlichen Prozessen und Stadien leiten ließen, die aus dem Planeten selbst und seinen kosmischen Einflüssen resultierten und ihn formten wie Jura oder Eiszeit. Jetzt soll der *anthropos,* der Mensch und Verursacher der Umgestaltung, als Namensgeber die Verantwortung übernehmen, schlug der Chemienobelpreisträger Paul Crutzen vor wenigen Jahren vor. Mineralogen, Chemiker, Soziologen und Futurologen folgen ihm darin. Das werden wohl bald auch andere wie etwa Biologen und Epidemiologen tun, weil über die Tiermast und den Medikamenteneinsatz dabei sich resistente Keime über die Welt verbreiten können. Die Folgen sind erst ansatzweise zu spüren und werden doch die Welt nachhaltig prägen.

Noch leben wir seit etwa 12000 Jahren, dem Ausklingen der Eiszeit, im sehr gleichmäßigen Holozän, begrifflich »das völlig Neue«, das durch seine Ausgeglichenheit unsere Zivilisation vorbereiten half. (Der englische Begriff *Present* konnte sich zurecht nicht durchsetzen, weil die Menschheit hoffentlich noch Zukunft vor sich hat und diese auch benennen will.) Mit solch unterschiedlichen Variablen wie der gewollten Digitalisierung und dem ungewollten, doch unter dem Primat der Rationalität weltweit offenbar immer noch in Kauf genommenen Klimawandel könnte sich nun alles sehr viel schneller verändern.

Auch wenn die zerstörerische Folgen immer deutlicher in Erscheinung treten, und die Technikeuphorie der Neuzeit von Francis Bacon mit der Utopie von »New Atlantis« bis zum Werbespruch »Aus Freude am Fahren« in Technikskepsis umschlägt, dann ist andererseits doch die entlastende und befreiende Wirkung der technischen Umsetzung von Naturgesetzen in beinahe jeder Alltagshandlung spürbar und genießbar. Darin aber liegt die große Verführung der Wohltat.

Der am ersten Tag des Jahres 2015 verstorbene große Soziologe und Denker Ulrich Beck analysierte sein Forscherleben lang die alle nationalen und kulturellen Grenzen überschreitenden Gefahren, welche ein unverständiger Umgang mit der Technik hervorruft. Er prägte den Begriff der »Risikogesellschaft« in seinem gleichnamigen, unmittelbar vor der Katastrophe von Tschernobyl 1986 publizierten Werk, das in 35 Sprachen übersetzt Weltgeltung erlangte. Im weiteren Verlauf seiner Beobachtung der Welt legte er mit der Theorie zur »Zweiten Moderne« die Basis für sein Werk über eine »Weltrisikogesellschaft«, die immer mehr damit beschäftigt sei, die negativen Folgen großindustrieller Prozesse und ökonomischer Infrastrukturen zu beherrschen. Dies gelte in technischer, finanzieller, politischer und nicht zuletzt wissenschaftlicher Hinsicht. Da die nationalstaatlich verfassten Einheiten immer noch ihre eigenen Interessen verfolgten, wo eigentlich globales Handeln erforderlich sei, wirkten vier Faktoren bei den Risiken für die Menschheit zusammen, nämlich Unkontrollierbarkeit, Nicht-Kompensierbarkeit, Entgrenzung und Unwissenheit.[13]

Es sind jedoch nicht nur die Risiken, die das Leben moderner Zivilisationen bedrohen. Wie lautet der häufigste und schnell dahingesprochene Satz aus den Werbeblöcken im TV? Genau: »Zu Risiken und Nebenwirkungen fragen Sie …« Doch fragen müssen wir uns als Verbraucher. Fragen wir uns also nach den Nebenwirkungen des Konsums als Basis des Wachstums. Unser Wirtschaften speist sich aus dem Zwang zum Verbrauch, aus der Notwendigkeit des Wegwerfens und immer deutlicher aus der Reparatur von fatalen Nebenwirkungen ungebändigter technischer Möglichkeiten. Diese Quellen fließen zusammen und ergeben ein Gebräu, das den Globus zur Müllkippe verkommen lässt – in der Luft durch die Emissionen von Produktion und Verbrauch, in den Meeren durch Plastikverpackungen des Konsumierten, von den Wäldern, den Böden und dem Wasser müssen wir noch sprechen. Wachstum also vor allem durch das Reparieren in einer *Nebenwirkungsgesellschaft*.

Doch die Reparaturen bleiben erwartbar Stückwerk. Deshalb hat der Ethiker Hans Jonas schon vor vier Jahrzehnten für das Phänomen, das heute den Namen Anthropozän verdient, in seiner berühmten Schrift *Prinzip Verantwortung* den kategorischen Imperativ Kants aufgegriffen und mit der Zukunftsperspektive ausgestattet: »Handle so, daß die Wirkungen deiner Handlungen verträglich sind mit der Permanenz echten menschlichen Lebens auf Erden.«[14] Das ethische Prinzip Verantwortung wird täglich stärker spürbar zu einem Prinzip der Vernunft.

In einem TV-Interview sprach Klaus Töpfer als Umweltbeauftragter des UN-Generalsekretärs auf die Frage nach den sozialen Auswirkungen der Ökonomie der Industrienationen schon vor vielen Jahren von einer erheblichen Kriegsgefahr, ausgelöst durch die »ökologische Aggression« auf dem Blauen Planeten.[15] Um vermutete Ölfelder im Pazifik kreisen heute Kriegsschiffe, das Abstecken der Claims für Bodenschätze in den Eismeeren und nun zur Mangangewinnung am Meeresgrund schafft internationale Spannungen; die Flüchtlingsströme sind nur ein Anfang, der schon ausreicht, um Europa zu spalten. Es sind immer mehr Menschen aus Afrika, die wir als »Wirtschaftsflüchtlinge aus sicheren Herkunftsstaaten« bezeichnen, vor deren Füßen wir aber unsere Schulden hingeworfen haben: die Schulden des Kohlendioxids in der Luft, der Erderwärmung, der billigen Produktion, der Ausbeutung von Ressourcen, der Patente der Agroindustrie.

Der Druck auf die Armen und Gedemütigten steigt. Und wir überfischen weiter ihre Küsten und exportieren unsere industriellen Hähnchenkeulen auf ihren Markt, die wir subventioniert und rationell qualvoll in Massentierhaltung produzieren, und zerstören die kleinbäuerlichen Strukturen vor Ort. Alle Handelsabkommen weltweit müssen deshalb wegen ihrer negativen Drittwirkung auf den Prüfstand – auch die Vorteile der eng miteinander Kooperierenden.

Ulrich Beck formuliert griffig, die moderne Gesellschaft kranke an ihren Siegen, nicht an ihren Niederlagen. Er fordert ein »kosmopolitisches Projekt« mit den entsprechenden »Gegengiften ... auf dem Weg in eine andere Moderne«.[16] Auch diese Einsicht, ja Forderung, entspricht unserem Polaritätsprinzip, aus dem sich Überlebenschancen für die moderne Gesellschaft entwickeln können. In der Tat: Der Sieg einer politisch-zivilisatorischen Moderne zeugt den weltweiten Terrorismus. Die Erfolge der Medizin bringen eine höhere Lebenserwartung mit sich, die wiederum die Alterspyramide auf die Spitze stellt. Globaler Wettbewerb fördert die Massenarbeitslosigkeit in Ländern, die mit dem technologischen Fortschritt nicht mitzuhalten vermögen. Das Anspruchsniveau des Wissens und Könnens ist für viele Menschen nicht erreichbar. Die Erfolge der Technisierung bescheren uns die globale Erwärmung, die katastrophale Ausmaße annehmen kann durch Dürren und Überschwemmungen, Orkane, die erwartbare Umleitung des Golfstroms und die Versauerung der Ozeane. Auch der Klimawandel löst Migrationsschübe aus.

Wenn wir uns dieser Risiken bewusst werden, bedeutet das ein Antizipieren der Katastrophe mit der Folge, dass wir ganz anders über bequeme Entscheidungen nachdenken und unser gewohntes, vermeintlich rationales Handeln durch Vernunft ersetzen. Da kommen Analyse und Appell der Enzyklika *Laudato sí* von Papst Franziskus und vor allem die Vereinbarungen des Pariser Weltklimagipfels vom 12. Dezember 2015 vielleicht gerade doch noch rechtzeitig.

3.1. Zurück zur Natur – aber zu welcher?

Heute scheint die Wissenschaft einen Krieg gegen die Natur zu führen, ohne ihn ausgerufen zu haben. Die Gattung Mensch erhebt sich über die Natur, ohne den Ernst hinter des Dichters fröhlichem Wort zu bedenken: »Mit Gabel oder mit Rüsseln, wir essen alle aus Gottes Schüsseln« (Werner Bergengruen).

Die Maler, Schriftsteller und Musiker in der Zeit der Romantik haben wohl – vor der industriellen Revolution – so etwas wie ein

Abschiedsgefühl von ererbter Natur gespürt. Auch die von ihnen erlebte Natur war schon durch Dorf- und Städtebau und Forst- und Landwirtschaft geprägt, die Menschen empfanden sie deshalb als vielgestaltiger und reizvoller gegenüber dem Urzustand homogener finsterer Waldlandschaften. Sie gestalteten die Umwelt für sich »schöner«, die vordem auch sich selbst gefiel. Zivilisation ist die Erweiterung der Evolution als deren Teil und Fortsetzung. Darin ist sie auch Bändigung und Zähmung. Denn das eigentliche Ergebnis der Evolution vor dem harten Zugriff unserer Zivilisation ist trotz der in ihr wirkenden Gesetzmäßigkeit von Kreativität, Polarität und Attraktivität die Wildnis, die Wildheit – ein wildes, ein schönes »Gewurrl«.

Dazu nur ein kleines Schnipsel aus der Forschung: Ein Lebensraum mit Artenvielfalt bremst durch »Verdünnung« Krankheitserreger aus, meldet eine Biologengruppe aus Oregon. Sie ließ die Larven von Kröten-Kaulquappen in unterschiedlichen Aquarien aufwachsen – in solchen mit nur einer Art und solchen mit unterschiedlichen Arten – und gaben Sporen des Chydritpilzes dazu. Dieser soll für ein weltweites Amphibiensterben verantwortlich sein. Die Infektionsrate im Becken mit den unterschiedlichen Larven war signifikant niedriger als die im Aquarium mit der Monokultur, weil manche Arten schlechtere Wirte seien, so die Forscher. Der Verlust von Diversität durch Monokulturen kann also Widerstandsfähigkeit schwächen.

Noch grundsätzlicher als dieser Verlust ist die Einsicht, dass mit dem Verschwinden einer jeden Art in der Natur das Gleichgewicht gestört wird. Denn Vielfalt bedeutet Arbeitsteilung am Ökosystem.

Fünf große Artensterben verzeichnen die Biologen in den letzten 600 Millionen Jahren durch kosmische und geologische Ereignisse, alles vor unserem Auftritt. Nun aber sind wir es, die Menschen, die das sechste Aussterben der Arten einleiten und beschleunigen. Ohne die Biodiversität, also die biologische Vielfalt, der auch wir entstammen, können wir nicht existieren. Was der Tod einer Art an der Spitze der Fresshierarchie zur Folge hat, sahen wir am Beispiel des geschlossenen Systems einer Insel, auf der die Wölfe den Waldverbiss durch Rehe in Schach hielten. Die Ausrottung der Wölfe war dann auch das Todesurteil für das gesamte Biosystem Wald auf der danach versteppten Insel.

Unser ganzer Planet ist solch eine hoch gefährdete Insel. Landverbrauch und Verstädterung, Gier nach Tropenholz, Entwaldung und Versiegelung des Bodens, Klimawandel, Ressourcenverbrauch, Agro-Industrie, Vergiftung von Böden, Meeren und Atmosphäre, Trophäenjäger, Wilderei, auch abergläubische »Volksmediziner«, die Haie, Tiger oder Elefanten für ihre untauglichen Potenzmittelchen abschlachten lassen – all das ist eine überschwere Last im Ökonetz, das uns trägt.

Was macht es schon, wenn einzelne Arten aussterben, fragen sich die rationalen Geschäftemacher – nicht. Der Evolutionsbiologe E. O. Wilson sagt es so: »Bislang unerschlossene Wirkstoffe, Kulturpflanzen, Arzneien, Hölzer, Fasern, Zellstofflieferanten, bodenregenerierende Pflanzen, Erdölersatzstoffe und weitere … Nutzungsmöglichkeiten werden niemals ans Tageslicht kommen. Man verachtet das Kleine und vergisst, dass ein unscheinbarer Nachtfalter aus Lateinamerika die australischen Weiden vor der Überwucherung durch Kakteen bewahrte, dass Catharanthus roseus ein Arzneimittel gegen die Hodkin-Krankheit und die Akute Lymphatische Leukämie des Kindes liefert, dass die Rinde der Pazifischen Eibe den an Eierstock- und Brustkrebs Erkrankten Hoffnung verspricht … Allzu leicht übersehen wir auch die Dienstleistungen, die Ökosysteme für den Menschen erbringen. Sie reichern den Boden an und erzeugen die Luft, die wir atmen.«[17] Wilsons ganzes Werk ist ein flammendes Plädoyer für mehr Verständnis und Vernunft: Die Wissenschaft hätte nur ganz vage Vorstellungen von der Funktionsweise von Ökosystemen, und die Menschen hätten nur eine sehr beschränkte Vorstellung von sich selbst und ihrer Vernunft. Die mehr als zwei Millionen Jahre echter Menschheit ließen uns

Foto von Alexander Gerst aus der Raumstation ISS:
Aus der Distanz ist die Schönheit der Erde überwältigend.

Aber auch ihre Verletzbarkeit und Komplexität ist noch deutlicher zu überblicken. Aus Wetter wird langfristig Klima. Hier aktuelle Wetterbedingungen über Atlantik und Osteuropa und eine dichte Smog-Schicht über Norditalien.

vergessen, dass wir uns mit den übrigen Lebensformen identifizieren müssten. »Der Mensch und die übrigen Lebensformen auf unserem Planeten durchliefen eine Koevolution; für andere Zustände der Erde sind wir genetisch nicht gerüstet.«

Nach der hier entwickelten Vorstellung ist diese Koevolution, in der wir stehen, der Ausdruck des Attraktivitätsprinzips, das ständig Polarität – unsere Umgebung und uns – versöhnt.

Unsere Domestizierung: Ethik

Schon das fraktale Prinzip, an das wir uns hier erinnern müssen, besagt, dass die Wildheit der Natur durch unsere Abstammung aus ihr auch in uns angelegt sein muss. Durch die ganze Rechtsgeschichte zieht sich wie ein roter Faden die Zähmung, ja Domestizierung des Ungestümen in uns. Eine gesellschaftlich übergeordnete Vernunft verlangt die Bändigung des Bösen oder Dysfunktionalen und fordert ein Minimum dessen ein, was Ethik gebietet. Das Recht erweist sich mit seinen Regeln als konstituierend für Gesellschaften, Nationen, Staatenbündnisse und die Kommunikation durch Handel. Die Variable Recht ist und bildet Konsens, indem sie Interessen ausgleicht und dadurch individuelle, soziale und politische Spannungen deeskaliert und Rechtsfrieden bezweckt. Im Innersten einer Domestizierung durch die Ethik liegt die Anerkenntnis unserer gemeinsamen Rolle im großen Ökosystem des Raumschiffs Erde.

Doch ein psychisches Trägheitsgesetz bremst individuelle Vernunft aus. Was schrieben Hans und Sophie Scholl in ihrem Flugblatt, das zum Widerstand gegen das NS-Regime aufrief und ihnen den Tod brachte? »Wenn jeder wartet, bis der andere anfängt, fängt keiner an.«

So will und kann diese Betrachtung hier keine konkreten Rezepte liefern, allerdings will sie uns für die Differenz zwischen Vernunft und dem, was wir als Rationalität vorschützen und dann für uns wirken lassen, sensibilisieren und zum mutigen Gebrauch der

Vernunft ermuntern. In deren Kern finden sich die Abschätzung und die Berücksichtigung der Folgen eines bestimmten Handelns genauso wie die erforderliche Empathie gegenüber Leid. Denn Verantwortungsethik fragt nach den Wirkungen unseres Tuns, Gesinnungsethik nach unserer Einstellung, nach der Menschlichkeit unserer Motive; beide zugleich forderte einer der Begründer moderner Soziologie, Max Weber, als wechselseitige Ergänzung (nicht als Gegensatz) ein. Gerade in Krisen, wie der durch Flucht und Migration ausgelösten, müssen sich beide Sichtweisen versöhnen. Auch die Natur verlangt nach unserer Verantwortung und Empathie für sie.

Simulation Wildnis

Wenn wir nun mit unserer Zivilisation die Wildnis wegrationalisieren, was bleibt uns? Wir bauen uns die Welt neu, und aus in Jahrmillionen angeborener Auseinandersetzung mit der Wildnis wird dann eben eine künstlich erzeugte, gar digitale Wildnis – und das nicht nur für Spielkonsolen mit virtuell spritzendem Blut. In unserem Alltagssprachgebrauch haben sich die wilden »Finanzhaie« und »Heuschreckenschwärme« fest eingenistet mit ihren ungebändigten Zugriffsmöglichkeiten. Manager hängen sich für viel Geld ans Seil an einer Betonwand, um einmal »richtige Männer« zu sein. Abenteuerreisen sind im Angebot zu Preisen, die alle Risiken ausschließen und diese auch noch versichern. Beim Münchner Oktoberfest können die Fahrgeschäfte nicht wild genug und TÜV-geprüft die vom Alltag Gelangweilten herumschleudern. Eventparks locken die Städter von ihren maschinengekehrten Rinnsteinen. Manch Irrer zieht sogar als Freischärler zum Morden in den Krieg. All das ist nichts anderes als die Simulation vergangener harter Auseinandersetzung, um zu überleben, die noch in unseren Genen steckt.

In uns meldet sich die Sehnsucht nach wilder Ursprünglichkeit, nach der ursprünglichen Wildheit. Das Verlangen nach Verlorenem erstarrt im Retro-Kult und drückt sich kokett aus im modischen T-Shirt-Aufdruck *Born to be wild.* Der Slogan will imponieren und suggerieren: Da ist jemand, der nicht durch Anpassung versaut, sondern noch eine richtige Sau ist, als echter Eber durchs Gehölz bricht oder wenigstens nach Moschus riecht. Das ist sexy. Und duftet irgendwie nach Evolution.

»Spaß haben« ist eines der am meisten gebrauchten Umgangswörter. Das Lebensgefühl des modernen Menschen schreit nach Erleben von Höhepunkten, aber er sucht nicht das Leben, das auch das Schicksal einbezieht, auf das Risiko hin, ein anderer zu werden.

Wildnis nur im Reservat?

Auch unsere Sprache ist der Evolution unterworfen und verliert mit dem Zugewinn an Wörtern viele Facetten ihrer bisherigen Ausdrucksmöglichkeit, weil das differenziert Ausgedrückte weniger Beachtung findet. Sie schmilzt dahin, nicht zuletzt im Mail- und Twitterverkehr. Einebnung nicht nur der Natur.

Die weltweite Naturschutzbewegung, die spät, aber doch Fahrt aufnimmt, stemmt sich gegen dieses Plattmachen. Sie erkennt, dass zu den materiellen Lebensgrundlagen des Bodens und der Meere, also aller Früchte der Erde, auch die ideelle Basis gehört, die Schönheit der Ursprünglichkeit. Sie ist das Labsal der Seele; die Schönheit ernährt sie.

Das Bundesnaturschutzgesetz stellt, wie Gesetze vergleichbarer Länder, den Zweck an seinen Anfang: Natur und Landschaft aufgrund ihres eigenen Wertes und als Lebensgrundlage für den Menschen zu erhalten. Die Tatsache, dass wir über Sein oder Nichtsein aller anderen Arten entscheiden können, führt die Freiburger Botanikerin Otti Wilmanns als ethisches Argument dafür an, dass der Mensch das Recht aller Organismen auf Leben zu achten habe. Zusätzlich gelte das wissenschaftliche Erfordernis, die biologischen Zusammenhänge in ungestörten Lebensräumen zu erforschen, um Menschheitsprobleme zu lösen. Der Schutz der

Natur müsse auch unter den Aspekten von Ernährung, Heilkunde, Psyche und Kulturräumen vergleichbar der Kunst der Menschen gesehen werden.[18]

Diese Gesichtspunkte sind es genau, die wir beim Attraktivitätsprinzip als »Vernunft der Schönheit« kennenlernten. Weil Störungen kaum reversibel sind, muss das komplexe Wechselwirkungssystem in den Blick. Der Schutz der Umwelt, in dessen Schoß der Naturschutz liegt, ist der übergreifende ökologische Auftrag. Wildnis nur im Reservat, nur auf Inseln zu belassen, reicht für die Anforderungen an die Lebensbedingungen der Menschheit weder in existenzieller noch in kultureller Hinsicht aus.

3.2. Der Umgang mit dem Erdboden

Es gibt häufig verwendete Begriffe, die im übertragenen Sinn die Bedeutung des Erdbodens verdeutlichen: das »Erden«, etwa von hochfliegenden Gedanken, der »Mutterboden« auch für Ideen, die »Erde« sogar als Name unseres Planeten wird vom Boden abgeleitet, der uns ernährt. So müssen wir dem Erdboden unsere Reverenz erweisen. Es sei hier eine persönliche Erfahrung erlaubt, die diese Betrachtungen insgesamt wesentlich mit angeregt hat – das Spüren der Schönheit der Natur und ihrer rücksichtslosen, radikalen Zerstörung.

Regenwald – bald ohne Regen

Immer wieder zog es mich in die echte Wildnis, das erste Mal 1973 in die Regenwälder Amazoniens. Schon damals erlebte ich die Verletzlichkeit dieses Lebensraums für Pflanzen, Tiere und indigene Stämme durch den Umgang mit dem Boden, der alles hervorbringt und trägt. Der Besiedlungsdruck vom Nordosten Brasiliens setzte ein, der Bau der Transamazonica war von Westen her mit ersten Schneisen von Humaitá über Porto Velho hinaus geschlagen.

Der Regenwald war insgesamt lichter, als ich ihn von der »grünen Hölle« eigentlich erwartet hatte. Großtieren an Land wie Jaguaren begegnete ich nicht, wohl Leguanen, Krokodilen und kleineren Schlangen – große werden den Touristen vorgeführt –, vielen Arten von Vögeln, wie den prächtigen Araras, aber nicht so vielen Einzelexemplaren wie erhofft, einem Tapir, Affen – auch von Indios erlegt – oder Fischen einschließlich der Piranhas neben den Booten, teils erst nach dem Schwimmen zwischen ihnen entdeckt, Insekten jeder Menge, Schmetterlingsschwärmen, Spinnen jeder Größe, eindrucksvoll die Karawanen der Blattschneiderameisen, lästig die Moskitos, Ratten unter der Hängematte. Der tiefste Eindruck: Selbst mit einer Hand am Boot hängend mitten im Fluss wilde Flussdelphine zu füttern, die den Körper entlangstreifend nach oben stiegen, um sich aus dann hoch gehaltener Hand tote Fische als Futter zu holen. Dieses Gefühl von Vertrauen und von körperlicher Beziehung zur wilden Natur ist unvergesslich. Der Sound des Urwalds klingt nach: Gezwitscher, ein ferner Schrei, langer Hall, Rascheln fallender Blätter, Summen, Plätschern. Nirgendwo ist die Artenvielfalt so groß wie hier, vor allem der Kleinlebewesen, auf die alle anderen Arten aufbauen, aber es sind meist nachtaktive Wesen, deren Augen einem manchmal aus dem Licht der Taschenlampe zurückblinken. Ich sah das beginnende Hereinrücken dessen, was wir »Zivilisation« nennen, und konnte mich noch auf den nachmittäglichen tropischen Regenguss aus den Kumuluswolken verlassen, die sich mittags aus der aufsteigenden Feuchtigkeit des Urwalds am Himmel ballten.

Beim Stamm der Mynki erfuhr ich 1989, wie dieser seine Stammesgröße bei etwa siebzig Personen durch pflanzlich-chemische Geburtenkontrolle durch Männer stabil hielt, wie er die Natur verehrte und dass er alle sieben Jahre Hütten und Langhaus abbrach, weil der Boden nicht mehr viel hergab. Dann zog der Stamm weiter und errichtete ein, zwei Tagesmärsche entfernt – manchmal nach kontrollierter Brandrodung eines kleinen Reviers vor dem Regen – sein neues Dorf. Beim fünften Umzug, nach nur einer Generation, erreichten die Indios wieder ihren alten Platz, den der Urwald für sie völlig erneuert und wieder fruchtbar hatte werden lassen.

Auf der Rückfahrt aus dem zentralen Stammesgebiet der Mynki musste unser kleines Filmteam bereits drei entsetzliche Entdeckungen machen: Holzverarbeiter trieben Herden von Zebus, den halbwilden weißen Rindern mit Höcker am Nacken, vor sich her in den Wald auf »unseren« Stamm zu. Diese Rinder trampelten das Unterholz nieder, die großen Baumstämme waren so für die Holzfäller leichter erreichbar. Durch Straßenbau zur Transamazonica hin war ein verwandter Stamm völlig entwurzelt worden. Das war eben beim Verlust des überkommenen Wissens schon dargestellt.

Und dann kam eine neue Ernüchterung: Im Übergang zum Mato Grosso, was eigentlich »großer Wald« bedeutete und noch 16 Jahre vorher als solcher streckenweise wahrzunehmen war, weitete sich der Blick wie auf dem Meer. Von Horizont zu Horizont nichts als Soja. Eine Investition angeblich japanischer Agrarindustrieller. Eine »Investition« in was bitte, wenn man weiß, dass dieser Boden ausgelaugt zu Steppe wird?[19]

Der Amazonas-Regenwald wächst nicht auf einer dicken nacheiszeitlichen Humusschicht, wie wir sie von unseren Wäldern und Wiesen her kennen, sondern auf einer dünnen, verletzlichen Schicht aus vermodernden Blättern und Hölzern. Dort siedeln Bodenbakterien und Pilze, die den Wald, zusammen mit der tropischen Sonne und dem Kreislauf des Regens, ernähren. Brandrodung, Abholzung und Monokulturen schaffen deshalb langfristig Ödnis.

Jede Straßenschneise, die – legal oder illegal – in den Urwald geschlagen wird, bekommt sofort in 500 Metern Abstand beidseitig rechtwinklig zulaufende Bulldozer-Schneisen zum Abtransport von Mahagoni oder anderen wertvollen Hölzern. Zusammen mit den großen (Brand-)Rodungsinseln führt das zu einer hochgradigen Zerstückelung der Waldflächen. Die Folge: ein Rückgang der Artenvielfalt durch Einengung, höhere Empfindlichkeit der Flächen und großflächiges Ausbleiben des täglichen tropischen Regens.

Das ist die Rationalität des Wirtschaftens heute.

Der Astronaut Alexander Gerst, der im Jahr 2014 mehrere Monate an Bord der Raumstation ISS verbrachte, stellte fest: »Man sieht, ein Drittel des Amazonas ist schon weg. Wie wertvoll und wie zerbrechlich ist unsere Erde!« Auch wenn man das weiß – es aus der Distanz im Ganzen direkt sehen und bedenken zu können ist eine intensivere Wahrnehmung.

Und vor vier Jahrzehnten, vor nur einer einzigen Generation: Bei meinem ersten Flug nach Brasilien las ich im Flugzeug in einer Tageszeitung, dass durch Satellitenaufklärung eben ein 400 Kilometer langer Fluss im Amazonasbecken entdeckt worden sei. So kurz vorher so unberührt von uns.

Agroindustrie

Wir sprachen von Soja, hätten auch von Zuckerrohrplantagen zur Treibstoffgewinnung als Beimischung nach europäischen Standards sprechen können, was weite Flächen von Urwald oder wenigstens solche zum Anbau von Nahrungsmitteln kostet. Aber bleiben wir bei Soja, dessen Destillat dem Sprit ebenfalls beigemischt wird. Die Bohnen aus den hellen Blüten dieser Staudengewächse sind universell brauchbar, denn sie enthalten viel Eiweiß und sind frei von Laktose und Gluten. So macht man daraus Öl, Margarine, Lecithin, Speiseeis, Gebäck oder Tofu und – echtes Fleisch. Denn Sojabohnen stehen wie Mais überall ganz oben auf der Tiermastliste. Weil das so ist, haben sich Agrarkonzerne für den weltweit interessanten Anbau längst Patente für einen genetischen Umbau der Sojapflanze besorgt. Diesen Pflanzen ist dann kein Unkraut mehr gewachsen und auch kein Klein- und Kleinstgetier, weil so umgebautes Gen-Soja das dazu passende Gift verträgt – eine Polarität von Gift und Resistenz mit der Folge einer Attraktivität für das Wachstum des Gen-Soja. Diese Form der Rationalität bricht das Attraktivitätsprinzip der »natürlichen« Evolution. Firmen wie Monsanto stellen praktischerweise beides her, die Soja-Samen und das Breitbandherbizid Glyphosat, besser bekannt als Roundup. Das Sprühmittel mit diesem positiv besetzten Namen wird von Traktoren und von Flugzeugen auf den riesigen Feldern ausgebracht. Auch die Chemie-Unternehmen DuPont, Bayer, BASF oder Dow Chemical mischen bei Entwicklung und Herstellung der giftigen Pflanzenschutzmittel mit.

2014 recherchierte der *SZ*-Korrespondent Peter Burghardt zur Agrarproduktion allein in Argentinien und kam zu folgenden Inhaltsstoffen und Zahlen: In diesem Land bedeckt Soja nunmehr 20 Millionen Hektar Land, was 60 Prozent der gesamten Anbaufläche des Staates entspricht. Soja ist besser maschinell bearbeitbar, als Rinder es sind (deshalb müssen Gauchos wohl umschulen). Die Rinderzucht geht zurück, doch der Exportartikel Gen-Soja half neben Gen-Mais, die Staatspleite Argentiniens zu Beginn des 21. Jahrhunderts zunächst zu überwinden. 57 Millionen Tonnen Soja-Ernte im Jahr 2014 bringen den Produzenten 25 Milliarden Dollar ein. Doch immer mehr Gift macht die Evolution erfinderisch, sie wehrt sich mit resistenten Unkräutern und Schädlingen. Die Agroindustrie schickt deshalb hoch aggressive Mischungen aufs Schlachtfeld: Endosulfat, Acetochlor, Picloram, auch DDT und Atracin oder 2,4-Dichlorphenoxyessigsäure, welche schon Bestandteil der chemischen Waffe Agent Orange im Vietnamkrieg war. Diesmal ist das Gift »nur« für die Ernte gedacht, aber es trifft bereits heute die Menschen in der Umgebung massiv. Den ausgelaugten und vergifteten Böden ist, so Burghardt, oft kein Trinkwasser mehr zu entnehmen. Behinderungen, Krebsfälle, Atemwegserkrankungen, Fehlgeburten, Schädigung der Erbsubstanz sind im Umkreis der Soja-Plantagen verbreitet. Die Windverfrachtung tut bei Pflanzen und Kleintieren ein Übriges. Die Blutwerte von 114 getesteten Kindern eines Dorfs weisen Agrochemikalien auf. Natürlich sterben hier auch die Biene, die Echse, der Käfer und der Wurm.[20]

Noch will die Politik von dieser Katastrophe kaum etwas zur Kenntnis nehmen. Der Widerstand gegen die Vergewaltigung der

Natur mit den schmerzlichen Folgen für die Anrainer ist noch schwach. Die Agrarlobby übt Druck aus und belohnt, berichtet Burghardt. Denn es ist so, wie in Brasilien erlebt und in der TV-Reportage *Von der Schöpfung zur Abschöpfung – Mit Greenpeace im Regenwald am Amazonas* (2004) dargestellt, dass diejenigen, die durch solche Wirtschaft zu Geld kommen und ihre Arbeiter mit deren Familien von ihr abhängig machen, Härte demonstrieren, sich Einfluss in den Medien sichern und sich dadurch zu Bürgermeistern oder in andere Ämter wählen lassen können. Dort wird dann bestimmt, was gemacht wird, Punkt.

Es ist nur eine Frage der Zeit – aber Rationalität denkt nicht so weit –, bis die Folgen der Umweltschäden, die die Agrarindustrie verursacht, bei den Verbrauchern ankommen. In Deutschland findet sich schon jetzt Glyphosat aus Genmais-Futter im Urin von Kühen und auch in dem von Menschen. Beim Streit um Glyphosat wird derzeit nur die Krebsgefahr widersprüchlich diskutiert, nicht aber die Vernichtung der Bodenkultur. Es darf uns deshalb nicht kaltlassen, was dort und immer mehr auch hier passiert, wo die Rohstoffe für unsere Nahrung wachsen.

Noch mehr müsste uns berühren, dass bereits 40 Prozent der »Bestäuber« – vor allem Bienen, Hummeln, Wespen, Schmetterlinge, selbst Fliegen, Fledermäuse und Kolibris – aufgrund vor allem des Pestizideinsatzes weltweit teils schon verschwunden oder vom Aussterben bedroht sind. Andererseits ist die Ernährung der Menschheit zu einem Drittel auf die Befruchtung durch diese Helfer angewiesen. »Unkraut« oder »Schädling« nennen wir, was uns nicht zu nützen scheint. Aber Unkraut zwischen den Nutzpflanzen, vielleicht auf unbearbeiteten Feldern, ist für Bestäuber ein gefundenes Fressen. Was die Pestizide im Leben des Bodens anrichten – vom Regenwurm bis zur Mikrobe –, können wir derzeit ohne Bestandsaufnahme nur ahnen.

Gegen den seinerzeitigen Präsidenten der Max-Planck-Gesellschaft, den Zoologen Hubert Markl, der sich für Genveränderung zur Sicherung der Welternährung starkmachte, setzte der Physiker Hans-Peter Dürr im *Spiegel*-Essay als Erwiderung das Argument der Unverantwortbarkeit, da man schließlich nur »ein Pikoprozent des Wissbaren« wisse und gerade auf dem Gebiet der Genmanipulation die Folgen überhaupt nicht abzuschätzen seien.[21]

Genmanipulation kann wohl wirtschaftliche Erträge steigern und nimmt deshalb für sich in Anspruch, das Welthungerproblem lösen zu können. Die Hauptursache scheint aber derzeit angesichts der überquellenden Lebensmittelverschwendung und -vernichtung eher eine Frage der Verteilung zu sein. Genmanipulation hat mindestens diese negativen Effekte: Die Natur kann nicht so schnell auf die industrielle Mutation reagieren, wie sie es immer bei Neuem gemacht hat durch ihre Balance herstellende Entwicklung einer Polarität. Und der Zeitsprung erfolgt zu schnell, um der Evolution die Chance einer sie ausbalancierenden koevolutionären Antwort geben zu können.

Genveränderte Feldfrüchte und Pestizide sind ein Doppelpack: Gemeinsam sollen sie die Rationalität des Anbaus unterstützen. Die Gesamtbilanz der Konsequenzen für Mensch und Kreatur ist noch nicht messbar, sie werden aber eine Gefahr darstellen. Zudem fördert Genmanipulation eine Agrarindustrie, die großflächig Monokulturen entstehen lässt mit allen bekannten Folgen der Einfalt und Zerstörung der Vielfalt – und die durch Unfruchtbarkeit des Korns als Samen jedes Mal neues Saatgut verkaufen kann. Damit nimmt sie den Bauern deren Autonomie, ja, sie entzieht ganzen Ländern mit agrarischen Strukturen und einem dezentralen Wirtschaften den Boden. Sie bewirkt einen sozialen Umbau durch Vernichtung eines bäuerlichen Mittelstands, der vielfache Eigeninitiativen entwickelt hat, zugunsten einer multinationalen Agrarindustrie, die in der Wirkung enteignet.

Solche Rationalität ist unvernünftig, und sie zerstört die sich in der natürlichen Vielfalt zeigende Schönheit.

Genmanipulation und Insektizide verhindern auch die in der Natur ausgeprägte Kommunikation der Pflanzen untereinander (wie in Teil IV, Kap. 4.2 beschrieben). Kleinräumige Züchtung ohne Pestizideinsatz und in der Hand verantwortungsbewusster Landwirte könnte eine zukunftsfähige Lösung sein. Ein schreibender Förster meint optimistisch: »Unseren Kulturpflanzen ist die Fähigkeit, sich ober- oder unterirdisch mitzuteilen, durch Züchtung großenteils abhandengekommen. Sie sind quasi taub und stumm und werden dadurch zu einer leichten Beute für Insekten. Das ist einer der Gründe, warum die moderne Landwirtschaft so viele Spritzmittel einsetzt. Vielleicht können sich Züchter künftig ein wenig mehr von den Wäldern abschauen und wieder mehr Wildheit und damit Geschwätzigkeit in Getreide und Kartoffeln einkreuzen.«[22] Nicht nur die Fähigkeit ursprünglicher Flora, sich wechselseitig zu warnen, sondern auch entsprechende (das heißt vor allem chemische) Abwehrmittel aus der eigenen Pflanzensubstanz zur Abwehr einzusetzen, wäre das Gebot zurück zur Natur.

Massentierhaltung

Die Ernährungswissenschaft hat uns längst klargemacht, dass wir viel zu viel Fleisch konsumieren. Fast-Food-Fleisch, nach billigen Standards produziert, überschwemmt immer neue Märkte, sodass selbst in China mittlerweile die Fettleibigkeit junger Menschen als Gesundheitsbombe gesehen wird. Auf der Fernsehcouch empören wir uns über die – bei uns zwar verbotene – Tierquälerei im industriellen Maßstab, aber beim Kauf soll Fleisch dann doch billig über den Ladentisch gehen.

Je mehr Rinder, Schweine, Puten und Hühner auf engstem Raum unterzubringen oder zu transportieren sind, desto größer ist im Fall einer Erkrankung das Ansteckungsrisiko. Also gelangen weltweit viele 100 000 Tonnen verschreibungspflichtiger Antibiotika in die Tiermast und dadurch in den ökologischen Kreislauf. Die Mast ist rational, die Nebenwirkung fatal. Die Bakterien sind ja nicht blöd und mutieren weltweit, weil sie sich auch in für sie unwirtlicher Umgebung fit halten und uns weiter bedrohen wollen. Die Gesundheit der Menschheit steht dadurch auf dem Spiel. Vielleicht sorgt Gaia – Erdgöttin bei den Griechen, Vorstellungsmodell einer einheitlichen Welt bei uns, wie in Teil II beschrieben – für ihren Selbstschutz.

Die Verwerfungen sind offensichtlich: ethisch, ökologisch, sozial, gesundheitlich und regionalpolitisch. Die Agrarindustrie wird in den Industrienationen für die Ernährung im Land und meist für die Exporte erheblich gefördert, in Deutschland mit sechs Milliarden Euro. Bestehende Förderstrukturen werden auch hier allenfalls nachkorrigiert, anstatt von einem Gesamtkonzept auszugehen, das die ökologischen und gesundheitlichen Ansprüche erfüllen könnte. Rationalität hat den engen Blick auf den Gewinn, auf die Preise und auf das politisch gerade möglich Erscheinende und Opportune. Solche Rationalität ist destruktiv.

Düngung der Ozeane

Das menschliche Treiben des Landwirtschaftens ist in den Ozeanen angekommen. Koreanische und Schweizer Forscher berichten davon, dass der Stickstoffgehalt des Nordpazifiks in den letzten Jahrzehnten dramatisch zugenommen habe. Nicht nur Flüsse und Seen seien überdüngt, ein Drittel des Eintrags in die Weltmeere sei menschengemacht. Die Meere nehmen Stickstoff hauptsächlich aus der Luft auf, sodass die Verschmutzung der Atmosphäre die Hauptursache sei. Es seien die Stickoxide aus der Industrie hauptverantwortlich, doch auch die Luftverfrachtung der Ausdünstung von Überdüngung sei ein Faktor, der die Algenbildung beschleunige und so zur Sauerstoffarmut führe. Versauerung und Erwärmung der Ozeane seien aber demgegenüber noch wesentlich bedeutsamer für das Klima und das Leben im Meer. Die aktuell größte Bedrohung ist allerdings unser Umgang mit Kunststoff als Plastikmüll, wie wir unten sehen werden.

4. VERMEINTLICHE RATIONALITÄT HEUTE ALS ENTROPIE MORGEN

Klimaschwankungen liegen in der Natur der Natur. Zwei Grad mehr in einem Jahrhundert oder gar einer Generation – was ist das schon? Immer mehr Menschen benötigen immer mehr Energie. Dieser Hunger ist zu stillen, am rationellsten so, wie man das mit den vorhandenen Strukturen bisher schon praktizierte. Fragt man sich aber, um wie viel Grad Celsius es im Mittel der letzten Eiszeit kälter war, die mit ihren Gletschern Kanada, Nordeuropa, das nördliche Mitteleuropa, Sibirien und auch die Gebirge in südlicheren Breiten wie die Alpen bis weit ins Voralpenland bedeckt hatte und anschließend die Ostsee oder die schönen Seen- und Moränenlandschaften im weiten Voralpenraum entstehen ließ, müssen wir doch staunen: Es waren nur um die fünf Grad Celsius! Da bekommt man eine Ahnung, was zwei Grad mehr in einer so kurzen Zeitspanne an Umwälzungen in der Natur und im Leben der Völker bedeuten.

Klimawandel oder wie sich die Erderwärmung selbst befeuert

Das Denken in vernetzten Systemen und die Vorstellung exponentieller Entwicklungen – beides erkannten wir bei der Kreativität als menschliches Defizit – würden der Vernunft entsprechen, doch die vordergründigen Rationalitätskalkulationen von Politik und Wirtschaft hinderten die Welt am Handeln. Erst langsam, weil der Prozess des Kippens schon eingesetzt hat, denkt man statt an die Ressource fossile Energie an die Ressource Atmosphäre.

Die menschengemachte Erderwärmung durch Verbrennung von Kohle, Erdöl und Erdgas befeuert sich selbst noch einmal. Ein Abschmelzen der Polkappen lässt die Meeresspiegel steigen und kann das natürliche Zentralheizungssystem des Golfstroms durcheinanderbringen, die Ströme umlenken. Die Erderwärmung wird so für Kälte und Regenzeiten in ungewohnten Breiten sorgen, weil sich die Wolkenbildung über den wärmer werdenden Ozeanen verstärkt. Die dort aufsteigenden Luftmassen entfesseln immer häufiger tödliche Tropenstürme. Auf der Rankingskala des Weltrisikoberichts, den Jörg Birkmann mit seinem Team vom Institut für Raumforschung und Entwicklungsplanung der Uni Stuttgart regelmäßig für die Vereinten Nationen erstellt, nimmt der vom mit 300 Stundenkilometern wütenden Zyklon Pam gebeutelte südpazifische Inselstaat Vanuatu den ersten Platz ein. Im Weltrisikoindex finden sich auch die Daten zu sozialer Situation und Infrastruktur, um die Konsequenzen des Klimawandels für die Menschen zu verdeutlichen.

In den riesigen Landmassen, in denen momentan noch Permafrost herrscht, wie zum Beispiel in Sibirien, ist durch die Erwärmung etwas anderes zu erwarten: eine Fressorgie ohnegleichen. Die erwachenden Bodenmikroben, die »methanogenen Archeen«, verspüren Hunger und lassen sich den im Erdreich gespeicherten Kohlenstoff schmecken. Ihre Winde entlassen sie völlig ungeniert als Methan. Methan gilt als Treibhausgas, das die Erwärmung 20-mal stärker befeuert als das Kohlendioxid. Nun sorgt allerdings die Evolution für willkommene Polarität und für ein wenig Hoffnung: Neue Studien zeigen, dass dann andere Bodenwinzlinge, die »methanotrophen« Bakterien, die Oberhand gewinnen und Methanwerte durch Umwandlung in CO_2 abbremsen könnten. In der Summe aber schaukelt sich die Temperatur weiter auf.

Die politische Absicht und die Vereinbarung der Staaten 2010 auf der UN-Klimakonferenz im mexikanischen Cancún, zwei Grad dürfe es auf der Erde (höchstens) noch wärmer werden im Vergleich zum Stand vor der industriellen Revolution, hat nur eine sehr begrenzte Aussagekraft bezüglich der tatsächlichen Folgen. Die Mitglieder des Weltklimarats IPCC stellen fest, dass wir bereits 0,8 Grad der festgelegten zwei Grad »verbraucht« haben. Bei zwei Grad Erwärmung sind einzigartige Ökosysteme wie der Regenwald oder die Arktis mit ihren Tieren »hoch bedroht«, ebenso

Inselvölker im pazifischen Raum. Bei zwei Grad kann ein Schmelzprozess in Grönland in Gang gesetzt werden, der zwar aufgrund der Dicke des Eispanzers lange andauert, aber irreversibel ist und den Meeresspiegel um mehrere Meter anheben wird. Bei zwei Grad werden die jetzt schon spürbaren Wetterextreme heftiger zuschlagen, die Dürren in Afrika sich ausweiten. Ohne aktive Klimaschutzmaßnahmen dürften bei der nächsten Jahrhundertwende vier Grad Erwärmung zu Buche stehen.

Globale Vernunft muss einkehren anstelle rationellen Kalküls in den Wirtschaftsmetropolen.

»Volksverdämmung«

Wenn aber Energie eingespart werden soll, prallen die Meinungen heftig aufeinander. Das Einpacken der Häuser mit Dämmstoffen ist aufgrund von mit Gutachten unterstützter Lobbyarbeit als wirksam bezeugt und politisch gewollt. Industrie und Handwerk werden angekurbelt und vom Steuerzahler hoch subventioniert. Verantwortungsvolle Gutachter mit etwas weiterem Zeithorizont und Blick auf die Risiken und Nebenwirkungen sprechen jedoch von »Volksverdämmung«, wenn sie auf »Erstickungsfolgen« der Gebäude, auf giftige Gase bei Bränden und auf Rückbau und Entsorgung in spätestens vierzig Jahren hinweisen, mit dann hoher CO_2-Belastung.

Noch fataler war die politische Entscheidung für den Zusatz von »Biosprit« in Erdöltreibstoffen, weil dadurch Nahrungsmittel verbrannt und Regenwaldflächen vernichtet werden. Vergleichbare Probleme wirft die zunehmende Biogasproduktion als Säule der Energiewende auf: Faulgas verbraucht die mit Abstand größten Bodenflächen von möglichst ertragreichem Ackerland.

5. UNVERNUNFT IN DER POLITIK

Politik kann nicht vernünftiger sein als die Politiker in ihren Ämtern. Unvernünftiger aber schon, wenn sich Systeme verselbständigen, wenn Politiker aus selbst gesetztem Sachzwang nicht herausfinden, wenn Ideologien Macht gewinnen oder wenn sich Völker verführen lassen.

Beispiel Europa

Zur individuellen Unvernunft Verantwortlicher und zur mangelnden Aufgeklärtheit der Bürger können noch die überzogenen Eigeninteressen verbündeter Nationen kommen. Aufgrund der kurzsichtigen Egoismen mancher Länder und unzureichender Verwaltung in anderen kommt Europa ab vom Weg, der mit der Stärkung der Gemeinschaft auch alle seine Mitglieder nachhaltig stärken könnte.

Europa krankt daran, dass es sich nicht effektiv organisiert und sich nicht auf seine Grundlagen fokussiert. Überregulierungen stärken die Fliehkräfte. Die Bürokratie fällt über Gurken her, wie wir das bei den Versuchspersonen als Bürgermeister von Lohausen (bei II.3.1 zum Denken in komplexen Systemen) kennenlernten, die die Farben der Kacheln des kommunalen Schwimmbads bestimmten, statt drängende Infrastrukturprobleme zu lösen. Die Prioritäten, die Europas Schicksal bestimmen, liegen in gemeinsamen Lösungen seiner Sicherheit, der Herausforderung durch die Flüchtlingsströme, einer abgestimmten Wirtschaftspolitik, der Kontrolle des Finanzsystems, hoher Klimasensibilität, einer Immunisierung gegen Radikalismus und vor allem in der Bewahrung seiner Gründungswerte: in der vermittelbaren Freude an der Vielfalt und der Überwindung des Trennenden, an wechselseitiger Solidarität und an rechtsstaatlicher Humanität. Fast alles andere gehört in die Schubladen regionaler Subsidiarität und Selbstbestimmung.

Dazu gab es seit der Gründung Europas Entscheidungen des Europäischen Gerichtshofs, welche das Gemeinschaftsrecht, und zwar jede noch so banale Vorschrift, auch den Grundsätzen der Verfassungen seiner Partner überstülpt. Die europäischen Verträge sahen aber keinen Zentralstaat vor, sondern gleichberechtigte Glieder in einer starken Handlungseinheit. Dieses europäische Missverständnis stärkt heute die Fluchttendenzen, wie es England demonstriert, oder es bevorzugte neuere Mitglieder in nationalen Alleingängen zeigen. Die Stärken von Kommission und Europäischem Gerichtshof erweisen sich als Schwäche, denn sie widersprechen rechtsstaatlichen Prinzipien, solange 500 Millionen Menschen mit ihrem gemeinsamen Parlament zu wenig Einfluss nehmen können. Damit Europa wieder handlungsfähig wird, bedarf es eines Geistes, der die Partnerschaft erneut bestätigt, sich seiner Werte erinnert, die Gewichtung der Probleme erkennt und für ihre gemeinsame Lösung Strukturen entwickelt.

Wenn untaugliche Rezepte in dumpfen Parolen und Appelle an niederste Instinkte heute noch oder schon wieder jede Vernunft überrumpeln, und dann gegen geschürte Emotionen Fakten und Werte nicht mehr ankommen, wird die berechnende Rationalität der Trommler und Rattenfänger wirksam und gewinnt Macht über die Menschen.

Die Polarität von endlich gewonnener Einheit über den Gräbern und Ruinen des Kriegs und von wieder zerreißenden Fliehkräften fordert ohne jeden Verzug eine neue Balance zwischen Zentralmacht und gebotener nationaler Selbstbestimmung, um die Menschen wieder das Glück der Stärke von Vielfalt erleben zu lassen. Deshalb muss sich Europa – mit oder ohne »Brexit« – neu erfinden.

5.1. Nutzloser Kontrollwahn außer Kontrolle

Die globalen Weltrisiken, so argumentierte der Soziologe Ulrich Beck immer wieder, entziehen sich der Kontrollierbarkeit. Er kritisierte, dass die Politik mitunter den Schrecken inszeniere und die Terrorangst nutze, um ungehemmt Sicherheitsgesetze und Überwachungsinstrumente auf den Weg zu bringen. Da ahnte er noch nichts von der globalen Erfassung unserer gesamten Kommunikation – derjenigen der Bürger wie derjenigen der Bundeskanzlerin – durch ausländische Geheimdienste.

Dabei hat die Rasterfahndung über alle hinweg nach Aussage von Datenschützern noch keinen einzigen Anschlag verhindert, wohl aber eine eingegrenzt gezielte Suche. Genauso hat der breit angelegte »Krieg gegen den Terror« der Schlange für jeden abgeschlagenen Kopf eine Vielzahl davon nachwachsen lassen.

Systemimmanente Gier: der Fall Snowden

Der amerikanische Whistleblower Edward Snowden hat Becks Thesen und die Umstände der Begründung der Ausspähung mit seinem Gang an die Öffentlichkeit eindrucksvoll bestätigt.

Es waren 120 »streng geheime« Dokumente, die im Juni 2013 ein gewaltiges politisches Erdbeben auslösten. Innerhalb der westlichen Hemisphäre ist seitdem das Vertrauen in staatliches Handeln vor allem der demokratischen Führungsmacht USA und auch Kanadas und Großbritanniens grundsätzlich erschüttert.

In einem Hotel in Hongkong traf sich Edward Snowden mit den Journalisten Laura Poitras und Glenn Greenwald. Diese hatten bereits vorab einige sie schockierende Datensätze zugespielt bekommen. Greenwald beschreibt in seiner Dokumentation *Die globale Überwachung – Der Fall Snowden, die amerikanischen Geheimdienste und die Folgen* den Ablauf des Treffens, die Inhalte der Dokumente und die Arbeitsweise der Geheimdienste und stellt schließlich fest: »Geheimhaltung … ist der Dreh- und Angelpunkt für Machtmissbrauch, er wird dadurch erst ermöglicht. Das einzig wirksame Gegenmittel ist Transparenz.«[23]

Noch anonym, als Cincinnatus, mailte Snowden verschlüsselt und weitsichtig: »Wir können gewinnen, wenn wir begreifen, durch welche Mechanismen unsere Privatsphäre verletzt wird. Mit Hilfe universeller Gesetze können wir sicherstellen, dass alle Menschen den gleichen Schutz gegen eine unzumutbare Überwachung genießen, jedoch nur, wenn die Techniker- und Entwickler-Community bereit ist, sich dieser Gefahr zu stellen, und sich verpflichtet, Overengineering-Lösungen einzusetzen. Letztlich müssen wir ein Prinzip durchsetzen, durch das die Mächtigen nur so viel Privatsphäre genießen können, wie auch den gewöhnlichen Menschen zugestanden wird: ein den Gesetzen der Natur, nicht der Politik des Menschen unterworfenes Prinzip.«[24]

Snowden hat das Grundgesetz der Evolution gespürt, wonach das Attraktivitätsprinzip die freie Kommunikation hervorbringt. Es wird durch sich als rational verstehende Rigidität gebrochen, denn totale Überwachung schüchtert ein, macht ängstlich, behindert und bedrückt. Und sie stiehlt Ideen und Geschäfte genauso, wie sie solche verhindert. Überwachung hemmt Kreativität. Da ist es nur ein kleiner Betriebsunfall, dass der in den USA zuvor gefeierte General David Petraeus wegen einer Mail an eine Journalistin gefeuert wurde, mit der er eine Affäre hatte. Schlimmer sind die wirtschaftlichen und politischen Konsequenzen der Totalüberwachung.

Aber was steckt hinter dem Sicherheitswahn von NSA und FBI? Es ist die Chance der Macht, noch mächtiger zu werden. Das Trauma des 11. September mit dem nachfolgenden Patriot Act und einigen geheimen (!) Gerichtsbeschlüssen eröffnete dem Präsidenten und seinem Machtapparat ungeahnte Möglichkeiten des Zugriffs. Diese Datengier wurde systemimmanent und überwand nicht nur die Verfassungsschranken der USA, sondern warf auch die amerikanischen Gründungsideale gegen die englische Bevormundung über Bord. So verlangt das US-Recht eigentlich einen konkreten Anlass für eine Überwachung. Doch NSA-Direktor General Keith Alexander meinte dazu nur: »Warum können wir nicht alle Daten sammeln, immer und jederzeit?« Und so lautete sogar die geheime Gerichts-Anweisung: »Alle von Verizon [einer US-amerikanischen Telefongesellschaft, d. V.] erstellten Kommunikationsdatensätze oder ›Telefonmetadaten‹ für Verbindungen zwischen den Vereinigten Staaten und dem Ausland oder innerhalb der Vereinigten Staaten einschließlich Ortsgespräche« sind als Kopie der National Security Agency (NSA) kontinuierlich täglich vorzulegen. Da waren schon Google, Facebook, Skype, Yahoo, Paltalk, AOL, YouTube und Apple ins Boot der NSA gezogen worden, was diese Unternehmen nach den ersten Veröffentlichungen im *Guardian* zunächst noch leugneten.

Technisch können nicht nur Telefonate abgehört werden, sondern auch unmittelbare Gespräche – durch das ferngesteuerte Aktivieren und Umfunktionieren von Mobiltelefonen zu Wanzen. Deshalb legten die konspirativen Gesprächsteilnehmer um Snowden in Hongkong ihre Handys immer in den Kühlschrank.

Glenn Greenwald, der nicht nur Journalist, sondern auch Anwalt ist, kommt am Ende seines schockierenden Berichts über den Fall Snowden zu der Ansicht: »Doch es sind die Menschen in ihrer Gesamtheit – nicht ein kleiner elitärer Kreis, der hinter den Kulissen agiert –, die darüber entscheiden können, in welcher Weise wir leben wollen.« Wen meint er wohl? Ein Appell an uns, denn der rational begründete Kontrollwahn untergräbt unsere Verfassungsordnung mit ihrer freiheitlichen Gesellschaft, und er arbeitet durch die so entstehende Unglaubwürdigkeit der Werte des Westens den Ideologen des Terrors zu.

5.2. Der Umgang der Macht mit Geld und mit Not

Unvernunft in der Politik zeitigt viele Auswüchse und drückt sich spürbar im Zugriff auf ihre Bürger aus, genauso aber auch in Untätigkeit, wo Handeln erforderlich ist. Die sogenannten Panama-Papers mit der Aufdeckung von über 200 000 anonymen Briefkastenfirmen erinnern die Staaten wieder daran, was gegen Steuervermeidung oder Terrorfinanzierung längst ihre gesetzgeberische Aufgabe gewesen wäre.

Steuer ist ein Problem von Entzug und dabei von Gerechtigkeit. Viele Steuersysteme sind im Prinzip gut, aber nur im Prinzip. Die den Gemeinden zustehende Gewerbesteuer etwa lockt Investoren überregionaler Ketten, zerstört die Infrastruktur der Orte und die bisher noch geduldete umgebende Natur, weil die Gemeinden überall für diese größeren Unternehmen Gewerbegebiete und Outlet-Center ausweisen. Auch künftigen Generationen wird damit die natürliche Schönheit und ihr Erholungs- und Freiraum gestohlen.

Zu viele Schlupflöcher im In- und Ausland legalisieren die Steuerflucht für Gewiefte, für Mobile, für Reiche ohne soziale Verantwortung. Für Privatleute gilt zum Beispiel in Monaco, dass sie dort fast keine Steuern zahlen, wenn sie eine Summe von 400 000 Euro bei einer monegassischen Bank hinterlegen und eine Immobilie im Wert von mindestens 700 000 Euro erwerben. Bei der Enge der Bebauung in dem kleinen Fürstentum ist das vielleicht nur eine Wohnküche. Dummerweise muss man dann auch tatsächlich überwiegend dort wohnen.

Für große Unternehmen ergibt sich eine zusätzliche, scheunentorgroße Öffnung, durch die sie ihre Gewinne hinaustragen können: Mittels der Verrechnungspreise für unternehmensinterne Leistungen in der Gruppe lassen sich Gewinne dorthin transferieren, wo es steuerlich genehm ist, zum Beispiel nach Luxemburg, wo sie eine eigentlich unbedeutende Dépendance errichten. Diese Unternehmen nutzen die öffentlichen Dienstleistungen der Länder, in denen sie Geschäfte machen, ohne zu deren Erhalt beizutragen. Internationaler Kapitalismus als Form der Piraterie.

Dramatischer noch ist die Konstruktion, die auf Entwicklungsländer übergreift. Dort lassen Unternehmen von einem Industrieland aus billig produzieren, ohne dort Steuern zu zahlen. Das vernichtet Arbeitsplätze im Mutterland des Unternehmens, schafft zwar welche im Produktionsland, diese aber unter unmenschlichen, manchmal katastrophalen Bedingungen. In vielstöckigen, unsolide hochgezogenen Fabriken lässt man Näherinnen in ausbeuterischen Arbeitsverhältnissen werkeln, Hunderte mussten unter einstürzenden Decken und Mauern sterben. Zudem wird die Giftproblematik in Chemieunternehmen oft einfach ignoriert. Solche Billiglohnländer erhalten aber meist Entwicklungshilfe in unterschiedlichen Formen, immer gezahlt aus der Kasse der Steuerzahler.

Was generell mit Entwicklungsgeldern geschieht, kann man auch in den Geberländern kaum feststellen, weil es an der Transparenz der Verwendung fehlt. Unser Geld fließt in den sogenannten Entwicklungsländern oft in private Taschen. Wären durch globale oder bilaterale Abkommen die Unternehmen gezwungen, alle Leistungen an der Quelle angemessen zu versteuern, wäre der Wirtschaft und dem Staat dort besser auf die Beine geholfen als mit unseren staatlichen Wohltaten.

Entwicklungshilfe ist nicht nachhaltig genug, »Hilfe zur Selbsthilfe« leider nur in seltenen Fällen wirksam. Deshalb lehnen auch Intellektuelle in Afrika, wie die Ökonomin Dambisa Moyo aus Sambia, solche Gelder für ihre Länder ab, weil damit keine tragfähigen Strukturen aufgebaut werden und nur Schlendrian, Korruption und Machtmissbrauch verlängert werden.[25]

Zudem steht wie gesehen dem Brosamen der Entwicklungshilfe die Ausbeutung der unterentwickelten Länder gegenüber – ihrer Bodenressourcen und ihrer Arbeitskraft, ja sogar ihres Konsums, wenn sie Saatgut kaufen müssen, das in der zweiten Generation unfruchtbar ist. Die Unvernunft der Rationalität ist in den ölverschlammten Pfuhlen des weiten Nigerdelta zu sehen und zu riechen, wo Shell billigst bohrt und wir davon noch profitieren. Die Langzeitfolgen solcher Art Rationalität beschreibt der Politikwissenschaftler Achille Mbembe aus Kamerun in Fortsetzung der Sklaverei und des Rassismus als zwangsläufige »Afrikanisierung« weiter Teile der Welt.[26]

Fliehkräfte der Flucht

Wie sehr die Wucht der Völkerwanderung aus Not und Überlebenskampf die einigermaßen saturierten Länder bedrängt, spürt Europa besonders. Die Fliehenden hinterlassen alles, riskieren Gesundheit und Leben und sehnen sich nach Geborgenheit und Entwicklungschancen. Der Ansturm strapaziert nun in den »Gastländern« Werte wie Gastfreundschaft, Kultur, Tradition und Wir-Gefühl, in manchen Ländern auch deren Sozialstruktur. Die Herausforderungen polarisieren mehr und mehr. Die Ankunft der fremden Menschen provoziert zudem die Solidarität innerhalb der Gemeinschaft europäischer Staaten und dieser mit den USA. Doch Menschenrechte sind nicht teilbar. Da stellt sich unerbittlich die politische Frage: Ist ein Diktator schlechter als Chaos, aus dem Terror wächst?

Politik bedenkt ganz selten den zweiten Schritt, vom dritten nicht zu reden. Hau Ruck! Das kommt zunächst bei dumpfen Gemütern an. Und da sind auch noch die Begleitgeschäfte von Waffen und Korruption, die Blutvergießen versüßen. Aus solchen Geschäften ist ein »Staatsfeind Nr. 1« erwachsen, Osama bin Laden, ist der sogenannte Islamische Staat IS als Opposition in Syrien unterstützt und Saudi-Arabien als Drahtzieher von Terror und als Ignorant von Menschenrechten militärisch hochgerüstet worden.

Krieg und Verelendung haben Namen: rücksichtsloses Ausnutzen von Machtinteressen der Global Player und Geschäftemacherei, die Politik steuert (deshalb zum Beispiel auch die Lügen der Geheimdienste vor dem Irakkrieg). Siege schaffen immer auch Niederlagen, die meist zurückwirken. Begünstigungen schaffen Benachteiligungen bei Subventionen wie bei Freihandelszonen – zunächst innerhalb der Partnerschaften, dann auf der Ebene der Strukturen von Groß zu Klein, von Moloch zu Mittelstand, schließlich auch im Verhältnis der »drinnen« zu denen, die draußen sind. Die Ursachen der Fluchtströme werden durch Freihandelszonen noch verstärkt werden, weil den (fraglichen) Vorteilen die Benachteiligung woanders folgt, wie das bereits ganz Afrika erfährt.

Die Abschottung der Regionen des Wohlstands vom armen Rest der Welt mag noch eine gewisse Zeit einheitliche Lebensbedingungen verhindern, enthält aber im Kern schon die Sprengkraft der Selbstzerstörung. In der Globalisierungsphase wird jede Politik, welche die macht- und die wirtschaftspolitischen Interessen der vielen anderen im großen Spiel nicht einbezieht, die also die wechselseitige Attraktivität nicht berücksichtigt, scheitern. Diese pragmatische Überlegung blendet die Werte der Freiheit und Selbstbestimmung eben nicht aus, sie ist Teil eines attraktiven Wertekanons.

5.3. Was will der Staat im Markt?

Angebot und Nachfrage, das allein ist nicht der Markt. Zu ihm gehört mit dem erzielbaren Preis auch die Einmischung des Staates. Er muss einer Monopolbildung vorbeugen, weil Monopole durch die Verringerung der Anbieter die marktgerechte Preisbildung verhindern und also höhere Preise erzeugen können, als bei Ausgewogenheit und lebendigem Mittelstand – der beweglicher ist und Nischen nutzen kann – angemessen wäre. Das ist einer der wichtigsten und grundsätzlichsten Eingriffe des Staates in die Wirtschaft.

Eine andere Konstellation: Wie viel Eigentum und wie viel Sozialbindung sind erforderlich? Das Steuersystem greift immer ins Eigentumsrecht ein, der Gesetzgeber – zum Beispiel bei Laufzeiten für geistiges Eigentum. Der Staat hat überhaupt die rechtlichen Rahmenbedingungen für das Wirtschaftsleben zu gestalten. Aber nicht nur einmal für alle Zeit, denn er muss flexibel sein, auf Teilmärkten ein mögliches Marktversagen erkennen und dem, soweit möglich, vorbeugen. Die politischen Akteure dürfen sich nicht der Illusion hingeben, alles richtig zu machen und durch ihr Agieren das Optimum zu erreichen. Selbst ein Optimum kann nicht von Dauer sein, Beweglichkeit ist gefragt. Aber Stabilität auch. Ein Widerspruch?

Systeme sind komplex, und das Herummontieren an ihnen verlangt Reagieren an vielen Stellen, die ohnehin im Lauf der Zeit Veränderungen unterliegen. Wir haben beim Thema »Führerschein für Politiker« im Kapitel über die Kreativität erfahren, wie bedeutsam die Fähigkeit ist, in vernetzten Systemen Rückkopplungen und Wechselwirkungen zu bedenken.

Für Finanzierungssysteme etwa sind unterschiedliche Modelle vorstellbar: In den USA erfolgt die Unternehmensfinanzierung über den Kapitalmarkt, deshalb werden Kapitalmarktinvestoren durch Gesetze und eine lange Tradition der Rechtsprechung intensiv geschützt. In Deutschland aber gehen Kreditinstitute bei der Unternehmensfinanzierung große Risiken ein. Wie zum Ausgleich haben sie beim Konkurs des Unternehmens eine starke Stellung. Schwächt man diese, weil man etwa die Arbeitsplätze in der Unternehmenskrise schützen will, gefährdet man damit möglicherweise das ganze Finanzierungssystem. Es können aber viele Jahre vergehen, bis sich ein funktionierendes Alternativsystem etablieren kann, zum Beispiel über eine direkte Finanzierung durch Investoren, die den Anleihen der Firma trauen. Das resultierende Wirtschaftssystem würde sich an vielen Stellen als ganz andersartig erweisen, als sich das der Gesetzgeber vorgestellt hatte. Man hätte größere Unternehmen, einen Zwang zu rascherem Wachstum, weniger Nischenspieler, weniger Spezialitäten an Produkten oder Dienstleistungen, mit anderen Worten: weniger Mittelstand, mehr Zentralisierung in der Unternehmenslandschaft und eine Verarmung der Unternehmenskonzepte und Lebensentwürfe, also auch weniger Vielfalt selbst im regionalen Bereich.

Das kann durchaus effizient sein. Hat man das aber gewollt, und soll man das wollen? Würde in allen Staaten so entschieden, wäre das Gesamtsystem anfälliger, weil Einheitlichkeit zu wenig Reparaturmechanismen kennt und die Selbstorganisation von Systemen ausgehebelt würde – genau so, wie wir das bei der biologischen Evolution beobachtet haben.[27]

Was nützt zum Beispiel eine immer intensivere Regulierung der Banken, wenn am Ende nur die Großbanken diese bewältigen können und die kleinen deshalb fusionieren oder aus dem Markt ausscheiden müssen? Ein Bankensystem mit wenigen Großbanken ist allemal stärker gefährdet als ein System mit vielen und unterschiedlich großen Instituten. Eine Wirkung des ökonomischen Immunsystems.

Müssen oder dürfen Banken überhaupt systemrelevant groß sein? Man könnte »Entflechtung« statt »Zerschlagung« im Kampf der Wörter gebrauchen. Auch das Verlangen von deutlich mehr Eigenkapital wäre ein Beitrag zur Sicherheit des Finanzsystems. Denn ohne solche Regulierungen enthält jede geplatzte Blase mit den Steuerbürgern als Opfern den Keim der nächsten Blase, weil dann die Spekulanten und auch ganz normale Anleger schon wieder in den Startlöchern kauern.

Doch die Regulierung bleibt eine Gratwanderung. Wenn wir in die Europäischen Verträge blicken, lesen wir in Artikel 3 der konsolidierten Fassung des Vertrags für die EU und des Vertrags über die Arbeitsweise der EU vom 26. Oktober 2012 einen Auftrag zur Erhaltung der europäischen Vielfalt der Sprachen und Kultur. Klingt gut. Aber gerade die Ausschließlichkeit dieser beiden Kommunikations- und Ausdrucksformen veranlasst die Bürokratie, alles andere zu vereinheitlichen. Die Vielfalt im Leben, Arbeiten, Denken, diese große Stärke Europas, fällt den Schreibtischtätern mit ihren Geboten zum Binnenmarkt zum Opfer.

An vielen Fronten greift auch der einzelne Staat unnötig ein in die Lebendigkeit des Wirtschaftens. Seine Reglementierungen sind überdies oft nicht zielgenau. Und aus jedem Staatseingriff entstehen neue Besitzstände, die dann nur noch gegen den erbitterten Widerstand der Begünstigten zurückgenommen werden können, sobald die Geschenke nicht mehr finanzierbar sind oder der Allgemeinheit Schaden zufügen. Da kann man an die Taxilizenz in Griechenland, die Mütterrente oder die Rente ab 63 in Deutschland denken.

Ob die ursprüngliche Zielsetzung vieler dieser Maßnahmen erreicht wird – ob sozial gedacht oder anders motiviert –, ist zweifelhaft. Aber dass wir hierfür oft einen hohen Preis bezahlen, ist gewiss.

Das gilt auch für das liebste Kind vieler Ökonomen: das staatliche Ausgabenprogramm zur Stärkung der Konjunktur im Fall einer Wirtschaftskrise. Der Staat glättet hier mit seiner zusätzlichen Nachfrage den Konjunkturzyklus und verringert so den Schaden aus einer starken Eintrübung der wirtschaftlichen Situation und aus den damit einhergehenden Verlusten an Einkommen und Arbeitsplätzen. Aber es gibt meist Probleme mit der Umsetzung: Die Wirtschaftsdaten sind häufig ungenau und werden noch Monate nach ihrer Veröffentlichung teilweise erheblich korrigiert. Sind wir überhaupt in einer konjunkturellen Krise? Und wenn ja, wie lange dauert es, bis die entsprechenden Gesetze beschlossen und die notwendigen Maßnahmen geplant, geschweige denn in Gang gesetzt sind?

Konjunkturprogramme springen oft erst an, wenn das Tal bereits durchschritten ist. Und selbst wenn es in Einzelfällen gelingt: Das Instrument kann auch heilsame Krisen verhindern und so einen notwendigen Strukturwandel auf den Sankt-Nimmerleins-Tag verschieben. Regierungen, Politiker, die wiedergewählt werden wollen, neigen vor Wahlen dazu, dieses Instrument im regelmäßigen Zyklus zu missbrauchen. Etwas mehr an Konjunktur könnte ja nützen. Rational aus ihrer Sicht.

Bei einem Marktversagen greift der Staat ein. Aber er greift oft daneben. Politische Entscheider verwechseln immer wieder ein Marktversagen mit einem Markt*ergebnis*, das ihnen nicht gefällt. Warum gibt es zum Beispiel zu wenige langfristige Investitionen in einigen südeuropäischen Ländern? Ein Mehr wäre sicher wünschenswert. Politiker sehen hier ein Marktversagen bei der Finanzierung solcher Investitionen. Dabei spiegelt der Markt nur die Unsicherheit und das Versagen einer verfehlten Wirtschaftspolitik wider. Wenn nun die Politik selbst für langfristige Investitionen sorgt, hebelt sie den Markt aus.

Kurzfristige Hilfe beseitigt nicht die langfristigen Probleme, sondern verfestigt sie – finanziell ein Fass ohne Boden. Investitionen, die privaten Investoren zu gefährlich erscheinen, können auch den Staat als Investor teuer zu stehen kommen.[28] Marktversagen korrespondiert mit staatlichem Versagen, wenn der Staat zu viel oder zu wenig unternimmt. Ein vernünftiges Maß könnte aus intuitivem Erfassen einer hochkomplexen Lage durch unabhängige Fachleute kommen, einem Rat der Weisen sozusagen, statt eines parteipolitischen Kalküls vor Wahlen.

5.4. Was bedeutet »Wert« überhaupt?

Warum gibt es das Synonym »teuer« für »lieb und wert«? Weil »teuer« sehr mit Preisen liebäugelt und »wert« mit »lieb« ohnehin eine unglückliche Liaison eingegangen ist. Wert ist dem Einzelnen, was er selbst als »lebens-wert« empfindet. Diese persönliche Sicht wendet sich also den Wertsetzungen des Individuums zu. Solche Werte sind dann Gesundheit, Liebe, Wohlergehen und besondere Vorlieben, wie das der Abschluss dieses Buchs unter dem Motto »Eigentlich wollten wir doch glücklich sein« ausspricht.

Der Staat, der an alle denken muss, kann in seinem Handeln die Summe der individuellen Werte nur pauschal berücksichtigen. Denn er denkt in größeren Einheiten, in Aggregaten. So muss er Entscheidungen treffen, die manchen nützen und manchen schaden. Er spielt Schicksal. Das muss ihn vorsichtig machen und ihn in seinen Möglichkeiten einschränken. Er weiß das aber meistens nicht.

Der Staat mischt sich oft mit guter Absicht und schlechtem Ausgang ein. Demgegenüber hat der Markt eine schützende Funktion, weil jeder nach seinen Möglichkeiten und Interessen mitspielt. Besonders krass wirkte sich die staatliche Intervention bei der Bananenmarktordnung der EU aus, die den französischen Interessen in den Überseedépartements Französisch-Guyana und Martinique nützte, aber die einsetzende Stabilisierung in Kolumbien und Venezuela, die im Dollarraum handeln, im Export so schädigte, dass Zehntausende Menschen dort in bitterste Armut versanken und Tausende im Elend starben. Das andere, fast zwangsläufig forcierte Agrarprodukt, der Cocastrauch, befeuerte dann den Drogenkrieg weiter.

Die europäische Agrarpolitik schützt somit die Produzenten in Europa und beschränkt die Chancen der externen. Das ist für Entwicklungsländer bitter. Gerade die USA und Großbritannien haben in den vergangenen Jahrhunderten von einer »grünen Revolution« sehr profitiert: Ihre Überschüsse wurden exportiert, sodass mit den Einnahmen und der Freistellung von Arbeitskräften die Industrialisierung vorangetrieben werden konnte. Diese Chance verweigern wir nun den Entwicklungsländern. In wessen Interesse handelt jeweils Politik?

Ein wichtiges Aggregat der Wirtschaft ist auch das Bruttosozialprodukt (BSP), das pro Jahr Auskunft über die Einkommen in einer Volkswirtschaft gibt, also über die der arbeitenden Bevölkerung, die der Unternehmen und die aus Kapital gewonnenen. Ein steigendes BSP sagt aber nichts darüber aus, wie der Zuwachs unter den Menschen verteilt wurde und ob dieses monetäre Einkommen auch für Zwecke verwendet wurde, die den Menschen tatsächlich nützten. So erlebte Griechenland mit der Einführung des Euro einen kräftigen Zuwachs an Einkommen, das Bruttosozialprodukt stieg deutlich. Ein größeres Vermögen haben dadurch die Reichen angehäuft, die anderen haben mehr konsumiert, vor allem auf Kredit, und stehen nun, nach dem wirtschaftlichen Zusammenbruch, vor einem Scherbenhaufen.

Der Aussagewert des Bruttosozialprodukts als Aggregat ist sehr relativ: Das gestiegene BSP hat, obwohl es doppelt so hoch war wie vor Einführung des Euro, die soziale Gerechtigkeit in Griechenland nicht gefördert und den Menschen, die sich vorübergehend reicher fühlen konnten, am Ende hart zugesetzt.[29] Das hängt zum Beispiel auch mit mangelnder Besteuerung der Superreichen, mit den unangemessen vielen Beamtenstellen und der nicht funktionierenden Finanzverwaltung zusammen.

Wir reden über Werte und kommen zurück auf das, was uns lieb und teuer ist. Des Philosophen John Rawls' berühmte *Theory of Justice*[30] benützt das Bild vom »Schleier der Unwissenheit« *(veil of ignorance)* und fragt danach, welche Ordnung dem Menschen die liebste wäre, wenn er es heute sagen müsste, ohne dass er wüsste, in welcher Rolle er morgen, also nach dieser Grundentscheidung, in der nach seinen Vorstellungen gestalteten Gesellschaft leben würde. Weil in einem solch hypothetischen Urzustand niemand weiß, wo er nachher stehen wird, erwachsen durch die neutrale, anonymisierte Entscheidungssituation aus Umbruchsituationen gerechte Verfassungen. Doch wird in diese Grundentscheidung nachher durch eine Interessenpolitik, die im Wesentlichen dem Utilitarismus Einzelner zum Schaden des Gemeinwohls nützt, ständig eingegriffen. So sind für Rawls' politische Theorie Gerechtigkeit (auch Generationengerechtigkeit), Toleranz und – wegen der utilitaristischen Fehlentwicklungen – ziviler Ungehorsam die Basis einer wohlgeordneten Gesellschaftsordnung. Man kann daraus auch eine Theorie des Aufstiegs und Niedergangs einer Gesellschaft ableiten: Je mehr und je länger sich der »Schleier der Unwissenheit« hebt, desto mehr Zeit und Gelegenheit haben die dann Mächtigen, aus einer gerechten Gesellschaftsordnung eine neue zu schaffen, die vor allem ihren eigensüchtigen Interessen dient.

Mit diesen Gedanken zur vernünftigen, idealen Gesellschaft und der rationalistisch-gruppenspezifischen Untergrabung eng verknüpft ist auch das ökonomisch-gesellschaftliche Werk des US-amerikanischen Wirtschaftstheoretikers James Buchanan. Er unterstellt Politikern, dass sie ihr Handeln in erster Linie auf ihre Wiederwahl ausrichteten statt auf das Gemeinwohl und dass sie allenfalls noch möglichst hohe Steueraufkommen erzielen wollten.

Weil Politik kein Wahrheitsbetrieb sei, sondern ein Betrieb des Austauschs unterschiedlicher Interessen, hat in Buchanans Theorie die Bewertung der Entscheidungsregeln absolute Priorität für das, was herauskommen soll. Diese Regeln sind im Konsens aller Betroffenen festzulegen.[31] Mit seiner Sicht auf die Regeln war Buchanan ein Vordenker, auch für den Zusammenhang von Staatsverschuldung und Schuldenbremse.

5.5. Der Sachzwang als Regent

Menschen schaffen sich Subsysteme, um die komplizierte Welt zu überblicken, nach dem altrömischen Grundsatz *divide et impera* – »teile und herrsche«. Als ein solches Subsystem entstehen auch Gesetze und Vorschriften. Im Rahmen der Subsysteme lässt sich also leichter entscheiden, man hat ja nun Maßstäbe.

Im Subsystem darf zum Beispiel ein Polizist nicht prügeln, auch keine Prügel androhen, selbst dann nicht, wenn er hofft, dadurch ein Menschenleben retten zu können. Im Fall des durch einen Erpresser getöteten Jungen wird der Polizist, der trotz des Folterverbots den Täter durch Androhung von Gewalt dazu bewegen möchte, den Aufenthaltsort des Opfers preiszugeben, bestraft. Im Gesamtsystem hat er das Teilsystem durchbrochen, obwohl er »nur« tat, was aus allgemein menschlichen Erwägungen notwendig schien. Damit hat er seine Karriere unbewusst dem juristischen Sachzwangsystem geopfert. Das Rechtsstaatssystem glaubte, sich so verhalten zu müssen, auch wenn das Motiv des Polizisten hoch einzuschätzen ist (und seine Handlungsweise auch als übergesetzlicher Notstand einen Ausweg hätte eröffnen können).

Auch der Chef der Deutschen Bank, Alfred Herrhausen, ist – zumindest verbal – aus seinem Subsystem für die Maximierung des Gewinns seiner Bank und ihrer Anleger ausgebrochen. Er hat Transparenz und Offenheit des kapitalistischen Systems genauso propagiert wie einen Schuldenerlass für die Dritte Welt. Sein Nachfolger

Hilmar Kopper tat dies als »intellektuelle Bemerkung« ab, manch anderer dieser Szene nannte Herrhausen gar einen »intellektuellen Snob«. Er wurde getötet, die RAF verdächtigt; doch inzwischen weiß man, dass der Mord mit einer über die Straße reichenden Lichtschranke zur Auslösung der Bombe so extrem hochtechnologisch vorbereitet war, dass dafür die RAF nicht infrage kommen konnte. Der Tod des Bankiers ist bis heute ungeklärt.

Es ist aber vor allem die Politik, die sich solche Subsysteme schafft und damit ihren Handlungsspielraum einengt, eigentlich ohne Not. »Alternativlosigkeit« ist die gewohnte Formel beim Thema Sachzwang. Alternativen zu suchen ist nicht bequem. Doch auch Politik muss kreativ sein. Alternativen sind die Polaritäten, die auf ihre Tauglichkeit hin abgeklopft werden müssen, um Lösungen realisieren zu können, die mit den Zielen vereinbar sind. »Alternativlos« heißt, im Sachzwang zu verharren. Um zur nötigen Reform der Europäischen Union zurückzukommen: Der Fahrplan Europas sah einmal ganz anders aus als so, wie seine Züge heute abfahren. Einen neuen Plan nun zu erstellen wird sehr viel Weisheit und Mut erfordern!

»Alternativlos« bedeutet, auf Innovationskraft zu verzichten. In einem sich fortentwickelnden Kapitalismus müssen unaufhörlich bestehende Wirtschaftsstrukturen von innen heraus revolutioniert werden, stellte der in die USA geflohene Philosoph und Sozialwissenschaftler Joseph Schumpeter dort 1942 fest und bezog sich auch auf Nietzsches *Also sprach Zarathustra:* »Und wer ein Schöpfer sein muss im Guten und Bösen: wahrlich, der muss ein Vernichter erst sein und Werte zerbrechen.« Nur so könne Neues entstehen.

Mit der Veränderung von innen meint Schumpeter nicht einen kontinuierlichen Verlauf, sondern dass es zwischen Phasen vermeintlicher Ruhe unregelmäßig zu Stößen der Veränderung kommen müsse. So beschreibt er die positive Kraft im Kapitalismus im Vergleich zum trägen Sozialismus und nennt diese Schubwellen den »Konjunkturzyklus«. Große Konzerne entstehen, aber müssen auch wieder auseinandergenommen werden, wenn die Technologie sich ändert. Genauso bedarf es in der Politik solch »schöpferischer Zerstörung«, um Lösungen in schwierigen Situationen zu finden. Auf deutsche Verhältnisse übertragen sind das Arbeitsrecht und das Rentenversicherungssystem aus der Zeit der frühen Bundesrepublik in der globalisierten Welt und bei veränderter Altersstruktur so nicht mehr tragfähig. Der Schutz des Eigentums ist in der Welt des Internets eine gänzlich neue Herausforderung, ebenso die Überschuldung von Ländern wie Griechenland, das Verhältnis zu Russland, der Euro, der Umgang mit dem Terror, die weltweiten Migrationsschübe, das Nahostproblem, die Energiepolitik, der Klimawandel ... Es gibt keine Sachzwangausreden mehr. Dazu sind die Probleme zu drängend. Was haben wir bei der Betrachtung über die menschliche Kreativität festgestellt? Verlasse dein Denksystem!

6. WIE WIRTSCHAFT WIRTSCHAFTET

Die Paradigmen des Wirtschaftens heute widersprechen weitgehend den Paradigmen des Lebens, wie sich diese in den Prinzipien von Kreativität, Polarität und Attraktivität der Evolution ganz natürlich ausdrücken. Überall müssen wir sehen, wie Art und Umfang einer mangelnden Rücksichtnahme auf ökologische Zusammenhänge der Natur zu Leibe rücken, selbst der menschlichen Natur. Vernunft bedeutet Nachhaltigkeit, unsere Rationalität führt jedoch direkt zum Verkonsumieren der Zukunft unserer Kinder und Kindeskinder.

6.1. Die Paradigmen des Wirtschaftens und des Lebens

Was lernen Studierende der Betriebswirtschaftslehre anderes als in Quantitäten ausdrückbare Optimierungsstrategien? Kann dieser permanente Optimierungszwang alles sein, durch den auch Qualitätsmerkmale auf Zahlen zusammenschrumpfen? Zufriedenheit oder gar Glück, zumindest harmonischen Ausgleich, wonach alles Evolutionäre letztlich strebt, verheißt die Rationalität eines zwanghaften Erfolgs jedenfalls nicht.

Die weltweit ausgeübte Form der Ökonomie ist der ungesteuerte Kapitalismus. Er hat zuerst Arbeiterbewegungen, Sozialismus und Kommunismus überwunden, jetzt greift er nicht nur die Natur, sondern selbst die Staaten mit ihren demokratischen Strukturen an. Noch zur Zeit einer Bundeshauptstadt Bonn äußerte Regierungssprecher Peter Boenisch, dass man sich täusche, wenn man annehme, die Macht sei in der Hauptstadt – sie sei in Frankfurt oder Essen oder Stuttgart oder wo immer.[32] Überliefert ist auch das Zitat des ehemaligen Chefs der Deutschen Bundesbank Hans Tietmeyer, der 1996 in Davos vor Staatschefs gesagt haben soll: »Von nun an stehen Sie unter der Kontrolle der Finanzmärkte.« Damals begannen die Staaten und Kommunen in größerem Umfang mit dem Outsourcing öffentlicher Dienstleistungen vom Personennahverkehr bis zur Kanalisation, sogar die Wasserversorgung stand in Rede, und gaben diese dem Privatsektor zur Gewinnmaximierung preis.

Das internationale Finanzkapital erhebt sich über Demokratie und Rechtsstaat mit Steuervermeidung, Leergeschäften, Spekulationen auf fallende Kurse und Währungen, mit Hedgefonds und mit dem unverhohlenen Druck zum Abschluss von höchst problematischen Freihandelsabkommen, die nicht nur verbinden, sondern auch ausschließen. Und zwar die wirtschaftlichen Randzonen der Erde, die dann noch weiter zurückfallen, sodass sich Migration beschleunigt.

Freihandelsabkommen werben für sich in der Öffentlichkeit – wie etwa bei TTIP jahrelang – mit Slogans von Freiheit, Abbau von Bürokratie, Wegfall der Zölle und mit Transparenz, also mit lauter positiv besetzten Begriffen, obwohl die Verhandlungen darüber geheim (!) sind. Vor allem werben sie mit »Harmonisierung«, also einer Angleichung, und zwar auf jeweils niedrigerem Niveau. Das bedeutet Überwindung von Regulierungen, die besonders für

Sozial-, Verbraucher- und Umweltstandards von zuständigen Parlamenten gesetzt wurden. Es mögen in solchen Freihandelsabkommen auch viele Vorteile liegen, wie sie etwa im weltweiten digitalen Netz angelegt sind und uns täglich vieles erleichtern. Aber sie können in der westlichen Freiheitskultur einen Paradigmenwechsel auslösen, der einem Werte verschüttenden Erdrutsch vergleichbar ist. Ins Rutschen können demokratische, rechtsstaatliche, marktwirtschaftliche und individuelle Freiheitsrechte kommen – unter der Fahne von freiem Handel.

Mit seinem ungebändigten Vorwärtsdrängen, dem Zwang zur immer schnelleren Steigerung von Produktivität und Optimierung – es fehlt dieser Art Kapitalismus der evolutionäre Widerpart der Konsumentenmacht – greift diese Form des Wirtschaftens letztlich auch sich selbst an. Das begründet der Kölner Soziologe Wolfgang Streeck in Schriften und Vorträgen mit einer Reihe unterschiedlicher Argumente: mit Stillstand des Wachstums, mit grassierender Ungleichheit der Gesellschaft, mit Verarmung der Staaten und Ausbeutung der öffentlichen Güter, mit dem Verfall der ökonomischen Moral und mit globaler ökonomischer Anarchie. All das habe schon die Krise der letzten vierzig Jahre mit dem Höhepunkt des Finanzcrashs 2007/08 hervorgerufen.[33] Das mag durchaus schlagwortartig pauschaliert sein, trifft aber die Tendenzen.

Seine Dynamik und Kraft gewinnt der Kapitalismus zunächst aus dem ökonomisch gesunden Antrieb des Eigennutzes der vielen, die jedoch immer weniger werden und dabei immer mehr Mittel zu akquirieren in der Lage sind, so lange, bis das eine Gesellschaft auf Dauer nicht mehr aushält: Egoismus, als Individualität getarnt, statt Solidarität. Damit greift der Kapitalismus sich selbst an, er entzieht sich seine Basis. Die Thesen der Konzentration (und der sinkenden Profite bei entsprechend vielen Anbietern) erweisen sich von Adam Smith bis Karl Marx als zutreffend. Der Wirtschaftsjournalist Andreas Zielcke folgert: Die große Mehrheit erhalte mit niedrigeren Preisen auf Dauer auch niedrigere Löhne, und »in der

Doppelrolle als Arbeitskräfte und Konsumenten« arbeiteten die Menschen dem »Exklusivkapitalismus« in die Hände, »als seien sie seine Komplizen und Verlierer zugleich«.[34]

Eine extreme Interpretation »rationalen« Handelns findet sich bei Geldhäusern wie Goldman Sachs, die davon leben, dass in jedem einzelnen Geschäft ein Maximum für die Bank herauszuholen ist. Langfristig gute Beziehungen sind folglich nicht die Ziele der Chefs, die als eine Art Wanderarbeiter ihre Boni einstreichen, auch dann, wenn Banken später für ihre Geschäfte haften müssen.
Was ist noch frei am freien Markt, wenn die Globalisierung immer weniger Reichen immer mehr Kapital zuschaufelt, die ihrerseits weltweit die billigsten Arbeitskräfte suchen können? Wenn Arbeitsplatzsicherheit einer Mobilität zu opfern ist, die auch soziale Bindungen auflöst? Und wenn demokratische Rechte sich scheinbar legal in ökonomisch-oligarchische Prinzipien umwandeln? Dann wird aus der Freiheit des Marktes ein politischer Umsturz.

Die Schwierigkeit: Wie viel Regulierung ist erforderlich? Radikale Schnitte sind gefährlich, wenn man ein System ins Gleichgewicht bringen muss, wie das im Katastrophenmodell im Kapitel über die Kreativität (bei II.3.1) mit Hauruckentscheidungen gezeigt wurde. Das Pendel könnte zurückschwingen. Die Verbindung der Allmachtsfantasie der Politik mit der Hybris der Juristen macht uns glauben, man könne allein mit gesetzlichen Mitteln einen politisch erwünschten Idealzustand erzwingen. Bei dieser Annahme ist das Gleichgewicht zwischen Markt und Staat ebenfalls gestört. Auch hier: Der Staat neigt dazu, zu wenig und zu viel zu tun. Demokratie funktioniert nur mit Marktwirtschaft, nicht mit einer Vordefinierung des Marktergebnisses durch den Staat. Der Spielraum für die Selbstbestimmung der Akteure würde zu eng. Das war Planwirtschaft.

Doch leider ist auch richtig, dass zu all den Komponenten der Selbstzerstörung des ungebändigten Kapitalismus als Schwergewicht hinzukommt, was wir hier bereits als »Anthropozän«, als Zeitalter menschengemachter Umgestaltung der Erde, sehen mussten. Blindheit gegenüber einem nötigen Umsteuern innerhalb des beschriebenen schmalen Zeitfensters verstärkt noch die Effekte. Es wirkt die ungebändigte Kraft der Rationalität der Handelnden pur. Diese Rationalität konterkariert das koevolutionäre Prinzip, solange keine Gegenkraft in Form globaler Zügelung bis hinein in eine internationalisierte Regelung auch im Bereich der Steuern erwächst. Oder wie es das Projekt Weltethos als Weltgewissen formuliert.

Eine humane Weiterentwicklung der Gesellschaft bedarf neben Regelungen, die alle einsichtigen Wirtschaftsliberalen fordern mögen, auch einer kollektiven Bewusstseinsänderung durch Wertewandel. Der Ruf »Empört Euch!« des altersweisen Diplomaten Stéphane Hessel und die massenhaften Reaktionen darauf deuten die Richtung an. Mündigkeit und Freiheit waren durch die Aufklärung errungen. Das sind Individualrechte. Sie werden jedoch den Individuen mit der latenten Systematik von scheinbar ökonomischer Rationalität entzogen.

6.2. Marktmechanismen

Marktplatz, Wochenmarkt, Bauernmarkt oder für Lebensmittel generell der Viktualienmarkt sind Handelsplatz und auch Idyll. Im ökonomischen Sinn bedeutet »Markt« Zusammenführung und Ausgleich von Angebot und Nachfrage an Waren, Dienstleistungen oder Rechten. Dieses angestrebte Gleichgewicht kann aber in Schieflagen geraten.

Konzentration

Die Vernunft des Marktes wird durch die im Kapitalismus wirkende Rationalität untergraben. Die Gesetzmäßigkeiten menschlichen Antriebs und finanzwirtschaftlicher Beschleunigung führen zu Konzentration und Zentralisation von Kapital und Macht, die groß genug ist, um die staatlichen Rahmensetzungen für eine gedeihliche Marktwirtschaft zu durchbrechen.

In schroffem Gegensatz zum kommunistischen Ansatz hat der Kapitalismus unter der Fahne der Freiheit kaum Zügel angelegt bekommen. Was vernünftig als »soziale Marktwirtschaft« nach dem Zusammenbruch 1945 den Aufbau nicht nur in Deutschland gefördert hat und als gerechte Vermögensverteilung in Europa und den USA galt, hat unter einer zu weitgehenden Deregulierung bei einer immer rationeller funktionierenden Entwicklung des Wirtschafts- und Finanzsystems zu einer weltweiten Schieflage geführt. Die Digitalisierung verstärkt noch diesen Trend. Wenn nur einem Prozent der Weltbevölkerung so viel des Weltvermögens gehört wie allen anderen zusammen, also 99 Prozent der Menschheit, ist das schlicht der Gipfel der Gestörtheit eines rationalen Systems. Schwere Auseinandersetzungen sind programmiert.

Schon 1931 schrieb einer der Begründer der Betriebswirtschaft, Eugen Schmalenbach, in seinem Buch *Der freien Wirtschaft zum Gedächtnis,* dass der Wettbewerb und damit die freie Marktwirtschaft durch die Effizienzwirkung der Massenproduktion bedroht sei, also staatliche Monopolabwehr benötige. In einer globalisierten Wirtschaft mit der Gelegenheit zu Steuervermeidung und Umgehung von staatlichen Regulierungen und auch *global sourcing* von Personal und Material hat sich dieses Problem weiter verschärft.

Der Kapitalismus ist sehr wohl sozial gestaltbar durch Förderung von privaten Initiativen und mit einem Wettbewerbsrecht, das auch international die Märkte stärkt, Regionalisierung fördert und die Arbeit der Lobbyisten durch demokratische Prinzipien zähmt.

Ansetzen muss man bei einer globalen Steuerpolitik, verbunden mit Regulierungsmaßnahmen zugunsten einer Freiheit, die der Allgemeinheit dient – ähnlich wie beim Kartellrecht gegen Monopolbildung.

Ansetzen muss man mit intensiverem Einsatz für eine gute Ausbildung und auch für eine nicht ökonomisierte Bildung.

Ansetzen muss man mit viel Kreativität in der Entwicklung von Arbeitsplätzen, die dreifach bedroht sind: durch Rationalisierung in der Konzentration, durch Einsatz von Robotik und durch künstliche Intelligenz lernender Maschinen, mit deren Algorithmen die Arbeit auch beruflich hoch qualifizierter Menschen unterlaufen werden kann. Das Programm AlphaGo zum in Asien beliebten, hochkomplexen Brettspiel Go demonstriert eindrucksvoll, wie schnell das gehen könnte. »Selbst lernend« bedeutet Verselbstständigung. Am Horizont drohen autonome Waffensysteme, die Loslösung von menschlichen Werten, ja die Gleichgültigkeit gegenüber menschlicher Reflexion, erst recht gegenüber der Umwelt, wenn künstliche Intelligenz nicht eingefangen werden kann.

Um von dieser recht realen Vision auf die Gefährdungen zurückzukommen, die für die Arbeitsplätze nicht aus Richtung der Technik, sondern aus der Ökonomie drohen: Leider wirken Gegenmaßnahmen nicht isoliert, sondern nur im Verbund. So ist der Schutz des Wettbewerbs in der Wirtschaft eines der obersten Ziele der Europäischen Union, doch kann es ohne eine Steuerharmonisierung auch keinen fairen Wettbewerb geben. Wie soll ein regional tätiges Unternehmen, das eine hohe Steuerbelastung seines Heimatlandes tragen muss, mit einem Global Player konkurrieren, der alle Unternehmensgewinne nach Luxemburg, Irland oder auf die englischen Kanalinseln transferieren kann, wo sie nur geringster Besteuerung unterliegen? Das ist auch Betrug am Sozialstaat des Landes, in dem die Geschäfte gemacht werden. Aus dem idealistischen Bemühen um Förderung des Wettbewerbs wird eine Förderung internationaler Großkonzerne. Fairness und Marktwirtschaft sind aber ein untrennbares Paar.

Könnte es sein, dass das von dem Astronomen und Mitbegründers des Club of Rome, Erich Jantsch, eindrucksvoll beschriebene Prinzip der Selbstorganisation nicht nur in der Thermodynamik oder der Biologie – wenn sich aus Chaos Ordnung strukturiert und aus Aminosäuren Zellen des Lebens entstehen –, sondern auch in der Wirtschaft gilt? Unzählige Geldtransfers konnten sich zum Bankwesen strukturieren. Jantsch spricht bei der Vermehrung von Geld durch den Einsatz von Geld von einem »autokatalytischen« Prinzip, also von Selbstbeschleunigung.[35]

Marktpositionen, oder: Industrie kontra Pionier

Der technische Fortschritt erleichtert uns vieles: Autos zum Beispiel werden stärker, schneller, leiser und dabei immer leichter und verbrauchen weniger. Sie werden aber auch immer komplexer. Damit werden Reparaturen immer teurer, weil ganze Bauteile auszuwechseln sind, und das immer häufiger. Fehler können sich aufschaukeln, wenn Millionen von Fahrzeugen unterschiedlicher Hersteller, etwa wegen eines defekten Airbags, gleichzeitig in die Werkstätten zurückgerufen werden müssen, weil die Einzelteile von überall herkommen können – die Federn beispielsweise aus China.

Das Gegenteil solch weltweiter Zuarbeit verkörperte der Erfinder und Pionier Ludwig Elsbett. Dieser hatte Anfang der Sechzigerjahre in Hilpoltstein in Mittelfranken eine kleine, schön gestaltete, autonome und visionäre Motorenfabrik errichtet, auf deren zum Innenhof geneigtem Dach man Proberunden fahren konnte. Die Energie kam weitgehend aus eigenen Anlagen, in einem Bioteich haschten Fische nach Tropfen von Rapsöl, mit dem der Erfinder sie fütterte und seine Motoren betrieb.

Elsbett hatte den Junckers-Dieselmotor von Flugzeugen durch konsequente Reduzierung zum Dreizylindermotor weiterentwickelt, der keine herkömmliche Einspritzanlage benötigte und dessen Maschine relativ einfach aus Grauguss hergestellt werden konnte, ohne dass metallurgische Kostbarkeiten erforderlich waren. Es handelte sich bei dieser Maschine um einen 80 PS starken Motor, der auch zum 160-PS-Doppelmotor gekoppelt werden konnte. Er war mit Rapsöl zu betreiben und mit weniger als 5 Litern pro 100 Kilometer in den damals schwereren Karossen auch sehr sparsam. Das Rapsöl gewann der findige Unternehmer auf seinem Versuchsgut bei Wasserburg am Inn, indem er die Rapskörner mit ebendiesem Motor als Mühlenantrieb zu Öl quetschte. Den mineralhaltigen Abfall brachte er als Dünger wieder auf die Rapsfelder aus.

Jeder Landwirt, das war Elsbetts Vision, sollte mit dem Motor in Traktor und Pkw und der eigenen Rapsmühle seinen Hof autonom bewirtschaften können, indem er auf einem gewissen Anteil seiner Felder diese Ölpflanze aussäte. 75 hoch engagierte Mitarbeiter, die für seine Ideen brannten, zählte Elsbetts Unternehmen. Für ihn war die überschaubare Betriebsgröße auch deshalb ein Vorteil, weil alle Neben- und Wechselwirkungen bei Veränderungen am Motor, anders als bei den Spezialisierungen der Industrie, sofort analysiert und kompensiert werden konnten. Es war ein Konzept, das er sich für Industrienationen, aber vor allem für Entwicklungsländer vorstellte. Der Elsbett-Motor sollte auch nicht exportiert werden, sondern nur dessen Bauanleitung, denn diese Länder sollten mit eigenen Mitteln die leicht zu bauende Maschine aus Grauguss herstellen. Das wäre vor vierzig Jahren ein Modell konstruktiver Entwicklungshilfe gewesen.

Dagegen aber hatte die Industrie große Vorbehalte, sie hatte natürlich Interesse am Export der eigenen Karossen. Ein autonomes, dezentrales Konzept wie das von Ludwig Elsbett hätte den weltweit vernetzten Strukturen mit ihren marktmächtigen Positionen widersprochen. Nach Aussagen von Elsbett erklärte man ihm zudem aus dem Weltunternehmen Bosch sinngemäß: Wenn Bosch passt, unterstützen wir das, wenn nicht, wissen wir Mittel, es zu verhindern. Aber der Tüftler und Unternehmer brauchte diese Technik nicht, das war auch mit seinem Autonomieverständnis nicht kompatibel. Elsbett betonte jedenfalls, dass es ihm von wem auch immer verwehrt wurde, sein Motoren-Konzept in der für Insider so wichtigen *Motortechnischen Zeitschrift* (MTZ) zu platzieren.[36]

Das Unternehmen des Visionärs suchte dann andere Wege der Implantierung, ging aber schließlich in Konkurs. Wie gut passt Ulrich Becks Aussage dazu: »Die Zivilisation krankt an ihren Siegen«? Heute will man durch die Förderung von Start-ups Kreativität zurückholen.

Konsum – Zwang zur Entscheidung

Dass Schönheit Genuss provoziert und genossen werden will, zeigte uns das Attraktivitätsprinzip. Die Unvernunft der Rationalität dagegen äußert sich nicht im Genuss, sondern im Überfressen. Angeködert durch Genussstimulantien und Geschmacksverstärker der Konsumgesellschaft und ein ankonditioniertes Vergleichen, Konkurrieren und Neiden bringen wir uns um den Genuss eines Großteils unserer kostbaren Lebenszeit und um den Genuss der in uns schlummernden Talente. Warum hat sich das Wort vom »Konsumterror« eingebürgert? Weil dieser einen anspringt und mitschleppt und man dann immer das Günstigste – am besten das Beste möglichst billig – sucht. Diesen Wunsch unterläuft der kapitalistische Markt auf listige Weise, indem er Vergleichbarkeit durch geringfügige Variation in aufwendigster Verpackung und immer neuen Erscheinungsbildern erschwert, wo er doch Wohlergehen durch die Vielfalt eines freien Marktes verheißt und durch sie Freiheit und Selbstverwirklichung. Ist das aber Vielfalt oder organisierte Unübersichtlichkeit? »Alles muss raus« steht gegen »alles, was ich brauche«.

Der Wirtschaftswissenschaftler Fred Hirsch spricht angesichts des Überangebots an Waren in jedem Kaufhausregal von der ständigen »Tyrannei der kleinen Entscheidungen«. So werde das Glück des Erwerbs oft zum überfordernden Stress. Diejenigen, die sich solchem Stress nicht aussetzen könnten, würden immer mehr. Damit steige auch soziale Spannung.

Das bleibt wohl so, denn Konsum wird zur patriotischen Pflicht, gerade, wenn das Wachstum stottert. Aber je besser es uns dennoch in der Konsumgesellschaft zu gehen scheint, desto gravierender sind die Folgen. Da erleben wir dann den Grenznutzen des Fortschritts. Rationalität kontra Vernunft.

6.3. Big Data: Goldgräber und ihre Schutthalde

Eine Eingangsthese zu diesem Kapitel lautete: »Mit der Aufklärung tritt der Mensch aus seinem Schatten, mit der Datentechnologie tritt der Schatten aus seinem Menschen.« Die Datenschatten verselbstständigen sich. Aufgeklärte Menschen wollen ihre Schatten einfangen – vergebens.

Google, Facebook, Netflix, YouTube und all die anderen Datensammler sind die Goldgräber von heute. Beim Erhaschen unserer Datenschatten geht es um Milliardenmärkte. Jeder Einzelne kann nun gezielt gefischt werden.

Datenschutz ist kein Popanz. In Europa hat sich das Grundrecht des informationellen Selbstbestimmungsrechts aus dem Menschenrecht der Würde und dem Menschenrecht der Persönlichkeitsentfaltung herausgeschält. Auch diese Rechte könnten nun auf dem Altar des »freien« Marktes geopfert werden. Ja, Transparenz ist ein fundamentales Element aller freiheitlichen politischen Strukturen. Sie ist Voraussetzung der Demokratie und Merkmal des Rechtsstaats. Aber Durchsichtigkeit ist gerade *kein* Merkmal und *keine* Verpflichtung des Bürgers und der Persönlichkeit.

Es kann nicht als Kulturpessimismus abgetan werden, wenn man die Übertragung dieser für Organisationen erforderlichen Transparenz auf die Individuen, auf ihre Bedürfnisse, Vorlieben und ihre Lebensgestaltung als Gefahr betrachtet. Es ist kein Kulturpessimismus, darin einen Einstieg in eine Diktatur der Milliardäre mit nicht überschaubaren sozialen Konsequenzen zu sehen und diese Einflüsse noch verstärkt zu erwarten.

Die sozialen Ungleichheiten verschärfen sich rapide. Vor allem: Die Würde wird geschleift. Da sucht eine Frau im Internet ein einziges Mal nach rezeptfreien Arzneimitteln gegen Schlaflosigkeit, wird anschließend mit entsprechender Werbung zugemüllt und vielleicht demnächst mit Fragen ihrer Krankenkasse behelligt. Dies nur als relativ harmloses Beispiel. Aber schon das zeigt den Verlust der Privatsphäre an. Gleiches gilt für persönliche Stärken wie für

Schwächen, für hehre Vorlieben wie für sonderbare Neigungen. Der Verlust des Privaten ist der radikalste Paradigmenwechsel in der westlichen freiheitlichen politischen Kultur.

Die digitale Revolution verändert alles; chancenlos, wer sich an ihr nicht beteiligt. Die Kunden werden zu Opfern, denn sie spüren zunächst kaum, mit welch teurer Währung sie für vermeintlich billige oder kostenfreie Produkte bezahlen: Sie zahlen mit ihren Daten, die als Produkte weiter gehandelt werden.

Auch erscheint es durchaus rational, dass dabei neue Berufe alte ablösen. Aber dieser untergehenden Berufskultur, wie am Beginn dieses Kapitels unter 2. aufgezeigt, steht die Monotonie von Service-Centern gegenüber, der dezentralen menschlichen Nähe die kalte Distanz. Das Problem ausreichender Arbeitsplätze wird derzeit bei uns nur überdeckt. Der Netzkritiker Andrew Keen verweist auf den Umbruch von analoger zur digitalen Fotografie, wodurch Kodak von 145 000 Arbeitsplätzen auf 9000 geschrumpft und der Firmensitz, die Stadt Rochester, als zerstörter, krimineller Ort zurückgeblieben sei. Die Musikindustrie habe sich durchs Internet halbiert. Kreativität leide. Und was die sogenannten sozialen Netzwerke angehe, seien diese extrem asozial und würden unter der Fahne der Transparenz nur der Selbstdarstellung und dem Narzissmus ein Podium bieten, um die Daten der User abzufischen.[37] Nicht, dass die technische Evolution aufgehalten werden sollte oder könnte, sei hier thematisiert, sondern der menschliche Umgang damit.

Die in der Etablierung des World Wide Web liegende Rationalität als instrumentalisierte Vernunft bedarf dringend einer weltweit schützenden Vernunft, also der Etablierung von Spielregeln zur Bändigung dieses Selbstläufers. Denn es gibt keine Selbstorganisation im Netz, die der ausgleichenden Selbstorganisation der Natur vergleichbar wäre. Es fehlt die Polarität gegenüber den Monopolen, solange sich die Massen der Nutzer nicht erfolgreich erheben. Welche adäquaten Instrumente hätten sie? Und welches Bewusstsein haben sie, wenn schon die Computerkids als *consu-*

mer konditioniert werden? Die Desensibilisierung spielt auch der Überwachung durch die Geheimdienste in die Hände, wie vorhin gesehen.

Die totale Transparenz aller Vorgänge – und dies immer mehr in Echtzeit im öffentlichen, beruflichen und privaten Leben – vernichtet erforderliche Schutzräume sowohl für Intimität wie für die Meinungsbildung. Eine solche braucht bis zu einer vernunftgemäßen Entscheidung eine gewisse Zeit für die Prüfung der Bedingungen und dazu auch ein Mindestmaß an Distanz und Abschirmung. Dies gilt in besonders hohem Maß für die Träger weitreichender Entscheidungen, denen stets Sofortlösungen abgerungen werden wollen.

Die gnadenlose Zwangsläufigkeit ökonomischer Rationalität hin zu einer ihrer Diskretion entkleideten Persönlichkeit macht diese schutzlos und verletzlich und deshalb ängstlich und manipulierbar. Totale Transparenz des Privaten ist merkantiler Totalitarismus, der den Rechtsstaat aushöhlt. Totale Transparenz entreißt der Persönlichkeit den Schutzschild des informationellen Selbstbestimmungsrechts, greift ihre Würde an und kann auch einem politisch totalitären System den Weg eröffnen. Durchleuchtung der Privatheit ist deshalb die größte Herausforderung für die nationale und die internationale Rechtsordnung seit der Anerkennung von allgemeinen Menschenrechten und der Teilung der Staatsgewalten, wenn Gesetzgebung und Rechtsprechung noch ur-humane Werte wie Individualität und eigenverantwortliches überlegtes Handeln und damit letztlich die Idee des demokratischen Rechtsstaats bewahren oder wiederherstellen wollen.

6.4. Misswirtschaft: Beispiel Atomenergie

»Ich hatte Zweifel, aber Fukushima hat mich vom Wert der Atomenergie überzeugt« – so spitzt der britische Anti-Umweltaktivist George Monbiot zu. Es gebe bislang keine Toten, »obwohl die

Kernreaktoren in Japan dem härtest möglichen Test unterworfen wurden, nämlich einem der schlimmsten Erdbeben und einem Tsunami«. Deshalb, so Monbiot, liebe er die Atomenergie. Sein amerikanischer Gesinnungsgenosse Stewart Brand assistiert ihm: Deutschland bleibe allein und handele verantwortungslos, denn aus wirtschaftlichen Gründen und angesichts der Bedrohung durch Treibhausgase könnten wir nicht auf Atomkraft verzichten. Beide zitiert Ulrich Beck, der Wortpräger der »Risikogesellschaft«, in seinem Plädoyer für den Ausstieg aus dieser Energieform[38] und fragt: »Warum sind ausgerechnet Amerikaner, Briten und Franzosen, die der Freiheit einen so großen Wert beimessen, blind für diese emanzipatorischen Konsequenzen«, wo doch Atomenergie hierarchisch und antidemokratisch, Sonnenenergie dagegen demokratisch sei? Die Frage ist zwar rhetorisch gemeint. Aber eine Antwort ist doch fällig: Die tappen in die Rationalitätsfalle. Sie sehen die Langzeitperspektiven nicht in ihrer Tagesgeschäftigkeit. Sie werden zu Zynikern, ohne es zu merken; sie blicken nicht über den Tellerrand, während sie immer noch als Fettaugen auf der Suppe ihrer Großtechnik-Euphorie schwimmen.

Die Rechnung aber muss eine Gesamtbilanz sein – von Uranabbau und -aufbereitung, Reaktorbau, Betrieb und Wartung, Investitionen in Sicherung (Terror, Flugkörper) und Sicherheit, sichere Transporte, Rückbau nach spätestens sechzig Jahren (dieser wird je Anlage auf derzeit mindestens eine Milliarde Dollar veranschlagt), vor allem dann Ent-Sorgung. Dieser harmlose Begriff taugt hier eigentlich überhaupt nicht, weil für mehrere Hundert Generationen die sichere Endlagerung zu garantieren ist, die – von Finnland abgesehen – noch kein Land gelöst hat. Unsere Nachgeborenen könnten uns mit unserem Rationalitätsverständnis verfluchen. Und während des Betriebs fallen in unregelmäßigen Abständen durch menschliche Fehler und die Aktivität der Erdkruste die Schäden von GAUs und Super-GAUs mit Landverseuchung und Tausenden von Krebsfällen an.

Außerhalb der Kostenrechnung stehen also die Verantwortung

gegenüber den Nachkommen, die Vorteile der Dezentralisierung für Gesellschaft, Mittelstand und Energiesicherheit, die Bannung von Cyber- und direkten Attacken und die Herausforderung kreativer Lösungen des Energiehungers.

Die Ursache der Probleme scheint das menschliche Denken zu sein: Die Gefahr ist fern, sie trifft mich nicht, die Kosten lassen sich günstig darstellen, denn sie werden in die Zukunft verschoben. Was sind schon die paar Jahrzehnte, wenn man Zehntausende von Jahren ausklammert?

Lobbystrukturen korrumpieren Politik weltweit, obwohl »wir wissen, dass diese Dimensionen zeitlich, räumlich und sozial entgrenzter Folgen auf die regenerativen Energien nicht zutreffen«, stellt Ulrich Beck fest. »Wer dagegen wie Monbiot davon ausgeht, dass nur Tote zählen, nicht die genetischen Schäden ungeborener Generationen, die Evakuierten, die niemals zurückkönnen, der betreibt Risikowissenschaft als Ideologie«[39] – auch mit denen, die der Krebs nach der von ihm gesetzten Frist sich holt.

Die Natur, von der wir immer mehr lernen können, verhilft zur Unabhängigkeit. Jedenfalls ist der Aufbruch in Deutschland getan, durch den Schock von Fukushima ausgelöst, aber ohne »German Angst« im Blick auf Neues, das in Forschung, Entwicklung und Umsetzung eine größere Herausforderung werden wird als gedacht. Aber es ist ein Schritt der Vernunft. Denn nun ist eine strukturelle Last abzuwerfen durch den Zugewinn einer Kreativität, die aus Rückbesinnung Fortschritt werden lässt.

6.5. Der Wert im Geld – zum Abheben

Geld steht für einen Wert. Aber für welchen? Für den, sein Leben nach seinen Wünschen gestalten zu können? Eine schwierige Aufgabe, selbst mit Geld, wie diese wahre Begebenheit verdeutlicht:

Investmentbanker von überall auf der Welt machen sich zu einem gemeinsamen Seminar in Singapur auf. Dort stellen sie sich einander vor, aber natürlich ohne Angabe ihres Einkommens. Doch das ist gleich das wichtigste Thema am ersten Abend. Die Teilnehmer sammeln die Angaben – anonym auf Zetteln – in einem Topf. Dabei ist auch ein 29-jähriger Aktienhändler aus Deutschland, der das Vertrauen seines Bosses in einer Weise genoss, dass dieser sein Jahresgehalt gerade auf 420 000 Euro verdoppelt hatte, was den Aktienhändler beglückte. Nun zieht einer der Teilnehmer die Zettel und liest vor. Als das Einkommen unseres Kandidaten verlesen wird, lacht die Runde – weil es einen Ausreißer nach unten darstellt. Unzufrieden, wie er nun ist, trägt er dies seinem deutschen Chef vor, mit der Bitte um Gehaltserhöhung. Geld und Glück sind offenbar sehr labile Partner.

Was unser Bankangestellter als Wertpapierhändler beruflich macht, ist im Prinzip Wirtschaftsförderung: Er leitet Investitionen hin zu Projekten, die prosperieren wollen. Auf diese Weise gelangen Investments im Zeitalter der Globalisierung rund um den Erdball an den Platz, wo sie den Menschen Nutzen stiften – zum Beispiel in der Vergangenheit in Schwellenländer zum Aufbau der Wirtschaft dort. Damit liegt aber eine große Distanz zwischen dem Investor und der Verwendung seines Geldes.

Solche geografische Entfernung kann sich sachlich noch erheblich vergrößern, wenn das Investment durch viele Hände und Institutionen mehrmals um den Globus kreist. Das ist inzwischen der Regelfall. Jeder, der das Kapital übernimmt und weiterreicht, sollte deshalb für genau dieses Investment eine besondere Kompetenz einbringen. Das kann in der Fähigkeit zur Strukturierung von Zahlungsströmen liegen, in der Kenntnis bestimmter Märkte oder Produkte oder in einem System, besonders erfolgreiche Fondsmanager zu identifizieren, die dann Geld einsammeln. Natürlich will auch jeder auf seiner Stufe etwas verdienen.

Eine solche Folge von Akteuren nennt man »Intermediationskette«, sie kann im Extremfall bis zu vierzig Glieder haben. Solche Glieder oder Zwischenstufen können nun spezialisierte Fonds sein, Dachfonds, Zweckgesellschaften, Banken oder Hedgefonds. Damit wird aus der an sich sinnvollen Spezialisierung eine Art Kettenbrief mit unkalkulierbaren Risiken.

Bei so vielen Beteiligten fallen so viele Provisionen an, dass das Geschäft für den Endinvestor nur schiefgehen kann. Denn wer in der Kettenmitte steht, hat keinerlei Bezug mehr zum Investor und zum Projekt, das dieser fördern wollte. Er muss auf Preisschwankungen am Markt spekulieren. Der Wirtschaftsforscher Hans-Werner Sinn nennt das »Kasinokapitalismus«. Die Händler in der Kette verwenden alle verfügbaren Instrumente, auch Derivate mit ihren unvorstellbar großen Volumina (ca. 700 Trillionen Dollar), die das Bruttosozialprodukt der Erde (ca. 76 Billionen Dollar) etwa um das 9000-Fache (!) übersteigen. Was ist das noch für ein Wert, wenn er nicht mehr vorstellbar ist?

Vielfach ist der Einsatz von Derivaten sinnvoll, denn Unternehmen können mit Derivaten Risiken absichern und damit auch Arbeitsplätze erhalten. Die Komplexität vieler Risiken, insbesondere der Zinsänderungsrisiken, schlägt sich in einem hohen Derivatevolumen nieder, das zur Absicherung erforderlich ist. Aber das allein kann diesen gewaltigen Markt nicht erklären. Ähnlich wie in den oben beschriebenen Intermediationsketten der Finanzierung werden auch hier Risiken unendlich weitergereicht, immer in der Hoffnung, aus minimalen Preisschwankungen und Fehlbewertungen einen Gewinn ziehen zu können. Menschen sind da immer weniger involviert, das machen die Computer unter sich aus. Es entsteht ein System, in dem die Preise fast mit Lichtgeschwindigkeit auf Informationen reagieren. Ist das ein System, das sich selbst befeuert, oder hat es noch mit realen Informationen zu tun? Das weiß niemand. Die Risiken sind letztlich nicht beherrschbar, doch alle haben sie zu tragen, wenn das Geld so abhebt.

Die Verlockung des Geldwerts lässt eine Welt entstehen, die wenig mit den Bedürfnissen der Menschen und den realen Produkten zu tun hat. Es gibt dabei keine wirtschaftliche Wertschöpfung und keine Unterstützung der Dynamik des Lebensprozesses, die sich durch Vitalität, Produktivität, Robustheit und zugleich Elastizität auszeichnen kann.

Die Finanzakteure in diesem System können durch ihre Macht und durch Entfremdung und Dehumanisierung zu einer großen Gefahr für die Gesellschaft werden. Ein Beispiel zeigt der auf Tatsachen beruhende Dokumentarfilm *The Smartest Guys in The Room* aus dem Jahr 2005. Es geht darin um die Manipulation von Elektrizitätspreisen im Jahr 2001 durch Mitarbeiter des US-amerikanischen Energiehändlers Enron in Kalifornien. Hunderttausend Menschen hatten bei diesem »Rolling Blackout« keinen Strom. Die Guys lachten sich einen, als Verkehrsampeln, Straßen, Wohnungen und Krankenhäuser dunkel wurden; der Gouverneur musste den Notstand ausrufen, öffentliche Energieversorger mit Stromlieferzwang hatten überteuert einzukaufen und gingen dann in Konkurs.

Am Ende ist der Wert des Geldes eine Illusion. Ein sieben Jahre altes Mädchen brachte das in einer Kindervorlesung des Finanzexperten Hans-Peter Burghof an der Universität Hohenheim in einem Börsenspiel zum Ausdruck, in dem eine Schokoladenfabrik mit Aktien finanziert wurde. Über Preisschwankungen konnte man Geld verdienen. Die erfolgreiche Kleine am Ende: »Ich will doch nicht das Geld, sondern die Schokoladenkekse!« Die Grenzen des Geldwerts.

6.6. Spieltheorie und die Grenzen der Rationalität

Jeder hat so seine eigenen Werte. Wenn wir uns der Rolle bewusst werden, die wir im Leben spielen, erleben wir uns als Person unter vielen anderen, mit denen wir interagieren. Das Ergebnis unseres Handelns hängt also auch davon ab, was andere tun.

Jedes menschliche Handeln ist gleichzeitig ein Abgleichen der eigenen Wertvorstellungen und Interessen mit den Wünschen und Strategien der anderen. Auch wenn sich jeder Einzelne bemüht, richtig zu handeln, kann das Ergebnis der Interaktionen gänzlich vom erwarteten Ergebnis abweichen. Aus der Vernunft des Einzelnen folgt nicht notwendigerweise ein »vernünftiges« Ergebnis.

Die sachgerechte Analyse solcher Fragestellungen ist von höchster Bedeutung für Politik und Diplomatie, für wirtschaftliche Entscheidungen, für soziale Konfliktsituationen, für Teile der Rechtswissenschaften. Mit der Spieltheorie haben die Wissenschaften ein Denkmodell zur Beschreibung solcher Interaktion und ihrer Ergebnisse erfunden. Die Erfahrungen hieraus machen sich inzwischen auch die Psychologie (bei der Konfliktbewältigung), die Biologie (für evolutionär stabile Strategien), die Informatik (für die künstliche Intelligenz) und die Linguistik (bei der Textanalyse) zunutze.

Bei dieser Theorie, die sich schon im 19. Jahrhundert aus der Mathematik entwickelt hat, geht es darum festzustellen, wie sich mehrere Beteiligte gegenseitig beeinflussen: Wie kann man rationale Entscheidungen unter Berücksichtigung des ungewissen Verhaltens anderer treffen? Das hat schon so manchen Wirtschaftswissenschafts-Nobel-Lorbeer eingebracht. Allerdings nicht für John von Neumann, dem mit seinem – zusammen mit Oskar Morgenstern verfassten – Werk *Spieltheorie und wirtschaftliches Verhalten* 1944 der Durchbruch in der mathematisch-ökonomischen Verbindung gelang.

In den zurückliegenden vier Jahrzehnten entstanden die sogenannte »kombinatorische« und die »algorithmische Spieltheorie« und für die Biologie sogar eine »evolutionäre Spieltheorie«.

Ausgehend von den Präferenzen des Einzelnen, also seiner Ausgangslage, seinen Interessen und seinen Handlungsmöglichkeiten, modellieren die Spieler oder Anwender einen Spielablauf, aus dem sich dann mögliche Gleichgewichtssituationen ableiten lassen. Ein Gleichgewicht ist offenkundig eingetreten, wenn kein Spieler die eigene Strategie ändern möchte. Das ist ein temporäres Ereignis. Die kritische Annahme der Spieltheorie ist, dass sich solche Gleichgewichte auch als Ergebnis des Spiels einstellen. Das Gleichgewicht wird damit zur Prognose für das Resultat des Spiels.

Das Gleichgewicht wird dadurch gefährdet, dass sich die Ausgangslage eines oder mehrerer Spieler ändert, zum Beispiel durch Teilnahme an einem anderen Spiel – die komplexe Situation etwa der Politik. Bei allem Handeln ist somit das Verhalten der anderen mit hineinzudenken. Es entsteht eine Situation strategischer Interaktion zwischen den Handelnden, die das Gewollte oft ins Gegenteil verkehren kann. So schön man sich die Sache ausgedacht hat, die anderen spielen so nicht mit und haben meistens gute Gründe für ihr abweichendes Verhalten.

Die Gestaltung von politischen Lagen und von Märkten müssen daher die Handlungsanreize aller Beteiligten berücksichtigen. In der fehlenden Vorhersagbarkeit des Zusammenspiels liegt wohl auch die wichtigste Grenze menschlicher Gestaltungsmöglichkeit. Das wohldurchdachte Spiel kann durchaus im Chaos enden, und es kann bei Vorliegen mehrerer Gleichgewichte auf ein Gleichgewicht zulaufen, das man nicht im Blick hatte, und wenn doch, das man auf keinen Fall angestrebt hätte.

Wir spielen das große Spiel des Euro, und wir spielen es heute mit Strategien, die wir zuvor für abwegig und durch die Konstruktion des Spiels für ausgeschlossen gehalten haben. Wir schaffen einen Mechanismus mit einer unabhängigen Zentralbank, welcher die Stabilität der neuen Währung gewährleistet. Als Teilspiel schaffen wir einen Auswahlmechanismus, nach dem unabhängige Persönlichkeiten in den Zentralbankrat berufen werden und dort allein dem Geldwert verpflichtet handeln. Aber wir haben offenbar eine Situation nicht berücksichtigt, in der viele dieser Persönlichkeiten sich eben doch in erster Linie ihrem Land und seinen Problemen verpflichtet sehen. Dass diese Zentralbank einmal Konjunkturpolitik und Staatsfinanzierung betreiben würde, war nicht vorgesehen. Ist das nun ein richtiges oder falsches Ausscheren aus dem Sachzwang? Darüber wird heftig gestritten.

Kann das System aber nicht auch im Ungleichgewicht verharren oder sich sogar wie in einem Pendelschwung immer weiter vom Gleichgewicht entfernen? Und kann es nicht andererseits auch mehrere Gleichgewichte geben, und welches Spiel wird dann gespielt? All dieses sind mögliche Ergebnisse, die sich für Problemstellungen im Rahmen der Spieltheorie ableiten lassen. Für Menschen, die eine vernünftige Lösung eines gesellschaftlichen oder wirtschaftlichen Problems anstreben, ergibt sich daraus jedoch eine erhebliche Erschwernis.

Ein typisches Problem multipler Gleichgewichte ist der sogenannte »Run«. Ein solcher Run kann Banken, Staaten oder jede andere Institution treffen, die sich überwiegend mit kurzfristigen Mitteln finanziert. Ziehen einige der Finanziers ihre Einlagen ab, muss die notwendige Liquidität bereitgestellt werden. Staaten müssen sich dafür teurer an anderer Stelle die notwendigen Mittel beschaffen, Banken müssen ihre eigenen langfristigen Anlagen kurzfristig zu Geld machen. Beides erzeugt Kosten für die betroffenen Institutionen. Diese Verschlechterung lässt andere Anleger an der Sicherheit ihrer Anlage zweifeln. Ziehen sie dann auch ihr Geld ab, kommt es zum Crash. Offenbar gibt es in diesem Spiel zwei Gleichgewichte: dasjenige, bei dem alle stillhalten und in der keine Besorgnis die Stimmung trüben kann, und das »Run«-Gleichgewicht, in dem jeder versucht, so schnell wie möglich an sein Geld zu kommen.

Übertragen also die Anleger als Finanziers der Banken ihre Zweifel von einem einzelnen von einem Run betroffenen Institut auf andere Banken, die sie in ähnlicher Bedrängnis vermuten, kann es zum Run auf das gesamte Bankensystem kommen. Dieser allgemeine »Bank Run« ist eine Art Urkatastrophe der Marktwirtschaft, führt er doch zum Zusammenbruch des gesamten Zahlungs- und Kreditsystems und damit zu schwersten wirtschaftlichen Schäden. Er ist als ein mögliches rationales Ergebnis des Spiels zwischen Kapitalgebern und Banken nie hundertprozentig auszuschließen. Man kann nur versuchen, durch Regulierung der Märkte und Kontrollmechanismen die Wahrscheinlichkeit einer solchen Situation möglichst gering zu halten. Hierzu bedarf es jedoch nicht der kurzatmigen Rationalität, sondern eher der Intuition und Vernunft.

6.7. Der Output, oder: Was hinten rauskommt

Man kann es vornehm oder derb ausdrücken, es ist aber nicht edel, was am Ende des Wirtschaftens übrig bleibt.

Die Folge des Konsums ist der Müll der Wegwerfgesellschaft, wissenschaftlich betrachtet »Entropie«. So nennt man es, wenn geordnete Systeme in ungeordnete, chaotische übergehen.

Beobachten wir Kunststoffabfall, von dem das Land überquillt und die Meere immer mehr verseucht sind. Es gäbe Plastik auch als restlos biologisch abbaubaren Kunststoff, er wäre allerdings um etwa zwei Drittel teurer als rationell produzierter. Dessen Nanopartikel sind überall, sie gelangen sogar in Kosmetika und dringen über die Haut in unseren Organismus ein. Was tun sie da? Sie gelangen als Fetzen in Schlund und Mägen von Seevögeln, Fischen und Meeressäugern. Was tun sie da? Wir wissen noch zu wenig.

Eine Studie des niederländischen Forschungsinstituts Alterra zählt in den Mägen von 600 toten Eissturmvögeln 95 Prozent unverdaulicher Abfälle, davon 44 Plastikteile pro Tier. Das Umweltprogramm der Vereinten Nationen (UNEP) schätzt, dass sich bis hinunter in die Tiefseegräben 142 Millionen Tonnen von Plastikabfall angesammelt haben, der teilweise Hunderte von Jahren überdauern könne. Durch den Zerfall könnten aber die ökologischen Probleme erst noch richtig beschleunigt werden. Leberschäden durch Mikroplastik werden dann nicht nur bei Fischen nachgewiesen werden.

Unordnung entsteht nicht nur durch Abfall. Brennbare Gase sind Energieformen von hohem Ordnungszustand, auch chemische Energieträger wie Öl, Holz oder Kohle. Durch deren Verbrennung wird Energie nicht verbraucht, sondern nur umgewandelt von vorher geordnetem in den nun ungeordneten Zustand der Wärmeenergie. Mit ihrer Zunahme in der Zivilisation nimmt die Entropie, die Unordnung, zu.

Er heißt nicht Flocke, auch nicht Knut. So wie er schaut, geht's ihm nicht gut. Mit größter Anstrengung hat er diese kleine Scholle erreicht – in einer Arktis, die noch seinen Eltern und Ahnen großflächige, zusammenhängende Eislandschaften bot. Die Unvernunft der Rationalität eines ungehemmten Verbrauchs fossiler Energien setzt ihm erkennbar zu, denn sie erwärmt die Meere, lässt die Polkappen immer schneller abschmelzen und rottet mit den Fischbeständen auch seine Nachkommen aus. Die Meeresspiegel steigen, Wolkenbildung, Regen und Sturmgeschehen nehmen zu, der Verlauf des Golfstroms ist gefährdet.

In der Rationalitätsfalle

Politiker und Wähler, Produzenten und Konsumenten, Wissenschaftler und Laien – wir alle tappen täglich mehrfach in die Rationalitätsfalle.

Unser Konsumverständnis bedient sich üppig der Ressourcen des Planeten. Es denkt überwiegend an die Endlichkeit von Öl und Gas, wovon der Planet mit zweifelhaften Methoden immer mehr hergibt, statt an die Endlichkeit der Ressource Atmosphäre. Dort, wo an die Begrenztheit der Aufnahme von Kohlendioxid in der Erdhülle gedacht wurde, war und ist die Nutzung der Radioaktivität Ausrede und Propaganda, doch sie verlagert die Belastung nur in die Zukunft.

Solche Unvernunft zerstört die lebens- und überlebensnotwendige Ausgewogenheit und Harmonie unserer in vier Milliarden Jahren kraftvoll – und zugleich durch jeweils ausbalancierende Gegenentwicklungen über Polarität und wechselseitige Attraktivität behutsam – entstandenen Welt. Damit zerstört sie auch ihre Schönheit. Sie greift ein in die natürlichen Abläufe des Grundgesetzes der Evolution.

Es ist aber durch unsere Spezies auch neue Schönheit entstanden in Vielfalt und überschaubaren Einheiten mittelständischer Agrarkultur, in beweideten Almwiesen, in gemütlichen Dörfern und wohnlichen Städten, in der Architektur von Hochhausschluchten und in Lichtermeeren. Mit der Lebensqualität von gelebter Nachbarschaft genauso wie der von großstädtischer Anonymität. Wie nun umgehen mit der wachsenden Weltbevölkerung und ihren Bedürfnissen, wenn ein Grundbedürfnis bleibt – das nach Schönheit? Dieses musisch-ästhetische Grundbedürfnis haben wir bei der Kreativität nach innen als konstituierend für die persönliche Entwicklung festgestellt.

7. DIE ROLLE DER MEDIEN

Alle auf das Recht anderer Menschen bezogenen Handlungen, deren Maxime sich nicht mit der Publizität verträgt, sind Unrecht … Dieses Prinzip ist nicht nur ethisch … sondern auch juridisch zu betrachten.
Immanuel Kant, *Zum ewigen Frieden*

»Transparenz« ist die moderne Ausprägung dieser von Kant geforderten Publizität. Sie ist ein fest verankertes Rechtsstaatsprinzip, zu dem die Massenmedien entscheidend beitragen. Transparenz für Interaktionen ja, aber keine Durchleuchtung der Person. Denn die Grenzen der Durchleuchtung liegen im Persönlichkeitsrecht, im Schutzbereich jedes Individuums.

7.1. Die Erhitzung des psychischen Weltklimas

Die Arbeit der Medien unterliegt ganz selbstverständlich auch der Rationalität als einer instrumentalisierten Vernunft. Aber es ist komplizierter: Das Spielfeld von Presse, Funk und Internet ist nicht der Rasen auf dem Boden der Tatsachen, die Medien sind der Spiegel für das Spiel in der Arena.

Wir müssen versuchen, die komplexen Sachverhalte der massenmedialen Kommunikation auf prägnante Begriffe zu bringen, um die Mechanismen und Wirkungen zu erkennen. Diese Sprachbilder und die folgenden Gedanken seien deshalb nur skizziert und als kurze Denkanstöße in den hier vertretenen Zusammenhang eingeführt.[40]

Alle Medien kämpfen um Aufmerksamkeit. Deshalb sind schon die News-Selektion, die Aufmachung und die Themengewichtung am erzielbaren Erregungspegel, also an allen Schrecknissen überall auf dem Globus und für alle auf dem Globus, ausgerichtet.

Das hat eine Kette von Effekten:

Es wirkt in Publizistik und Gesellschaft mit der Themenkonzentration eine sich selbst verstärkende *Schreispirale,* wie diese Aufschaukelung quer durch alle Medien zu nennen wäre und wie wir sie im Internet als »Shitstorm« kennen. Diese Schreispirale ist das Gegenstück einer von Elisabeth Noelle-Neumann erkannten »Schweigespirale«.[41] Nach diesem Denkmodell verstärkt sich die Hemmung zum Äußern der eigenen Meinung statistisch signifikant, wenn die Ansichten von der vermuteten herrschenden Meinung abweichen. Doch erscheint eine Schreispirale dominanter in Erscheinung zu treten. Durch die Aufreger und Angstmacher, verstärkt noch durch die global vermittelte Gleichzeitigkeit aller Ereignisse, kommt es als Folge des für die Reichweite überall angestrebten Erregungspegels zu einer »Erhitzung des psychischen Weltklimas«. Dabei muss man sich bewusst machen, dass jede Botschaft in die berichtete Realität eingreift, also eine wirklichkeitsverändernde Handlung ist.

Die Medienmaschinerie dreht ein großes Rad, um die in der News-Welt erzeugte Erregung und Grundangst für sich zu nutzen und sie dann in der Entertainmentwelt, der *Unterbewusstseinsindustrie*, entsorgen zu können. Aufregen und beschwichtigen, Angst machen und die Sorgen entfliehen lassen: Es ist ein *Angst-Fluchtrad,* das alles bewegt und das sich sogar als kleines Rädchen genauso auch im Plot der einzelnen fiktionalen Produktion mit dreht – zum Beispiel mit dem zu Herzen gehenden Zerwürfnis des schönen Paares und dem nach weiteren aufregenden Verwicklungen folgenden Happy End. So wie in dieser einzelnen Dramaturgieform betreiben generell die News-Selektion und die Unterbewusstseinsindustrie Erregung und Betäubung strukturell und global in ihrem Wirkungsfeld nach dem Motto: Es ist alles furchtbar, aber man kann sowieso nichts dagegen tun. Zieht euch lieber noch einen Joint rein und löst eure Sorgen in Rauch auf.

7.2. Von der öffentlichen Meinung zur öffentlichen Stimmung

Je weiter sich die Massenmedien ausdifferenzieren, desto deutlicher wächst der Unterhaltungsanteil an ihrem Gesamtprogramm, kommerzielle Interessen bedienend und über deren Einnahmen das gesellschaftliche Unterhaltungsbedürfnis wieder anfütternd. Parallel zu dieser Programmentwicklung weiten sich Fächer wie »Medienökonomie« und »Public Relations« an den Hochschulen immer mehr aus – zum Nachteil von unabhängiger Kommunikation als dem höchsten gesellschaftlichen Gut. Die Rationalität rückt vor: Botschaft muss sich rechnen, sie wird vom Rechenergebnis her definiert. Bei der Doppelnatur der Medieninhalte, zugleich Ware und Botschaft zu sein, gewinnt die Ware die Oberhand. Der Kommerzialisierungsdruck nimmt brutale Ausmaße an. So wird die öffentliche Meinung immer stärker von Themen der »Society« statt denen der Gesellschaft geprägt. Die Begriffe werden in ihrer Wertigkeit vertauscht. Beispiele sind die Präsentation von A-, B- oder C-Promis, Moden, Trends, »Superstar«- und »Topmodel«-Kreierung, »Ins« und »Outs«, die Symbole von hoch und runter des Daumens als Vorgabe einer Richtung, Smileys oder »gefällt mir/gefällt mir nicht«-Tippen. Das hinterlässt Spuren auch in der Politik und ist für Typisierungen und für persönliche wie auch politische Entscheidungen bedeutsam.

Die gesellschaftlich relevante Inhaltsleere amerikanischer TV-Programme spiegelt sich in den personalisierten Wahlkämpfen dort. Bei uns gilt Ähnliches für die Macht des Boulevards durch Selektion und leuchtend rot gedruckte Schwarz-Weiß-Wertungen, denen die Qualitätsmedien oft hinterherlaufen.

Das Meinungsklima im Wechsel von Hoch und Tief, von Anerkennung und Aufmerksamkeit gegenüber einer sich verstärkenden Thementabuisierung will das erwähnte Modell der Schweigespirale verdeutlichen: Die Themen- und Meinungstabus, so Noelle-Neumann, würden sich unter dem öffentlichen Druck der jeweils vorherrschenden Meinungsmacht verstärken. Es ist noch gravierender, wenn dann nicht nur Meinungen, sondern wichtige Themen unterdrückt werden. Diesem Trend steht die hier so bezeichnete, eben angeführte *Schreispirale* als gegenläufige Tendenz gegenüber, die durch die »Meinungsschleudern« aus dem Internet noch angetrieben wird und ebenfalls übertönt, was heute zu bedenken und zu behandeln wichtig wäre.

Unter vielen Trends als Folge der Digitalisierung steht schon wieder ein neuer am Start, der das Kommunikationsverhalten verändern könnte: Jedermann als Sender. Live-Streaming über eine neue App (Meerkat) erlaubt es Herrn oder Frau Jedermann, mit dem Smartphone das Geschehen rund um diesen persönlichen Sender für alle Nutzer der App unvermittelt als direkte Live-Übertragung sichtbar und hörbar zu machen.

Kommt nun kostenloser Live-»Bürger-Journalismus« ohne Berücksichtigung von Persönlichkeitsrecht, mit Narzissmus, Mobbing, Abenteuer- oder Verbrechensdokumentation auf uns zu? So wird die Welt auch nicht realer gespiegelt. Zudem vernebelt die von Wirtschaftsunternehmen abhängige PR, wenn sie sich den Mantel eines unabhängigen Journalismus umhängt, immer mehr die öffentliche Wahrnehmung.

Die Individuen als Wortführer im Zeitgespräch der Gesellschaft, die großen Publizisten, werden abgelöst von Meinungsproduzenten mit hohem Finanzeinsatz und ebensolchem Organisationsgrad. Jürgen Habermas sieht »statt individuell verkehrender Privatleute ein Publikum der organisierten Privatleute«.[42]

Umso wichtiger wird die Selbstreflexion bei den der Gesamtgesellschaft verantwortlichen öffentlich-rechtlichen Rundfunkanstalten für ein pluralistisches und gleichzeitig integrierendes Programm. Die öffentliche Meinung kann in eine Welt von »Massen-Eremiten« zerfallen, so der Schriftsteller Günther Anders, die ohnmächtig dem Konsum der ins Haus gelieferten Welt ausgeliefert sind. Entfremdung von der Welt geschieht durch Programme der Massenmedien, durch die TV- und Internetsparte der Virtual Reality mit ihrer Suggestionskraft, durch Technik per se.

Ein schwerwiegender Effekt einer Angleichung nach unten kommt durch die TV-Quotenmessung hinzu. Denn die formal einigermaßen repräsentative Messgruppe repräsentiert eben nicht die Zuschauer in ihren mentalen Einstellungen. Mindestens 80 Prozent der von der Gesellschaft für Konsumforschung (GfK) angefragten Knöpfchendrücker in Deutschland, die formal die unterschiedlichen gesellschaftlichen Gruppen vertreten sollten und dann auch auf vielfache werberelevante Nachfragen reagieren müssten, weigern sich, auf diese Weise ihr Privatleben zu offenbaren.[43] Auf diese vielen kritischen Zuschauer kommt es aber an, wenn es um den Erhalt besonderer Programme geht. Dies ist ein Systemfehler, mit der Folge einer falschen Erhebung anspruchsvoller Sendungen, der als »Mentalitätsfaktor« zu benennen wäre. Er ist deren Killer. Dieser Mentalitätsfaktor ist eigentlich nur bei allgemein massenattraktiven Sendungen zu vernachlässigen.

Das öffentlich-rechtliche System hat in der Balance von Qualität und Quote seinen Auftrag und hätte seine Chance. Weltweit degenerieren TV-Programme, wo nicht staatlich für Propagandazwecke gelenkt oder wo nicht in gesamtgesellschaftlicher Verantwortung betrieben, zu massenattraktiven Werberahmenprogrammen. So wird aus der öffentlichen Meinung eine öffentliche Stimmung. Und Stimmungen sind resistent gegenüber Argumenten.

Angesichts der immer stärker kommerzialisierten Kommunikation sahen wir schon im Kapitel über die Kreativität (II.3.1) deren starke Einengung und Einebnung beim Einsatz von Musikinstrumenten und den Tonfolgen in der Popmusik, wenn der Publikumsgeschmack gemessen wird (II.3.1). Man kann feststellen, dass weltweit durch die Konkurrenz von Massenprogrammen in Radio, TV und Internet sich augenfällig ein Angleichungsprozess durchsetzt, ein jeweils niedrigeres Einheitslevel angesteuert wird und dass in Gegenreaktion – ähnlich wie bei der seriösen Presse – eine Stabilisierung qualitätsvollen Programms in einer wesentlich kleineren, aber aktiven kulturellen Szene als Kontrast entsteht. Solch ein Wissens-, Interessens- und Kulturbruch bei den Publika zeitigt gesellschaftliche Konsequenzen: Es gibt eine Masse von mit Fast Food abgefütterten Couchpotatoes und eine Feinschmeckerelite. Um im Bild zu bleiben: Die Chips sind übrigens teurer als das Gourmetmenü.

Ulrich Beck resümiert auf hohem Niveau: Wenn die Realität irreal und unwirklich werde, dann »bedarf es zum Leben und Handeln in ihr symbolischer Kristallisationen ..., um die Fasslichkeit des Unfassbaren kulturell herzustellen«.[44]

7.3. Verantwortung

Vor mehr als einer Generation konstatierte der Philosoph und Friedensforscher Carl Friedrich von Weizsäcker, dass nur eine »asketische Weltkultur« die große Katastrophe verhindern könne.[45] Denn Maßlosigkeit zerstört.

Sechs Jahre vor Weizsäckers Forderung warnte der Club of Rome in der gleichnamigen Schrift eindringlich vor den *Grenzen des Wachstums*. Vierzig Jahre später wiederholte der Club mit sehr viel besser recherchierbaren Daten seinen Weckruf in der Schrift *2052*. Er bilanzierte, dass weite Teile der Industrie ihre Gewinne nur noch durch die nicht in Rechnung gestellten Faktoren – Verbrauch und Zerstörung der Umwelt – erreichen könnten. Die Erderwärmung von zwei Grad bereits bis 2052 könne einen sich selbst verstärkenden Klimawandel noch in diesem Jahrhundert auslösen. Mittelfristig drohe ein Umweltkollaps, auch wenn die Weltbevölkerung bei 8,1 Milliarden ab 2040 stagnieren werde.

Prognosen bergen Unsicherheiten, doch sind die Trends ziemlich eindeutig. Gefahren müssen in der Öffentlichkeit nicht als Katastrophenjournalismus, der erst aufregt und dann abstumpft, artikuliert werden. Für die Medien heißt das nichts anderes, als die Wertigkeiten zu erkennen, zu gewichten und dranzubleiben. Deshalb brauchen Journalisten drei Dinge: Wissen, Problembewusstsein und Handwerk. Dabei kann Problembewusstsein nicht »neutral« sein, es beinhaltet in seinem Kern natürlich journalistische Ethik, also Verantwortung.

Das stellt auch für die Forschung ein entscheidendes Kriterium dar. Während der Rationalismus eine partielle Sicht nahelegt und das dort vermeintlich Gesicherte dann in den Massenmedien oft wie ein Dogma kommuniziert wird, trägt eine intuitive Zusammenschau, wie wir es hier von Planck, Heisenberg, Dürr, Zeilinger oder Beck erfuhren, den Anstoß zu einer Umwälzung in sich. Der scheinbar gesicherten Logik westlicher Aufklärung steht ein Paradigmenwechsel bevor. Wissenschaft braucht Analyse und Synthese. Auch sie unterliegt dem Grundgesetz der Evolution, wonach die kreativen Ansätze durch ihre Polarität in dialektischem Erkundungsdrang in einem Gesamtbild aufgehen. So müsste der vermittelnde Journalismus ebenfalls mit seinen Recherchen verfahren.

Diese Gedanken stehen durchaus einem »alles vernetzenden geistigen Zusammenhang« nicht fern, den die Wissenschaftshistorikerin Ana Teixeira Pinto »Animal Spirit« nennt. Der Journalist Felix Stephan referiert ihren Vortrag mit dem Tenor, dass modernes wissenschaftliches Denken durchaus totalitären und auch kolonialistischen Haltungen entspringe, denn das »Primitive« oder der »Animismus« sei nicht das Gegenteil der Moderne, sondern deren Erfindung.[46]

Das Verfließen von Subjektivität und Objektivität können wir bei den für die Kommunikation so relevanten Vorstellungen des Visionärs Teilhard de Jardin oder des großen Sozialwissenschaftlers Norbert Elias beobachten, der die scharfe Trennung von »außen« und »innen« nicht mehr anerkennen kann: »Ich unterscheide nicht mehr zwischen außen und innen. Ist die Sicht außen oder innen, ist das Gehör innen oder außen?«[47] Aber aufgeben müssen wir uns als Individuen deshalb noch lange nicht, im Gegenteil. Solche Sicht macht unsere Verantwortung für das Ganze klar.

Das Ganze, das ist auch die globale Vernetzung, die Unberechenbarkeit und Unsicherheit schafft, obwohl und weil die digitalisierten Informationen überfließen und dabei virtuell eine stets neue Realität erzeugen. Der Journalist als Gatekeeper, als Schleusenwärter für den steuernden Zufluss der relevanten Informationen, wie ihn noch die Pioniere der Kommunikationswissenschaft, Kurt Lewin und David M. White, in den USA in den Vierziger- und Fünfzigerjahren beschrieben, hat ausgedient. Die Gesellschaft braucht Navigatoren auf dem tosenden Ozean der Informationen. Das werden vermehrt auch Blogger sein, die das geistige Rüstzeug mitbringen für die Bearbeitung der für die Gesellschaft wirklich relevanten Themen aus Politik, Wirtschaft, Kultur und Wissenschaft. Vielleicht kommen ja von ihnen Anstöße an einen Medienbetrieb, den Jürgen Habermas heute kritisch einen »betreuenden Journalismus« nennt, weil er im Einklang mit der politischen Klasse das Wohlgefühl von Kunden im Blick hat.

Journalistische Meisterleistungen sind meist Werke einzelner oder aber kleinster Teams, die menschlich kreativ harmonieren. Bei der Ausdifferenzierung wissenschaftlicher Erkenntnisse, vor allem in den Natur- und Technikwissenschaften, wird es mehr und mehr auf Kooperation von Spezialisten ankommen – interdisziplinär wie interredaktionell. Forschungszentren nutzen ganz selbstverständlich sich ergänzende Herangehensweisen, und in Initiativen wie etwa des Club of Rome braucht es Physiker, Klimaexperten, Demografen, Migrationsforscher, Ökonomen, Mitdenker … und Internationalität, um die Komplexität der vor uns liegenden Aufgaben lösen zu können.

Dies gilt im Grundsatz auch für die journalistische Analyse einer immer komplizierter vernetzten Welt. Komplexität verlangt nach einem repräsentativ verkürzenden Überblick, nicht nach einer ideologischen Vereinfachung. Qualitätsjournalismus muss dieser Notwendigkeit gerecht werden – je komplizierter in der Sache und in der Interessenlage, desto intensiver. Dafür sind Sachverstand und Engagement nötig. Aber auch diese haben ihren Preis.

Verantwortung für die Freiheit

Die Kräfte im Magischen Dreieck der Kommunikation, das wir in Teil II unter 3.1 grafisch dargestellt sahen, wirken derzeit bedenklich auf die Pressefreiheit und die Freiheit der anderen Informationsmedien ein. Denn die technologische Entwicklung und die von ihr beschleunigte Ökonomisierung bedrohen das Programm der Medien, ihre Inhalte, ihre Botschaften. Während in der Türkei, in Polen oder Ungarn, um in der westlichen Hemisphäre zu bleiben, die Politik die Pressefreiheit einschnürt, ist die den »demokratischen Rechtsstaat schlechthin konstituierende Freiheit« der Medien – so das deutsche Bundesverfassungsgericht, um Meinungsvielfalt und journalistische Qualität zu sichern – bei uns und überall durch die strukturellen technisch-ökonomischen Entwicklungen von einer schleichenden Erosion bedroht. Die Konzentration auf die neuen digitalen Verbreitungswege lenkt die ums Überleben besorgten Medienhäuser mehr und mehr von ihrer inhaltlichen Aufgabe ab. Und die Wirtschaft bedrängt und durchwuchert die publizistische Landschaft mit PR, »Unternehmerjournalismus« und Content Marketing und gaukelt der Öffentlichkeit in Medienprodukten Unabhängigkeit vor.

Hier muss die Politik wachsam auf die Stärkung vielfältiger gesellschaftlicher, also staats- und auch lobbyunabhängiger Berichterstattung achten, im Extremfall mit öffentlich-rechtlicher Absicherung auch im Print- oder Onlinebereich. Die Publizistik kann eben keine vierte Staatsgewalt sein, sie muss eine wirksame Gegenkraft im Staat bilden, dem evolutionären Polaritätsprinzip entsprechend. Nur so können Gesellschaft und Staat politischer Abstumpfung der Wähler und faschistischen Tendenzen der Regierungen vorbeugen und sich als Gegenpole in der Attraktivität einer freiheitlichen Demokratie verbinden.

8. EIGENTLICH WOLLTEN WIR DOCH GLÜCKLICH SEIN

Wer könnte atmen, wenn der Raum
nicht von Glückseligkeit erfüllt wäre?
Indische Weisheit

Wollen wir nicht alle unser Leben so einrichten, dass es schön ist? Schönheit ist eine Empfindung, die Glück auslöst. Wobei Schönheit, wie wir sie als Begriff betrachtet haben, nicht nur eine Attraktion für das Schauen ist, sondern von allen Rezeptoren wahrgenommen wird. Was empfinden unsere Sinne doch alles als anziehend: Duft, Geschmack, Klang, Zärtlichkeit, Liebe, Sex, Geld, Geltung, Macht. So jagen wir nach Glücksempfindungen in unserem Rationalitätswahn, kommen nach dem Überholen ins Stolpern und merken nicht, dass wir vorbeigerauscht sind. Glück ist eher das Hingehen als das Ankommen.

Wir schaffen es dabei immer wieder, Paul Watzlawicks *Anleitung zum Unglücklichsein* zu folgen. Der Psychologe lässt darin seinen unglücklich vor sich hin schimpfenden Protagonisten, der unbedingt gerade einen Hammer braucht, nach langem Zögern dann endlich doch voller Grimm zu seinem verhassten Nachbarn gehen; er läutet, und schon während dieser die Tür öffnet, schleudert jener dem Verdutzten die Abfuhr hin: »Behalten Sie doch Ihren blöden Hammer!«

Nicht ganz unähnlich verhalten wir uns dann, wenn wir Missstände beklagen und fatalistisch mit einem »da kann man eh nichts machen« einknicken. Wie sagten es die Geschwister Scholl: »Wenn jeder wartet, bis der andere anfängt, fängt keiner an« und »Leben ist mehr als Überleben«. Also mit Dürr »über den Zaun springen«!

Glück hängt ab von der persönlichen Einstellung. Watzlawick geht von einem Dostojewski-Zitat aus, das den Menschen so beschreibt: »Überschütten Sie ihn mit allen Erdengütern, versenken

Sie ihn in Glück bis über die Ohren, bis über den Kopf, sodass an die Oberfläche des Glücks wie zum Wasserspiegel nur noch Bläschen aufsteigen, geben Sie ihm ein pekuniäres Auskommen, dass ihm nichts anderes zu tun übrigbleibt, als zu schlafen, Lebkuchen zu vertilgen und für den Fortbestand der Menschheit zu sorgen – so wird er doch, dieser selbe Mensch, Ihnen auf der Stelle aus purer Undankbarkeit, einzig aus Schmähsucht, einen Streich spielen. Er wird sogar die Lebkuchen aufs Spiel setzen und sich vielleicht den verderblichsten Unsinn wünschen, den allerunökonomischsten Blödsinn, einzig um in diese ganze positive Vernünftigkeit sein eigenes unheilbringendes phantastisches Element beizumischen. Gerade seine phantastischen Einfälle, seine banale Dummheit wird er behalten wollen …«

Die einen wollen pathologisch ihr Glück nicht sehen, die anderen pochen darauf und versäumen es deshalb. Die Gegenwart ist gekennzeichnet von der Unvernunft der Rationalität. Sie kann dem Einzelnen einen höheren Lebensstandard sichern – zumindest heute noch. Die empirische Glücksforschung, etwa des US-Amerikaners Richard Easterlin, stellt jedoch auch für die große Zahl der Menschen, denen es ganz wesentlich besser als früher geht, fest, dass sie nicht glücklicher geworden sind. Das liegt am ständigen Vergleichen mit den anderen. Wohl haben in den Industrieländern die Reicheren einen Glücksvorsprung gegenüber denen, die aufgrund der wirtschaftlichen Abläufe zurückbleiben. Aber es geht den Reichen statistisch nicht besser als früher, wenn sie das Hetzen und Vorwärtsstrampeln mitmachen. Auf das Bild eines Indios, der lächelnd und genießend im klaren Bach liegt und das Wasser an sich vorbeisprudeln lässt, lautete der Sprechertext im Film *Die stille Botschaft der Mynki:* »Was heißt hier reich, was arm, wenn man nichts hat und glücklich ist? Wenn es allen in der Gemeinschaft gleich ergeht und es anderen Vergleich nicht gibt?«

Was kennzeichnet das Leben in der sogenannten Zivilisation? Die Jagd nach höherem Einkommen, berufliche Unsicherheiten verbunden mit immer häufigerem Wechsel des Arbeitsplatzes, das

Wettbewerbsklima, das schon in der Schule beginnt, ein rauerer Umgangston, Stress mit den immer schneller herankommenden notwendigen Neuerungen durch Digitalisierung und globalen Wettbewerb, mit Kollegen, Controlling und Chefs, aber auch mit der eigenen Familie, mit Kindern, die zur Einpassung erzogen werden sollen, aber umso aufmüpfiger werden, der Vergleich auch im Konsum, in Wohnung, Wagen, Freizeit. Und dann noch die vermeintliche Abhängigkeit von Internet und Handy – ein Terror, den wir akzeptieren und der doch den Blick aufs Wesentliche, unsere zu gestaltende Zeit, raubt. Der britische Glücksforscher Lord Layard of Highgate nennt als Ergebnis dieses Terrors ein rapides Ansteigen psychischer Erkrankungen auf 40 Prozent der Patienten insgesamt.

Wie nun den Druck aus dem Kessel nehmen?

Umdenken. Zeit beanspruchen und schenken. Lebenszeit als Zeit zum Leben gestalten. Als Verantwortlicher delegieren, um Entscheidungsspielräume zu erweitern. Soziale Zuwendung. Freundschaften pflegen. Auch Helfen macht glücklich, wenn man nicht ausgenützt wird. Lesen und selber schreiben. Eigene Talente entdecken und diese ausbauen. Konsum einschränken und sich doch etwas gönnen. Prioritäten setzen. Mehr Sport treiben. Auf den Körper achten. Nachhaltigkeit vor Rationalität setzen, im Kleinen und Großen. Und vor allem: Zivilcourage zeigen. Verantwortung übernehmen. Dankbarkeit empfinden gegenüber der Natur, die uns geboren hat.

Der philosophierende Genießer Epikur bringt es auf den Punkt: »Die Lust ist Ursprung und Ziel des glücklichen Lebens.« Da meint er alle Sinne, die körperlichen und auch die des geistigen Genusses von Kunst, Musik, Philosophie und interessanter Kommunikation. Sein eher asketischer Kollege Immanuel Kant nennt es seine Lust und auch sein Schicksal, »in die Metaphysik verliebt zu sein«. Das sei auch nötig, denn sie trage das »wahre und dauerhafte Wohl des menschlichen Geschlechtes«.

Die US-Verfassung hat das Glück seit zwei Jahrhunderten als

Verfassungsziel verankert. Wie vorausschauend. Glück ist politisch stabilisierender als das Bruttosozialprodukt. Aber auch in den Vereinigten Staaten wird die Rationalität des immer Mehr immer mehr mit Glück verwechselt. Unter einem auf Glücklichkeit angelegten Leben ist jedoch der Aspekt von anhaltendem zeitlichen Verlauf, den die alten Griechen mit *chrónos* beschreiben, zu verstehen. Da muss der eigene Beitrag, die Anerkennung durch andere und die Stabilisierung in einer harmonischen Umgebung, an der man mitwirkt, in einen Gleichklang kommen. *Kairós* dagegen ist der geglückte Augenblick, ein spontanes Öffnen des richtigen Zeitfensters. Das richtige Zeitfenster ist JETZT, wenn beides zusammenkommt, und die Augenblicke der Gegenwart als kostbar erlebt werden.

Glück können wir beim Staunen erfahren, dem »Guckloch zur Metaphysik«, wie es Karl Jaspers einmal nannte. Wir können etwas großartig finden, was wir nicht begreifen, einfach bewundern – wow! Glück ist kein Dauerzustand, wie Zufriedenheit eine Grundhaltung sein kann. Glück als Flow spürt man immer wieder wie einen warmen Föhnwind, der einen durchströmt. Man muss lernen, ihn wahrzunehmen wie eine Belohnung, wie Sonne und Schatten. Dann kann man auch Regen und Kälte, Blitz und Donner standhalten. Oder wie uns Hans-Peter Dürr ermuntert: »Wir müssen nur ein paar Zäune überspringen, dann sind wir wieder in der freien Natur und können uns wieder bewegen. Das Problem ist nur, dass viele diese Zäune für unüberwindliche Mauern halten.« Wir brauchen also Augenmaß und ein bisschen Mut zu unserem Glück.

Das Erforschen und das Staunen sind keine Gegensätze, sie sind ein attraktives Paar. Die größten Anstrengungen von Forschern aus aller Welt am CERN in Genf, ins Kleinste zu blicken, oder am gigantischen Alma-Observatorium in Chiles Atacama-Wüste, ins Weiteste zu schauen, oder an den Gehirnscannern, uns über uns zu vergewissern, bringen uns immer weiter und lassen uns letztlich doch stehen. Wir mussten in dieser Anschauung der Welt die Naturwissenschaft als Frucht mit harter Schale und weichem Kern beschreiben, weil ihre zentralen Fragen (bisher) unbeantwortet blieben: Urknall? Materie? Dunkle Energie? Bewusstsein? …

Die philosophischen Fragen nach unserem Reflexionsvermögen, nach Leben, Seele oder Schöpfung werden ohnehin offenbleiben und haben unsere Intuition zu wecken. Da kann uns nur Ehrfurcht aus Respekt und Bescheidung als Richtschnur unseres Verhaltens ein Glück sichern, das die Zukunftsfähigkeit unserer Spezies erlaubt. Nur glücklich sind wir attraktiv für die Evolution. Glück erfahren wir nicht durch unsere Rationalität, sondern durch eine Vernunft des Wägens, der Zurücknahme, des Schenkens und des staunenden Genießens der Schönheit, die uns die Evolution in so vielen Dimensionen bereitet.

Und durch einen kleinen Spritzer Unvernunft.

ANMERKUNGEN

I. AUF DER SUCHE

1 vgl. Stephen Hawkings: *Suche nach der Weltformel,* z. B. in: *Eine kurze Geschichte der Zeit.* Reinbek bei Hbg., 1991
Ders.: *Einsteins Traum. Expeditionen an die Grenzen der Raumzeit.* Reinbek bei Hbg., 1996. Ders., mit Leonard Mlodinow: *Der große Entwurf. Eine neue Erklärung des Universums.* Reinbek bei Hbg., 2010, 2013, 3

2 Paulo Coelho: *Auf dem Jakobsweg – Tagebuch einer Pilgerreise nach Santiago de Compostela.* Zürich, 1999

3 Diese immer wieder gehegten Zweifel legt Hawking auch in seiner Schrift *Der große Entwurf. Eine neue Erklärung des Universums* (a.a.O.) nicht ab, ja, er verstärkt sie: »Die ursprüngliche Hoffnung der Physiker, eine einzige Theorie zu entwickeln, die die scheinbaren Gesetze unseres Universums als die einzig mögliche Konsequenz einiger einfacher Annahmen erklärt, muss vielleicht aufgegeben werden.« (S. 119)

4 Thomas Thiemann, in: Zs Physik in unserer Zeit. Weinheim/Berlin, Jg. 2008, Nr. 3

5 Erich Jantsch: *Die Selbstorganisation des Universums.* München/ Wien, 1990

6 Gerd Binnig: *Aus dem Nichts – Über die Kreativität von Natur und Mensch.* München, 1989

7 Hans Daucher: *Künstlerisches und rationalisiertes Sehen. Gesetze des Wahrnehmens und Gestaltens.* München, 1967

II. DAS KREATIVITÄTSPRINZIP

1 Werner Bergengruen: *Compendium Bergengruenianum* (Die Gesamtedition ist für 2017 vorgesehen; Zitat aus Band 25, der das Jahr 1959 umfasst, unter der Nr. 1369)
2 Lao-Tse: *Tao te king – das Buch des Alten vom Sinn und Leben.* Übersetzt und mit einem Kommentar von Richard Wilhelm. Köln, 1985
3 vgl. Tilman Steiner: *Von Nix kommt nix. Gespräch mit Gerd Binnig*, in Hans Daucher, Hrsg.: *Kinder denken in Bildern*. München, 1992
4 Martin Bojowald: *Zurück vor den Urknall.* Frankfurt, 2009
5 Hans-Peter Dürr: *Warum es ums Ganze geht – Neues Denken für eine Welt im Umbruch*. München, 2009; vgl. hier im Folgenden Kap. V.3.2 und VI.2
6 Manfred Dierks: *Thomas Manns Geisterbaron – Leben und Werk des Freiherrn von Schrenck-Notzing*. Gießen, 2012
7 SZ Nr. 111/2015
8 Karl Forchhammer: *Von der Entstehung des Lebens zur Evolution der Cyanobakterien*, in: Maier u. Werneburg, Hrsg.: *Schlüsselereignisse der organismischen Makroevolution*. Zürich, 2014
9 Eine aktuelle Zusammenfassung seiner hochkomplexen Theorie gibt Wächtershäuser im Aufsatz »Formeln fürs Leben« in: Zeitschrift zur debatte, München, Heft 6/2015
10 Edward O. Wilson: *Der Wert der Vielfalt – Die Bedrohung des Artenreichtums und das Überleben des Menschen*. München, 1995
11 Josef H. Reicholf: *Der Ursprung der Schönheit: Darwins größtes Dilemma*. München, 2011
12 Michael Gleich, Dirk Maxeiner, Michael Miersch: *Life Counts. Eine globale Bilanz des Lebens*. Berlin, 2000
13 Evolutionstheorien im Vergleich: Darwin und Lamarck, http://www.biologie-schule.de/vergleich-darwin-lamarck.php
14 Gleich et al.: *Life Counts*, a.a.O.
15 Richard Müller-Freienfels: *Schicksal und Zufall. Eine wissenschaftliche Erörterung außerwissenschaftlicher Probleme*. München/Berlin, 1949, S. 93 ff.

16 so noch am Allgemeinsten und in der Kürze verständlich in der *Brockhaus Enzyklopädie*
17 Deutscher Bundestag, 16. Wahlperiode, Drucksache 16/3774
18 vgl. Tilman Steiner: *»Von woher die Einfälle einfallen«* in: *Festschrift für Hans Daucher*. München, 1990
19 vgl. Murray Gell-Mann: *Das Quark und der Jaguar. Vom Einfachen zum Komplexen – die Suche nach einer neuen Erklärung der Welt*. München/Zürich, 1994
20 vgl. Dietrich Dörner: *Die Logik des Misslingens. Strategisches Denken in komplexen Situationen*. Hamburg, 2003
21 Tilman Steiner: *Massenkommunikation im Magischen Dreieck – Analyse aus der Fernsehpraxis*, Wiesbaden, 2012, aus dem der nachfolgende Gedanke und die Grafik entnommen sind
22 vgl. ders.: *Massenkommunikation – Funktionensystem als Ordnungsgrundlage*. München 1974; F. Siebert, Th. Peterson, W. Schramm unterscheiden in ihrem so betitelten Buch *Four Theories of the Press: The Authoritarian, Libertarian, Social Responsibility and Soviet Communist Concepts of What the Press Should Be and Do*. Illinois, 1963/1995

III. DAS POLARITÄTSPRINZIP

1 Anton Zeilinger: *Einsteins Schleier. Die neue Welt der Quantenphysik*. München, 2003. Hierüber auch bei Hans Christian v. Baeyer: *Das informative Universum*. München, 2005
2 Jacob Böhme: *Die Urschriften*. 2 Bände, im Auftrag der Akademie der Wissenschaften zu Göttingen, hrsg. von Werner Buddecke. Stuttgart/Bad Cannstatt, 1963–1966
3 *Erinnerungen, Träume, Gedanken von C. G. Jung*. Aufgezeichnet und herausgegeben von A. Jaffé, Zürich/Stuttgart 1962, Neuausgabe Düsseldorf, 2009
4 von Baeyer, a.a.O.
5 Artikel 20, Abs. 4 GG
6 Während der Studentenrevolte von 1968 stellte sich der Autor, der

selbst noch Anfang der Sechzigerjahre NS-belastete Juraprofessoren als Wendehälse hören musste und einen Aufbruch begrüßte, nach Erlebnissen in München und Prag gegen diejenigen Studenten, die Anarchie predigten, aber Diktatoren wie Mao oder Ho Tschi Min und den Truppeneinmarsch zur Unterdrückung des Prager Frühlings von fünf Staaten des Warschauer Pakts feierten, obwohl sie auf die reaktionäre Bürgerlichkeit pfiffen und Vorlesungen sprengten. So funktionierte er im Wintersemester 68/69 eine vom Ordinarius für Zeitungswissenschaft abgesagte, aber voll besuchte Hauptvorlesung durch Abstimmung nach Verlesen eines offenen Briefs zur Fachschaftsversammlung um, damit die Studierendenvertreter per Plebiszit in dieser Sitzung abgesetzt werden konnten – unter ihnen spätere Mörder in der RAF. Nach seiner Haftentlassung erklärte ein Haupttäter auf die Frage des Autors nach seiner heutigen Sicht: »Der einzige Fehler, den wir gemacht haben, war, die Revolutionsbereitschaft des Volkes zu überschätzen.«

7 Karl Forchhammer im Schreiben an den Autor, Mai 2015

8 zit. aus: zur debatte – Themen der Kath. Akademie in Bayern, 1/2015

9 vgl. z. B. Gudula Linck: *Yin und Yang: Die Suche nach der Ganzheit im chinesischen Denken*. München, 2006, 3

IV. DAS ATTRAKTIVITÄTSPRINZIP

1 Hans Westerhoff et al. in: *Systems biochemistry in practice: experimenting with modelling and understanding, with regulation and control.* Biochemical Society Transactions, Oktober 2010; 38 (5): 1189–96

2 Florian P. Schiestl: *On the success of a swindle: pollination by deception in orchids*. In: Zeitschrift Naturwissenschaften, 92: 255–264. So auch Schlüter, Philipp M. & Schiestl, F. P.: *Molecular mechanisms of floral mimicry in orchids.* in: Trends in Plant Sciences, 2008, 13: 228–235 mit instruktiven Abbildungen

3 Bert Hölldobler und Edward O. Wilson: *Der Superorganismus. Der Erfolg von Ameisen, Bienen, Wespen und Termiten*. Heidelberg, 2010

4 Rupert Sheldrake: *Das Gedächtnis der Natur*. München, 1999, 5

5 vgl. Science, Bd. 333, S. 301; SZ Nr. 161, 2011
6 Gerald Hüther: *Die Evolution der Liebe. Was Darwin ahnte, aber die Darwinisten nicht wahrhaben wollen.* Göttingen, 2007, 5.
7 vgl. Hanns Hatt, ZEIT-Magazin Nr. 52, 2013
8 James Lovelock: *Das Gaia-Prinzip – Die Biographie unseres Planeten.* Zürich, 1991
9 Umberto Eco, *Die Geschichte der Schönheit.* München, 2004
10 Eduard von Hartmann: *Philosophie des Schönen.* Berlin, 1887, 1924, 2
11 Kurt Huber, *Ästhetik.* Ettal, 1954
12 Origin of Species, London 1859, in: Charles Darwin: *Gesammelte Werke.* Neu-Isenburg, 2008
13 Oskar Maria Graf: *Der Lüstling spricht,* vgl.: http://www.sueddeutsche.de/kultur/gedicht-fuer-die-prinzessin-der-luestling-spricht-1.574223 (letzter Abruf: 4.5.2016)
14 vgl. Werner Heisenberg: *»Die Bedeutung des Schönen in der exakten Naturwissenschaft«.* Vortrag am 9.7.1970 in der Bayerischen Akademie der Schönen Künste
15 Norbert J. Schneider: *Die Kunst des Teilens. Zeit – Rhythmus – Zahl.* München, 1991
16 Richard Müller-Freienfels: *Schicksal und Zufall. Eine wissenschaftliche Erörterung außerwissenschaftlicher Probleme.* München-Berlin, 1949
17 Hans Döllgast im Gepräch mit dem Autor
18 Peter B. Steiner: *Glaubensästhetik – Wie sieht unser Glaube aus?* Regensburg, 2008
19 aus einem Film des Autors mit Hans Daucher
20 zitiert nach dem Programmheft *Die Münchner Philharmoniker.* München, Januar 2015
21 Irenäus Eibl-Eibesfeld und Christa Sütterlin: *Weltsprache Kunst – zur Natur- und Kunstgeschichte bildlicher Kommunikation.* Wien, 2007
22 Wassily Kandinsky: *Über das Geistige in der Kunst.* Bern, 1912, 1952, 4.
23 ebd.
24 ebd.
25 Umberto Eco (Hrsg.): *Die Geschichte der Schönheit.* München, Wien, 2004

26 vgl. Eibl-Eibesfeld und Sütterlin: *Weltsprache Kunst – zur Natur- und Kunstgeschichte bildlicher Kommunikation*, a.a.O.
27 vgl. dazu Tilman Steiner: *Massenkommunikation im Magischen Dreieck*, a.a.O.
28 Schneider: *Die Kunst des Teilens*, a.a.O., und in Beiträgen des Autors zum Magazin »Aus Forschung und Lehre«, ARD
29 vgl. hierzu Tilman Steiner in: Jürgen Mittelstraß/T. Steiner: *Wissenschaft verstehen.* Reihe Forum Wissenschaft. Universität Augsburg, 1996
30 Eduard von Hartmann: *Philosophie des Schönen.* Berlin 1887, 1924, 2
31 Umberto Eco (Hrsg.): *Die Geschichte der Häßlichkeit*, München, 2007
32 Klaus Richter: *Die Herkunft des Schönen, Grundzüge der evolutionären* Ästhetik. Mainz, 1999
33 Mario Perniola: *Estetica Contemporanea.* Bologna, 2011
34 Zit. bei Wilhelm Weischedel: *Die philosophische Hintertreppe – Die großen Philosophen in Alltag und Denken.* München, 2004, 33
35 ebd.
36 ebd.
37 Aristoteles: *Nikomachische Ethik, X, 7. Das vollendete Glück der Denktätigkeit.* Übersetzung von Eugen Rolfes (1921), Hamburg, 1985, neu: Köln, 2009
38 Weischedel, a.a.O.

V. DAS REFLEXIONSPRINZIP

1 Norbert Elias: *Über die Zeit.* Frankfurt, 1984
2 vgl. C. G. Jung: *Gesammmelte Werke*, Bd. 6, Typologie, und Bd. 16, Praxis der Psychotherapie (§ 486). Düsseldorf, 1995
3 Max Horkheimer/Theodor W. Adorno: »Dialektik der Aufklärung«, in: Theodor W. Adorno: *Gesammelte Schriften*, Bd. 3. Frankfurt am Main, 1997
4 dies., S. 19
5 Diskurs dargestellt bei Weischedel, *Die philosophische Hintertreppe,* a.a.O.

6 Erich Jantsch: *Selbstorganisation des Universums.* München, 1979/1982
7 Karl R. Popper, John C. Eccles: *Das Ich und sein Gehirn.* München, 1989
8 Jerry Fodor: *Modularity of Mind,* Cambridge/Mass., 1983
9 Merlin Donald: *A Mind So Rare: The Evolution of Human Consciousness.* Norton, 2001; deutsch: *Triumph des Bewusstseins – Die Evolution des menschlichen Geistes.* Stuttgart, 2008
10 Gerhard Roth: *Aus Sicht des Gehirns.* Frankfurt/M., 2003
11 Wolf Singer: *Selbsterfahrung und neurobiologische Fremdbeschreibung – Zwei konfliktträchtige Erkenntnisquellen,* in: Deutsche Zeitschrift für Philosophie, 2/2004
12 Johannes Huber, Walter Thirring: *Baupläne der Schöpfung. Hat die Welt einen Architekten?* Wien, 2011, 2.
13 vgl. hierzu die Rolle des Zufalls im Kapitel Kreativität und Jörg Splett (Hrsg.): *Wie frei ist der Mensch? Zum Dauerkonflikt zwischen Freiheitsidee und Lebenswirklichkeit.* Düsseldorf, 1980
14 Matthias Eckoldt in SWR2 Aula, 5.10.2014
15 Frans de Waal: *Der Mensch, der Bonobo und die Zehn Gebote.* Stuttgart, 2015
16 Dieter Vaitl: *Veränderte Bewusstseinszustände, Grundlagen – Techniken – Phänomenologie.* Stuttgart, 2012
17 C. G. Jung: *Gesammelte Werke,* Band 18, Das Symbolische Leben, § 449. Düsseldorf, 1995
18 Wolf Singer, in: Zeitschrift zur debatte, München, Heft 6/2015
19 Joseph Quitterer, in: Zeitschrift zur debatte, München, Heft 6/2015
20 Der Spiegel 44/09
21 vgl. Zeilingers veröffentlichte Vorträge und seine beiden Werke: *Einsteins Schleier – Die neue Welt der Quantenphysik.* München, 2003, und ders.: *Einsteins Spuk,* a.a.O.
22 Stefan Schmidt: *Experimentelle Parapsychologie.* Würzburg, 2014
23 Roger D. Nelson: *Evidence for Psi: Thirteen Empirical Research Reports.* Jefferson, 2014
24 Schmidt, a.a.O.
25 Tilman Steiner, in: *Aus Forschung und Lehre,* BR, 19.12.1988

26 Binnig, a.a.O.
27 Markus Gabriel: *Warum es die Welt nicht gibt*. Berlin, 2013
28 John R. Searle: *A Theory of Perception. Seeing Things as They Are.* Oxford, N.Y. 2015
29 vgl. Schneider: *Die Kunst des Teilens*, a.a.O.
30 Werner Heisenberg, Vortrag vom 9.7.1970 in der Bayerischen Akademie der Schönen Künste
31 in: Johannes Kepler: *Gesammelte Werke*, Band 6, Harmonices Mundi libri, hrsg. v. Max Caspar. München, 1940/1990
32 Heisenberg, Vortrag, a.a.O.
33 SZ 54/2015
34 Rolf Oerter: *Der Mensch, das wundersame Wesen*. Wiesbaden, 2014
35 Johannes Steiner (jr.): *Christ sein löst Rätsel.* Berlin, 2007
36 Joseph Ratzinger, in: Vito Mancuso: *Die Seele und ihr Schicksal.* München, 2013
37 Hans Küng: *Projekt Weltethos*. München, 1990
38 Johannes Steiner (jr.): *Christ sein löst Rätsel*, a.a.O.
39 Konrad Lorenz: *Die acht Todsünden der zivilisierten Menschheit.* München, 1973
40 die folgenden Interpretationen zitiert nach Johannes Steiner (jr.): *Christ sein löst Rätsel,* a.a.O.
41 Carl Amery: *Global Exit – Die Kirchen und der Totale Markt*. München, 2002
42 Adolf Portmann: *Die biologische Bedeutung des ersten Lebensjahres beim Menschen*, in: Schweizerische Medizinische Wochenschrift 71: 921–1001
43 vgl. Dieter Vaitl: *Das Menschenbild der Psychologie*, in: Beiträge zu einer aktuellen Anthropologie. Stuttgart, 2006
44 aus Wilhelm Weischedel (Hrsg.): *Schriften zur Anthropologie, Geschichtsphilosophie, Politik und Pädagogik*, Werkausgabe Bd. XI. Frankfurt/M., 1996
45 Hans-Georg Gadamer: *Die Aktualität des Schönen*. Stuttgart, 1977
46 vgl. TV-Sendung des Autors: *Die Zeit, die unfassbare Dimension.* BR, 1989

47 Hermann Parzinger: *Die Kinder des Prometheus – Eine Geschichte der Menschheit vor der Erfindung der Schrift.* München, 2014
48 ebd.
49 SZ 159, 2013
50 *Die stille Botschaft der Mynki.* Bayerisches Fernsehen, 1990
51 Donald: *A Mind So Rare*, a.a.O.
52 vgl. Tilman Steiner: *Massenkommunikation im Magischen Dreieck*, a.a.O.
53 SZ, 34/2011
54 vgl. Glenn Greenwald: *Die globale Überwachung. Der Fall Snowden, die amerikanischen Geheimdienste und die Folgen.* München, 2014
55 aus Tilman Steiner: *Massenkommunikation im Magischen Dreieck*, a.a.O.
56 Norbert Elias im TV-Gespräch mit dem Autor: »Die Zeit, die unfassbare Dimension«. BR, 1989
57 vgl. Hans Daucher, Hrsg.: *Kinder denken in Bildern.* München, 1989
58 Markus Gabriel: *Warum es die Welt nicht gibt.* Berlin, 2013
59 Hawking mit Leonard Mlodinow: *Der große Entwurf*, a.a.O.
60 vgl. Hans-Peter Dürrs Vorträge ab 2007 und: *Warum es ums Ganze geht*, a.a.O.
61 Rolf Oerter: *Der Mensch, das wundersame Wesen.* Wiesbaden, 2014, S. 366, 391
62 ebd.
63 Max Planck: *Vorträge und Erinnerungen.* Stuttgart, 1949, S. 247 f.; Vortrag von 1930
64 *Erinnerungen, Träume, Gedanken von C.G. Jung*, aufgezeichnet und herausgegeben von Aniela Jaffé, Olten/Freiburg, 1971, S. 56
65 zit. nach Wolf-Ekkehard Lönnig, Quelle: Archiv zur Geschichte der Max-Planck-Gesellschaft, Abt. Va, Rep. 11 Planck, Nr. 1797
66 Müller-Freienfels: *Schicksal und Zufall*, a.a.O.
67 Anton Zeilinger in seinen Vorträgen (so von ihm bestätigt)
68 zusammengefasst in: Johannes Steiner sen.(Hrsg.): *Prophetien wider das Dritte Reich.* München, 1946

VI. DIE UNVERNUNFT DER RATIONALITÄT

1 Gerd Gigerenzer: *Bauchentscheidungen – Die Intelligenz des Unbewussten und die Macht der Intuition*. München, 2007

2 Jürgen Habermas: *Theorie des kommunikativen Handelns*. Bd. 1, Frankfurt/M., 1981, S. 25 u. 225

3 Martin Heidegger: *Sein und Zeit*. Tübingen 1927, 2001

4 vgl. Dürr: *Warum es ums Ganze geht*, a.a.O.

5 vgl. auch Hans-Peter Dürr: *Es gibt keine Materie!* Amerang, 2012

6 vgl. www.mem-wirtschaftsethik.de

7 in: Zs Med. Welt. München, 1985, Heft 36

8 SZ, 25.1.2011

9 vgl. auch Tilman Steiner: *Massenkommunikation im Magischen Dreieck*, a.a.O.

10 vgl. Tilman Steiner: Programmheft des Bayerischen Rundfunks zur Reihe, 2004. Die Reihe *Der Letzte seines Standes* wurde vom Autor mit dieser Vorgabe konzipiert. Hauptautoren: Benedikt Kuby und Rüdiger Lorenz. Die Reihe umfasst bisher 66 Filme, die einzelnen Dokumentationen wurden bis heute insgesamt nahezu 2000 Mal ausgestrahlt.

11 Film von Rüdiger Lorenz, Faranak Djalali und Tilman Steiner: *Der Letzte seines Standes – Der Windturmbauer von Yasd*. Bayerisches Fernsehen, 2000

12 Aus Forschung und Lehre: *Die stille Botschaft der Mynki*, Bayerisches Fernsehen, 1990

13 vgl. Ulrich Beck: *Risikogesellschaft. Auf dem Weg in eine andere Moderne*. Frankfurt/M., 1986;
– ders.: *Gegengifte. Die organisierte Unverantwortlichkeit*. Frankfurt/M., 1988;
– ders.: *Weltrisikogesellschaft. Auf der Suche nach der verlorenen Sicherheit*. Frankfurt/M., 2007

14 Hans Jonas: *Das Prinzip Verantwortung. Versuch einer Ethik für die technologische Zivilisation*. Frankfurt/M., 1979

15 Klaus Töpfer im *TV-Gespräch* mit Tilman Steiner, Mainz, 2004

16 Beck: *Gegengifte*, a.a.O.

17 Edward O. Wilson: *Der Wert der Vielfalt,* a.a.O.
18 vgl. Otti Wilmanns: *Ökologische Pflanzensoziologie*. Wiesbaden, 1998, 6
19 Filmische Aktivitäten des Autors im Regenwald Amazoniens:
1973 Vier Monate Durchstreifen des Amazonasbeckens *Reportage* in Super-8 (45 Min., HR)
1979 ARD-Dokumentation (55 Min.) *Wie der Schrei nach Wasser* mit der Alphabetisierungsbewegung von Movimento Brasileiro, mit dem Siedlungsdruck, den sozialen Konflikten und der Theologie der Befreiung.
1989 Wissenschaftssendung *Die stille Botschaft der Mynki,* mit dem Leben eines noch ganz ursprünglich lebenden Stammes und der Gründung der ersten Indianeruniversität in Cuiaba (BR).
2004 realisierte er allein als Kamerareporter auf den Spuren von Greenpeace die Reportage *Von der Schöpfung zur Abschöpfung* (Dritte Programme und Phönix, auch für Telekolleg Sozialkunde, Folge 13 *Der blaue Planet*).
2007: Mit diesen vielfältigen Erfahrungen und einem Resolutionsentwurf konnte er gemeinsam mit dem Präsidenten von Icomos, Michael Petzet, eine Aktion für den Regenwald am Amazonas als Weltnaturdenkmal initiieren. Icomos ist die weltweite Vereinigung von Wissenschaftlern, die der UNESCO für die Ernennung zum Weltkulturerbe jeweils Vorschläge und Expertisen erstellt. Icomos lud die lateinamerikanischen Mitglieder und den Autor nach Manaus ein, sodass diese Organisation von Kulturwissenschaftlern am 17. November 2007 Amazonien in seinen natürlichen geografischen Grenzen, neun Länder umfassend, zum *Weltnaturdenkmal* erklärt hat. Während sonst in nahezu allen Fällen die UNESCO dem Votum ihrer Beraterorganisation und dem entsprechenden Antrag der betroffenen Länder folgt, hat kein einziges Land ein solches, den Staat bindendes Siegel beantragt. War es zu erwarten, dass zugunsten des Weltklimas, der Artenvielfalt und nicht zuletzt der indigenen Kultur irgendeine Regierung auf die Ausbeutung der Ressourcen an Holz, Öl, Gold und anderen Mineralien durch internationale Konzerne, ja selbst auf blindwütiges Ausplündern verzichten würde? Doch war es ein Signal.
20 Peter Burghardt in SZ-Magazin v. 21.11.2014

21 Der Spiegel 5/1996, S. 154 f.
22 Peter Wohlleben: *Das geheime Leben der Bäume*. München, 2015
23 Greenwald: *Die globale Überwachung*, a.a.O.
24 ebd.
25 vgl. Dambisa Moyo: *Dead Aid – Warum Entwicklungshilfe nicht funktioniert und was Afrika besser machen kann*. Berlin, 2011
26 Achille Mbembe: *Kritik der schwarzen Vernunft*. Berlin, 2014
27 vgl. Hans-Peter Burghof: *University or Diversity – What Works Better for a European Banking System?* Intereconomics-Review of European Economic Policy, Vol. 46, 2012
28 vgl. Hans-Peter Burghof und Carola Müller: *The state as an intermediary to foster long-term investments: the case of the targeted European savings account*. SUERF Occasional Paper, Series 2016
29 BSP Griechenland 1999: 12 696 US-Dollar pro Person; 2008: 30 885 US-Dollar (!); 2012: 22 382 US-Dollar
30 John Rawls: *Eine Theorie der Gerechtigkeit*. Frankfurt/M., 1975
31 James Buchanan: *Limits of Liberty. Between Anarchy and Leviathan*. Chicago, 1975, 1987
32 Peter Boenisch in einem TV-Interview mit dem Autor
33 Wolfgang Streeck: *Gekaufte Zeit – Die vertagte Krise des demokratischen Kapitalismus*. Berlin, 2013
34 SZ,19. 03. 2015
35 Jantsch: *Die Selbstorganisation des Universums,* a.a.O., S.111 ff.
36 TV-Sendung von Tilman Steiner mit Roland Diechtl: *Unternehmer mit drei Zylindern*. BR, 22.12.1987
37 Andrew Keen: *Das Digitale Debakel*. München, 2015
38 FAZ, 14.06.2011
39 ebd.
40 vgl. dazu vertiefend: Tilman Steiner: *Massenkommunikationim Magischen Dreieck*, a.a.O.
41 Elisabeth Nölle-Neumann: *Die Schweigespirale. Öffentliche Meinung – unsere soziale Haut*. München, Zürich, 1980
42 Habermas, *Theorie des kommunikativen Handelns,* a.a.O.
43 nach Auskunft des GfK-Geschäftsführers Wolfgang Darschin gegenüber dem Autor

44 Beck: *Gegengifte*, a.a.O.
45 Carl Friedrich von Weizsäcker: *Deutlichkeit: Beiträge zu politischen und religiösen Gegenwartsfragen*. München, 1978
46 SZ Nr. 67, 2012
47 Norbert Elias im TV-Gespräch mit dem Autor in *Die Zeit, die unfassbare Dimension*, BR 1989

BILDNACHWEIS

S. 105: Handskizze Tilman Steiner
S. 123: Tilman Steiner: *Massenkommunikation im Magischen Dreieck. Analyse aus der Fernsehpraxis.* Springer VS, 2012
S. 132: bpk/Gemäldegalerie, SMB/Jörg P. Anders
S. 190: plainpicture/Minden Pictures/Pete Oxford
S. 191: gettyimages/Danita Delimont
S. 245: By AnonMoos, via Wikimedia Commons
S. 262: Grafiken von Hans Daucher aus dessen unveröffentlichtem Manuskript *Laster Reinheit*
S. 263: Erweiterung der Grafiken von Hans Daucher durch Tilman Steiner
S. 278 : Handskizze Tilman Steiner
S. 314: Vogelherd Pferd, Foto: H. Jensen, Bildrechte: Universität Tübingen
Hohle Fels Flöte, Foto: H. Jensen, Bildrechte: Universität Tübingen
Mammut Hohle Fels, Foto: H. Jensen, Bildrechte: Universität Tübingen
S. 315: »Löwenmensch« Statuette aus Mammutelfenbein, H 311 mm, max. B 73 mm; jüngere Altsteinzeit (Aurignacien), Alter 35 000 bis 40 000 Jahre; Fundort: Höhle Hohlenstein-Stadel, Gde. Asselfing, Baden Württemberg, Deutschland; Foto: Yvonne Mühleis © Landesamt für Denkmalpflege Baden/Würtemmberg/Ulmer Museum
S. 402/403: ESA/NASA
S. 458/459: gettyimages/Paul Souders